Vielfalt im Lehrerzimmer

AF281008

Waxmann Verlag GmbH
Steinfurter Straße 555, 48159 Münster
info@waxmann.com

Viola B. Georgi
Lisanne Ackermann
Nurten Karakaş

# Vielfalt im Lehrerzimmer

Selbstverständnis und schulische Integration
von Lehrenden mit Migrationshintergrund
in Deutschland

Waxmann 2011
Münster / New York / München / Berlin

**Bibliografische Informationen der Deutschen Nationalbibliothek**

Die Deutsche Nationalbibliothek verzeichnet diese Publikation in
der Deutschen Nationalbibliografie; detaillierte bibliografische
Daten sind im Internet über http://dnb.d-nb.de abrufbar.

ISBN 978-3-8309-2451-7

© Waxmann Verlag GmbH, 2011
Postfach 8603, 48046 Münster

www.waxmann.com
info@waxmann.com

Umschlaggestaltung: Christian Averbeck, Münster
Umschlagfoto: view7 / photocase.com
Satz: Stoddart Satz- und Layoutservice, Münster

Gedruckt auf alterungsbeständigem Papier,
säurefrei gemäß ISO 9706

Printed in Germany

# Danksagung

Eine empirische Forschungsarbeit entsteht immer im Austausch mit anderen, insbesondere dann, wenn es sich um eine explorative Untersuchung handelt, die einen bisher wenig erforschten Gegenstandsbereich in seinen unterschiedlichen Facetten abzustecken sucht. Insofern möchten wir uns bei all jenen bedanken, die dieses Forschungsprojekt in seiner Entstehungsgeschichte, seiner Durchführung und bei der Diskussion der ersten Ergebnisse im Rahmen einer Konferenz (September 2010) kritisch und konstruktiv begleitet haben. Hierzu gehören unter anderem Prof. Gerd Hoff, Prof. Dr. Helma Lutz, Prof. Dr. Yasemin Karakaşoğlu, Prof. Dr. Ursula Neumann, Dr. Antonietta P. Zeoli, Prof. Warren Crichlow, Prof. Dennis Shirley und Cem Özdemir, der auch das Vorwort zum Buch verfasst hat. Bedanken möchten wir uns auch bei Fadime Kartal, Tuğba Özbek, Yurdagül Klingenberg, Serap Yılmaz und Magdalena Tartakowska für die Durchführung von Interviews im Rahmen der Studie. Dr. Tillmann Eckloff von der *Respect Research Group* an der Universität Hamburg möchten wir für die sachkundige und kompetente Unterstützung bei der Durchführung und Auswertung des quantitativen Teils der Studie danken. Schließlich möchten wir uns auch bei allen Interviewpartnerinnen und Interviewpartnern bedanken, die hier aus Anonymitätsgründen selbstverständlich nicht namentlich genannt werden können. Ohne ihr Vertrauen, ihre Bereitschaft und Offenheit hätte diese Untersuchung nicht durchgeführt werden können.

Für das Vertrauen in unsere Forschungsarbeit und die finanzielle Unterstützung möchten wir uns bei der *Gemeinnützigen Hertie Stiftung* und der *ZEIT-Stiftung Ebelin und Gerd Bucerius* bedanken.

# Inhalt

Vorwort ......................................................................................................11
*Cem Özdemir*

I       **Einleitung**.................................................................................13
*Viola B. Georgi*

II     **Theoretischer Bezugsrahmen der Studie und Stand
der Forschung zu Lehrenden mit Migrationshintergrund
und *minority teachers*** ..........................................................16
*Viola B. Georgi*

2.1    Pluralisierung der deutschen Gesellschaft im Zuge von
Globalisierung und Migration .................................................16
2.2    Defizitärer Umgang mit Heterogenität im deutschen Bildungssystem .......18
2.3    Bildungspolitische Erwartungen und Stand der Forschung zu
Lehrenden mit Migrationshintergrund, *minority teachers* und
*Teachers of Color*....................................................................19
2.3.1  Forschung in Deutschland und der Schweiz.............................20
2.3.2  Forschung zu *minority teachers* in den USA, Kanada
und Großbritannien im Überblick ...........................................23
2.3.2.1 Rekrutierung und Repräsentation............................................24
2.3.2.2 Rollenvorbilder, Mentoren und *Change Agents* .....................26
2.3.2.3 Diskriminierungserfahrungen..................................................28
2.4    Die Theorie des konjunktiven Erfahrungsraums.....................31
2.5    Offene Forschungsfragen – Forschungsdesiderate...................31

III    **Methodisches Vorgehen** ........................................................35
*Viola B. Georgi*

3.1    Biographischer Ansatz.............................................................35
3.2    Erhebung der Daten ................................................................36
3.3    Das qualitative Sample ...........................................................38
3.4    Zur Auswertung der qualitativen Daten .................................39
3.5    Inhaltsanalyse .........................................................................40
3.6    Triangulation ..........................................................................41
3.7    Arbeitsbündnisse: Über das Verhältnis von
Forscherinnen und Beforschten...............................................42

IV    **Biographische Porträts**.........................................................44

4.1    Frau Schwartz: In Rumänien als Lehrerin mehr anerkannt.........................44
*Viola B. Georgi*

4.2        Frau Öztürk: Für die Schüler da, egal welcher Herkunft ..............................64
           *Viola B. Georgi*

4.3        Herr Spinello: Immer Mentoren gehabt..........................................................83
           *Lisanne Ackermann*

4.4        Frau Pahlawi: Engagiert im sozialen Brennpunkt .......................................103
           *Nurten Karakaş*

4.5        Frau Beti: In der Welt zu Hause ...................................................................117
           *Nurten Karakaş*


**V         Themenspezifische Inhaltsanalysen**..........................................................138

5.1        Familienorientierung und Bildungserfolg....................................................138
           *Viola B. Georgi*

5.1.1      Familienorientierung als Ressource für Bildungserfolg:
           *Empowerment* durch die Familie ................................................................138
5.1.2      Die Familie als Hemmschuh: Zwischen Indifferenz,
           Skepsis und Verbot .....................................................................................142
5.1.3      Eltern, die Druck machen: Fremdbestimmte Bildungsaufsteiger .............142

5.2        Lehrende mit Migrationshintergrund im Verhältnis zu
           schulischen Akteurinnen und Akteuren.......................................................145
           *Lisanne Ackermann und Viola B. Georgi*

5.2.1      Lehrer-Schüler-Verhältnis ...........................................................................145
5.2.1.1    Vertrauensverhältnis.....................................................................................146
5.2.1.2    Zwischen Identifikation und Distanz ...........................................................149
5.2.1.3    Engagement für Bildungserfolg von Schülerinnen und Schülern
           mit Migrationshintergrund ..........................................................................154
5.2.1.4    Außerschulische Hilfeleistung in schwierigen Lebenslagen.......................156
5.2.1.5    Zusammenfassender Kommentar.................................................................158
5.2.2      Verhältnis zum Kollegium ............................................................................160
5.2.2.1    Lehrende mit Migrationshintergrund als Kulturübersetzer.........................160
5.2.2.2    Die Ambivalenz von „Expertenwissen" ........................................................166
5.2.2.3    Fehlende Anerkennung der Kompetenzen....................................................169
5.2.2.4    Zusammenfassender Kommentar.................................................................171
5.2.3      Lehrende mit Migrationshintergrund und Elternarbeit...............................171
5.2.3.1    Herstellung von Nähe und Vertrauen zwischen Lehrenden
           und Eltern mit Migrationshintergrund.........................................................172
5.2.3.2    Informationsaustausch zwischen Schule und Elternhaus ...........................175
5.2.3.3    Lehrende mit Migrationshintergrund als Vermittlerinnen
           und Vermittler .............................................................................................178
5.2.3.4    Akzeptanz aufgrund von Identifikation und Vorbildrolle............................182
5.2.3.5    Zusammenfassender Kommentar.................................................................183

5.3      Repräsentation und Rollenvorbild.................................................184
         *Viola B. Georgi*

5.4      Lehrerbilder im Vergleich.............................................................189
         *Viola B. Georgi*

5.5      Umgang mit Heterogenität in der Schule: Vertrauensbildung,
         Disziplinierung, Anerkennung ....................................................196
         *Viola B. Georgi*

5.5.1    Mehrsprachigkeit .........................................................................197
5.5.2    Umgang mit kultureller Heterogenität.........................................206
5.5.3    Religionsbezogene Themen ..........................................................210

5.6      Benachteiligungs- und Diskriminierungserfahrungen..................214
         *Nurten Karakaş*

5.6.1    Eigene Bildungsbiographie ...........................................................216
5.6.1.1  Ethnischer Hintergrund................................................................216
5.6.1.1.1 Gymnasium ................................................................................217
5.6.1.1.2 Referendariat ............................................................................218
5.6.1.2  Sprachliche Differenz ..................................................................221
5.6.1.3  Religionszugehörigkeit.................................................................223
5.6.1.4  Strukturelle Diskriminierung........................................................225
5.6.2    Diskriminierung im schulischen Alltag.........................................230
5.6.2.1  Ethnisch-kultureller Hintergrund .................................................230
5.6.2.1.1 Diskriminierung im Kollegium .................................................230
5.6.2.1.2 Diskriminierung von Schülerinnen und Schülern.......................232
5.6.2.2  Phänotypische Merkmale..............................................................234
5.6.2.3  Sprachliche Differenz ..................................................................235
5.6.2.4  Religionszugehörigkeit.................................................................237

VI       **Quantitative Studie** ...................................................................242
         *Lisanne Ackermann, Viola B. Georgi und Nurten Karakaş*

6.1      Methode ......................................................................................242
6.1.1    Datenerhebung und Auswertung..................................................242
6.1.2    Stichprobe ...................................................................................244

6.2      Ergebnisse ...................................................................................245
6.2.1    Zuwandererbiographie und Herkunftskontext..............................245
6.2.2    Derzeitiger beruflicher Status und Schulpraxis............................248
6.2.3    Bildungslaufbahn ........................................................................250
6.2.4    Beziehung zu den Schülerinnen und Schülern..............................254
6.2.5    Beziehung zu den Eltern ..............................................................259
6.2.6    Beziehung zum Kollegium............................................................261
6.2.7    Unterschiede zwischen Lehrerinnen und Lehrern..........................263

6.2.8　Unterschiede zwischen Lehrkräften mit deutscher,
doppelter und nichtdeutscher Staatsbürgerschaft ........................264
6.2.9　Unterschiede zwischen den verschiedenen Migrationsgruppen ...............264

**VII　Zusammenfassung zentraler Forschungsergebnisse
und Schlussbetrachtung**............................................................265
*Viola B. Georgi*

**Gastbeitrag**
Netzwerke knüpfen zur interkulturellen Öffnung der Schule:
Ein Erfahrungsbericht aus der Netzwerkpraxis...........................275
*Edwin Stiller und Antonietta P. Zeoli*

**Literatur** ......................................................................................281

# Vorwort

Die Klassenzimmer der Republik verdeutlichen wie kaum ein anderer Ort, dass Deutschland ein Einwanderungsland ist. Bundesweit hat heute fast jedes dritte Kind im Alter zwischen 5 und 15 Jahren einen Migrationshintergrund, in manchen Städten und an einzelnen Schulen liegt der Anteil noch höher. Allein diese quantitative Dimension macht klar, dass Chancengerechtigkeit und Teilhabe durch Bildung eine der, wenn nicht überhaupt die zentrale integrationspolitische Herausforderung ist. Wenn wir unseren Wohlstand bewahren und auf ein ökologischeres Fundament stellen wollen, dann müssen wir für ein Bildungssystem sorgen, das darauf ausgerichtet ist, die Potentiale und Talente jeder und jedes Einzelnen zur Entfaltung zu bringen. Doch genau daran hapert es, wenn etwa 20% der Schülerinnen und Schüler in Deutschland im Lesen, in Mathematik und in den Naturwissenschaften nicht über das Bildungsminimum verfügen, um selbständig lernen und erfolgreich eine berufliche Ausbildung absolvieren zu können. Darunter sind auch Kinder deutscher Herkunft, jedoch überproportional viele mit einem Migrationshintergrund.

Vor diesem Hintergrund richtet die vorliegende Studie unter Leitung von Prof. Dr. Viola Georgi erstmals das Augenmerk auf eine bemerkenswerte Diskrepanz: Im Gegensatz zu den Klassenzimmern sind die Lehrerzimmer der Republik weitaus homogener. Denn gerade einmal sechs Prozent aller Lehrenden sind nichtdeutscher Herkunft. Dabei gibt es auf den ersten Blick viele Gründe anzunehmen, dass sie mit ihren Fähigkeiten und Eigenschaften erheblich dazu beitragen können, unsere Schulen besser zu machen. Entsprechend werden in der Integrationsdebatte einhellig mehr Pädagoginnen und Pädagogen mit Migrationshintergrund gefordert. Wissenschaft begnügt sich natürlich nicht mit einem ersten Blick und so ist es Viola Georgi und ihrem Team zu verdanken, dass die Diskussion über die Rolle von Lehrenden mit Migrationshintergrund künftig auf einer empirischen Grundlage differenziert weitergeführt werden kann.

Die Studie bestätigt, dass Lehrende mit Migrationshintergrund eine wichtige Rolle spielen können. Aufgrund ihrer eigenen Lebensgeschichte pflegen sie einen bewussten und natürlichen Umgang mit ethnischer, kultureller und sprachlicher Vielfalt. Das hilft ihnen dabei, leichter Zugang zu Schülerinnen und Schülern mit Migrationshintergrund und auch zu deren Eltern zu bekommen. Solche Lehrerinnen und Lehrer können den Lernenden als Rollenvorbild dienen und sie damit auch besonders motivieren. Aufgrund ihrer eigenen Erfahrung können sie sich möglicherweise besser in das soziale und familiäre Umfeld der Schülerinnen und Schüler versetzen. Sie können Potentiale erkennen und fördern, die in unserem selektiven Schulsystem ansonsten ignoriert würden.

Die Studie zeigt aber auch, dass die Erhöhung der Zahl von Lehrenden mit Migrationshintergrund kein Allheilmittel ist. Wir sollten nicht den Fehler begehen, in ihnen den Universalschlüssel zur Lösung der Probleme in unseren Schulen zu sehen, der andere Maßnahmen wie etwa die verbesserte Ausstattung

von Schulen in sozial benachteiligten Stadtteilen oder die Verbesserung der interkulturellen Kompetenz aller Lehrerinnen und Lehrer auf die lange Bank schiebt.
Auch ist der Migrationshintergrund allein keine Qualifikation und daher haben
solche Lehrkräfte zu Recht den Anspruch, dass ihre pädagogischen Fähigkeiten
anerkannt und sie nicht auf ihre Herkunft reduziert werden. Auch dürfen wir sie
nicht zu zusätzlichen schulischen „Sozialarbeitern" machen und sie damit über-
fordern. In erster Linie sind sie Lehrerinnen und Lehrer, erst dann kommt ihr
Migrationshintergrund, den sie pädagogisch gewinnbringend einsetzen können.

Aus dieser Untersuchung leite ich ab, dass es ein politisches und gesellschaftliches Anliegen sein sollte, mehr Menschen mit Migrationshintergrund für den
Lehrerberuf zu begeistern – aufgrund ihres besonderen Potentials und damit die
gesellschaftliche Einwanderungsrealität sich auch in den Lehrerzimmern widerspiegelt. Lehrerinnen und Lehrer mit Migrationshintergrund können einen sehr
wichtigen Beitrag dazu leisten, dass unsere Schulen zu Orten werden, wo alle
Kinder ungeachtet ihrer sozialen und ethnischen Herkunft gefördert werden.
Nicht mehr, aber auch nicht weniger.

Cem Özdemir

# I  Einleitung

## Viola B. Georgi

Die interkulturelle Schulentwicklung steckt in Deutschland noch in den Kinderschuhen. Dies gilt für alle Bereiche einer potentiell interkulturell ausgerichteten Schule, d.h. für die inhaltliche und curriculare, organisatorische und personale Ebene schulischer Profilbildung und die sie rahmenden bildungspolitischen Maßnahmen. Insbesondere im internationalen Vergleich fällt auf, dass bisher an deutschen Schulen nur wenige Lehrerinnen und Lehrer mit Migrationshintergrund tätig sind. Die geringe Anzahl von Lehrkräften mit Migrationshintergrund – man geht derzeit von ca. 6% aus (Statistisches Bundesamt 2009) – verhält sich weit unterproportional zu der Zahl der Schülerinnen und Schüler mit Migrationshintergrund.

In der Absicht, dem Missverhältnis zwischen Lehrenden und Lernenden mit Migrationshintergrund entgegenzuwirken, hat die neuere Integrations- und Bildungspolitik Lehrerinnen und Lehrer mit Migrationshintergrund als bisher unzureichend aktivierte Ressource entdeckt (Nationaler Integrationsgipfel der Bundesregierung 2007, Nationaler Integrationsplan 2011). Daran knüpft sich die Erwartung, dass diese Lehrpersonen entscheidend zur Gestaltung von inklusiven, Mehrsprachigkeit reflektierenden und interkulturell orientierten Bildungsprozessen beitragen können und als Rollenvorbilder für Bildungskarrieren von Kindern und Jugendlichen aus Einwandererfamilien wirken. Ebendiese Erwartungen werden in der vorliegenden Studie *Vielfalt im Lehrerzimmer* einer empirischen Überprüfung unterzogen. Dabei werden Bildungsbiographien und die schulischen Erfahrungen von Lehrenden mit Migrationshintergrund sowohl quantitativ als auch qualitativ in den Blick genommen. Die vorliegende explorativ angelegte Studie präsentiert aussagekräftige Daten über das Studium, das Referendariat und die schulischen Erfahrungen von Lehrenden mit Migrationshintergrund. In der Auseinandersetzung mit dem empirischen Material werden das Potential des multikulturellen Lehrerzimmers und die daraus erwachsenden Möglichkeiten interkultureller Schulentwicklung in der deutschen Einwanderungsgesellschaft ausgelotet.

Das Buch ist in acht Kapitel unterteilt. Im Anschluss an die Einleitung (Kapitel I) folgt in Kapitel II die Darstellung des theoretischen Bezugsrahmens (u.a. die Theorie des kollektiven Erfahrungsraums) und des aktuellen Forschungsstands zu Lehrenden mit Migrationshintergrund (*minority teachers*) in Deutschland, der Schweiz, den USA, Kanada und Großbritannien. Kapitel III widmet sich dem methodischen Vorgehen der Studie. Erläutert werden der biographisch-orientierte Ansatz, die Inhaltsanalyse, die Erhebung und Auswertung der qualitativen und quantitativen Daten, die Zusammenstellung des Samples, Arbeitsbündnisse und die Integration von verschiedenen Daten nach dem Prinzip der Triangulation.

In Kapitel IV werden exemplarisch fünf Fallstudien präsentiert. Das erste Fallbeispiel schildert die Migrations- und Bildungsbiographie einer rumäniendeutschen Aussiedlerin, die nach dem Sturz des kommunistischen Regimes in Rumänien 1989 nach Deutschland auswanderte. Das Fallbeispiel beschreibt den Weg einer Bildungsausländerin in die deutsche Schule und vergleicht dabei Schulkulturen und Lehrerbilder in Deutschland und Rumänien. Das zweite Fallbeispiel präsentiert den Werdegang einer Migrantin, die mit neun Jahren im Zuge der Arbeitsmigration ihres Vaters mit ihrer Familie im Jahre 1973 aus der Türkei nach Deutschland kam. Das Fallbeispiel rekonstruiert die Bildungs- und Migrationsgeschichte als Erfolgsgeschichte einer Bildungsaufsteigerin und beruflichen Quereinsteigerin, die sich durch eine scheinbar problemlose Überwindung sprachlicher und anderer Integrationshürden auszeichnet. Das dritte Fallbeispiel, portraitiert eine persisch-stämmige Lehrerin, die in Folge des Sturzes des Schah-Regimes (1979) als Kind mit ihrer Familie aus dem Iran flüchtete. Im Zentrum der Darstellung, steht die Auseinandersetzung der Lehrerin mit dem in Deutschland als Asylsuchende erlebten sozialen Abstieg und die Bewältigung der Migration im Kontext sprachlicher, kultureller und sozioökonomischer Differenzerfahrungen. Die mit vielen Schulwechseln verbundene Bildungsgeschichte ist geprägt von Ausgrenzungs- und Fremdheitserfahrungen, die die Lehrerin heute in der Rolle des *change agent* aktiv konfrontiert. Das vierte Fallbeispiel portraitiert eine deutsch-kamerunische Lehrerin und arbeitet dabei die Rassismuserfahrungen in der Schule, insbesondere im Lehrerzimmer heraus. Es wird deutlich, wie sich die Lehrerin als Angehörige einer sichtbaren Minderheit (*visible minority*) zwischen selbstdefiniertem Engagement gegen Rassismus und fremdbestimmte Rollenerwartungen positioniert. Das fünfte Fallbeispiel stellt die Aufstiegskarriere eines italienischstämmigen Gymnasiallehrers dar, der auf seinem gesamten Bildungsweg von Mentoren begleitet wurde und es überdies versteht, ausgewählte Aspekte seiner Herkunftskultur als Ressource für sein schulisches Wirken und sein professionelles Selbstverständnis nutzbar zu machen. Die Biographien werfen einerseits ein Licht auf individuelle Professionalisierungsstrategien, indizieren andererseits auch sehr ähnliche gesellschaftliche Problemzusammenhänge und schulische Herausforderungen, mit denen sich Lehrende mit Migrationshintergrund auseinandersetzen. Die in den Fallbeispielen aufgezeigten Konflikt- und Problemlagen verweisen dabei auf die Notwendigkeit, Schule unter Bedingungen von migrationsbedingter Heterogenität neu zu denken.

In Kapitel V werden themenspezifische Inhaltsanalysen vorgestellt. Es handelt sich hier um die Herausarbeitung eines thematischen Querschnitts entlang ausgewählter Kategorien, wie etwa Familienorientierung, das Verhältnis zu unterschiedlichen schulischen Akteuren, Lehrerbilder, Umgang mit migrationsbedingter Mehrsprachigkeit und Heterogenität sowie Diskriminierungserfahrungen. Kapitel VI stellt die Erhebungsinstrumente und Ergebnisse der quantitativen Befragung der Untersuchung vor. In den Blick genommen werden dabei u.a. folgende Aspekte: Zuwanderungsbiographie und Herkunftskontext, beruflicher Status und Schulpraxis, Bildungslaufbahn, Beziehung und Austausch mit unterschiedlichen

schulischen Akteuren (Eltern, Schülerschaft, Kollegium) sowie geschlechtsspezifische Unterschiede und die Staatsbürgerschaft. Kapitel VII gibt eine kompri-
mierte Darstellung ausgewählter Ergebnisse der Studie und ordnet diese in den
Gesamtzusammenhang interkultureller Schulentwicklung ein. Den Schlussakzent
setzt ein Gastbeitrag aus der Praxis (Kapitel VIII). In einem Erfahrungsbericht
diskutieren Antonietta Zeoli und Edwin Stiller die Potentiale von Netzwerken für
Lehrende mit Migrationshintergrund. Ausgangspunkt ist die Erfolgsgeschichte des
*Netzwerks der Lehrkräfte mit Zuwanderungsgeschichte* in Nordrhein-Westfalen.

# II Theoretischer Bezugsrahmen der Studie und Stand der Forschung zu Lehrenden mit Migrationshintergrund und *minority teachers*

Viola B. Georgi

Ausgehend von einigen Überlegungen zu Migration und Bildung im 21. Jahrhundert und der Betrachtung von Zahlen, die den migrationsbedingten demographischen Wandel in Gesellschaft und Schule dokumentieren, geht es darum, die Studie auch im Spiegel aktueller empirischer Bildungsforschung und bildungspolitischer Maßnahmen zu verorten. Deshalb werden zur theoretischen Kontextualisierung vor allem Untersuchungen und aus diesen abgeleitete bildungspolitische Forderungen herangezogen, die sich mit der ungleichen Teilhabe von migrantischen Kindern und Jugendlichen an unterschiedlichen Segmenten des Bildungssystems beschäftigen und darüber hinaus individuelle und strukturelle Mechanismen der Diskriminierung entlang ethnischer und sprachlicher Differenz offenlegen. Der Fokus liegt auf dem defizitären Umgang mit migrationsbedingter Heterogenität im deutschen Schulsystem. Das Kapitel verfolgt zudem das Ziel, einen Forschungsüberblick über relevante empirische Forschungsarbeiten zu geben. In den Blick genommen werden einschlägige Studien aus Deutschland, der Schweiz, den USA, Kanada und Großbritannien, die entlang folgender thematischer Schwerpunkte geordnet werden: (a) die Repräsentation und Rekrutierung von *minority teachers* (Lehrende, die ethnischen Minderheiten angehören), (b) *minority teachers* als *role models* und *change agents* und (c) Diskriminierungserfahrungen von *minority teachers* in Ausbildung, Beruf und Schulalltag. Schließlich werden zentrale offene Forschungsfragen gebündelt.

## 2.1 Pluralisierung der deutschen Gesellschaft im Zuge von Globalisierung und Migration

Als „das Zeitalter der Migration" bezeichnet der amerikanische Erziehungswissenschaftler Marcelo Suárez-Orozco das 21. Jahrhundert, in dem weltweit ca. 200 Millionen Menschen auf Wanderung sind (Suárez-Orozco 2004: 1). Jede zehnte Person, die derzeit in einem Industrieland lebt, ist dorthin migriert. Für Westeuropa wird geschätzt, dass jede dritte Person unter 35 Jahren einen Migrationshintergrund hat (Allemann-Ghionda 2006).

In jüngeren sozialwissenschaftlichen Analysen wird das Migrationsverhalten zudem unter Begriffen wie Pendel- und Transmigration (Gogolin/Pries 2004) gefasst. Mit diesen soll der kontinuierlichen Mobilität von Menschen zwischen zwei oder mehreren Orten Rechnung getragen werden. Denn Menschen migrieren nicht notwendigerweise von einem Ort zum anderen und werden dort sesshaft.

Migration kann auch zu einem permanenten Muster werden. Dabei entstehen transnationale soziale Räume und Lebensentwürfe, die als „relativ dauerhafte, auf mehrere Orte verteilte bzw. zwischen mehreren Flächenräumen sich aufspannende, verdichtete Konfigurationen von sozialen Alltagspraktiken, Symbolsystemen und Artefakten" (Pries 2001: 53) beschrieben werden können und die Basis für die Herausbildung von „hybriden Identitäten" (Bhabha 1997, Hall 1999) bzw. „Mehrfachidentitäten" (Mecheril 2004) und „transnationalen Orientierungen" (Levitt/DeWind/Vertovec 2003: 565ff.) bilden. Verstärkte Internationalisierung und Pluralisierung von Lebensläufen und Gesellschaften machen den Umgang mit migrationsbedingter Heterogenität und der Herausbildung transnationaler Orientierungen zu einer wichtigen Gelenkstelle für gelingende soziale Inklusion.

In Deutschland beträgt der Anteil von Menschen mit Migrationshintergrund an der Gesamtbevölkerung 19,6%, Tendenz steigend (Mikrozensus 2009). Jedes fünfte Kind wächst in einer Familie auf, die durch Migrationserfahrungen, Mehrsprachigkeit sowie andere kulturelle und religiöse Einflüsse geprägt ist (vgl. Röhner 2008: 7). In den alten Bundesländern stammen – abhängig von den Regionen und urbanen Zentren etwa 30 bis 50% der Schulkinder aus allochthonen sprachlichen Minderheiten, in den neuen Bundesländern liegt die Zahl etwa bei 10% (Autorengruppe Bildungsberichterstattung 2008). Die Klassenzimmer sind entsprechend multikulturell und multilingual. In manchen Großstadtschulen und Schulen in urbanen Ballungszentren macht die Schülerschaft nichtdeutscher Herkunftssprache über 90% aus. Demgegenüber stehen ethnisch und sprachlich weitgehend homogene Lehrerzimmer. Auch wenn es aufgrund der amtlichen Statistiken zu Lehrkräften in Deutschland (ethnische Zugehörigkeit bzw. Migrationshintergrund werden nicht explizit erhoben) bisher eine eingeschränkte Datenlage gibt, lassen sich auf der Grundlage aktueller Daten des statistischen Bundesamtes von 2009 (Mikrozensus) folgende Zahlen rekonstruieren und graphisch veranschaulichen:

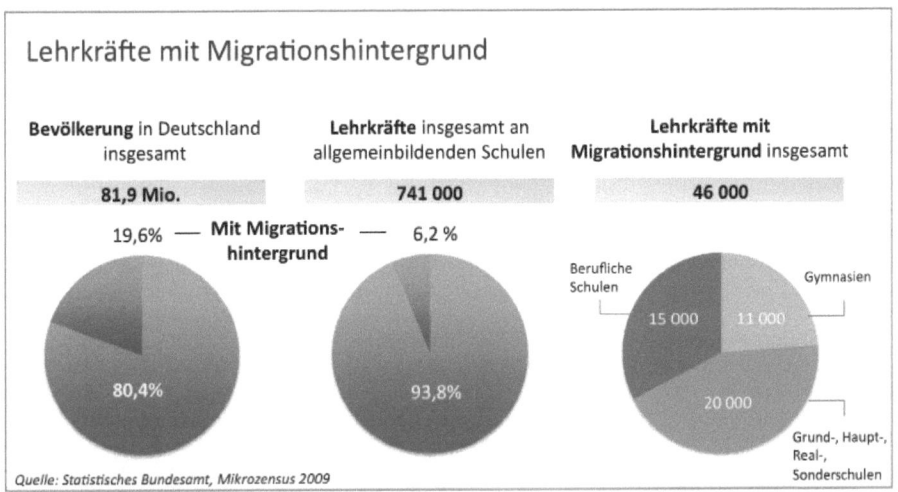

Lehrkräfte mit Migrationshintergrund

Bevölkerung in Deutschland insgesamt

81,9 Mio.

19,6% — Mit Migrationshintergrund

80,4%

Lehrkräfte insgesamt an allgemeinbildenden Schulen

741 000

6,2 %

93,8%

Lehrkräfte mit Migrationshintergrund insgesamt

46 000

Berufliche Schulen

Gymnasien

15 000    11 000

20 000

Grund-, Haupt-, Real-, Sonderschulen

Quelle: Statistisches Bundesamt, Mikrozensus 2009

Die Zahl aller in Deutschland derzeit an allgemeinbildenden Schulen Lehrenden beträgt 741.000 Personen. Davon haben ca. 46.000 Lehrende einen Migrationshintergrund. Das entspricht ca. 6% und liegt damit deutlich über den bisherigen Schätzungen von 1%. Dennoch sind Lehrende mit Migrationshintergrund
in deutschen Lehrerzimmern deutlich unterrepräsentiert. Der Blick auf die
Schulformen, in denen sie unterrichten, verweist auf eine Konzentration der
Lehrenden vor allem im Berufsschulen (15.000 Lehrkräfte), während 20.000
Lehrkräfte in Grund-, Haupt-, Real-, Gesamt- und Sonderschulen unterrichten
und 11.000 Lehrende an Gymnasien (Statistisches Bundesamt 2009).

## 2.2  Defizitärer Umgang mit Heterogenität im deutschen Bildungssystem

Prozesse von Globalisierung und Migration bewirken eine Zunahme an gesellschaftlicher Heterogenität. Da es sich hierbei um keine vorübergehende Erscheinung, sondern ein dauerhaftes Phänomen handelt, ist ein zukunftsfähiges
Bildungssystem freilich gehalten, hierauf gestaltend zu reagieren. Bildungs- und
Erziehungsinstitutionen wird deshalb von wissenschaftlicher Seite empfohlen,
es als Daueraufgabe zu begreifen, auf die besonderen Bildungsbedürfnisse und
Bildungsvoraussetzungen von Kindern und Jugendlichen mit Migrationshintergrund einzugehen (Gogolin/Neumann/Roth 2003: 29). Schul- und Unterrichtsentwicklung im „Zeitalter der Migration" (Suárez-Orozco 2004) müssen Mehrsprachigkeit und das Aufwachsen in Auseinandersetzung mit vielfältigen und
differenten kulturellen, sozialen und religiösen Orientierungen und Einflüssen anerkennen und systematisch reflektieren. Nur durch eine interkulturelle Öffnung
unserer Bildungsinstitutionen können die dort initiierten Bildungsprozesse eine
inklusive Kraft entfalten.

Der Blick auf aktuelle empirische Forschung im Schwerpunkt „Migration und
Bildung" legt jedoch nahe, dass die Verfasstheit unserer schulischen Institutionen
bisher vor allem durch Defizite im Umgang mit migrationsbedingter Vielfalt
geprägt ist. Im Zentrum dieser Diagnose steht die empirisch nachgewiesene
Benachteiligung allochthoner Kinder und Jugendlicher im deutschen Bildungssystem (Cortina/Baumert/Leschinsky/Mayer/Trommer 2003, Konsortium für Bildungsberichterstattung 2006).[1] Paul Mecheril spricht in diesen Zusammenhang

---

1   Es sei an dieser Stelle aber ausdrücklich darauf hingewiesen, dass es sich bei Menschen mit
    Migrationshintergrund um eine außerordentlich heterogene Gruppe handelt. Schulischer
    Erfolg und Bildungsteilhabe zwischen verschiedenen Einwanderergruppen variieren stark
    (vgl. Prenzel et al. 2004). Neben einer Differenzierung auf Grundlage der nationalen Her-
    kunft und des sozialen Milieus bedarf es hinsichtlich der Bildungsbeteiligung von Einwan-
    dererkindern einer differenzierten Betrachtung von schulstrukturellen Rahmenbedingungen
    in den einzelnen Bundesländern sowie der geschlechtsspezifischen Aspekte von Schulerfolg.
    Denn z.B. sind die Mädchen aus Einwandererfamilien schulisch erfolgreicher als die Jun-
    gen. Die Studie von Hunger und Thränhardt (2001) dokumentiert zudem, dass es um den
    Bildungserfolg von Migrantenkindern in Bayern am schlechtesten bestellt ist, besonders be-
    nachteiligt sind die italienischen Jungen. Vielzitiert ist daher der Befund: „Nicht mehr das
    katholische Arbeitermädchen vom Lande, sondern der italienische Gastarbeiterjunge aus

von der „Schlechter-Stellung Migrationsanderer" (2004: 133) und Georg Auern-
heimer diagnostiziert dem deutschen Schulsystem gar „Dysfunktionalität für
die Einwanderungsgesellschaft" (2004). Zu dieser gehören auch institutionelle
Diskriminierung entlang der Herstellung ethnischer Differenz in der Schule
(Gomolla/Radtke 2003), institutionell verankerte Inkompetenz im Umgang mit
kultureller Differenz in Form von diskriminierenden Selektionsmechanismen
(Krohne/Tillmann 2006), die unzureichende Würdigung und Förderung von
Zweisprachigkeit (Allemann-Ghionda 2006), pejorative Einstellungen von
Lehrenden ohne Migrationshintergrund gegenüber Migrantenkindern (Bender-
Szymanski et al. 2000, Weber 2003) sowie in der Lehrerschaft verbreitete Fehlein-
schätzungen der Leistungen und Fähigkeiten von Migrantenkindern (Allemann-
Ghionda 2006, Gomolla/Radtke 2003, Weber 2005, Grabbe/Krämer 2006). Viele
dieser empirischen Befunde lassen sich unter dem von Ingrid Gogolin und Ursula
Neumann geprägten Begriff des „monokulturellen und monolingualen Habitus
der deutschen Schule" (Gogolin/Neumann 1997, Gogolin 2008) zusammenfassen.[2]
Dieser bezeichnet schulische Lehrroutinen, die auf der Annahme basieren, dass
die Schülerinnen und Schüler in *einer* Sprache und in *einer* Kultur aufwachsen.[3]

## 2.3 Bildungspolitische Erwartungen und Stand der Forschung zu Lehrenden mit Migrationshintergrund, *minority teachers* und *teachers of color*

Die bildungspolitische, aber auch die wissenschaftliche Diskussion zur Erhöhung
des Anteils von Lehrenden mit Migrationshintergrund[4] nimmt viele der genannten Defizite hinsichtlich des schulischen Umgangs mit migrationsbedingter Vielfalt
auf und formuliert auf dieser Basis zugleich eine ganze Reihe von Erwartungen,
in denen diese Lehrenden je nach Perspektive als Vertraute, Brückenbauer,
Kulturvermittler, Übersetzer und Vorbilder vorgestellt werden. Aus wissenschaft-

---

dem Bayrischen Wald vereinigt heute die Attribute, die einen geringen Bildungserfolg erwarten lassen" (Hunger/Thränhardt 2001: 51).

2   Krüger-Portratz (2006a und b) veranschaulicht in ihren historischen Analysen zum Umgang
mit Heterogenität im deutschen Schulsystem Wurzeln und Kontinuität des Monolinguali-
täts- und Monokulturalitätsparadigmas im Kontext der Nationalstaatenbildung etwa am Beispiel der sorbischen, dänischen und polnischen Sprachminderheiten. Sie unterstreicht damit
einerseits die Tatsache, dass sprachliche und kulturelle Vielfalt keine neuen Erscheinungen
im Bildungssystem sind. Zum anderen zeigt sie aber auch, wie der Umgang mit dieser Heterogenität in der Geschichtsschreibung zur Institution Schule systematisch unterschlagen
wurde und deshalb in Vergessenheit geriet.

3   In Kapitel 5.5 (insbesondere 5.5.1 Mehrsprachigkeit) wird explizit Bezug auf diesen Befund
genommen.

4   Vgl. hierzu etwa folgende Dokumente: Verband Bildung und Erziehung 2006, Handlungs-
empfehlungen des BAMF 2009 und 2011, Unveröffentlicher Forschungsbericht *Lehrende
mit Migrationshintergrund in Deutschland. Eine empirische Studie zu professionellem Selbstverständnis und schulischer Integration von Lehrenden mit Migrationshintergrund in Deutschland* (Georgi/Ackermann/Karakaş, 2010), Integrationsprogramm der Bundesregierung 8. 9.
2010.

licher Sicht muss es darum gehen zu prüfen, ob tatsächlich empirisch nachweisbare Unterschiede von Lehrenden mit und ohne Migrationshintergrund vorliegen, die diese Annahmen und Hoffnungen begründen können (vgl. Strasser/Steber 2009). Im Folgenden möchte ich daher einen kurzen Überblick über den Stand der Forschung geben, wobei ich mich auf Forschungsarbeiten aus Deutschland, der Schweiz, den USA, Kanada und Großbritannien konzentriere. Die ausgewählten Studien sind einschlägig und eignen sich aufgrund der Bearbeitung ähnlicher Problemlagen und Fragestellungen als theoretisch-empirischer Bezugsrahmen und als Basis für die Entwicklung vergleichender Perspektiven.

### 2.3.1  Forschung in Deutschland und der Schweiz

In Deutschland ist die empirische Forschungslage zu Lehrenden mit Migrationshintergrund bisher sehr dürftig (Strasser/Steber 2009: 98). Insofern beansprucht die vorliegende Studie, die erste explorative Studie in Deutschland zu sein, die sich diesem Gegenstandsbereich quantitativ und qualitativ zuwendet.[5] Zugleich soll an dieser Stelle darauf hingewiesen sein, dass derzeit an deutschen Hochschulen Forschungsprojekte laufen, die Daten zum Gegenstandsbereich aus unterschiedlichen Akteursperspektiven zusammentragen und interessante weiterführende Erkenntnisse erwarten lassen.[6]

---

5   Eine umfangreiche Dokumentation der Tagung zur Studie *Lehrende mit Migrationshintergrund in Deutschland* vom 24.9.2010 (Kooperation mit der *Heinrich Böll Stiftung* und der *ZEIT-Stiftung Ebelin und Gerd Bucerius*) ist zugänglich unter:
http://www.boell.de/bildungkultur/bildungssystem/bildungssystem-interkulturelle-schulent wicklung-10527.html
Im Zentrum der Tagung stand die Vorstellung erster Ergebnisse der vorliegenden Studie. Des Weiteren seien hier einige Links zur Berichterstattung in der Presse genannt:
Print:
http://www.sueddeutsche.de/karriere/lehrer-mit-migrationshintergrund-mehr-als-nur-tuer kei-experte-1.1004864
http://www.taz.de/1/zukunft/bildung/artikel/1/migrantenlehrer-bestehen-auf-deutsch/
http://www.spiegel.de/schulspiegel/wissen/0,1518,718698,00.html
http://www.fr-online.de/wissenschaft/das-globalisierte-lehrerzimmer/-/1472788/4661990/-/index.html
Audio:
http://www.dradio.de/dlf/sendungen/studiozeit-ks/1285522/
http://www.dw-world.de/dw/article/0,,6043214,00.html
http://www.migazin.de/2010/09/22/lehrer-mit-migrationshintergrund-unabdingbar-und-von-unschatzbarem-wert-fur-eine-interkulturelle-schulentwicklung/
http://www.psychologie-aktuell.com/news/aktuelle-news-psychologie/news-lesen/article/2010/09/1285152211-befragung-von-lehrkraeften-mit-migrationshintergrund-hertie-stif tung-und-zeit-stiftung-f.html
6   Etwa an der Universität Bremen (Prof. Dr. Karakaşoğlu), der Universität Hamburg (Prof. Dr. Rotter), der Johannes-Gutenberg Universität Mainz (Prof. Dr. Bräu) und der Ruhr-Universität Bochum (Prof. Dr. Bellenberg).

## Schweiz: Pädagogische Professionalität im transnationalen sozialen Raum

Für die Schweiz hat Doris Edelmann im Rahmen einer qualitativen empirischen Studie zur pädagogischen Professionalität im transnationalen sozialen Raum erstmals auch Interviews mit Lehrenden mit Migrationshintergrund geführt. Die Studie untersucht den Umgang von Lehrpersonen mit der migrationsbedingten Heterogenität ihrer Schulklassen. Es wurden insgesamt 40 Primarlehrpersonen an Züricher Grundschulen befragt, davon 15 Lehrende mit Migrationshintergrund. Im Rahmen einer empirisch begründeten Typenbildung kommt Edelmann zur Beschreibung von sechs verschiedenen Typen. Mit Ausnahme des ersten Typus finden sich die migrantischen Lehrkräfte in allen Typen wieder. Sie skizziert

1. den abgrenzend distanzierenden Typus
2. den anerkennenden Typus
3. den individuell-sprachorientierten Typus
4. den kooperativ-sprachorientierten Typus
5. den individuell synergieorientierten Typus und
6. den kooperativ-synergieorientierten Typus (Edelmann 2008a: 134ff.).

Damit bildet sie unterschiedliche Strategien im Umgang mit Heterogenität von Lehrenden ab. Diese reichen von der Ignoranz und Nichtbeachtung migrationsbedingter Differenz (Typ 1) bis hin zu einer wertschätzenden Haltung und gezielten Förderung von Multiperspektivität (Typ 6). Edelmann kommt in Übereinstimmung mit anderen Studien zur Bedeutung des Migrationshintergrundes für die interkulturelle Schulentwicklung (etwa Smith 2000, Filliz 2004) zu dem Schluss, dass ein persönlicher Migrationshintergrund und/oder eine binationale Partnerschaft der Lehrenden, die Wahrscheinlichkeit erhöht, dass Lehrende Heterogenität als Potential begreifen und im Unterricht als Ressource nutzen (Edelmann 2008b: 201).

In einer vertiefenden Analyse entlang der Kategorien „Persönliche Erfahrungen," „Vorbildfunktion" und „Teamkooperation" zeigt Edelmann, wie die befragten Lehrpersonen mit Migrationshintergrund in ihrer Lebenswelt vielfältig mit sprachlicher, kultureller und religiöser Differenz befasst sind und diese biographische Tatsache als pädagogische Ressource beschreiben, die sich unter anderem in einer besonderen Empathie für die schulischen Erfahrungen migrantischer Schülerinnen und Schüler äußert, in denen sich die Probanden offenbar wiedererkennen (Edelmann 2008b: 244). Zudem schreiben sich die befragten Lehrenden Vorbildfunktion für migrantische Schülerinnen und Schüler bezüglich der Herausbildung einer „transnationalen Identität" und des Bildungserfolgs zu (196). Lehrpersonen, die selbst mehrsprachig waren, gaben an, die Schülerinnen und Schüler bewusst in ihrer sprachlichen Entwicklung zu fördern, wobei sich das Meinungsbild der Probanden gegenüber einem gezielten Einsatz der Herkunftssprachen für Unterrichtszwecke sehr heterogen darstellte. Die Erfahrungen reichten hier von der gezielten Anwendung bis zur gezielten

Ausklammerung der Herkunftssprache in der Schule (15).[7] In der Schule vertretene Werte und Normen (der schweizerischen Mehrheitsgesellschaft) wurden von den Probanden mit großer Selbstverständlichkeit akzeptiert. Die Befragten fühlten sich im Kollegium anerkannt, wünschten sich aber dennoch eine stärkere Präsenz von Lehrenden mit Migrationshintergrund (16). Insgesamt resümiert Edelmann, sei bei den interviewten migrantischen Lehrenden eine tendenzielle Ablehnung von Rollenzuweisungen durch das Kollegium festzustellen. Dieser Befund weist darauf hin, dass die Lehrkräfte sehr kritisch beobachten, wenn ihre fachlichen und professionellen Kompetenzen auf Zuständigkeiten im Bereich der Integration reduziert werden (z.B. als Fachkraft für Migrationsfragen oder Anwalt für migrantische Schülerinnen und Schüler adressiert zu werden).

## Deutschland: Orientierungen bei türkischen Lehramts- und Pädagogikstudentinnen und Studienverlaufsprozesse von Lehramtsstudierenden mit und ohne Migrationshintergrund

Yasemin Karakaşoğlu weist in ihrer Studie *Muslimische Religiosität und Erziehungsvorstellungen: Eine empirische Untersuchung zu Orientierungen bei türkischen Lehramts- und Pädagogikstudentinnen* (2000) auf spezifische Prägungen und die pädagogische Motivation von migrantischen Lehramtsstudierenden hin (407). Quasi als Nebenprodukt ihrer Forschung kristallisieren sich in den Interviews mit Lehramtsstudierenden Aspekte wie das antizipierte vertrautere Lehrer-Schüler-Verhältnis zwischen migrantischen Lehrenden und migrantischen Schülerinnen und Schülern heraus. In einem von Karakaşoğlu geführten Interview betont eine Lehramtsstudentin mit türkischem Migrationshintergrund beispielsweise: „Ich würde es vorziehen, wenn die Schüler türkische Schüler wären, wie ich schon gesagt habe, also meine Schüler. Denen würde ich mich näher fühlen, näher als den Deutschen" (407). Eine andere Studentin aus Karakaşoğlus Sample hebt zudem hervor, dass sie sich als zukünftige Lehrerin für die türkische *community* in Deutschland engagieren wolle und sich daher an einer Schule mit hohem Ausländeranteil imaginiere (407). Karakaşoğlu folgert, dass der Lehrberuf von den migrantischen Lehramtsanwärtern häufig auch „als sozio-kulturelle Mission und gezielte Unterstützung für die Gruppe der Menschen mit Migrationshintergrund" betrachtet werde (435).

Auch die ersten Ergebnisse Karakaşoğlus noch laufender, interkulturell vergleichend angelegter Langzeitstudie zur Studienwahl und zum Studienverlauf von Lehramtsstudierenden mit und ohne Migrationshintergrund in der Region Bremen unterstreichen diesen Befund. Zudem deutet sich an, dass sich die Berufsmotivation der migrantischen Lehramtsstudierenden nicht wesentlich von den Studierenden ohne Migrationshintergrund unterscheidet. Im Vordergrund der Berufswahl stehen „die Freude an der Vermittlung von Wissen und die Arbeit

---

7    Vorliegende Studie arbeitet den Aspekt des Umgangs mit der Herkunftssprache im Kapitel 5.5.1 (Umgang mit Mehrsprachigkeit) auf.

mit Kindern und Jugendlichen" (129ff.). Allerdings nennen Studierende mit Migrationshintergrund signifikant häufiger die besondere Motivation, sich für den Bildungserfolg von Kindern und Jugendlichen aus Einwandererfamilien engagieren zu wollen (Karakaşoğlu 2011: 129).

Letzterer Befund findet auch empirische Bestätigung in den im Rahmen vorliegender Studie erhobenen Daten (siehe Kapitel 5.2.1.3 Engagement für den Bildungserfolg von Schülerinnen und Schülern mit Migrationshintergrund) und lässt damit die Annahme, dass Lehrende mit Migrationshintergrund Kinder und Jugendliche aus Einwandererfamilien bewusster fördern als Lehrkräfte ohne Migrationshintergrund, berechtigt erscheinen. Eine Erklärung hierfür könnte eine erfahrungsbedingte erhöhte Sensibilität für die besonderen Lernvoraussetzungen und Bildungsherausforderungen migrantischer Kinder und Jugendlicher sein.

Ein empirischer Ausgangspunkt von Karakaşoğlus Analyse der Studienverlaufsprozesse von 304 Lehramtsstudierenden bildet ferner der Befund, dass ein beachtlicher Teil der migrantischen Lehramtsstudierenden offenbar nicht am Lehrerpult in der Schule ankommt. Sie fragt deshalb, „welche Brüche im Verlauf des Studiums und beim Eintritt in die zweite Phase der Lehramtsausbildung" (2010: 10) sichtbar werden und welche Rolle in diesem Zusammenhang die konkrete Einstellungspraxis von Behörden und Schulen spielt. Die von Karakaşoğlu befragten Lehramtsstudierenden stammen überproportional häufig aus Familien mit einem relativ niedrigen sozioökonomischen Status. Die häufigsten Herkunftsländer der migrantischen Studierenden sind die Türkei, Kasachstan, Russland, Polen und Moldawien. 71% der Befragten sind Bildungsinländer, 13% Bildungsausländer und die restlichen Befragten haben Teile ihrer Schul- und Berufsausbildung im Ausland absolviert und können daher als Quer- oder Seiteneinsteiger bezeichnet werden (Karakaşoğlu 2010: 9ff.). Die konzeptuelle Anlage der Studie – sowohl der interkulturelle Vergleich, als auch die Langzeitperspektive – lassen wertvolle Erkenntnisse über strukturelle, individuelle und auch migrationsspezifische Hindernisse auf dem Weg in den Lehrberuf erwarten, die für die Frage künftiger Rekrutierung sowie einer adäquaten Studien- und Ausbildungsbegleitung von Lehrenden mit Migrationshintergrund von großer Relevanz sein werden.

## 2.3.2  Forschung zu *minority teachers* in den USA, Kanada und Großbritannien im Überblick

Weitere Forschungsarbeiten zu *minority teachers* kommen aus den USA, Großbritannien und Kanada. Es lassen sich folgende drei Forschungsschwerpunkte herauskristallisieren:
1. die Repräsentation und Rekrutierung von Lehrenden mit Migrationshintergrund (Collins/Johnson 1988, Farell 1990, Wilberschied/Dassier 1995, Ryan 2009, Carrington/Tomlin 2000, Leask/Turner/Turner 1996, Lynn/Lewis 2009, Kearney 2008)

2. Lehrende mit Migrationshintergrund als Mentoren, Rollenvorbilder und *change agents* (Carr/Klassen 1997, Carrington/Skelton 2003, Irvine 1989, Okawa 2002, Solomon 1997, Sleeter 1992, Qiocho/Rios 2000)
3. Erfahrungen von Marginalisierung und Diskriminierung (Basit/Kenward/ Roberts 2005, Chavez 2002, Gregory 2001, Kumar 2002, Rong 2002, Rubin 1992, Lippi-Green 1997, Turner 2002, Vargas 2002b, Hargreaves/Cunningham 2007, McNamara/Howson/Gunter/Fryers 2009)

### 2.3.2.1 Rekrutierung und Repräsentation

In der amerikanischen erziehungswissenschaftlichen Forschung beobachtet und kritisiert man seit den späten 1980er Jahren die im Verhältnis zur steigenden Zahl der *visible minorities* in der Bevölkerung insgesamt geringe Anzahl an *minority teachers* (Justiz/Kameen 1988, Bennett 2001, Vargas 2002b, Darling-Hammond/Bransford 2005).[8] Die Ursachenforschung zu dieser Unterrepräsentanz von *minority teachers* an amerikanischen Schulen konzentriert sich vornehmlich auf „Barrieren" in den Bildungslaufbahnen von *minority teachers*. Als solche werden etwa die mangelnde Förderung in der durch die Mehrheitsgesellschaft (Dominanzkultur) geprägten Schule und pejorative Einstellungen des Lehrpersonals gegenüber bestimmten ethnischen Minderheiten (insbesondere sogenannten *visible minorities*) herausgearbeitet (vgl. Ogbu 2001 und Bennett 2001). Zudem sei der Zugang zur Hochschullaufbahn von *minority students* durch institutionelle Diskriminierung beeinflusst (Ogbu 2001). Um dem entgegenzuwirken, betreiben einige Staaten der USA eine aktive Gleichstellungspolitik (*affirmative action*), die allerdings kontrovers diskutiert worden ist und nur bedingt Erfolge zeigt (Aguirre 2000, Vargas 2002b). Darüber hinaus weisen Forschungsarbeiten zur Berufsmotivation von *minority students* darauf hin, dass diese wenig Interesse am Lehrberuf haben und sich zumeist für Studiengänge immatrikulieren, mit denen sie eine berufliche und soziale Aufstiegsperspektive verbinden, wie etwa Betriebswirtschaft oder Jura (Torres/Santos/Peck/Cortes 2004: 15). Auch die allgemein schlechten Arbeitsbedingungen und die geringen Gehälter für Lehrende in urbanen Zentren werden als Faktor für mangelndes Interesse am Lehrberuf ins Feld geführt: „Poor conditions, low salaries, crowded classrooms, and students' lack of respect for teachers discourage minority and white students alike from the teaching profession" (Fenwick 2001: 7).

Auch in Kanada ist die Unterrepräsentanz von *teachers of color*[9] ungebrochen aktuell (Solomon 1997, Ryan 2009). Während der Anteil der *visible minorities*

---

8    Einen umfassenden, systematischen Überblick zur Forschung über *minority teachers* in den USA geben Torres et al. in ihrer Studie *Minority Teacher Recruitment, Development, and Retention* (2004).

9    Unter *teachers of color* werden Lehrende gefasst, die einer sichtbaren Minderheit (*visible minority*) angehören, also phänotypisch nicht als „weiß" eingeordnet werden. Zu den *visible minorities* in Kanada zählen Staatsbürger und Neueinwanderer mit einem phänotypisch erkennbaren asiatischen, afrikanischen, karibischem oder lateinamerikanischem Hintergrund sowie *Afro-Canadians* und indigene Gruppen (*First Nation peoples* und Inuit).

an der Gesamtpopulation – wie in den USA – stetig ansteigt und im Jahr 2006 17% ausmachte, beträgt ihr Anteil an der gesamten Lehrerpopulation nur 5,4% (Ryan et al. 2009: 17). James J. Ryan nennt systematische institutionelle Diskriminierung in der Bildungslaufbahn und diskriminierende Anwerbepraktiken vor allem von Bildungsausländern/innen als zentrale Gründe für die geringe Anzahl von *teachers of color*. In Übereinstimmung mit demokratischen Grundwerten – so fordert er – müsse die Zusammensetzung des Lehrerzimmers proportional die ethnische Zusammensetzung der kanadischen Einwanderungsgesellschaft reflektieren. *Diversity* im Lehrerzimmer unterstütze die politische Gleichstellungsprogrammatik und könne verhindern helfen, dass Schülerinnen und Schüler, die „sichtbaren" ethnischen Minderheiten angehören, ausgegrenzt werden. *Teachers of color*, argumentiert Ryan weiter, könnten als einflussreiche Rollenvorbilder eine Quelle der Inspiration und Motivation für *students of color* sein. Sie brächten zudem häufig die Fähigkeit mit, einzigartige Beziehungen zu unterschiedlichen ethnischen *communities* aufzubauen. Diese besonderen Brücken in die ethnischen *communities* hinein ermöglichten diesen Lehrenden, Unterrichtsthemen und -strategien zu entwickeln, die den Lernerfolg von *minority students* fördern, weil sie sich an den Lebenserfahrungen und an den kulturellen Kontexten der Lernenden orientierten. Aufgrund ihrer eigenen kulturspezifischen Erfahrungen könnten sie „kulturrelevanten pädagogische Ansätzen" wie der *multicultural education* (Abbate-Vaughin 2006) mehr Geltung verschaffen. Ryan argumentiert, dass *teachers of color* nicht nur *students of color* dazu befähigen könnten, Diskriminierung, Benachteiligung und Rassismus zu erkennen und dagegen anzugehen, sondern auch „weißen" Schülerinnen und Schülern dabei helfen könnten, negative Stereotype und rassistische Vorurteile abzubauen. Ryan ist zudem davon überzeugt, dass sich alle schulischen Akteure (Schülerinnen und Schüler, Kollegium und Eltern) durch die Präsenz von *minority teachers* konstruktiv mit kultureller Vielfalt auseinandersetzen müssen (Ryan 2009b: 17ff.). Ähnlich argumentieren auch die US-amerikanischen Erziehungswissenschaftler Alice Quiocho und Francisco Rios (2000), wenn sie darauf hinweisen, dass Heterogenität in der Lehrerschaft gerade auch den schulischen Akteuren der Mehrheitsgesellschaft dabei helfen könne, ein positiveres Bild von Minderheiten und ein realistisches Bild vom Leben mit pluralisierten Lebensentwürfen in Migrationsgesellschaften zu entwickeln.[10] Empirische Belege zur Wirkung von *minority teachers* auf das Kollegium und andere schulische Akteure der Mehrheitsgesellschaft stehen noch aus.

---

10  Darling-Hammond und Bransford spitzen diese Ewartung bezogen auf eine interkulturelle pädagogische Profilbildung folgendermaßen zu: „When a diverse group of people gather to teach and learn from one another they become resources for each other. The opportunities for in depth conversations, teaching examples, inquiry, and other opportunities to learn and grow are enhanced as people with diverse prior experiences come together. Similarily having a diverse population of teacher candidates contributes to the learning climate for developing a culturally responsive pedadogy" (2005: 237).

## 2.3.2.2 Rollenvorbilder, Mentoren und *change agents*

Studien aus den USA, Kanada und Großbritannien haben untersucht, inwieweit *minority teachers* als Rollenvorbilder, Mentoren und/oder *change agents* handeln und welchen Einfluss sie auf Lernende haben, die ethnischen Minderheiten angehören (Carr/Klassen 1997, Sleeter 1992, Carrington/Skelton 2003, Irvine 1989, Okawa 2002, Solomon 1997).[11] Dabei kristallisiert sich folgende Erkenntnis heraus: „[...] directly or indirectly, minority teachers serve as mentors, role models, disciplinarians, advocates, cultural translators, and surrogate parents for minority students" (Torres et al. 2004: 19).

In diesem Zusammenhang verdichten sich auch empirische Hinweise darauf, dass die ethnische Zugehörigkeit von Lehrenden für Schülerinnen und Schüler, die selbst ethnischen Minderheiten angehören, von größerer Bedeutung ist als für Schülerinnen und Schüler, die der Mehrheitskultur angehören (vgl. Irvine 1989). Ehrenberg, Goldhaber und Brewer (1994) versuchten daher, den Zusammenhang zwischen der ethnischen Zugehörigkeit der Lehrperson und der Schulleistung von derselben Minderheitengruppe angehörenden Schülerinnen und Schülern herauszuarbeiten. Zwar konnte diesbezüglich kein Zusammenhang festgestellt werden, es konnte aber eine bessere Bewertung und Leistungsbeurteilung von *minority students* durch *minority teachers*, die der gleichen Minderheit angehörten, dokumentiert werden: „However, teachers' racial and ethnic background did seem to influence their subjective evaluations of their students, with teachers giving higher evaluations to same race students" (Torres et al. 2004: 19).

Nach diesen Befunden kommt geteilten kulturellen, sprachlichen und körperlichen Besonderheiten oder ähnlichen Erfahrungshintergründen von Lehrenden und Lernenden doch eine signifikante Rolle zu. Denn es liegen Studien vor, die darauf hinweisen, dass gerade die Zugehörigkeit zur selben Minderheit von großer Bedeutung für das Anerkennen und die Wirksamkeit von *role models* ist. So weisen etwa Jere Edward Brophy und Thomas L. Good (1986) darauf hin, dass gerade afroamerikanische Schülerinnen und Schüler hinsichtlich ihrer Bildungsaspirationen und ihres Selbstwertgefühls auf besondere Weise durch afroamerikanische Lehrende positiv beeinflusst würden. Michèle Foster fasst die besondere Rolle afroamerikanischer Lehrkräfte folgendermaßen:

> African American teachers express cultural solidarity, affiliation, and connectedness with the African American community. Often reinforced by long-term residence and employment patterns, this solidarity manifests in the way teachers characterize their relationships with students; the re-

---

11   Die Forschungsarbeiten akzentuieren die Funktionen des Rollenvorbilds (role model) zum Teil unterschiedlich. Während Carrington und Skelton bei der Definition des Rollenvorbilds zwischen Inspirationsfigur, Fürsprecher und Mentor (2003: 257ff.) differenzieren, wird in der Literatur zumeist nur von „role model" gesprochen. Irvine (1989) und Okawa (2002) heben in ihren Arbeiten insbesondere die Mentorenrolle von *minority teachers* für Schülerinnen und Schüler mit Migrationshintergrund hervor, wenn sie diese als Berater/in, Betreuer/in, oder als Sprachrohr und Anwalt für die Anliegen von *minority students* im Kollegium charakterisieren (Irvine 1989: 53).

sponsibility they take for the whole by teaching values, skills and know-ledge that enables school success and participation in the larger society; and their demonstrated competence in the norms of the African American community. They link classroom activities to students' out-of-school expe-riences and incorporate familiar cultural and communicative patterns into their classroom practices, routines, and activities. (Foster 1995: 578)

Den Hintergrund für eine solche durchaus als kulturalisierend zu charakte-risierende Argumentation bildet die Annahme, dass die kulturelle Nähe von Lehrenden und Lernenden dazu beitragen könne, die Kluft zwischen Minder-heitenkulturen und der durch die Schule vertretenen Dominanzkultur zu schlie-ßen. In dieses Bild fügt sich auch der Befund von Christine Sleeter (1992), die davon ausgeht, dass *minority teachers* durch besondere soziokulturelle Erfahrungen in der eigenen Bildungsbiographie eine erhöhte Sensibilität für die Benachteiligung von Minderheiten im Bildungssystem entwickeln und entspre-chend auch eine größere Bereitschaft zeigen, als *change agent*[12] für soziale und bildungspolitische Veränderungen zu agieren. R. Patrick Solomon betont hinge-gen, dass Vorbilder nicht unbedingt denselben kulturellen Hintergrund haben müssen, sondern dass bereits die Gemeinsamkeit der Erfahrung von Differenz zu der als dominant gesetzten Kultur der Mehrheitsgesellschaft eine ausreichende Identifikationsgrundlage bieten könne (Solomon 1997: 400).

Ob Rollenvorbilder und Mentoren unmittelbar zum Bildungserfolg von Schülerinnen und Schülern mit Migrationshintergrund beitragen, konnte bis-her nicht empirisch nachgewiesen werden. Es wird jedoch argumentiert, dass Lehrende mit Migrationshintergrund in ihrer Rolle als Vorbild und Mentor das Verhältnis zu den Lernenden verbesserten und so zu einem besseren Lernklima beitrügen. Dies wirke sich letztendlich positiv auf die Schulleistungen von Lernenden mit Migrationshintergrund aus (Solomon 1997: 406). Jacqueline Jordan Irvine begründet den erwarteten Lernerfolg nicht nur mit der Vorbildrolle, sondern auch mit den spezifischen Funktionen, die Lehrende mit Migra-tionshintergrund im schulischen Kontext häufig übernehmen. Folglich behauptet sie, dass *minority teachers* als Kulturübersetzer und Fürsprecher von Lernenden mit Migrationshintergrund unmittelbar zu besseren Schulleistungen dieser Kinder und Jugendlichen beitrügen. Darüber hinaus sei der Unterrichtsstil von *mino-rity teachers* oftmals durch kulturgeprägte Redewendungen, kulturspezifische Wahrnehmung von Autorität und durch kulturelle Transferleistungen geprägt und beeinflusse so positiv das Verhältnis zur Schülerschaft (Irvine 1989: 51ff.).

---

12  Lehrerinnen und Lehrer als *change agents* zu begreifen ist Teil des nordamerikanischen pro-fessionstheoretischen Diskurses. Dabei werden Lehrende in dreifacher Hinsicht als *change agents* gesehen: (1) als *change agents* im Sinne der Begleitung der individuellen Persönlich-keitsentwicklung ihrer Schülerinnen und Schüler; (2) als *change agents* im Sinne der Imple-mentierung von Schulprogrammen, Curricula und Reformen und (3) als *change agents*, die sich den gesellschaftlichen Themen von sozialer Ungleichheit, Diskriminierung und Desin-tegration annehmen (Vgl. Smylie/Bay/Tozer 1999: 33ff.).

Bruce Carrington und Christine Skelton (2003) arbeiten heraus, dass die verschiedenen Rollen, die Lehrende mit Migrationshintergrund ausfüllen (sollen), mit großen Herausforderungen verbunden sind. Durch das besondere, häufig extracurriculare Engagement entstehe zusätzlicher Arbeitsaufwand. Außerdem übten die hohen Erwartungen und Anforderungen seitens der Schülerschaft, des Kollegiums und der Eltern einen großen sozialen und psychischen Druck aus (Carrington/Skelton 2003: 257, Solomon 1997: 405). In diesem Zusammenhang unterstreicht Solomon die Notwendigkeit, alle angehenden Lehrkräfte auf die komplexe pädagogische Aufgabe vorzubereiten, in einem durch soziokulturelle und sprachliche Heterogenität geprägten Schulsystem zu unterrichten (1997: 407ff.).

### 2.3.2.3  Diskriminierungserfahrungen

Die wissenschaftliche und öffentliche Debatte um Diskriminierungserfahrungen von *minority teachers* hat im Zuge der Veröffentlichung aktueller empirischer Studien in Großbritannien wieder an Brisanz gewonnen. Die Befunde der qualitativen Forschungsarbeiten (Fokusgruppeninterviews mit *minority teachers*) von Linda Hargreaves und Marc Cunningham im Rahmen des an der University of Cambridge zwischen 2002 und 2006 durchgeführten *Teacher Status* Projekts dokumentieren, dass Lehrende mit Migrationshintergrund in ihrem schulischen Alltag auf unterschiedlichen Ebenen von Rassismus betroffen sind. In der Teilstudie *Minority Ethnic Teachers' Professional Experiences: Evidence from the Teachers Status Project* geraten im Kontext der Schilderungen von Diskriminierungserfahrungen insbesondere die Kolleginnen und Kollegen sowie die Schulleitungen in den Blick, aber auch die Schülerschaft und die Eltern werden als stereotypisierende Akteure benannt:

> Minority ethnic teachers considered the attitudes of white teachers and headteachers towards them to be of crucial importance to their sense of status and belonging to the profession. However, present among the list of negative experiences endured by minority ethnic teachers in this study has been the unwelcome stereotypical attitudes which block teachers' understanding of other cultures and can generate, consciously or unconsciously, racist attitudes. Teaching staff, students and parents alike have held opinions of minority ethnic teachers which have prevented them from being viewed in a positive light, and as professional body of capable teachers. (Hargreaves/Cunningham 2007: 26)

Dieser Hinweis auf diskriminierende Praxen in der Schule, die von den schulischen Akteuren der „Mehrheitsgesellschaft" ausgehen, wurde durch die jüngst in England durchgeführte Studie von Olwen McNamara, John Howson, Helen Gunter und Andrew Fryers an der University of Manchester mit dem Titel *The Leadership Aspirations and Carriers of Black and Minority Ethnic Teachers* (2009) empirisch bestätigt. In der Studie wurden 556 *black* and *minority ethnic teachers* zu ihrem professionellen Selbstverständnis und schulischen Aufstiegsaspirationen befragt. Dabei gaben 44% der Lehrenden an, dass sie unter Diskriminierung in der Schule litten und diese auch als ein wesentliches Hindernis für ihre berufliche Weiterentwicklung betrachteten. 70% der befragten Lehrenden gaben an, dass sie den Eindruck hatten, weniger schulinterne Aufstiegsmöglichkeiten zu haben als Lehrkräfte, die keiner sichtbaren Minderheit angehörten. In Großbritannien gehören 10% der Bevölkerung ethnischen Minderheiten (*visible minorities*) an, aber weniger als 1% der *minority teachers* schaffen es in Schulleitungspositionen. Mit Blick auf die Rekrutierungsstrategien von Lehrenden mit Migrationshintergrund für Schulleitungsfunktionen stellen die Autoren deshalb fest, dass *minority teachers* strukturell benachteiligt werden, weshalb man in diesem Zusammenhang von institutionellem Rassismus sprechen kann (McNamara/Howson/Gunter 2009).[13]

In den USA und Kanada stößt man in der Literaturanalyse ebenfalls auf wissenschaftliche Untersuchungen, die sich mit den Rassismuserfahrungen (Solomon 2000) und den von Berufsbarrieren angehender Lehrender ethnischer Minderheiten (insbesondere der *visible minorities*) befassen (Kearney 2008, Lynn/Lewis 2009). Im Zentrum der Forschung stehen hier die Analyse von Ungleichbehandlung und Diskriminierung in der Ausbildung und auf dem Arbeitsmarkt (Kenward/Roberts 2005, Ryan 2009). Solomon hat zudem in einer Langzeitstudie die monokulturelle Schulkultur als Exklusionsmatrix von *minority teachers* herausgearbeitet. Die institutionelle Kultur der Schulen, so das Ergebnis seiner Untersuchung, reproduziere einen Defizitblick auf Minderheiten: „Institutional culture interprets racial difference as deficit, generates paralyzing anxiety for candidates of color, marginalizing them in the communication process" (Solomon 2000: 953).

An dieser Stelle sei auch auf Studien verwiesen, die sich mit den Diskriminierungserfahrungen von US-amerikanischen *Hochschul*lehrerinnen beschäftigen, die ethnischen Minderheiten angehören. Herausgearbeitet werden unterschiedliche Facetten des Erlebens von Marginalisierung und Diskriminierung, die auf den Lehrberuf in Schulen durchaus übertragbar sind. Es werden unter anderem folgende charakteristische Erfahrungen benannt: fehlender Respekt bei Studierenden und Kollegen, Isolation von Entscheidungsfindungsprozessen, Unterbeschäftigung oder Überlastung sowie das in Frage Stellen der Autorität (Chavez 2002, Kumar 2002, Rong 2002, Vargas 2002a). Dabei wird hervorgehoben, dass weibliche Lehrkräfte mit Migrationshintergrund aufgrund ihres Geschlechtes und ih-

---

13  Diese aktuellen Ergebnisse schließen an Forschungsarbeiten aus den 1990er Jahren in Großbritannien an, die sich mit den Ursachen der Unterrepräsentanz von Lehrenden aus ethnischen Minderheiten beschäftigten (etwa Leask et al. 1996). Herausgearbeitet wurden hier u.a., dass (a) der Lehrberuf kein ausreichend hohes Prestige besitze und deshalb auch für Studierende ethnischer Minderheiten nicht attraktiv sei; (b) dass es bisher zu wenige Lehrende ethnischer Minderheiten an Schulen gebe und deshalb die positiven Rollenvorbilder fehlten, (c) dass innerhalb der ethnischen *communities* eine (Leask et al. 1996: 6) gewisse Unsicherheit bzw. Angst existiere, im schulischen Kollegium marginalisiert zu werden; und (d) dass der Lehrberuf kaum berufliche Aufstiegsmöglichkeiten biete.

rer Herkunft häufig doppelt diskriminiert werden (Gregory 2001, Turner 2002, Vargas 2002b).

Zur vertiefenden Analyse von Diskriminierungserfahrungen werden in den biographisch-orientierten Untersuchungen der US-amerikanischen Forscherinnen die Kategorien Körper und Akzent herangezogen. Da am Körper und Akzent Informationen über Geschlecht und ethnische Herkunft abzulesen sind, werden Lehrende ethnischer Minderheiten immer wieder auf diese phänotypischen Merkmale reduziert und mit gesellschaftlichen Stereotypen konfrontiert (Lippi-Green 1997, Rubin 1992, Tartakowska 2006, Vargas 2002b). Nicht selten ist die Wahrnehmung eines Akzentes überdies eng mit phänotypischen Merkmalen verknüpft. Rosina Lippi-Green (1997) beschreibt die von *minority teachers* erfahrene Diskriminierung auf der Basis eines Akzentes als besonders subtile Form des Rassismus, der in seiner Wirkung häufig unterschätzt werde. Lippi-Green schreibt: „Accent discrimination can be found everywhere in our daily lives. In fact, such behaviour is so commonly accepted, so widely perceived as appropriate, that it must be seen as the last back door to discrimination" (1997: 73). Studien von Rubin (1992), Lippi-Green (1997) und Vargas (2002b) legen außerdem nahe, dass der Akzent von Lehrkräften, als eine Form der sprachlichen Abweichung, von den Studierenden als inakzeptabel, irritierend und störend empfunden wird, und vermuten dahinter eine Grundüberzeugung von der eigenen kulturellen und sprachlichen Überlegenheit (Manrique 2002, Kumar 2002, Vargas 2002a).

Die vorliegende Studie nimmt an unterschiedlichen Stellen explizit Bezug auf die Hypothesen und Ergebnisse der genannten Untersuchungen, um empirische und theoretische Anschlussstellen zu markieren. Die skizzierten empirischen Befunde aus der Schul- und Unterrichtsforschung anderer Länder dienen der Kontrastierung, Differenzierung und auch Vertiefung. Zugleich sei an dieser Stelle unterstrichen, dass trotz ähnlicher Befunde den jeweiligen migrationshistorischen und integrationspolitischen Rahmenbedingungen Rechnung getragen werden muss, d.h. dass Forschungsergebnisse etwa zu *black minority teachers* aus den klassischen Einwanderungsländern oder Großbritannien nicht einfach auf den deutschen Kontext übertragen werden können, da die spezifischen Kolonialgeschichten dieser Länder sowie die Geschichte der Sklaverei in anderer Weise als in Deutschland bis in die Gegenwart hineinwirken (Postkolonialismus) und Zugehörigkeitskonstruktionen sowie spezifische Bilder der „Anderen" prägen. Ganz gleich, ob durch empirische Forschung aus Großbritannien, Kanada oder den USA gestützt oder politisch gewünscht, Lehrende mit Migrationshintergrund scheinen im Kreuzfeuer der Erwartungen und Zuschreibungen zu stehen. Wie Lehrkräfte in Deutschland mit diesen vielfältigen, teils auch widersprüchlichen und konfligierenden Erwartungen und Zuschreibungen umgehen, ist Gegenstand vorliegender Studie.

## 2.4  Die Theorie des konjunktiven Erfahrungsraums

Die Studie bedient sich des Begriffs des „konjunktiven Erfahrungsraums," eines zentralen theoretischen Grundbegriffs der *dokumentarischen Methode* (Verfahren der qualitativen Sozialforschung), so wie sie Ralf Bohnsack (1998, 2007, 2008) in Anlehnung an Karl Mannheim und Harold Garfinkel sowie an Pierre Bourdieu entwickelt hat. Ein konjunktiver, also verbindender Erfahrungsraum basiert demnach auf gemeinsamen oder gleichartigen biographischen und kollektivbiographischen „Erlebniszusammenhängen" (Mannheim 1980: 271) derjenigen, die diesen Erfahrungsraum teilen (vgl. Fritzsche 2010: 62). So kann beispielsweise die Generation oder das Milieu als konjunktiver Erfahrungsraum charakterisiert werden. In diesen konjunktiven Erfahrungsräumen wird „konjunktives Wissen" (Mannheim 1980: 296) angeeignet. Dieses handlungsleitende Wissen wird als atheoretisches, implizites Wissen gefasst und in Sozialisationsprozessen auf der Grundlage geteilter Erfahrungen erworben. Es ist deshalb ein erfahrungsbasiertes, habitualisiertes Wissen (Mannheim 1980, Bohnsack 2003: 59ff.). Nach Mannheim handelt es sich bei dem impliziten, habitualisierten Wissen um kollektiv geteilte Orientierungen, weil dieses Wissen von all jenen geteilt wird, die über gemeinsame, also konjunktive Erfahrungen verfügen. Konjunktive Erfahrungen können als „fundamentale, existentiell bedeutsame Zusammenhänge, die die Sozialisation von Individuen bestimmen und mit anderen geteilt werden" beschrieben werden (Asbrand 2011: 1). Die Studie geht davon aus, dass die Migrationssituation und das Aufwachsen als Angehöriger einer ethnischen, sprachlichen oder religiösen Minderheit in einer nationalstaatlich geprägten Mehrheitsgesellschaft (Dominanzkultur) als „kollektivbiographischer Erlebniszusammenhang" (Mannheim 1980) bzw. auch als „konjunktiver Erfahrungsraum" gefasst werden kann, der durch kollektiv geteilte Orientierungen und habitualisiertes Wissen gekennzeichnet ist. Dies wäre eine Erklärung für die in vielen biographischen Interviews von den Befragten zur Sprache gebrachten Erfahrungen von „Unmittelbarkeit" und „Gefühlen von Nähe und Vertrautheit" zwischen den unterschiedlichen schulischen Akteuren mit Migrationshintergrund (insbesondere Schülerinnen und Schüler sowie Eltern).

## 2.5  Offene Forschungsfragen – Forschungsdesiderate

Aus dem Forschungsstand ergeben sich zugleich Forschungsdesiderate, die die vorliegende Studie nicht abzudecken vermag. Hierunter fallen u.a. folgende Aspekte:

**(a) Die Rekonstruktion der Zusammenhänge von (Migrations-)Biographie und Profession**
Eine Erschließung der Zusammenhänge von Migrationsbiographie und Profession, müsste systematisch der Frage nachgehen, welche Bedeutung migrationsbeding-

te Erfahrungen für die Herausbildung von Professionswissen und professioneller Handlungskompetenz besitzen. Gerade im Hinblick auf die Herausbildung interkultureller Kompetenz als Element pädagogischer Professionalität (Lanfranchi 2008) wäre die Rekonstruktion dieses Zusammenhangs von großer Relevanz (zugleich bedürfte es hierzu einer Kontroll- bzw. Vergleichsgruppe von Lehrenden ohne Migrationshintergrund). Strasser und Steber verweisen auf Befunde der professionalisierungstheoretischen Erziehungswissenschaft, in der bisher generell dem Aspekt der Gemeinsamkeit der „biographischen Erlebnisschichtung" (vgl. Mannheim 1970) bzw. der „habituellen Übereinstimmung" (Bohnsack 1998: 122) von Lehrenden zu wenig Aufmerksamkeit geschenkt worden sei (Strasser/ Steber 2009: 118). Mit aber ebendiesem erkenntnistheoretischen Rahmen ließen sich noch ausstehende empirische Daten über den Zusammenhang von Migrationserfahrung und professioneller pädagogischer Identität generieren.

**(b) Die Perspektive der Schülerinnen und Schüler auf Lehrende mit Migrationshintergrund**

Für eine bessere Einschätzung der tatsächlichen Wirkung (etwa Vorbild) von Lehrenden mit Migrationshintergrund auf die Schülerinnen und Schüler mit Migrationshintergrund wäre es wichtig, empirisch den Blick darauf zu richten, wie die Lernenden diese Lehrenden erleben und sehen. Auch die US-amerikanischen Befunde, dass Lehrende mit Migrationshintergrund durch ihre Präsenz stereotype Wahrnehmungsmuster von Schülerinnen und Schüler der Mehrheitsgesellschaft verringerten und auch dem Lehrkörper ein realistischeres Bild der Einwanderungsgesellschaft vermittelten (Quiocho/Rios 2000, Ryan 2009b), wären empirisch zu überprüfen.

**(c) Die Perspektive der migrantischen Eltern auf Lehrende mit Migrationshintergrund**

Neben der Perspektive der Lernenden auf Lehrende mit Migrationshintergrund, scheint zudem die Wahrnehmung der Eltern als ein Schlüssel zur Beantwortung der Frage, ob diese Lehrenden tatsächlich in besonderer Weise mit der Förderung migrantischer Kinder und Jugendlicher befasst sind. Zwar nimmt die vorliegende Studie auch Bezug auf die Elternarbeit von Lehrenden mit Zuwandererbiographie (siehe Kapitel 5.2.3 Lehrende mit Migrationshintergrund und Elternarbeit), holt aber nicht die Elternperspektive selbst ein. Das in vorliegender Studie erhobene empirische Material dokumentiert ausschließlich die Wahrnehmung und Interpretation der Lehrenden mit Migrationshintergrund, die sich häufig selbst Erfolg in der interkulturellen Elternarbeit zuschreiben.

**(d) Die Bedeutung der ethnischen Selbst- bzw. Fremdzuschreibung im Feld Schule**

Schließlich ist ganz grundsätzlich nach der Bedeutung der spezifischen ethnischen Zugehörigkeit (Selbst- und Fremdzuschreibung) von Lehrkräften mit Migrationshintergrund in der Interaktion mit den schulischen Akteuren anderer ethnischer Zugehörigkeiten zu fragen. Hierzu gehört etwa die Klärung der Frage, ob und inwiefern sich die spezifische ethnische Zugehörigkeit des Lehrenden auf die Lehrer-Schüler-Interaktionen auswirkt. Wenn, wie in einigen der genannten Studien angenommen, Lernende ethnischer Minderheiten von der Präsenz von *minority teachers* profitieren, ist zu fragen, ob alle Lernenden mit Migrationshintergrund grundsätzlich von Lehrenden mit Migrationshintergrund profitieren. Oder lassen sich positive Effekte (etwa realistische Leistungseinschätzung und Rollenvorbild) nur dann nachweisen, wenn die Lehrperson von den Schülerinnen und Schülern der gleichen ethnischen Gruppe zugeordnet wird, der sie sich selbst zugehörig fühlen? Anders gesagt: Kann auch eine rumänisch-stämmige Lehrerin aufgrund ihrer Migrationserfahrung Vorbildwirkung auf eine Schülerin mit türkischem Migrationshintergrund entfalten oder funktioniert das nur auf der Ebene eines angenommenen ethnisch kodifizierten „gemeinsamen Erfahrungsraums"? Braucht die türkisch-stämmige Schülerin Orientierungshilfe durch eine türkisch-stämmige Lehrerin, in der sie sich wiedererkennen kann? Oder lassen sich solche identifikatorischen Prozesse auch jenseits der Grenzen ethnischer Zuschreibungen und Zugehörigkeiten ausmachen? Das hieße beispielsweise, dass sich auch der Junge aus einer russischen Aussiedlerfamilie von seinem arabisch-stämmigen Klassenlehrer angenommen und verstanden fühlt und diesen als Rollenvorbild betrachten kann.

Wenn sich die positiven Effekte von Lehrenden mit Migrationshintergrund auf migrantische Schülerinnen und Schüler nur entlang eines ethnisch kodifizierten „konjunktiven Erfahrungsraums" (Bohnsack 1998) ausmachen ließen, würde das eine Ethnisierung schulischer Interaktionsprozesse bedeuten und wäre damit einer interkulturellen Öffnung von Schule wohl kaum dienlich. Im Vorgriff auf die Ergebnisse der vorliegenden Studie kann festgehalten werden, dass beide Phänomene beobachtbar sind: Es gibt nach Aussage der befragten Lehrpersonen, Schülerinnen und Schüler, die sich auf der Grundlage angenommener und/oder gefühlter gleicher ethnischer Zugehörigkeit mit ihrem Lehrer bzw. ihrer Lehrerin identifizieren. Es gibt aber auch Beispiele dafür, dass sich Kinder und Eltern aus Einwandererfamilien, quasi über ethnische und sprachliche Zugehörigkeitskonstruktionen hinweg, mit migrantischen Lehrpersonen identifizieren. Ausschlaggebend scheint hier allein die Tatsache, dass die Lehrenden ebenfalls einen Migrationshintergrund haben, ganz gleich welchen. Bei letzterer Gruppe wiegt die Bedeutung des durch Migration und Minderheitenstatus geprägten gemeinsamen Erfahrungsraums offenbar stärker als die spezifische ethnische und sprachliche Herkunft.

Die Bestandsaufnahme der existierenden Forschung zu Lehrenden mit Migrationshintergrund (*minority teachers*) sowie die Forschungsdesiderate illustrieren die Komplexität und Vielschichtigkeit des Untersuchungsgegenstandes. Die vorliegende Studie verortet sich im Rahmen der dargestellten Forschungsarbeiten, setzt aber zugleich eigene methodische und theoretische Akzente. Es handelt sich um die erste bundesweite, quantitativ und qualitativ angelegte Studie zu Lehrkräften mit Migrationshintergrund. Der Umfang und die Reichweite der

Untersuchung sind aber aufgrund des kleinen Forscherinnenteams und der finanziellen Mittel begrenzt, so dass die Autorinnen die Studie als eine erste explorative Sondierung des Gegenstandsbereichs betrachten.

# III Methodisches Vorgehen

## Viola B. Georgi

Die vorliegende explorative Studie ist eine kombinierte qualitative und quantitative Untersuchung. Dabei bedient sich die Studie der Methoden der Biographieforschung (Schütze 1977), der Inhaltsanalyse (Mayring 1990 u. 2001) und der Fragebogenerhebung auf Grundlage einer standardisierten Onlinebefragung. Quantitative und qualitative Daten werden – wo angebracht – in einem Verfahren der Triangulation (Flick 2000) miteinander verknüpft.

## 3.1 Biographischer Ansatz

Die vorliegende Studie untersucht, wie Lehrerinnen und Lehrer mit Migrationshintergrund ihr professionelles Selbstverständnis konstruieren. Analysiert wurde, welche Erfolgsfaktoren sich in den Bildungsbiographien niederschlagen; welche Berufsmotivationen erkennbar sind; wie Studium, Referendariat und Schulalltag von den Befragten erlebt wurden und erlebt werden; und wie sie ihre Erfahrungen vor dem Hintergrund gesellschaftlicher und schulischer Integration heute einordnen und beurteilen. Die Studie reiht sich damit ein in biographisch-orientierte Untersuchungen der schulpädagogischen Forschung. Erziehungswissenschaftliche Biographieforschung wird als qualitative Bildungsforschung verstanden. Sie folgt den inhaltlichen Grundannahmen des interpretativen Paradigmas und bezieht sich auf individuelle Lebens-, Bildungs- und Lernprozesse (Marotzki 2006: 112). Generiert werden soll Wissen über verschiedene Sinnwelten, Lebens- und Problemlösungsstile, Lern- und Orientierungsmuster. Die Herausforderung besteht darin, den einzelnen Menschen in seinen sinnhaft-interpretativ vermittelten Bezügen zur alltäglichen Lebenswelt ebenso zu verstehen wie in seinem biographischen Gewordensein. Dabei geht es um das Aufdecken von Strukturen des Verhältnisses des Subjekts zu sich und seiner Lebenswelt.

Die *Biographische Lehrerforschung* hat sich in Deutschland in den 1980er Jahren etabliert (Reh/Schelle 2006). Man kann in diesem Zusammenhang auch von einem Paradigmenwechsel in der Lehrerforschung vom „Sozialisations- zum Biographieparadigma" sprechen (Terhart 1995a). In der vorliegenden Untersuchung gehen wir mit dem Bildungsforscher Ewald Terhart (1995b) davon aus, dass Professionalisierung im Lehrberuf als berufsbiographische Entwicklung verstanden werden kann. Es schien daher gegenstandsadäquat, dem professionellen Selbstverständnis von Lehrenden mit Migrationshintergrund über ein fallrekonstruktives, biographisch orientiertes methodisches Vorgehen nachzuspüren.

## 3.2  Erhebung der Daten

Es wurden narrative Interviews nach der biographischen Methode (Schütze 1977) geführt. Das narrative Interview ist ein sozialwissenschaftliches Erhebungsverfahren, welches die Interviewpartnerin bzw. den Interviewpartner zu einer umfassenden Erzählung persönlicher Ereignisverwicklungen und entsprechender Erlebnisse in einem vorgegebenen Themenbereich anregen soll (vgl. Schütze 1977). Der Interviewte strukturiert seine lebensgeschichtliche Erzählung selbst und erbringt zu diesem Zweck die erforderlichen Selektionsleistungen und Relevanzsetzungen. Er leistet biographische Arbeit. Angeregt wird der Interviewte durch die sogenannte erzählgenerierende Eingangsfrage. Im Fall unserer Studie lautete die Erzählaufforderung: „Bitte erzählen Sie Ihre Lebensgeschichte." In einigen Fällen wurde auch explizit nach der Bildungsgeschichte gefragt. Um den Kontext der Untersuchung wissend, entwickelten die Befragten ihre lebensgeschichtlichen Erzählungen entlang der eigenen bzw. familiären Migrationsgeschichte und präsentierten diese zumeist im Kontext der Bildungsgeschichte. Die Relevanzsetzungen lagen daher häufig auf Erzählungen über Schlüsselerlebnisse in der eigenen Bildungsbiographie, den eigenen schulischen Erfahrungen als Schülerin bzw. Schüler und in der Reflexion der heute selbst ausgefüllten Rolle der Lehrerin bzw. des Lehrers. Im Anschluss an die vornehmlich von den Befragten selbst strukturierte lebensgeschichtliche Erzählung folgten – nun durch die Interviewerinnen gesteuert – ein narrativer interner Nachfrageteil, in dem wichtige Themen aus dem Interview vertieft wurden, sowie ein bilanzierender Nachfrageteil, der auf die argumentative Selbst-Einordnung der erzählten Biographie abzielte. Zusätzlich arbeitete das Forscherinnenteam mit einem vorstrukturierten externen Nachfrageteil, der bestimmte für die Untersuchung relevante Themen setzte, sofern diese von den Interviewten nicht selbst angesprochen wurden. Hierbei ging es darum, episodische Erzählungen zu folgenden Themenfeldern zu generieren: Bildungslaufbahn, Schüler-Lehrer-Interaktion, Eltern-Lehrer Interaktion, Austausch mit dem Kollegium, persönliche berufliche Erfahrungen, Lehrerbilder, Funktionszuweisungen und Zukunftsvorstellungen.

**Datenschutz und Anonymität**
Die Interviewpartnerinnen und Interviewpartner wurden schriftlich und mündlich über das Forschungsprojekt und seine Ziele aufgeklärt. Sie haben einer wissenschaftlichen Veröffentlichung ihrer Daten schriftlich zugestimmt und wo erforderlich auch die schriftliche Kenntnisnahme ihrer Schulleitung eingeholt. Ihnen wurde zugleich zugesichert, dass die Daten anonymisiert und ausschließlich zu wissenschaftlichen Zwecken genutzt werden. Auch werden nach Ablauf der Untersuchung alle erhobenen Daten von allen Datenträgern gelöscht. Das Forscherinnenteam orientierte sich hier an den Richtlinien für wissenschaftliche Untersuchungen, wie sie vom *Bundesbeauftragten für den Datenschutz* vorgegeben

wurden. Alle Erhebungsinstrumente wurden überdies ohne Beanstandung einer Prüfung durch den *Bundesbeauftragten für den Datenschutz* unterzogen.

### Interviewerinnen

Insgesamt waren neben dem Forschungsteam (Georgi, Ackermann, Karakaş) fünf weitere Interviewerinnen an der Erhebung der Daten beteiligt: vier Interviewerinnen mit türkischem Migrationshintergrund und eine polnische Interviewerin. Die Interviewsprache war Deutsch.

### Informantinnen und Informanten

Einige der Interviewten hat das Forscherinnenteam durch persönliche Kontakte gefunden, einige durch Ausschreibungen des Forschungsprojektes über einschlägige Webseiten, einige durch Kontakte zu unterschiedlichen Bildungsinstitutionen und Migrantennetzwerken in ganz Deutschland. Besonders hilfreich war auch die Zusammenarbeit mit dem *Netzwerk der Lehrkräfte mit Zuwanderungsgeschichte* in Nordrhein-Westfalen.

An dieser Stelle sei nochmals allen unseren Interviewpartnerinnen und Interviewpartnern gedankt, ohne die diese Untersuchung nicht durchführbar gewesen wäre. Es ist ihrer Auskunftsbereitschaft und Offenheit geschuldet, dass wir so viele wertvolle Daten zu unseren Forschungsfragen haben zusammentragen können.

### Orte der Interviewführung

Die Interviews wurden vornehmlich in den Bundesländern Hessen, Berlin, Bremen, Hamburg, Nordrhein-Westfalen, Bayern und Baden-Württemberg geführt. Dies hatte forschungsökonomische Gründe (Reisekosten) und forschungspragmatische Gründe, weil wir in diesen Bundesländern auf uns bekannte Bildungsinstitutionen, Personen und Netzwerke zurückgreifen konnten, die uns bei der Suche nach Informanten und Informantinnen unterstützten.

Geführt wurden die Interviews an unterschiedlichen Orten, immer abhängig von den jeweiligen logistischen und räumlichen Möglichkeiten und Wünschen der Interviewten. So wurden einige Interviews in den Räumen der Universität geführt, einige in Klassen- und Lehrerzimmern, einige in Cafés, einige in Räumen von Bildungsinitiativen und einige auch bei den Informanten zu Hause.

### Erhebung und Auswertung der quantitativen Daten der Untersuchung[1]

Im quantitativen Teil der Studie wurden relevante statistische Daten über Lehrende mit Migrationshintergrund mittels des Instruments des Online-Fragebogens erhoben. Folgende Themenfelder wurden durch geschlossene und offene Fragen untersucht: Herkunftskontext, Zuwandererbiographie, Bildungslaufbahn, beruflicher Status und Schulpraxis, Fächerwahl, Beziehungen zu Schülerinnen

---

1   Tilmann Eckloff (*Respect Research Group* der Universität Hamburg) war im Rahmen der Studie für die Administration der Online-Befragung und die graphische Aufarbeitung der Daten verantwortlich.

und Schülern, zu den Eltern und zum Kollegium sowie Zukunftsvorstellungen zur Schule in der Einwanderungsgesellschaft.

Mittels dieses Fragebogens konnten Daten zu 198 Lehrerinnen und Lehrern mit Migrationshintergrund generiert werden. Eine detaillierte Darstellung der Erhebungs- und Auswertungsmethoden sowie eine Erklärung zur Reichweite der erhobenen Daten befinden sich im Teil VI (Quantitative Daten).

## 3.3  Das qualitative Sample

In dem qualitativen Sample dominiert die Gruppe der Lehrenden mit türkischem Migrationshintergrund. Dies gilt auch für das quantitative Sample (N=198). Von den 45 Personen aus dem qualitativen Sample haben 24 Personen einen türkischen Migrationshintergrund. Damit spiegelt das Sample den Sachverhalt wider, dass die türkischen Einwanderer im zahlenmäßigen Vergleich der Einwanderergruppen in Deutschland mit ca. 1,7 Millionen Menschen die größte Gruppe darstellen. Zudem sind es die Kinder dieser Einwanderergruppe, die in Untersuchungen der empirischen Bildungsforschung als von Bildungsungleichheit besonders betroffen identifiziert werden (Fürstenau/Gomolla 2009a: 8).

Weiterhin sei hervorgehoben, dass von den 45 transkribierten Interviews 31 mit Lehrerinnen geführt wurden. Die größere Anzahl von Frauen in dem Sample unterstreicht den wissenschaftlichen Befund der Feminisierung des Lehrberufs (vgl. Kramer/Schmude 2006).

Im Zeitraum von Januar 2009 bis Juli 2009 wurden insgesamt 60 Interviews mit Lehrerinnen und Lehrern, Referendarinnen und Referendaren mit Migrationshintergrund geführt. Die Länge der Interviews betrug zwischen 1,5 bis 3 Zeitstunden. 45 Interviews wurden nach theoretischem *Sampling* für die Analyse ausgewählt, voll- und teiltranskribiert. Dabei kam bei den Volltranskriptionen eine leicht modifizierte Transkriptionslegende nach Rosenthal (2005: 95) zur Anwendung.

Die Transkriptionslegende wurde für die fallrekonstruktive Arbeit genutzt. In der Präsentation der biographischen Portraits wurden die Transkriptionsmarkierungen allerdings zu Gunsten der besseren Lesbarkeit aus den Zitaten herausgenommen. Auch sprachlich wurden die Interviews dem Sinngehalt der Aussagen entsprechend „geglättet." Das heißt, grammatikalische Fehler, Wortdoppelungen, abgebrochene bzw. unvollständige Sätze, durch Dialekt gefärbte Sprache und schwer verständlicher Satzbau wurden „korrigiert".

**Tabelle mit Übersicht über alle transkribierten qualitativen Interviews**

| Migrationshintergrund | Schulform | Geschlecht |
|---|---|---|
| Türkisch | Grundschule | Weiblich (n=3) |
| | | Männlich (n=1) |
| | Haupt- und Realschule | Weiblich (n= 4) |
| | | Männlich (n=2) |
| | Gesamtschule | Weiblich (n=5) |
| | | Männlich (n=1) |
| | Gymnasium | Weiblich (n=3) |
| | | Männlich (n=1 |
| | Berufsschule | Weiblich (n=3) |
| | | Männlich (n=1) |
| Griechisch | Gesamtschule | Weiblich (n=1) |
| | Gymnasium | Männlich (n=1) |
| | Berufsschule | Männlich (n=1) |
| Marokkanisch | Grundschule | Weiblich (n=1) |
| | Gesamtschule | Männlich (n=1) |
| Ukrainisch | Grundschule | Weiblich (n=1) |
| | Haupt- und Realschule | Weiblich (n=1) |
| Italienisch | Gymnasium | Männlich (n=1) |
| | Berufsschule | Männlich (n=1) |
| Syrisch | Sonderschule | Weiblich (n=1) |
| | Berufsschule | Weiblich (n=1) |
| Palästinensisch | Grundschule | Weiblich (n=1) |
| Bosnisch | Grundschule | Männlich (n=1) |
| Russisch | Haupt- und Realschule | Weiblich (n=1) |
| Rumänisch | Gesamtschule | Weiblich (n=2) |
| Spanisch | Haupt- und Realschule | Weiblich (n=1) |
| Iranisch | Haupt- und Realschule | Weiblich (n=1) |
| Ägyptisch | Gymnasium | Männlich (n=1) |
| Ivorisch | Gesamtschule | Männlich (n=1) |
| Kamerunisch | Gesamtschule | Weiblich (n=1) |

## 3.4   Zur Auswertung der qualitativen Daten

Im Zentrum der qualitativen Datenauswertung stand die Rekonstruktion ausgewählter individueller Migrations- und Bildungsbiographien von Lehrerinnen
und Lehrern mit Zuwanderungsgeschichte. Hierfür wurden die Daten auf der
Grundlage der gegenstandsbezogenen Theoriebildung – der „Grounded Theory"
(Glaser/Strauss 1967) – ausgewertet. Diese Vorgehensweise legt eine qualitati-

ve Stichprobenziehung durch theoretisches *Sampling* zu Grunde. Dabei wird keine statistische Repräsentativität angestrebt. Stattdessen wird davon ausgegangen, dass die Heterogenität des Gegenstandsbereichs durch die gezielte Auswahl von Fällen und deren Kontrastierung (minimaler und maximaler Vergleich) gut abgebildet werden kann (Strauss/Corbin 1996). Auf der Datenebene geht es in der qualitativen Analyse gemäß der *Grounded Theory* (Strauss/Corbin 1990) zunächst um die Zuordnung von Textstellen und erläuternden, analysierenden und interpretierenden Auswertungsurteilen (Kodierungen, Kategorien). Mit Hilfe dieser Kodierungen und Kategorien, die aus dem qualitativen Material herausgearbeitet werden (gegenstandsbezogene Theoriebildung), wird das empirische Datenmaterial Fall für Fall durchgearbeitet (axiales und selektives Kodieren). Es sei an dieser Stelle betont, dass das Forscherinnenteam auf eine voreilige Typenbildung im Rahmen dieser explorativen Studie verzichtet und stattdessen mit exemplarischen Fallstudien arbeitet, die als biographische Portraits präsentiert werden.

Aus den 45 Transkriptionen wurden einzelne Fälle zur Feinanalyse ausgewählt. Der Auswahlprozess orientierte sich im ersten Schritt an den Kriterien „spezifischer Migrationshintergrund," „Geschlecht" und „Schulform." Dabei ging es zunächst darum, eine möglichst breite Streuung der Fälle auszuschöpfen. So sollte etwa die türkisch-stämmige Grundschullehrerin aus dem Arbeitermilieu ebenso vertreten sein, wie die iranisch-stämmige Gymnasiallehrerin aus akademischem Elternhaus, eine Gesamtschullehrerin kamerunischer Herkunft oder der russlanddeutsche Quereinsteiger, der Mathematik an einer Berufsschule lehrt. Auf diese Weise entstanden detaillierte Einzelfallstudien, die die vorgefundene Vielfalt an Lehrerbiographien im Feld abbilden. In einem zweiten Schritt wurden ähnliche Fälle und kontrastive Fälle systematisch miteinander verglichen und „fehlende" Fälle identifiziert. So suchten wir etwa gezielt nach Lehrerinnen und Lehrern mit Migrationshintergrund, die Schulleitungsfunktionen ausübten. Aufgrund der geringen Anzahl (3 Personen) im gesamten Sample können diese aber gemäß der für wissenschaftliche Untersuchungen geltenden Anonymisierungsregeln nicht als Einzelfallstudien präsentiert werden, sondern fließen lediglich in die Inhaltsanalysen ein. Auch suchten wir gezielt nach Lehrenden, die man als Angehörige von sichtbaren Minderheiten (*visible minorities*) beschreiben kann, um zu untersuchen, inwiefern sich phänotypische Differenz, etwa eine andere Hautfarbe, im schulischen Kontext auswirkt.

## 3.5   Inhaltsanalyse

Die Interviews wurden auch inhaltsanalytisch ausgewertet (Mayring 1990). Da sich die qualitative Inhaltsanalyse besonders gut für eine systematische, theoriegeleitete Bearbeitung von großen Textmengen eignet, erschien uns ihre Anwendung auf unser Datenmaterial nicht nur gegenstandsadäquat, sondern auch aus forschungspragmatischer Sicht effizient. Sie half bei der strukturierten Herausarbeitung forschungsrelevanter Themen aus der Fülle des Datenmaterials.

Bei der vorgenommenen Inhaltsanalyse wurden bestimmte thematische Aspekte nach festgelegten Ordnungskategorien systematisch aus dem Material herausgefiltert. Dabei wurde nach ausgewählten untersuchungsrelevanten Kategorien quasi ein Querschnitt durch das Material gelegt, d.h. das Datenmaterial wurde entlang der folgenden übergeordneten Strukturierungsdimensionen durchgearbeitet:

1. Familienorientierung als Erfolgsfaktor in den Bildungsbiographien
2. Dimensionen des professionelles Selbstverständnisses
3. Dimensionen schulischer Integration
4. Benachteiligungs- und Diskriminierungserfahrungen
5. Dimensionen des Umgangs mit kultureller und sprachlicher Heterogenität in der Schule

Zu jeder der übergeordneten Dimensionen wurden zusätzlich differenzierende Kategorien entwickelt, wie etwa die Aufgliederung in Lehrer-Schüler-Verhältnis, Lehrer-Kollegen-Verhältnis und Lehrer-Eltern-Verhältnis.

## 3.6 Triangulation

Wir orientierten uns bei der Verknüpfung der Daten an dem sogenannten *Triangulationsmodell* (Flick 2000). Es handelt sich hierbei um eine komplexe Verschränkung qualitativer und quantitativer Analyseschritte in einem Analyseprozess.

Die Fragestellung wurde aus mehreren Blickwinkeln mit unterschiedlichen Methoden angegangen: biographische Methode, Inhaltsanalyse und quantitative Erhebung. Ziel war eine Verdichtung der Daten entlang bestimmter thematischer Komplexe. Im konkreten Fall unserer Untersuchung bedeutete dies, dass ausgewählte Kategorien der qualitativen Untersuchung auch in den quantitativen Fragebogen eingespeist wurden, sodass sich die Befunde wechselseitig spiegeln oder auch kontrastieren ließen. Auf diese Weise konnten sich die Resultate der Einzelstudien gegenseitig unterstützen. Der Schnittpunkt der Einzelresultate stellt die Endergebnisse dar (Mayring 2001), wobei nicht das Finden der Wahrheit im Schnittpunkt der Analyseperspektiven erwartet wurde, sondern ein sukzessives Erweitern der Erkenntnis durch wechselseitiges Vergleichen unterschiedlicher Herangehensweisen. Durch das Arbeiten mit gleichen bzw. ähnlichen Kategorien auf (a) der Einzelfallebene, (b) der inhaltsanalytischen Ebene und (c) der Ebene der quantitativen Fragebogenerhebung ließen sich die Ergebnisse teilweise aufeinander beziehen, sodass bestimmte Gegenstandbereiche aus unterschiedlichen Perspektiven analytisch verdichtet und vertieft werden konnten.

Es sei an dieser Stelle jedoch darauf hingewiesen, dass eine Triangulation der Daten nicht durchgängig, sondern entlang ausgewählter Befunde vorgenommen wurde, und zwar immer nur an den Stellen, wo sich das Herstellen eines Zusammenhangs als erkenntnisfördernd und gegenstandsadäquat erwies.

Motiv für ein solches Vorgehen ist die Einsicht, dass sich die Validität der Daten durch Triangulation nicht erhöht. Denn: die Kombination von Methoden kann zu mehr Reichweite und Tiefe führen, nicht aber zu mehr Richtigkeit bezogen auf die Ergebnisse. An die Stelle von Validierung tritt Komplementarität: Durch „Triangulierung als Strategie der Pluralisierung und Perspektivierung" (Marotzki 2006: 127) wird kein einheitliches, sondern eher ein kaleidoskopartiges Bild des Untersuchungsgegenstandes produziert (Flick 1992: 24).

Zusammenfassend lässt sich sagen, dass die Einzelfallstudien, die Inhaltsanalysen und die quantitativen Ergebnisse der Studie also durchaus auch für sich stehen können, d.h. auch ohne Verknüpfung zu den jeweils anderen Datensätzen wissenschaftlichen Geltungsanspruch erheben können.

### 3.7  Arbeitsbündnisse: Über das Verhältnis von Forscherinnen und Beforschten

Das Setting der Datenerhebung, die spezifische Interaktion zwischen Forscherinnen und Beforschten sowie der wissenschaftliche Kontext der Untersuchung haben zweifelsohne Einfluss auf die hier präsentierten Daten genommen. Die Reflexion des Produktionsprozesses und des Produktionskontextes der Daten ist daher von großer Bedeutung für Forschungsarbeiten, die sich in der Tradition einer selbstkritischen qualitativen Sozialforschung verorten.

In diesem Sinne ist es zum einen wichtig, auf die Reaktivität der Interviewmethode hinzuweisen. Unsere Interviewpartnerinnen und Interviewpartner kannten die Fragestellung der Untersuchung und wussten, dass ihre Aussagen zu wissenschaftlichen Zwecken im Schwerpunkt interkultureller Schulforschung ausgewertet werden. Es ist daher davon auszugehen, dass die Befragten – im Sinne eines reaktiven Effektes – episodische Erzählungen und Aussagen präsentiert haben, die sie als forschungsrelevant erachteten. Insofern haben die Bekanntheit des Erkenntnisinteresses und der Forschungskontext zur Produktion *bestimmter* Daten beigetragen.

Zum anderen spielt die Beziehung zwischen Forscherinnen und Interviewten eine Rolle für die Interaktion und die Datengenerierung. Es handelt sich beim narrativen Interview nicht um eine alltägliche Gesprächssituation. Vielmehr handelt es sich um eine besondere Form der sozialen Interaktion, die auf einer Asymmetrie zwischen Informanten und Forscherinnen basiert. Auch wenn die Forscherinnen in der hier vorgestellten Untersuchung ihre Informantinnen und Informanten als Subjekte und nicht als Objekte der Forschung begreifen, lässt sich diese – auch durch die wissenschaftliche Autorität transportierte – Asymmetrie im Verhältnis zu den Interviewten nicht leugnen. Zusätzlich hat der jeweilige sprachliche und kulturelle Hintergrund der Interviewerinnen im Feld Wirkung gezeigt. So kam es zum Beispiel häufig vor, dass in den Interviews unserer auch türkischsprachigen Interviewerinnen mit Lehrenden türkischer Herkunftssprache stellenweise türkisch gesprochen wurde. Es kam auch vor, dass den herkunftsdeutschen Interviewerinnen kultur- oder religionsspezifische Aspekte oder auch Erfahrungen von Diskriminierung detailliert erklärt wurden, während etwa bei den Interviewerinnen mit türkischem Migrationshintergrund bestimmte Aspekte als bekannt unterstellt wurden. Nicht zuletzt spielte auch das Geschlecht der Interviewerinnen und der Befragten eine Rolle bei der Datenerhebung. Es ist zum Beispiel auffällig, dass Diskriminierungserfahrungen gegenüber den Forscherinnen ausschließlich von weiblichen Informanten dargestellt wurden. Da nicht davon auszugehen ist, dass nur Lehrerinnen mit Migrationshintergrund in ihrer Bildungslaufbahn und ihrer beruflichen Praxis solche Erfahrungen gemacht haben, kann hier die Hypothese formuliert werden, dass sich die männlichen Informanten gegenüber den weiblichen Interviewerinnen nicht in einer „Opferrolle" (als Opfer von Rassismus) präsentieren wollten bzw. sich gar nicht mit der Rolle eines Opfers identifizieren konnten.

# IV Biographische Porträts

## 4.1 Frau Schwartz: In Rumänien als Lehrerin mehr anerkannt

### Viola B. Georgi

### Biographische Skizze

Frau Schwartz ist zum Zeitpunkt des Interviews 42 Jahre alt. Sie ist geschieden, wieder verheiratet und hat eine 15 Jahre alte Tochter. Frau Schwartz verfügt über 15 Jahre Berufspraxis als Lehrerin in Rumänien und Deutschland. Seit 2 Jahren unterrichtet sie an einer integrierten Gesamtschule in Hessen. Seit kurzem ist sie Fachleiterin für naturwissenschaftliche Fächer.

Frau Schwartz wird 1967 in einem kleinen Ort in Rumänien geboren und wächst dort auf. Ihre Familie spricht zu Hause hochdeutsch und die siebenbürger-sächsische Mundart. Sie versteht sich als Siebenbürger Sächsin.[1] Ihr Vater ist Elektriker, die Mutter arbeitet als Zahnarzthelferin. Sie hat noch einen zwei Jahre älteren Bruder. Bis zur zehnten Klasse besucht sie ein deutschsprachiges Gymnasium, dann wechselt sie auf ein naturwissenschaftlich-orientiertes rumänisches Gymnasium und erwirbt dort die formale Zulassung zum Studium. Zusätzlich muss sie weitere Prüfungen ablegen, um sich für das Lehramtsstudium in den Fächern Chemie, Mathematik und Physik zu qualifizieren. Nach dem Studium in Bukarest bekommt Frau Schwartz eine Stelle als Lehrerin an der Schule, die sie selbst als Schülerin besucht hat. Dort unterrichtet sie bis zu ihrer Auswanderung nach Deutschland im Jahre 1990. Zum Zeitpunkt der Auswanderung ist sie 23 Jahre alt.

Zahlreiche Familienangehörige von Frau Schwartz waren bereits nach dem Zweiten Weltkrieg nach Deutschland ausgewandert. Die Eltern von Frau Schwartz hatten ebenfalls einen Ausreiseantrag gestellt, der allerdings nicht positiv beschieden wurde. Nach dem Sturz von Ceauşescu macht sich Frau Schwartz – ohne auf Ausreisepapiere zu warten – auf den Weg nach Deutschland. Sie tut dies unter dem Vorwand einer Reise. So reist sie mit ihrem Mann über Ungarn und Ostberlin nach Würzburg, wo sie zunächst in einem Auffanglager für Aussiedler unterkommt. Zu diesem Zeitpunkt ist Frau Schwartz im dritten Monat schwanger. Schließlich gelangen sie und ihr Mann mit Hilfe einer langjährigen deutschen Bekannten nach Darmstadt, wo ihnen eine Wohnung zur Verfügung gestellt wird.

---

1  Die Siebenbürger Sachsen sind eine deutschsprachige Minderheit im heutigen Rumänien aus dem Landesteil Siebenbürgen. Sie stellen die älteste noch existierende deutsche Siedlergruppe in Osteuropa dar. Ihr Siedlungsgebiet hatte nie Anschluss an reichsdeutsches Territorium, sondern gehörte zum Königreich Ungarn, zum Fürstentum Siebenbürgen bzw. zur Habsburger Monarchie und schließlich zu Österreich-Ungarn. Während 1930 etwa 300.000 Siebenbürger Sachsen in Siebenbürgen lebten, waren es im Jahr 2007 noch knapp 15.000. Die Mehrheit der Bevölkerung wanderte seit den 1970er Jahren und in einem großen Schub ab 1990 in die Bundesrepublik Deutschland aus (vgl. hierzu Wagner 1990 und Baumgärtner 2007).

Ihr Ehemann – studierter Elektrotechniker – findet keine Arbeit. Darüber zerbricht die Ehe. Frau Schwartz – nun alleinerziehend mit ihrer in Deutschland geborenen Tochter – arbeitet zunächst als Übersetzerin und dann drei Jahre in einem medizinischen Labor, bis sie den Entschluss fasst, wieder als Lehrerin zu arbeiten. Sie kündigt, schreibt sich an der Universität ein, legt Zusatzprüfungen ab, absolviert ein Referendariat und das zweite Staatsexamen (2005) und erhält prompt eine Stelle an einer Schule. Im Jahre 2007 wird sie verbeamtet und bildet sich zur Fachleiterin für naturwissenschaftliche Fächer weiter.

## Bildungsgeschichte

Auffallend in der Bildungsgeschichte von Frau Schwartz ist die Betonung der Leistungsorientierung, des Konkurrenzdrucks und der Entbehrungen, die sie für ihren Bildungsweg bereits in Rumänien auf sich nimmt. Sie schildert ihren Bildungsweg chronologisch, orientiert sich in ihrer Darstellung an formalen Bildungsabschlüssen, Prüfungen und Übergängen (Kindergarten, Schule, Universität):

> *Es war eine harte Zeit*
> Ich habe mich total auf meine Kindergartenzeit gefreut, bin in den Kindergarten rein, jeden Tag weinend nach Hause gekommen, so dass mein Interesse an der Schule anfangs auch total gebrochen war. Anfangs war es auch gar nicht so einfach, mit dem Ganzen klarzukommen, mit dem Stundenplan, mit den vielen Schülerinnen, mit dem Konkurrenzdruck, den es schon damals gab. (...) Nach der 8. Klasse war es eindeutig klar, dass ich Richtung Chemie weitergehen möchte. Nach 10 Schuljahren im deutschen Gymnasium, musste ich in das rumänische Gymnasium. Nach einigen unterschiedlichen Prüfungen, konnte ich zum rumänischen Chemiegymnasium wechseln. Habe da das Abi auch gut beendet, sodass ich mich zur Prüfung angemeldet habe für das Lehramt. Da gab es 780 Kandidaten auf nur 75 Studienplätze. Da musste man eine Prüfung ablegen: Chemie, Physik und Mathe. Und danach war das Studentenleben sehr eindeutig strukturiert. Jeder, der einen Studienplatz hatte, hatte von 8–2 Uhr die Seminare und von 4–8 Uhr abends – jeden Abend – waren dann die Nachmittagsprogramme, d.h. Laborarbeiten und Aufgaben zu den Seminaren. In der Mittagspause musste man ab und zu Literatur in der Bibliothek wälzen, um es für den Nachmittag schon bereit zu haben, samstags gab es auch Unterricht von 8–2. Anschließend bei den Stellenverteilungen ging man nach den Noten, wie man beendet hat, und nach Familienherkunft. Die Stelle wurde vorgelesen und die Kandidaten, die Interesse hatten, mussten sich mit Note und familiären Verhältnissen melden, sodass ich an meinem alten deutschen Gymnasium als Lehrerin eintreten konnte, wo ich früher selbst als Schülerin war. (Transkript, S. 1)

Frau Schwartz führt weiter zu ihrer Schulzeit aus:

> *Bis spät in die Nacht gesessen*
> Es war eine anstrengende Zeit [die Schulzeit], total anstrengend ((seufzt tief)) wo man wusste, wenn man das durchhält, hat man es jahrzehntelang besser. Und das wurde einem auch vorgelebt, dass man sagte, Du machst es für Dich, Du musst aushalten und darauf wurde schon ab der 8. Klasse getrimmt (…). Man hatte deshalb ein ganz anderes Verhältnis zu den Prüfungen und zu dem Lernstoff, weil man wusste, wenn es einem fehlt, kann man diese Schulform nicht weiter besuchen. Und da war das ganze Denken anders. (…) Es war eine harte Zeit auch für die Prüfung anschließend ein unheimlich großer Konkurrenzdruck auch bei diesen Aufnahmeprüfungen zur Uni und das ging wirklich nur, wenn man jeden Tag bis nachts spät gesessen hat um sich da vorzubereiten, um überhaupt Chancen zu haben. Die Schülerzeit war eine harte Zeit, fair soweit von den Lehrern her, die Unterstützung hat man erhalten, weil auch am Samstag immer Unterricht war und man jeden Sonntag trotzdem sich weiter vorbereiten musste. Es war ein ziemlich harter Kampf, auch wegen den sehr hohen Leistungsanforderungen. (Transkript, S. 2)

Frau Schwartz erzählt, dass sie bis „spät in die Nacht und auch am Wochenende" gelernt habe, und unterstreicht damit ihre Anstrengungsbereitschaft. Zusätzlich habe sie Nachhilfeunterricht erhalten, um die Prüfungen zur Zulassung für das Gymnasium und schließlich auch zur Universität bestehen zu können. Der Nachhilfeunterricht sei sehr kostspielig gewesen. Die Eltern investierten also sehr bewusst in die Bildung ihrer Tochter, die sich im Gegenzug – wie Frau Schwartz sagt – verpflichtet fühlte „durchzuhalten." Zudem war ihr offenbar früh bewusst, dass der Besuch des Gymnasiums zwar lernintensiv ist, schließlich aber sozialen Aufstieg durch Bildung und materielle Sicherheit verspricht. Immer wieder charakterisiert Frau Schwartz ihre Schulzeit als „harte Zeit." Im letzten Abschnitt des Zitats spricht sie sogar von einem „ziemlich harten Kampf." Diese Textstellen verstärken nochmals den Eindruck, dass Frau Schwartz sich auf ihrem Bildungsweg einem hohen Leistungs- und Konkurrenzdruck ausgesetzt sieht. Die von Frau Schwartz zur Beschreibung ihrer Schulbiographie benutzten Begriffe „durchhalten" und „aushalten" implizieren ein negatives emotionales Erleben der Schulzeit. Die Darstellung legt eher ein „Erleiden" der Bildungslaufbahn nahe. Es scheint, als ob nur die Hoffnung auf eine Gratifikation im späteren Leben das Durchlaufen der Ausbildung für Frau Schwartz erträglich gemacht habe. Aus dem Blick der Schülerin und Studentin erwarten Frau Schwartz – quasi als Belohnung für das absolvierte Lernpensum und ihre Leistungsbereitschaft – gesellschaftlicher Aufstieg, soziale Sicherheit und eine Verbesserung der Lebensverhältnisse.

## Berufswunsch Lehrer und Position im Herkunftsland

Frau Schwartz bewegt sich in Rumänien mit ihrem familiären Selbstverständnis als Siebenbürger Sächsin vornehmlich in ethnisch und sprachlich deutschen sozialen Kontexten. Sie erzählt:

> *Es gab da noch die ganzen deutschen Schulen damals*
> Wir haben noch diese deutschen Kirchen gehabt, sage ich da, auch vor Ort, also ich bin auch getauft worden und konfirmiert. Ich habe auch deutsch geheiratet und war auf einer deutschen Schule, das heißt, es gab da noch die ganzen deutschen Schulen damals. (Transkript, S. 3)

Auf die Frage, ob sie in Rumänien aufgrund ihrer deutschen Herkunft Diskriminierung erlebt habe, antwortet sie:

> *Diskriminierung war da*
> Das war allemal da. Also ich sage eher in der unteren Schicht. In der oberen Schicht war das genau das Gegenteil, da hat man an der Uni sogar erlebt, teilweise, dass man sagte, ich beneide Dich wegen Deiner Vorfahren. (…) Und die ganzen Ärzte, Anwälte haben die Kinder zu den deutschen Schulen geschickt, weil die Ausbildung viel gewissenhafter war, viel konkreter, viel präziser. (Transkript, S. 4)

Offensichtlich hat Frau Schwartz negative sowie positive Fremdzuschreibungen im Umgang mit ihrer ethnischen Zugehörigkeit erfahren. Die Hervorhebung, dass vor allem Vertreter der statusträchtigen akademischen Professionen (Ärzte und Anwälte) ihre Kinder auf deutsche Schulen schickten, kann als Ausdruck von Stolz gelesen werden, dieser als intellektuell und bildungsstark wahrgenommenen Minderheit anzugehören.

Als Angehörige der deutschstämmigen Minderheit in Rumänien erlebt Frau Schwartz aber auch institutionelle Diskriminierung, etwa in Hinblick auf ihren ersten Berufswunsch, Sportlehrerin zu werden. Die begrenzten Studienplätze für dieses Fach – berichtet Frau Schwartz – seien deutschstämmigen Minderheiten in Rumänien kaum zugänglich gewesen. Sie führt hier ihren deutschen Namen als ethnische Markierung ins Feld und unterstreicht, dass sie mit ihrem deutschen Namen auch bei guter akademischer Leistung keinen Studienplatz bekommen hätte:

> *Traum, Sportlehrerin werden*
> Ja, mein Traum war ja schon in der 4. Klasse Sportlehrerin zu werden, was unter deutschem Namen nicht lief. Das heißt, mein erster Traum war sofort geplatzt, ((lacht)) da gab es 10 Plätze für ganz Rumänien und da ging es mit dem deutschen Namen ganz ganz schlecht, egal wie gut man war. (Transkript, S. 3)

Auch wenn ihr früher Berufswunsch, Lehrerin für das Fach Sport zu werden, sich an diesem Punkt ihrer Bildungsbiographie aus strukturellen Gründen nicht realisieren lässt, behält sie den Lehrberuf dennoch als grundsätzliche Option im Auge. In diesem Zusammenhang erzählt sie von Lehrerinnen, die sie als Rollenvorbilder benennt, etwa der Physiklehrerin:

> *Beweisen, dass ich es wert bin*
> Ja, ohne meine Physiklehrerin, die in der 7. Klasse total fasziniert war, obwohl ich in anderen Fächern nur Mittelmaß war und bei ihr dann wirklich mit Abstand super war und ich ihr beweisen wollte, dass ich es wert bin, ihre Aufmerksamkeit zu behalten, das war, was mich zu meinem Fach Physik gebracht hat. (Transkript, S. 11)

Frau Schwartz erzählt sodann, dass sie angeregt durch ihre Chemielehrerin, die sie ebenfalls als Rollenvorbild zeichnet, eine Ausbildung zur Chemielaborantin habe machen wollen. Ein Studium habe sie zunächst nicht angestrebt. Erst als ihr älterer Bruder ein Studium in Bukarest aufnimmt und sie durch ihn die Universität und das akademische Leben kennenlernt, entscheidet sie sich für ein Studium der Chemie. Hier hat sie die Wahl, das Fach mit der Berufsrichtung Forschung oder Lehramt zu studieren. Sie unterstreicht, dass sie sich bewusst für den Lehrberuf entschieden habe:

> *So weit es geht vorbereiten*
> Es faszinierte immer mehr, ich habe dann versucht, mich für diesen Beruf so weit es geht auch mental vorzubereiten, d.h., ich habe mir ganz viele Bücher ausgeliehen über die Sprache des Körpers über Händeschütteln, Stimme, Schriftarten und und und, um so viel wie möglich über menschliches Verhalten zu lernen, schon vorweg. (Transkript, S. 4)

Frau Schwartz bereitet sich auf die kommunikativen Anforderungen des Lehrberufs vor, indem sie sich intensiv mit Gestik, Mimik und anderen Facetten menschlichen Verhaltens auseinandersetzt. Diese Auseinandersetzung erscheint ihr als unabdingbare Voraussetzung für das professionelle Ausfüllen der Lehrerrolle. Interessant ist, dass Frau Schwartz hier zunächst autodidaktisch vorgeht und sich das von ihr als für die Schule relevant erachtete psychologische und pädagogische Wissen über selbstgewählte Lektüre aneignet. Es ist ihr offenbar wichtig, sich vor dem Eintritt in die Schule zumindest theoretisch mit den schulischen Akteuren und Interaktionen beschäftigt zu haben. Es scheint, also wolle Frau Schwartz durch intensives Studium, möglichen unangenehmen Überraschungen der schulischen Alltagspraxis vorgreifen. Das Studium selbst empfindet sie von Anfang an als von Konkurrenz geprägt. Von dieser getrieben, beendet sie ihr Studium in drei Jahren, wie sie sagt, der schnellstmöglichen Zeit. Kurz darauf steht sie als sehr junge Lehrerin vor ihrer ersten eigenen Schulklasse:

> Mit 21 Jahren habe ich mein Studium beendet. Das ist ein sehr zartes Alter, wenn man dann auch in die Schule reinkommt. (Transkript, S. 4)

Frau Schwartz erhält eine Stelle als Lehrerin an ihrer ehemaligen Schule und befindet sich plötzlich in der Situation, ihre eigenen Lehrerinnen und Lehrer als Kolleginnen und Kollegen zu erfahren. Nach zwei Jahren Schulpraxis in Rumänien, von der sie relativ wenig erzählt, fällt die Entscheidung zur Auswanderung nach Deutschland.

## Migrationsentscheidung schon in der Familiengeschichte angelegt

In der Erzählung von Frau Schwartz wird deutlich, dass die Migration nach Deutschland ein Familienthema ist. Bereits nach dem Zweiten Weltkrieg wanderten Teile ihrer Familie nach Deutschland aus. Auch ihre Eltern tragen sich mit dem Gedanken, nach Deutschland auszuwandern. Sie stellen einen Ausreiseantrag, der allerdings nicht positiv beschieden wird. Ausschlaggebend für den Migrationswunsch von Frau Schwartz scheint ein bevorstehendes Berufsverbot durch eine neue Gesetzgebung, wonach Lehrpersonen, die einen Ausreiseantrag stellen, aus dem Schuldienst suspendiert werden sollten. Darüber hinaus berichtet Frau Schwartz, dass deutschsprachige Einrichtungen in den 80er Jahren drastisch reduziert worden seien. Auch dies sei nicht im Sinne ihrer Familie gewesen, die daran interessiert gewesen sei, ihre deutschen Wurzeln zu pflegen:

> *Den sozialistischen Staat nicht kopfmäßig unterstützen*
> Danach kam ein Gesetz, dass die Lehrer, die die Papiere zur Ausreise bestellt haben, die den sozialistischen Staat nicht kopfmäßig unterstützen, auch nicht mehr unterrichten dürfen. Also sie sind auch nicht fähig, den Kindern dieses sozialistische Denken einzuflößen. Dann durften die anschließend nicht mehr unterrichten. Das heißt, ganz ganz viele Lehrer waren plötzlich nicht mehr da, weil sie nicht mehr unterrichten durften. Und der Unterricht wurde von der rumänischen Sprache abgedeckt. Was ja nicht im Sinne der Familie oder in unserem Sinne war und dementsprechend kam dann dieser Gedanke immer kräftiger. Aber da die Ausreisepapiere nicht genehmigt wurden, war die Ausreise auch nicht möglich und nach dem Umsturz, wo es möglich wurde, haben es dann diejenigen, die das auch machen wollten, wirklich durchgeführt. (Transkript, S. 5)

Den Hergang ihrer Migration im Jahre 1990 beschreibt Frau Schwartz zunächst recht distanziert als eine Abfolge von Ortswechseln: Ungarn, Ostberlin, Westberlin, Würzburg, Darmstadt. Die Ausreise war nicht als solche, sondern als Urlaub deklariert, weil Frau Schwartz unter dem Eindruck ihrer Schwangerschaft möglichst schnell – in jedem Fall aber vor der Geburt ihres Kindes – nach Deutschland zu emigrieren beabsichtigte:

*Ich hatte nicht dieses eine Jahr zum Abwarten*
Ja, nach dem Umsturz waren nicht genügend Reiseausweise, Reisepäs-
se gedruckt, weil da ein unheimlich großer Ansturm war. Ich war im 3.
Monat schwanger, das heißt, ich hatte nicht dieses eine Jahr zum Abwar-
ten, die ganzen Formalitäten zu bewältigen, wie es meine Eltern auch hat-
ten und mein Bruder, d.h. wir sind auf Urlaub kurzfristig durch Ungarn,
Ostberlin nach Westberlin und von Westberlin dann mit dem Zug nach
Würzburg kurzfristig auf Urlaub. (Transkript, S. 5)

Die Erwähnung ihrer ebenfalls nach Deutschland ausgewanderten Eltern und ihres Bruders unterstreichen nochmals, dass es sich bei der Migrationsentscheidung
von Frau Schwartz um ein Familienprojekt und nicht um eine Einzelentscheidung
handelt. Die Betonung der Kurzfristigkeit ihrer Auswanderung – kurzfristig auf
Urlaub – deutet darauf hin, dass Frau Schwartz rückblickend selbst noch über den
lebensverändernden Schritt, den sie damals machte, verwundert zu sein scheint.

In ihrer weiteren Erzählung bringt sie Verständnis und doch auch Enttäuschung darüber zum Ausdruck, dass niemand aus der bereits nach Deutschland emigrierten eigenen Familie bereit war, sie aufzunehmen, und sie deshalb in
ein Auffanglager für Aussiedler nach Würzburg gebracht wurde:

*Kein Verwandter wollte mich haben*
Ja, es war zuerst furchtbar, weil keiner von der eigenen Familie einen
aufnehmen wollte, weil man sagte, wenn man aufgefangen wird von der
Familie, hat man kaum Chancen, eine Wohnung zu kriegen, weil man
erstmals aufgefangen ist. (…) Und dann bin ich mit dem Kind im Bauch
– sage ich mal – angekommen, kein Verwandter wollte mich haben, weil
man dann dachte, oh Gott, wenn ihr keine Wohnung kriegt und noch mit
Kleinkind – kann man sehr gut nachvollziehen. (Transkript, S. 5)

Die „Rettung" – so erzählt Frau Schwartz – war eine langjährige deutsche Brief-
freundin aus Darmstadt, die sie tatkräftig bei ihrer ersten Orientierung in
Deutschland unterstützte:

*Ein wildfremder Mensch unterstützt mich*
Dann hat die mich in dem Lager aufgesucht, mit zwei großen Einkaufstü-
ten ((lacht)) voller Vitamine und gesagt: kommt nach Darmstadt. Ich
verhelfe Euch zu einer Wohnung und zu Arbeit. Und das war dann der
ausschlaggebende Punkt, dass ein wildfremder Mensch, den ich nie kann-
te, nur vom Briefe Schreiben, mir mehr Unterstützung gibt als die eigene
Familie. (Transkript, S. 5)

Frau Schwartz zieht also mit ihrem Mann in die Umgebung von Darmstadt. Denn
tatsächlich erhält das junge Paar – durch Unterstützung der Bekannten – eine
Wohnung im Rahmen eines Wohnungsprogramms speziell für Aussiedlerfamilien.

Frau Schwartz äußert ihre Verwunderung darüber, dass die ihr zur Verfügung ge-
stellte Wohnung „besser" gewesen sei als die Dachwohnung der Freundin:

> *Die ersten Kontakte mit Deutschen*
> Und damit kam ich gar nicht klar. Dass ich, als eine Person aus dem Aus-
> land dieses wunderschöne Haus erhalte, also Halbhaus und sie als gebürti-
> ge Deutsche da nicht einziehen darf, ja. Also das waren dann so die ersten
> Kontakte, die ich hatte mit Deutschen und Aussiedlern und Übersiedlern,
> die ich nicht verstehen konnte. (Transkript, S. 5)

Sie beschreibt den Bezug des „Halbhauses" als Schlüsselszene in ihrer Kontaktge-
schichte mit Deutschen in der Bundesrepublik. Es handelt sich um einen ersten
Kontakt, der unter dem Vorzeichen bzw. der Wahrnehmung des Willkommens
und der Vorteilsnahme steht.

Auch wenn ihr Mann, studierter Elektrotechniker, keine Arbeit findet und darüber sogar die Ehe zerbricht, schildert Frau Schwartz die weiteren Etappen ihrer beruflichen Integration als von Eigeninitiative getragene Erfolgsgeschichte:
Sie beginnt mit einem Job als Übersetzerin, arbeitet dann als Chemielaborantin
und wird schließlich Lehrerin. Eigenständig sucht sie – basierend auf ihrer
Qualifikation – neue berufliche Herausforderungen und betont ihre Fähigkeit, mit
ihren Kompetenzen zu überzeugen:

> *Beim Einstellen total positive Erfahrungen gemacht*
> Ich habe stundenmäßig als Übersetzerin in einem Übersetzungsbüro dann
> gearbeitet für deutsch-rumänisch. (…) und dann habe ich das Branchen-
> buch rausgeholt und überlegt, was kann ich mit meiner Chemie anfan-
> gen, habe das Ärztelabor als erstes auf der Liste gehabt, danach die ganzen
> Bierbrauereien, Unilabors usw. Und mein erster Anruf war so faszinierend
> für den Personalleiter, dass er mich sofort kennenlernen wollte und ich am
> nächsten Tag die Stelle hatte. Also, da habe ich eine total positive Erfah-
> rung gemacht bei dem Einstellen (…), ja und nachdem sich auch das ge-
> klärt hatte nach drei Jahren, habe ich dann gekündigt und bin ins Lehr-
> amt. (Transkript, S. 6)

Frau Schwartz konstatiert zudem, dass sie erst während ihrer Zeit als Chemielaborantin in Deutschland merkt, wie wichtig ihr der Lehrberuf ist:

> *Die Arbeit, die mir am Herzen liegt*
> Und erst hier in Deutschland merkte ich, nachdem ich als Chemotechni-
> ker tätig war, dass ich also dieses Alltägliche mit den Kindern total vermis-
> se. Dass das eigentlich *die* Arbeit ist, die mir am Herzen liegt. Das wur-
> de mir hier erst eindeutig bewusst, und deshalb habe ich auch die ganzen
> Prüfungen nachgelegt, um eben in diesem Beruf weitermachen zu können.
> (Transkript, S. 4)

Hier kommt zum Vorschein, dass Frau Schwartz den Lehrberuf auch als „Berufung" auffasst. Nachdem sie anderen Tätigkeiten nachgegangen ist und unterschiedliche berufliche Erfahrungen hat sammeln können, besinnt sie sich auf den Lehrberuf. Um diesen wieder ausüben zu können, nimmt sie sogar eine Reihe von Prüfungen in Kauf.

### Weg ins Lehramt als Quereinsteigerin und Bildungsausländerin

Der Weg zurück in den Lehrberuf gestaltet sich aus dreierlei Sicht als schwierig. Erstens müssen zahlreiche Formalitäten für die Anerkennung von Studienunterlagen und Abschlüssen geregelt, spezifische Prüfungen nachgeholt und entsprechende Deutschkenntnisse nachgewiesen werden. Zweitens müssen – trotz der in Rumänien gesammelten Unterrichtserfahrung – ein zweijähriges Referendariat und ein zweites Staatsexamen absolviert werden. Drittens muß sich Frau Schwartz auf eine – wie sie sagt – völlig andere Schulkultur einstellen:

> *Das Schulleben aus der alten Heimat im Kopf*
> Ich fand die Referendariatszeit unheimlich schwierig, weil man das Schulleben aus der alten Heimat im Kopf hat, was man 20 Jahre selbst erlebt hat. Das in zwei Jahren umzusetzen auf das, was hier im Schulleben verlangt wird, der Umgang Lehrer und Schüler usw. Die ganze Problematik von den Schülern, die eine ganz andere war als in der alten Heimat, sage ich mal. Also das war eine Umstellung, wo ich der Meinung bin, dass diese zwei Jahre sehr, sehr kurz sind. (Transkript, S. 6)

### Zum Selbstverständnis als Lehrerin: Lehrerbilder in Rumänien und Deutschland

Frau Schwartz betont, wie schwer es ihr gefallen sei, das von ihr in der eigenen Schulzeit und in ihrer Ausbildung zur Lehrerin in Rumänien verinnerlichte Lehrerbild an die deutsche Schulkultur anzupassen. Gerade bezogen auf das Verhältnis zwischen Lehrenden und Lernenden, aber auch zwischen Lehrkräften und Eltern stellt sie große Unterschiede zwischen Rumänien und Deutschland fest. In der Darstellung rumänischer Schulverhältnisse von Frau Schwartz schwingt infolgedessen Nostalgie mit:

> *Der Lehrer als Respektsperson*
> Ich muss da vielleicht zurückschwenken und ganz kurz sagen, wie es in Rumänien war (…): Wenn der Lehrer was sagte, dann war das so. Lehrer war Respektsperson, auf der Straße, beim Einkaufen. Wir wurden nett von den Eltern begrüßt und das, was der Lehrer sagte, wurde abgenickt. (…) Und dadurch, dass man als Klassenlehrer auch zwei Hausbesuche machen musste in jedem Schuljahr, hatte man einen ganz anderen Kontakt zu

den Eltern. (…) Man war nicht als Autoritätsperson, sondern Respektsperson und die Person, die einem das Wissen vermittelt, was man für das Leben braucht. Das konnte man an dem erkennen, wenn zu Hause Kirschen eingekocht wurden, brachte man welche mit zum Probieren, weil die Mutti einem das Gläschen mitschickt. Und am ersten Schultag, das war zum ersten Mal, dass ich Klassenlehrerin war, mit 24 Schüler in der 5. Klasse, habe ich 28 Blumensträuße bekommen, d.h., nicht nur die Kinder haben es symbolisch gebracht, auch die Eltern haben noch zusätzlich, um diese Liebe oder dieses Vertrauen auszudrücken, dass man einem das Kind anvertraut. Also es war gar nicht sozusagen der strenge Lehrer. Sondern es war die Person, die mein Kind an der Hand nimmt. (…) Und das waren alles Verhältnisse, oder sind die dann in die Berge am Wochenende zum Zelten und haben dann einen Enzianstrauß mitgebracht. Einfach Gebirgsblumen. Das waren jetzt keine materiellen Sachen, aber die Akzeptanz war ganz anders da. Und das vermisse ich. (Transkript, S. 12)

Dieser Rückblick von Frau Schwartz mutet nostalgisch an: fraglose Akzeptanz ihrer Autorität, selbsteingekochte Kirschen, Ausflugsmitbringsel und Blumensträuße als Präsente und Ausdruck von Wertschätzung für die Lehrerin. Frau Schwartz macht keinen Hehl daraus, dass sie diesen Status, das soziale Prestige und die symbolischen Gesten im deutschen Schulalltag vermisst.

Auf die Frage, wie sie das Lehrerbild in Deutschland im Vergleich zu Rumänien wahrnehme, antwortet Frau Schwartz:

*Es hat wehgetan*
Ja ((seufzt)), also, es hat wehgetan, wenn man dann hier sieht, dass die Respektsperson, oder die Person, die das Leben ebnet durch die Wissensvermittlung, dass die hier ganz anders angesehen wird. Eher nach dem Motto: Der Lehrer hat ja nur noch Freizeit. Schule, Unterricht und danach Freizeit. Das bekannte Bild von dem Lehrer mit dem Fahrrad auf dem Auto angebunden, weil der sich ja nach dem Unterricht sowieso nur noch Zeit für Sport nimmt usw. Und jeder kann hier über den Lehrer meckern, wie unfair der zu den Kindern ist. Und es ist ganz anders, sage ich: eher ein gestörtes Verhältnis. Und solange das Image des Lehrers nach außen nicht anders wird, dass die Eltern auch entsprechend mit dem Lehrer zusammenarbeiten an der Erziehung des Kindes, wird das nicht so einfach sein. (Transkript, S. 13)

Frau Schwartz kritisiert das negative Lehrerbild in Deutschland und beklagt, dass der Lehrberuf hierzulande wenig Ansehen genieße. Der Verlust des Respekts gegenüber der Lehrperson als Schlüssel zum Wissen und die verbreitete Lehrerschelte schmerzen sie sogar. Sie spricht von einem „gestörten Verhältnis" zwischen Lehrenden, Eltern und Schülerinnen und Schülern, welches sie auf den mangelnden Respekt gegenüber der Lehr- und Erziehungsleistung der Lehrkräfte zurückführt.

Bezogen auf Schülerinnen und Schüler aus bestimmten Herkunftsländern konstatiert sie, dass diese den Respekt zunächst mitbrächten, aber im Laufe der Zeit schnell lernten, sich an die Schulkultur und das andere Lehrer-Schüler-Verhältnis in Deutschland anzupassen:

*Nach zwei Monaten ist der Respekt weg*
Bei Russland und Polen weiß ich das hundertprozentig, wenn die Schüler von dort reinkommen, mit wie viel Ehrwürdigkeit sie einem entgegentreten und Höflichkeit und nach 2 Monaten ist alles weg. Das sagen auch Schüler hinterher im Pausengespräch, dass sie das von zu Hause her ganz anders von der Schule kennen würden. Das Verhalten und die Disziplin, die in unseren Klassen herrschen würde, das würde ja gar nicht gehen und das ist so laut und usw. Also es ist nicht das Bild von Schule, das sie kennen. Aber sie merken dann schnell: okay, es ist angenehm, es macht vielleicht mehr Spaß auf diese Art. Dementsprechend gewöhnen sie sich sofort an das Neue und passen sich an. (Transkript, S. 7)

Frau Schwartz betont die Bedeutung von Elternarbeit für den schulischen Erfolg und die Integration der Kinder und Jugendlichen. Auch dabei schaut sie mit vergleichendem Blick nach Rumänien:

*Bei Elternbesuchen Buch führen*
Ich finde, die Elternarbeit ist hier nicht so gegeben. In Rumänien musste man bei Elternbesuchen wirklich Buch führen, wann man welche Uhrzeit wo war und wie lange das gedauert hat. Das musste man auch als ein kleines Protokoll führen. Und das ist ja hier nur, wenn ein Problemfall ist und das Elternteil fünfmal nicht erschienen ist, dass man dann einen Hausbesuch machen muss. Also, da ist es hier schon seltsam: Oh Gott, der Lehrer war hier im Haus, ist hier ein halber Weltuntergang. In Rumänien war es normal, dass der Lehrer zu den Eltern nach Hause kommt. (Transkript, S. 7)

Sie beurteilt die Praxis der Buchführung über jeden Elternbesuch rückblickend und im Vergleich als positiv und beziehungsstiftend. Zugleich kritisiert sie den Mangel an konstruktiver Elternarbeit in Deutschland. Auch hebt sie Hausbesuche, so wie sie dieses Konzept in Rumänien erfahren hat, als Möglichkeit einer guten Elternarbeit hervor und äußert sich eher befremdet über die aus ihrer Sicht in Deutschland vorhandene Grenze zwischen dem Elternhaus als Teil der Privatsphäre und der Institution Schule als öffentlicher Einrichtung. Sie bedauert, dass das Aufsuchen der Eltern in Deutschland nur selten als adäquate Form einer verbindlichen Elternarbeit betrachtet werde.

Gerade bei den migrantischen Eltern, betont Frau Schwartz, sei ihre Akzeptanz – auch aufgrund der gefühlten Nähe und der Vorbildrolle – besonders groß. Dabei wird Frau Schwartz unterstellt, dass sie einen leichteren Zugang zu migrationsspezifischen Schulproblemen habe und dadurch die Eltern auch besser ansprechen könne:

*Herzlichkeit bei den migrantischen Eltern*
Es ist eine Herzlichkeit bei den Eltern von den Schülern mit Zuwande-rungsgeschichte vorhanden, weil die eher in einem die Person sehen, die es trotz Schwierigkeiten und sicher nicht immer einfachen Zeiten hinbekommen hat. Und sie gehen eher davon aus, dass man die Probleme ihrerseits leichter erkennt und ganz anders auf die Eltern eingeht oder sie vielleicht anders anspricht von der Art her, als es vielleicht andere Lehrer tun. (Transkript, S. 8)

## Bedeutung des eigenen Migrationshintergrundes für die schulische Arbeit

Frau Schwartz reflektiert in der folgenden Passage über die Bedeutung ih-res Migrationshintergrundes für ihre schulische Arbeit. Dabei betont sie das identifikatorische Angebot, welches sie an die Schülerinnen und Schüler mit Migrationshintergrund macht. Allein die Annahme, dass sie als Migrantin ähn-liche Erfahrungen gemacht habe und mache, lege die Grundlage für besseres Verständnis und Vertrauen:

> *Dem ergeht es ähnlich wie mir*
> Es spielt schon eine Rolle [die Tatsache, dass man selbst Migrationshin-tergrund hat], aber ich glaube einfach, dass man – dass jeder Ausländer ist auf die Art. Also, dass jeder Probleme antrifft, die andere, sage ich mal, Hiesige, vielleicht so nicht angetroffen haben. Nur das Gefühl zu haben, dem ergeht es manchmal ähnlich wie mir. Dies Gefühl alleine reicht aus, ob es der Akzent ist, ob es das Aussehen ist, aber in einigen Sachen sind wir anders. Und das ist dies Anderssein, was dann ein anderes Verständnis bringt. (Transkript, S. 8)

Frau Schwartz konstruiert hier ein migrantisches „Wir," welches sie – jen-seits gemeinsamer Sprache oder Herkunft – durch geteilte Erfahrungen der „Andersheit" in der Mehrheitsgesellschaft charakterisiert. Diese geteil-te Erfahrung von Andersheit identifiziert Frau Schwartz als Ressource wechsel-seitigen Verständnisses und Verstehens zwischen ihr als migrantischer Lehrerin und den Schülerinnen und Schülern mit Migrationshintergrund. Man kann in diesem Zusammenhang auch von „konjunktiven Erfahrungen" (Bohnsack 1998) sprechen. Die Lehrerin und die Kinder teilen „konjunktives Wissen" (Mannheim 1980: 296), weil sie einem bestimmten Milieu angehören, in diesem Fall einem Einwanderermilieu.[2] Durch dieses „konjunktive Wissen" ist ein „unmittelbares Verstehen" (Bohnsack 2001: 331) der Mitglieder eines gemeinsamen „konjunkti-

---

2    Mit Nohl (2006) kann davon ausgegangen werden, dass Milieus nicht (nur) auf zugeschrie-benen, sondern auch auf gelebten Gemeinsamkeiten der Erfahrung – mit Mannheim (1980) – auf einer „kollektiven Erlebnisschichtung" beruhen. Gleichzeitig müssen Milieus nicht notwendigerweise auf gemeinsamen, sondern auf gleichartigen, d.h. in ihrer Struktur iden-tischen bzw. homologen Erfahrungsschichtungen basieren (Nohl 2006: 141).

ven Erfahrungsraums" (Bohnsack 1998) möglich. Hiermit ließe sich das von Frau Schwartz beschriebene Gefühl ähnlicher Erfahrungen und die daraus entstehende Nähe und Unmittelbarkeit des von ihr beschriebenen Verhältnisses zu migrantischen Kindern und deren Eltern theoretisch fassen.

Frau Schwartz führt in diesem Zusammenhang weiter aus:

> *Der Migrationshintergrund als Vorteil*
> Es hat für mich so gesagt eigentlich Vorteile. Ich bin an einer Schule mit 65% Ausländern. Und da hat man eine andere Akzeptanzebene, wenn die anderen auch wissen, äh man hat auch einen anderen familiären Hintergrund vielleicht, man sieht Sachen aus mehreren Perspektiven, man kennt die Problematik von der Sprache her häufig, dass die Deutsch als Zweitsprache haben und ich sage, dass es Situationen gibt, wo man auch mal härter sein muss (…) Also Schüler wollen Grenzen haben, die kennen sie eindeutig von zu Hause, wenn der Vater was sagt und man wird sehr respektiert, wenn man diese Grenzen auch aufzeigt. Und wenn es dann auch manchmal auch wortwörtlich nicht so gemeint ist, kam teilweise schon der Ausdruck „Haben Sie was gegen Ausländer?," wo dann vielleicht ein deutscher Lehrer zusammenzuckt und noch mal überlegt, war das jetzt wirklich so gemeint, ist das jetzt falsch angekommen, wo ich mich nach hinten lehne: Nö, ich bin selbst einer. Und damit hat sich dann diese Diskussionsebene auch erledigt. D.h. es nimmt diesen Druck weg, sehr sensibel mit der Wortwahl zu sein, um andere nicht zu verletzen. (Transkript, S. 10)

Sie bezeichnet ihren Migrationshintergrund als Vorteil, weil sie dadurch in ihrer Schule mit hohem Migrantenanteil leichter Akzeptanz erfährt und ihr das hin und wieder notwendige disziplinarische „Durchgreifen," das Grenzensetzen oder Auseinandersetzungen mit den Schülerinnen und Schülern nicht als Rassismus ausgelegt werden könnten. Das ist jedenfalls ihre feste Annahme, wenn sie die entwaffnende Wirkung des Satzes: „Ich bin selber Ausländerin!" – auf den Rassismusvorwurf von Schülerinnen und Schülern beschreibt. Sie müsse daher im Vergleich zu Lehrkräften ohne Migrationshintergrund nicht so penibel auf ihre Wortwahl achten.

## Blick auf Schülerinnen und Schüler mit Migrationshintergrund und die Vorbildrolle

Frau Schwartz reflektiert ihre Rolle als Lehrerin mit Migrationshintergrund und ihren daraus erwachsenden spezifischen Blick auf Kinder nichtdeutscher Herkunftssprache:

*Ich sehe die gewaltige Leistung*
Wenn ein Kind, was türkisch spricht oder griechisch, erst in der Schule anfängt, langsam deutsch zu sprechen, also es nach der 4. Klasse nicht die gleichen Deutschkenntnisse hat, dementsprechend eher an die Hauptschule kommt und nicht ans Gymnasium und dann noch von der Hauptschule den Weg zum Gymnasium findet, und das ohne Unterstützung von zu Hause, ohne Sprachhilfe der Eltern, ohne Hausaufgabenhilfe und dann den Weg geht, sehe ich das als eine gewaltige Leistung. Und ich sehe auch jetzt von diesen Schülern her, die an der Hauptschule sind, dass es nicht immer am Intellekt ja liegt, sondern ich weiß es jetzt, bedingt durch die Gespräche, dass es wirklich an der Sprache liegt, und die versuche ich jetzt noch mal durch meine Kraft aufzufangen. (Transkript, S. 10)

In diesem Ausschnitt wird das besondere Engagement von Frau Schwartz für den Bildungserfolg von Schülerinnen und Schülern mit Migrationshintergrund deutlich. Sie erzählt, wie sie die Lernenden anderer Herkunftssprachen in ihren Leistungen anerkennt. Sie übernimmt Anwaltschaft für Kinder anderer Herkunftssprachen und bestärkt sie auf ihrem Bildungsweg.

Auf die Frage, ob sie glaube, dass sie auch eine Vorbildfunktion für ihre Schülerinnen und Schüler habe, antwortet sie:

*Etwas an die anderen weitergeben*
Allemal. Und dann zu signalisieren, dass was du weißt, kannst du an die anderen weitergeben und damit den anderen helfen, ist etwas, wo die Schüler sehr gut drauf eingehen können und sich damit identifizieren können und auch es vom Herzen her angehen. Ich glaube, dass sind auch die Leute, die dann im Lehrerjob später sehr engagiert sind und auch bei den anderen Aufgaben, die auf sie zukommen, passen und sich einklinken können. (Transkript, S. 10)

Frau Schwartz bietet sich als Rollenvorbild an. Sie möchte ihre Schülerinnen und Schüler für den Lehrberuf mobilisieren. Zugleich unterstreicht sie die Bedeutung der Übernahme von Aufgaben, die über die Vermittlung fachlichen Wissens hinausgehen. In ihrer Metaphorik und Begrifflichkeit („etwas weitergeben," „helfen" und „es vom Herzen her angehen") konkretisiert sich das Bild der für ihre Schülerinnen und Schüler engagierten Lehrerin. Zudem betont sie immer wieder die übergeordnete Universalkategorie *Mensch*. In gewisser Weise entzieht sie sich mit dieser Begrifflichkeit den im Migrationsdiskurs unvermeidbaren national-kulturellen Zuschreibungen, denn sie wählt eine post-ethnische Perspektive. Auch in ihrem Selbstverständnis als Lehrerin und dem von ihr formulierten Bildungsauftrag spielt „Menschlichkeit" – als transnationale Kategorie – eine zentrale Rolle:

*Mensch-Sein vermitteln*
Es geht auch darum, das Mensch-Sein zu vermitteln: Bleibt die Menschen, die ihr seid. Das Herz ist das, was ausschlaggebend ist. Egal auf welcher Sprache. Und das dann auch zum Ausdruck zu bringen und vorzuleben, ist eigentlich die Aufgabe, die wir auch bringen müssen. (Transkript, S. 15)

Frau Schwartz betont hier, die Gemeinsamkeiten menschlichen emotionalen Seins („das Herz") jenseits von sprachlicher und kultureller Differenz. Das „wir," für welches sie hier zu sprechen beansprucht, ist das „wir" der Lehrenden mit Migrationshintergrund. Sie resümiert, dass die Vermittlung und das Vorleben von Menschlichkeit eine Aufgabe sei, die Lehrende mit Migrationshintergrund erbringen müssten, und stellt damit hohe Anforderungen an sich selbst und die Gruppe der Lehrkräfte mit Zuwandererbiographie.

## Migrationsbiographie und die Exploration interkultureller Themen

Frau Schwartz ist um Wissensvermittlung bemüht, stellt diese aber häufig in einen praktischen, für die Schülerinnen und Schüler lebensweltnahen Erfahrungszusammenhang. Dabei legt sie auch Wert auf die Möglichkeiten der Exploration interkultureller Themen. Hierzu gehören etwa die Thematisierung von Begriffen in unterschiedlichen Sprachen, die Herkunft der Zahlen, unterschiedliche Verwendung von Gewürzen und das Zubereiten von Speisen sowie die Bedeutung und Ausrichtung von Fest- und Feiertagen:

*Auf der Sprachebene sensibilisieren*
Ich mache natürlich Verknüpfungen vom Rumänischen zum Lateinischen, grad in der Chemie sind ja ganz viele Ausdrücke, die 1:1 übernommen wurden. Und was viele türkische Schüler dann merken, dass die Begriffe sogar im Türkischen sind. Dass die Rumänen als Nachbarland Wörter aus dem Türkischen sogar auch haben, wo es dann eigentlich faszinierend ist. Und wenn ich dann griechische Wörter habe, in der Chemie, von Demokrit und Aristotel usw. versuche ich auf der Sprachebene zu sensibilisieren. Wenn ich von arabischen Ziffern spreche, dann versuche ich, auf der Ebene noch mal drauf aufmerksam zu machen, sodass jeder sich irgendwo findet und stolz auch auf seine Vergangenheit sein kann. Oder wenn dann Feiertage sind, noch mal nachzufragen, was ist das für ein Feiertag? Wie ist das? Und das auch als positiv in den Unterricht rein zu bringen. D.h., wenn ich eine Mädchengruppe habe zum Thema Ernährungslehre, da habe ich teilweise 14 Mädchen mit 12 Nationalitäten drin gehabt. Es ist spannend, zu hören, welche Gewürze bei wem drin sind, wie die Mahlzeiten laufen, was die Hauptbestandteile sind von der kosmetischer Ebene her, was für Produkte man von zu Hause kennt, also das als Erfahrung und Bereicherung rein zu bringen ist häufig richtig schöner Unterricht. Das ist als Bereicherung, Ergänzung zu sehen und nicht als störender Faktor oder Bremse. (Transkript, S. 11)

Das Zitat macht deutlich, dass Frau Schwartz die vielfältigen durch unterschiedliche Herkünfte geprägten Lebenswelten ihrer Schülerinnen und Schüler im Unterricht bewusst thematisiert und Angebote an die Lernenden macht, sich selbst und ihre Erfahrungen in den Lernprozess einzubringen. Dabei ist Frau Schwartz davon überzeugt, dass ihre Lebenserfahrung in zwei Ländern ganz entscheidend zur Herausbildung ihrer – für die Schule so wertvollen – interkulturellen Kompetenz beigetragen hat:

> *Ein anderes Verständnis*
> Ich glaube, sensibilisiert ist man automatisch dadurch, dass man in einem anderen Land groß geworden ist. Egal ob man als Deutscher oder anderer Nationalität in einem anderen Land länger war. Man hat dann ein anderes Verständnis als der, der nur in einem Land gelebt hat. Also, ich glaube, jeder, der mal in zwei Ländern gewohnt hat und mal in einem Land Ausländer war, kann ganz anders damit umgehen. (Transkript, S. 9)

Ausgehend von ihrer eigenen Migrationserfahrung und dem persönlichen Gewinn, den sie rückblickend aus dieser Erfahrung und der Möglichkeit, ländervergleichende Perspektiven abzuwägen, gezogen hat, ist Frau Schwartz der Ansicht, dass die künftige Ausbildung von Lehrerinnen und Lehrern für die Einwanderungsgesellschaft ein verpflichtendes Auslandssemester beinhalten sollte:

> *In der Ausbildungszeit mal ins Ausland*
> Ich glaube sinnvoll wäre es, dass die Lehrer in der Ausbildungszeit mal auch ein halbes Jahr im Ausland sind, sich mal als Ausländer fühlen. Das würde sicher dem Studium zugute kommen, wenn man ein anderes Schulsystem auch kennen lernt und dann mit ganz anderen Augen das eigene System noch mal sieht. Dann sieht man nicht nur Nachteile, man sieht dann plötzlich auch ganz viele Vorteile und kann anders auch mit den Nachteilen umgehen. (Transkript, S. 11)

## Lehrerin-Sein und Aufstiegs- bzw. Weiterentwicklungsaspirationen

Frau Schwartz ist bestrebt, ihre Aufgabenbereiche in der Schule zu erweitern und sich beruflich weiterzuentwickeln. Sie beantragt einen Schulwechsel bei ihrer Schulleitung. Von einem Schulwechsel erhofft sie sich eine Erweiterung ihrer Kompetenzbereiche. Ihr Antrag auf Schulwechsel wird aber abgelehnt. Schließlich strebt sie selbst nach Schulleitungsfunktionen und Fachleitungsaufgaben. Auch hierbei stößt sie auf unerwartete Hindernisse auf Schulleitungsebene:

> *Eher ein Anreiz*
> Ich wollte unbedingt einen Schulwechsel haben. Da sagte meine Schulleitung: Das gibt es nicht. Mit ihren tollen Fächern gehen sie an dieser Schule nur noch in Rente. (…) Da kam ich auf die Idee Schulleitung oder

Fachleitung. Und man sagte mir wieder: Das gibt es nicht. Und wenn man mir sagt, das gibt es nicht oder das gibt es überhaupt nicht, dann ist das für mich eher ein Anreiz. (Transkript, S. 7)

Frau Schwartz setzt sich gegen alle Widerstände durch und bildet sich zur Fachleiterin fort:

*Ich gebe diese Kraft an Lehrer weiter*
Und ich bin nicht der Typ, der den Kopf in den Sand steckt. Dann suche ich Möglichkeiten, an die ich mich festklammere, und dann weiter aufsteige. Und jetzt mit der Fachleiterebene, wo ich weiß, ich gebe diese Kraft nicht nur an meine Schüler weiter, sondern sogar an Lehrer, sensibilisiere Lehrer auf dieses Thema. Da fühlt man noch mal eine ganz andere Respekthaltung, dass man sogar mit dem Akzent Lehrer ausbilden kann, auch wenn es nicht immer hundertprozentig grammatikalisch richtig ist, aber einfach die Tatsache, dass man damit arbeitet, die Energien loslässt und da fühlt man eine ganz andere Akzeptanz auch. (Transkript, S. 7)

Frau Schwartz betont nicht ohne Stolz, dass sie es zur Fachleiterin gebracht hat, und hebt dabei ihren Migrationshintergrund hervor, indem sie auf ihren Akzent verweist. Sie präsentiert sich als zielstrebige, energetische und erfolgsorientierte Persönlichkeit und genießt ganz offensichtlich die Anerkennung, die man ihr aufgrund ihrer Leistungen und ihres Engagements entgegenbringt.

## Reflexion der Selbst- und Fremdwahrnehmung als „Andere" – Thema Zugehörigkeit

Interessant ist, dass Frau Schwartz trotz ihrer beruflichen Erfolgsgeschichte und ihrer gesellschaftlichen Integration für sich resümiert, dass sie noch nicht angekommen sei in der deutschen Gesellschaft. Dabei wirkt sie fast verzweifelt, wenn sie auf ihre breite Kenntnis deutscher Literaturklassiker verweist. Am Ende – und das scheint hier die bittere Erfahrung – scheitert ihre Anerkennung als Deutsche häufig an ihrem Akzent:

*Nicht angekommen*
Ich bin hier nicht angekommen, d.h. ich werde gesehen als Ausländer, egal, ob ich jetzt deutsche Wurzeln, deutsche Tradition, deutsche Kultur usw. beherrsche von den ganzen alten Liedern und von Goethe und Schiller die ganzen Stücke in- und auswendig kenne, von Heinrich Heine, und die ganzen Literaturebenen beherrsche, das spielt keine Rolle. Das Optische und der Akzent spielt eine Rolle und jeder, der mich meinem Mann zuordnet, äh sagen alle automatisch Ausländerin oder von der Heiratsebene her oder so weiter. Also vom Akzent her wird man automatisch weggepackt. (Transkript, S. 9)

Die Erfahrung bzw. die Wahrnehmung, dass ihr Akzent für sie zu einer unüberwindbaren Integrationshürde wird, frustriert Frau Schwartz. Sie fühlt sich in die Schublade „Ausländerin" gedrängt und damit, wie sie sagt, „weggepackt." Ihre Integrationsleistungen – wie sie betont, nicht einmal ihre Kenntnis „deutscher Hochkultur" – führen zu hinreichender Anerkennung und damit zu Zugehörigkeit zur deutschen Gesellschaft. Sie betont jedoch auch, dass die Erfahrung des Andersseins bzw. des als Anders-wahrgenommen-Werdens sie auch stärker gemacht habe:

> *Eine Macke in Anführungsstrichen*
> Das hat mich auch viel, viel stärker gemacht. Mein Selbstwertgefühl ist ein anderes. Ich muss mich mehr behaupten vielleicht, aber das macht mich auch stärker, d.h. diese Ebene andauernd aufmerksam zu sein durch jede Geste, durch jede Mimik, durch jedes Wort äh formt einen ganz anders. Bewusst zu sein, man hat, sage ich, eine Macke in Anführungsstrichen als Person äh durch den Dialekt und trotzdem als Mensch dann sich zu präsentieren. (Transkript, S. 12)

## Diskriminierungserfahrungen in Deutschland

Auf die Frage, ob Frau Schwartz in Deutschland Erfahrungen mit Diskriminierung gemacht habe, reagiert sie gelassen und verweist selbstbewusst auf ihre „Kompetenz":

> *Ich weiß, was ich kann*
> Ich glaub, ich block da ab. Interessiert mich nicht, weil ich weiß, was ich kann. Wenn mich Leute ansprechen, von wo kommst Du? Dann liegt es an mir, wie ich antworte. Rumänien ist klar. Sage ich Siebenbürgen und die Leute gucken mich verdutzt an. Siebenbürgen? Und ich guck sie dann an. Du weißt doch, wo das liegt? Ja, ja, das ist irgendwo im Süden von Bayern. Sodass ich mich jetzt da nicht weiter erklären muß. Das ist dann klar. Dann denke ich, wer das von der allgemeinen Bildung nicht weiß, dann tut es mir leid. (Transkript, S. 8)

Das amüsierte Erzählen über Kontaktsituationen zeugt davon, dass Frau Schwartz sehr spielerisch und humorvoll mit der Frage nach ihrer Herkunft umgehen kann und diese Frage nicht als diskriminierend erlebt.

## Von der eigenen Erfahrung hergeleitete Lebensphilosophie für die Schule

Frau Schwartz stellt heraus, dass der Erfolg ihrer Integration ganz wesentlich von der Bildung abhing, die sie im Herkunftsland erworben und nach Deutschland „mitgebracht" habe:

*Das Mitgebrachte zählt*
Und das Komischste ist, dass jeder, der hier Fuß gefasst hat, also mit dem,
was man im Kopf mitgebracht hat, konnte man neu aufbauen und das ist,
was wir auch unseren Schülern sagen: das Wichtigste ist, was man jetzt
mitnimmt, nicht das Materielle, sondern das Geistige, ob sie hier ein guter Mechaniker sind und auswandern, egal in welchem Land, können sie
genau das auch anwenden. Und das denen zu vermitteln, es denen wirklich in den Kopf einzuprägen, ist auch das Faszinierende. (Transkript, S. 4)

Frau Schwartz ist bemüht, ihren Schülerinnen und Schülern die aus ihrer
Migrationserfahrung hergeleitete Lebensphilosophie zu vermitteln. Sie bewer-
tet das kulturelle Kapital (Fachwissen, Bildungsabschlüsse etc.) als transnationale
Ressource. Damit macht sie auch deutlich, dass sie Mobilität als potentiellen bio-
graphischen Faktor ihrer Schülerinnen und Schüler mit bedenkt und bewusst zum
Thema macht.

## Zusammenfassender Kommentar

In der Bildungsbiographie überrascht, dass Frau Schwartz sich für den Lehrberuf
entscheidet, obwohl sie ihre eigene Schul- und Studienzeit als ein „Erleiden"
und einen permanenten „Kampf" darstellt, den sie unter hohem Konkurrenz-
und Leistungsdruck führte. Für ihre Berufsmotivation scheint eine Mischung
aus materiellem Sicherheitsdenken, gesellschaftlichen Aufstiegsaspirationen und
„Berufung" wirksam geworden zu sein. In ihrer Erzählung kristallisiert sich einerseits eine extrinsische Motivation durch die Eltern heraus: Frau Schwartz
weiß, dass die Eltern in ihre Bildung investieren und sie hält Schule und Studium
deshalb durch. Andererseits wird im Übergang zum Studium, eine intrinsische Motivation für den Lehrberuf (sie liest schon im Vorfeld ihres Studiums
einschlägige Literatur) sichtbar. Diese intrinsische Motivation wird besonders auch in den Sequenzen deutlich, wo sie sich, nach der Migration nach
Deutschland und der Ausübung anderer Tätigkeiten, quasi ein zweites Mal sehr
bewusst für den Lehrberuf entscheidet und dafür sogar bereitwillig eine mehr-
jährige Zusatzausbildung absolviert. Ein zweites Mal im Lehrberuf angekommen, ringt Frau Schwartz damit, ihre eigene schulische Sozialisation als Schülerin
und Lehrerin in Rumänien mit der in Deutschland vorgefundenen Schulkultur
in Einklang zu bringen. Sie beklagt den in Deutschland erfahrenen Statusverlust
als Autoritätsperson, mangelnden Respekt der Schülerinnen und Schüler gegenüber dem Lehrpersonal und die wenig persönliche Elternarbeit. Dennoch bleibt
die Schule das Arbeitsfeld, in welchem Frau Schwartz sich fest verortet, sich zur
Fachleiterin weiterbildet und auch mit der Schulleitungsfunktion liebäugelt.
    In den Erzählungen über das Verhältnis zu ihren Schülerinnen und
Schülern präsentiert sich Frau Schwartz als eine den Lernenden zugewandte und engagierte Fachlehrerin. Sie betont, dass sie sich gerne als Vorbild für
die Kinder und Jugendlichen mit Migrationshintergrund anbiete und die be-

sonderen Leistungen dieser Lernergruppe nichtdeutscher Herkunftssprache anzuerkennen wisse. Insofern übernimmt sie auch eine Anwaltschaft für die migrantischen Schülerinnen und Schüler. Auffällig ist zudem, dass sie in Bezug
auf die Vorbildrolle das Thema „Menschlichkeit" hervorhebt und damit ihr
Anliegen unterstreicht, jenseits von sprachlicher und kultureller Differenz im
Klassenzimmer, „Menschlichkeit" als geteilte Tugend und Bildungsziel vermitteln zu wollen. Damit grenzt sie sich bewusst von national-kulturellen Fremd-
und Selbstzuschreibungen ab und bezieht sich auf eine universelle oder auch post-
ethnische Kategorie (Hollinger 1995), mit der sie die Differenzen der schulischen
Akteure zu überwinden sucht. Das heißt aber nicht, dass sie sprachliche, religiöse
und kulturelle Heterogenität ignoriert. Im Gegenteil deuten die von ihr benannten
Unterrichtsbeispiele darauf hin, dass sie die Schülerinnen und Schüler sehr wohl
dazu einlädt, sich in ihrer Verschiedenheit zu präsentieren und sich hierüber auszutauschen. Grundlagen eines solchen Austauschs sind für Frau Schwartz aber,
dass alle Beteiligten sich in einem auf gegenseitiger Anerkennung basierenden gemeinsamen Lernprozess wieder finden und Diversität als Bereicherung erleben
können. Damit erfüllt sie zwei Schlüsselbedingungen interkulturellen Lernens.
Darüber hinaus vermittelt sie ihren Schülerinnen und Schülern eine weitere wichtige Botschaft, die sie unmittelbar aus ihrer eigenen Migrationserfahrung herleitet:
nämlich den Sachverhalt, dass diese im Falle einer Migrationsentscheidung sich
letztlich nur auf das im Herkunftsland akkumulierte kulturelle Kapital verlassen
könnten. Ohne dieses – so ihre feste Überzeugung – hätte sie sich nicht so rasch
und problemlos in Deutschland integrieren können.

Wenngleich Frau Schwartz mit dem Status der verbeamteten Lehrerin als
strukturell voll in die deutsche Mehrheitsgesellschaft integriert betrachtet werden
kann, erlebt sie sich selbst als „nicht angekommen" und führt dies auf ihren starken Akzent zurück, der immer wieder Anlass für ausgrenzende Erfahrungen sei.
Dabei ist es für sie, die in Rumänien als Angehörige der deutschen Minderheit diskriminiert wurde, besonders bitter, dass sie in Deutschland als Kennerin der deutschen Sprache, Kultur und Literatur als „Ausländerin" klassifiziert wird. Auch in
diesem Erleben „doppelter" Ausgrenzung – als Siebenbürger Sächsin in Rumänien
und als rumänische Aussiedlerin in Deutschland – könnte die Motivation begründet sein, sich in der schulischen Bildungsarbeit über national-kulturelle und
sprachliche Unterschiede hinwegzusetzen. Zudem verfügt Frau Schwartz aufgrund ihrer spezifischen Minderheitenerfahrung offenbar über eine besondere
Sensibilität für „Andersheit." Letztere stellt häufig ein wichtiges Moment geteilter
Erfahrung zwischen ihr und migrantischen Schülerinnen und Schülern dar. Diese
geteilten Erfahrungen bzw. das „konjunktive Wissen" (Mannheim 1980: 296), bilden die Grundlage für die Konstitution eines besonderen Verhältnisses zwischen
Frau Schwartz und den Kindern aus Einwandererfamilien.

## 4.2 Frau Öztürk: Für die Schüler da, egal welcher Herkunft

### Viola B. Georgi

**Biographische Skizze**

Frau Öztürk wird 1964 in Ankara geboren. Ihre Eltern haben beide in der Türkei nur die Grundschule besucht. Sie hat vier Geschwister: zwei ältere Brüder und zwei jüngere Schwestern. Der Vater kommt zu Beginn der 70er Jahre als „Gastarbeiter" nach Deutschland. Im Jahre 1973 holt er seine Familie im Zuge der Familienzusammenführung nach, wobei zunächst seine Frau und die Töchter und erst später die Söhne nach Deutschland kommen. Frau Öztürk ist zum Zeitpunkt der Migration nach Deutschland 9 Jahre alt. Sie besucht zunächst eine Ausländerklasse[1], nach einem Jahr schafft sie den Übergang in eine deutsche Regelschulklasse und erhält nach dem Abschluss der Grundschule eine Realschulempfehlung. Es folgen der Besuch einer Gesamtschule, einer gymnasialen Oberstufe und das Abitur. Nach dem Abitur nimmt sie ein betriebswirtschaftliches Studium auf. Da sie ihr Studium selbst finanziert, arbeitet sie während der Studienzeit in Projekten der außerschulischen Jugendbildung, Schülernachhilfe und als Dozentin an der Volkshochschule. Nach Abschluss des Studiums, welches sich über fast zehn Jahre erstreckt (1985–1995), heiratet sie und arbeitet in der Buchhaltung eines kleinen Unternehmens. Nebenbei betreut sie die wirtschaftliche Seite der Sprachschule ihres Ehemannes. Als die Ehe zerbricht, orientiert sich Frau Öztürk beruflich neu. Sie nutzt die Möglichkeit, als Quereinsteigerin in den Lehrberuf zu gelangen, legt Zusatzprüfungen ab und absolviert ein zweijähriges Referendariat. Frau Öztürk macht im Jahre 2003 ihr zweites Staatsexamen. Drei Monate später wird sie an einer Berufsfachschule in Hamburg als Lehrerin angestellt. An dieser Schule unterrichtet sie bis heute in den Fächern Wirtschaftslehre und Rechnungswesen.

**Migrations- und Bildungsgeschichte**

In der Eröffnungssequenz des Interviews stellt Frau Öztürk ihre Migrations- und Bildungsgeschichte als eng miteinander verwoben dar:

> *Ich kam in eine Ausländerklasse*
> Also, ich kam mit neun Jahren hierher im Rahmen der Familienzusammenführung (…) und kam in eine Ausländerklasse erst mal, weil ich ja kein Wort deutsch sprechen konnte. Das war dann die vierte Klasse. Bis zur dritten Klasse war ich in der Türkei (…) Ich konnte kein Wort deutsch, das war so eine Ausländerklasse mit dreißig Schülern, das hieß

---

1 Es handelt sich hierbei um eine schulische Maßnahme der 70er und 80er Jahre. Kinder nichtdeutscher Herkunftssprache wurden in sog. Ausländerklassen zusammengefasst.

auch wirklich so, Ausländerklasse, und da war dann eine nette Lehrerin, die uns dann den ganzen Tag betreut hat und hat uns dann versucht ((lacht)) die Sprache beizubringen (…) und nach einem Jahr hat sie dann eben festgestellt, wer in eine deutsche Klasse reingehen kann und wer nicht, und ich gehörte zu denen, die eben die Sprache mittlerweile eben so weit beherrschten, dass ich dann in einer deutschen Klasse Aussicht auf Erfolg hatte (…) und dann war ich in einer deutschen Klasse, das war die fünfte. Ich habe natürlich nicht alles verstanden, hatte dann immer noch große Schwierigkeiten, allerdings ich muss sagen, ich hatte gute Lehrer, oder Lehrerinnen. Habe die fünfte und sechste (…) sehr erfolgreich beendet und habe dann eine Realschulempfehlung bekommen, was auch sehr unüblich war, weil alle anderen Ausländer, die in meiner Klasse waren, die haben eine Hauptschulempfehlung bekommen, weil die es noch nicht so weit gebracht hatten, so dann kam ich auf eine Realschule (…) ich habe mich darum gekümmert, ich habe dann eine Realschule gesucht und gefunden (…) nach der Realschule habe ich dann die gymnasiale Oberstufe besucht ja, habe Abitur gemacht und, und nach dem Abitur habe ich ein bisschen Pause gemacht, aber es war klar, es war klar, dass ich eigentlich studieren wollte, also auch zu Hause war das, selbstverständlich: die Gülcan, die kann das, die hat das drauf irgendwie. (Transkript, S. 1)

Frau Öztürk schildert ihren Bildungsweg in Deutschland als sehr gradlinig. Sie kommt aus der Türkei und wird in Deutschland in die vierte Klasse eingeschult. Nach einem Jahr wechselt sie in eine deutsche Regelklasse und überwindet in Folge alle sprachlichen Hürden, so dass sie den Übergang auf die Realschule und schließlich auch in die gymnasiale Oberstufe einer Gesamtschule schafft, wo sie das Abitur macht. Der Wunsch zu studieren – so erzählt Frau Öztürk – habe immer zu ihrem Bildungsplan gehört und sei auch von der Familie gefördert worden.

## Empowerment und Anerkennung durch die Grundschullehrerin

Frau Öztürk ordnet ihren Bildungserfolg rückblickend aber nicht nur der Unterstützung durch ihre Familie und ihrer eigenen Leistungsbereitschaft zu, sondern bringt auch die motivierende Begleitung durch ihre damalige Grundschullehrerin zur Sprache:

*Das ist ein Gymnasiumkind*
Meine Grundschullehrerin, die hat mir eine Realschulempfehlung gegeben, obwohl ich noch nicht richtig deutsch sprechen konnte. Die hat gesehen, das ist ein Gymnasiumkind, die hat nur Sprachschwierigkeiten, die hat nur eben zu wenig Zeit gehabt, die Sprache zu lernen, und die hat das gesehen. (…) die musste mich ja auch beurteilen und die hat mich auch angespornt, auch weiter zu machen und das mit Abitur zu beenden. Na-

türlich hatte ich das vor, ja aber es tut einem ja gut, von einem Lehrer zu hören: Mensch, du hast die Fähigkeit. Du kannst es schaffen und diese Zuversicht. Das ist schon als sehr positive Erfahrung oder Erinnerung in meinem Gehirn sozusagen verankert. (Transkript, S. 7)

Frau Öztürk betont hier, wie wichtig die Erfahrung für sie war, von ihrer Lehrerin mit ihren intellektuellen Fähigkeiten – jenseits der Beherrschung der deutschen Sprache – erkannt und gefördert worden zu sein. Sie spricht von einer „Verankerung dieser Erfahrung im Gehirn," womit sie die Signifikanz der positiven frühen Lern- und Anerkennungserfahrung in der Primarstufe für ihren weiteren Bildungsweg unterstreicht.

## Elterliche Bildungsaspirationen und Familienorientierung

In Frau Öztürks Rückblick auf die Entstehung ihres Berufswunsches fällt zunächst die elterliche Bildungsaspiration auf:

> *Die wird Ärztin*
> Zuerst hatte ich wirklich vor, irgendwie Lehramt zu studieren, dann habe ich mir das irgendwie anders überlegt und habe dann hin und her überlegt. Als ich noch ganz klein war, sagten meine Eltern immer: Die wird Ärztin oder so, ja, und das hatte ich noch so im Kopf, aber als ich dann gemerkt habe, ich kann überhaupt kein Blut sehen und nix, war mir das dann doch zu stressig ((schmunzelnd)), das wollt ich dann auf keinen Fall. Ja, und dann habe ich Betriebswirtschaft studiert. (Transkript, S. 2)

Frau Öztürk liebäugelt mit einem Lehramtsstudium, wägt den elterlichen Studienwunsch Medizin ab und entscheidet sich schließlich für ein betriebswirtschaftliches Studium. Sie hebt in ihrer Erzählung immer wieder hervor, dass sie auf der sprachlichen und intellektuellen Ebene nicht auf familiäre Unterstützung bauen konnte:

> *Keine Hilfe*
> Ich möchte betonen: Von zu Hause war überhaupt keine Hilfe da, weil mein Vater und Mutter konnten kaum ein Wort deutsch. (Transkript, S. 2)

Trotz der sehr begrenzten Kapazität der Eltern, die Tochter schulisch zu begleiten, erhält Frau Öztürk außergewöhnliche moralische und emotionale Unterstützung durch ihre Eltern, für die ein Studium offenbar zum Bildungsziel gehört:

> *Es war selbstverständlich, dass ich studiere*
> Mein Vater war von der Ausbildung her eigentlich nicht gebildet, dafür trotzdem sehr gebildet. Er wollte, dass aus den Mädels was wird. Es war selbstverständlich, dass ich studiere. (…) also die konnten mich da zwar

finanziell überhaupt nicht unterstützen, aber trotzdem war es selbstverständlich, dass ich studiere und (...) die haben mir auch keine Steine in
den Weg also irgendwie gelegt und das find ich auch, im Nachhinein, dass
ich so eine Familie hatte, war wahrscheinlich auch so ein Glück. (Transkript, S. 9)

Von den Eltern mit Selbstvertrauen ausgestattet und mit hohen Bildungserwartungen belegt, orientiert sich Frau Öztürk an den kritischen Punkten ihrer
Bildungskarriere auch an ihren Brüdern. Diese bezeichnet sie als Vorbilder. Sie
fühlt sich von ihnen anerkannt und schöpft hieraus das Selbstbewusstsein, die
Bildungsleiter sukzessive weiter zu erklimmen:

*Die Brüder als Vorbilder*
Also Vorbilder waren eigentlich meine Brüder, die haben nie Druck auf
mich ausgeübt, ganz im Gegenteil, die haben mich wertgeschätzt, haben
mich immer sehr ernst genommen und so weiter und haben sozusagen
mich als Person, so als Charakter, mich als Persönlichkeit akzeptiert und
ich denke, das hat mich bestärkt immer weiterzumachen und das war auch
für die selbstverständlich, dass ich mal studiere und so weiter. Dass ich zumindest *nicht so* wie mein Vater einfach Arbeiter werde, oder Arbeiterin
werde, ja. Ich denke schon, dass vor allem mein älterer Bruder als Vorbild
gedient hat, wobei ich natürlich sagen muss, dass es auch die Familie war.
Das war so eine intakte Familie eine glückliche Familie, mein Vater und
Mutter und wir. (Transkript, S. 5)

In dieser Passage wird die starke und positive Familienorientierung von Frau
Öztürk sichtbar. Während sie über die durch die Geschwister entgegengebrach-
te Wertschätzung spricht, wird ihr offenbar bewusst, dass sich diese in ein positives Gesamtbild ihrer Familienerfahrung fügt. Sie charakterisiert ihre Familie
rückblickend als „intakt" und „glücklich" und markiert damit die Bedeutung der
Familienorientierung für ihren Bildungserfolg.

## Möglichkeit des Quereinstiegs wahrgenommen

Im Folgenden beschreibt Frau Öztürk, wie es zu ihrer beruflichen Neuorientierung
kam und wie sich für sie die Möglichkeit eröffnete, sich als Quereinsteigerin für
den Lehrberuf zu bewerben:

*Ich dachte, ich bewerbe mich mal*
Ich hatte von Exstudienkollegen gehört, dass es möglich ist, ein Quereinsteiger zu werden. Ich muss ihnen aber sagen, ich habe jetzt während meines Studiums sehr viel mit Jugendlichen gearbeitet. Also, ich habe Nachhilfeunterricht gegeben, war dann Dozent bei der Volkshochschule und so
weiter: Ich habe sehr viel Lehrtätigkeit gemacht, habe das sehr gerne ge-

macht und war insbesondere mit den Jugendlichen sehr erfolgreich. Ich dachte, na gut, ich bewerbe mich mal; wird eh nicht klappen oder ich werde das eh nicht machen, weil ich wusste, dass ich wieder zwei Jahre lang Referendariat machen musste und das war wieder mit Prüfungen und so und das wollt ich mir eigentlich nicht antun, aber das kam dann alles so schnell aufeinander. Auf einmal war die Einladung da. Ich musste irgendwie Bewerbungsunterlagen einreichen. (…) Es gab großes Interesse, weil es wahrscheinlich auch einen großen Mangel an Lehrern gab. Und dann haben mich die Freunde und Freundinnen unterstützt und haben gesagt: „Mensch, mach es doch. Du bist doch dafür so gut geeignet." Und dann war ich auf einmal drin, also ich fing dann an. Ich war auf einmal drin, war plötzlich mittendrin und dann konnte ich nicht mehr aufhören und dann musste ich es irgendwie beenden. (Transkript, S. 15)

Frau Öztürk unterstreicht, dass sie parallel zum Studium kontinuierlich in der außerschulischen Jugendarbeit tätig war sowie in der Volkshochschule unterrichtete. Insofern ist die Entscheidung für den Lehrberuf – aus Frau Öztürks Sicht – eigentlich eine Übersetzung einer ihr bekannten Tätigkeit in das Handlungsfeld Schule. Dennoch äußert sie sich skeptisch darüber, ob ihre Bewerbung erfolgreich sein könne und ob sie sich tatsächlich noch einmal in eine Ausbildungssituation begeben möchte. Dann – so mutet jedenfalls die Darstellung an – scheint Frau Öztürk von der Dynamik des selbstangestoßenen Prozesses ihrer professionellen Neuorientierung geradezu überrollt zu werden. In der wiederholten Äußerung „Ich war auf einmal drin" bringt sie ihre eigene Verwunderung über die Geschwindigkeit ihres Einstiegs in die Lehrerausbildung zum Ausdruck. Einmal angefangen, scheint es keine andere Option mehr für Frau Öztürk zu geben, als die begonnene Ausbildung erfolgreich abzuschließen.

## Exotin und Expertin im Studienseminar

Frau Öztürk berichtet sodann über ihre Erfahrungen im Studienseminar. Dort wird sie als türkische Lehramtsanwärterin – wie sie sagt – als Exotin wahrgenommen:

> *Die haben mich sehr zu schätzen gewusst*
> Ich war so eine Exotin in der Seminargruppe. Die haben mich sehr, sehr zu schätzen gewusst. Teilweise auch so, dass die mich gefragt haben: Na, wie mache ich es? Wie gehe ich mit türkischen Schülern um und so weiter? In diesen zwei Jahren, die wir miteinander verbracht haben, war das so, dass ich sozusagen eine Person war, um alles über die türkische Kultur und den Islam zu erfragen. Das war auch ganz schön. (Transkript, S. 16)

Die durch ihre Kommilitoninnen und Kommilitonen vorgenommene ethnisch-kulturelle Zuschreibung wird Frau Öztürk nicht nur als Exotin, sondern auch als

Expertin für den Umgang mit Schülerinnen und Schülern türkischer Herkunft und Islamfragen adressiert. Wie aus der Erzählung hervorgeht, wird sie als Informantin „türkischer" Lebenswelt und Tradition geschätzt. Auch wenn sie die besondere Rolle im Studienseminar ein Stück weit genießt und darüber auch Anerkennung erfährt, äußert sie sich an anderer Stelle des Interviews sehr kritisch über derartige Rollenzuschreibungen. Durch die selbstverständliche und unreflektierte Zuweisung der Expertenrolle findet eben auch häufig eine Verortung im „Herkunftsland" statt, womit die Zugehörigkeit zur deutschen Gesellschaft in Frage gestellt wird.

## Krise im Referendariat

Im Folgenden berichtet Frau Öztürk von ihrem Referendariat. Aufgrund der fachlichen und didaktischen Herausforderungen und des Mangels an Unterstützung an ihrer ersten Schule erscheint sie so tief verunsichert, dass sie einen Abbruch des Referendariats in Betracht zieht:

> *Großes Glück mit dem Seminarleiter*
> Ich muss sagen, dass ich großes Glück hatte, einen tollen Seminarleiter gehabt zu haben, weil ich mit der Schule überhaupt nicht zufrieden war. (…) ich hatte keinen Mentor, der mich da mit rein in den Unterricht mitnimmt (…) und ich stand dann lose im Raum da sozusagen und keiner hat da geholfen und ich dachte, das kann doch nicht sein. Ich muss doch hier irgendwas machen und ich weiß nicht mal, was ich hier machen soll. Eigentlich keiner erklärt es mir. Nichts. Ich muss bald meine erste Lehrprobe halten und keiner hilft mir und so weiter. Na ja und da habe ich gesagt: Ich hör auf. Und das habe ich mit meinem Seminarleiter besprochen und er meinte: Nee also, ich lasse Sie nicht los. Sie kommen auf eine andere Schule und er hat sich sofort darum gekümmert und hat eine andere Schule gefunden. Er sagte: Also Frau Öztürk, also das geht in Ordnung mit der neuen Schule. Wir finden etwas Passendes. Machen sie das nicht. Hören sie nicht auf. Ich werde sie unterstützen, soweit das in meinen Kräften steht und so weiter, also der hat mich da wirklich sehr unterstützt (…) und wenn so ein Seminarleiter, von dem ich viel halte, sagt: Also sie haben die Kompetenz und die Befähigung dazu. Sie haben das Talent dazu, Lehrer zu werden, war das für mich schon wichtig (…) wenn ich jetzt, also rückwirkend so noch mal Resümee ziehe, muss ich sagen, also wenn ich diesen Seminarleiter nicht gehabt hätte, hätte ich irgendwie gesagt, dass mir das zu viel ist. (Transkript, S. 4)

Es ist nach Frau Öztürks Erzählung dem engagierten Seminarleiter geschuldet, dass sie den Mut und die Motivation nicht verliert und das Referendariat fortsetzt. Neben dem Schulwechsel, den er organisiert, scheint er ihr auch als Mentor zur Seite zu stehen und ihr das nötige Selbstbewusstsein zu vermitteln, ihren begonnenen Weg fortzusetzen. Ihr Seminarleiter sucht ihr – wie sie sagt – eine passende Schule, wie sich später herausstellt, im sozialen Brennpunkt der Stadt. Es stört sie nicht, dass der Seminarleiter für sie als türkischstämmige Referendarin eine Schule auswählt, an der ein Großteil der Schülerinnen und Schüler aus Migrantenfamilien kommt. Im Gegenteil scheint sie in diesem Umfeld vielfältige professionelle Potentiale zu entfalten. Sie betont die gute Beziehung, die sie zu ihren Schülerinnen und Schülern aufgebaut hat, hebt das positive Feedback sowie das ihr entgegen gebrachte Vertrauen hervor.

## Charakterisierung der Schule und das Verhältnis zum Kollegium

Im Folgenden charakterisiert Frau Öztürk die Schule, an der sie tätig ist. Dabei bilden die migrantischen Schülerinnen und Schüler den Ausgangspunkt ihrer Erzählungen:

> *Ich komme sehr gut an, bei diesen Klassen*
> Das ist eine Schule mit sehr vielen Migrantenschülern, eine Berufs-
> fachschule (…) und ich komm sehr gut an bei diesen Klassen und ich
> merke wie gut, ich gebe denen sozusagen was, was die Schüler mir auch
> positiv wieder zurück geben. Ich merke es überhaupt in dem Vertrauens-
> verhältnis, wenn die zu mir kommen mit ihren Problemchen. Also es fehlt
> leider bei den meisten deutschen Lehrern das Verständnis. Die Frage ist
> dann immer so: Warum sind die denn so? Ja, so, also bei meinen Kollegen
> auch durchweg, (und) da gibt's nur ein oder zwei Lehrer, die überhaupt so
> ein Verständnis zeigen. Alle anderen sind da so: Ja, die müssen sich doch
> hier anpassen: Warum verhalten die sich denn so? Lernen die das zu Hau-
> se nicht? Die sind ja so rücksichtslos, respektlos aber zu Hause müssen
> die dann Respekt zeigen. Also wirklich auch manchmal zum Teil diskrimi-
> nierende Äußerungen, denen das aber auch nicht so auffällt ja, und es är-
> gert mich so sehr. Es gibt natürlich sehr gute Kollegen, mit denen ich mich
> auch verstehe. Aber auch zum Teil bei denen merke ich immer die unter-
> gründige Frage: Aber wieso sind die denn so? Da hast du das Gefühl, du
> fängst immer von vorne an. Du versuchst was zu erklären, aber irgendwie
> begreifen die es nicht ja. (Transkript, S. 4)

Frau Öztürk beklagt die mangelnde Bereitschaft eines Großteils des Kollegiums, sich mit den besonderen Sozialisationsbedingungen und Herausforderungen von Schülerinnen und Schülern aus Einwandererfamilien auseinander zu setzen. Sie übt massive Kritik an deren Intoleranz gegenüber migrantischen Jugendlichen und spricht in diesem Zusammenhang sogar von Diskriminierung. Sie zeigt sich persönlich berührt und verärgert über den Mangel an Sensibilität für diskriminierende Äußerungen und ergreift dabei eindeutig Partei für die betroffenen Schülerinnen und Schüler.

Sodann unterstreicht sie, dass sie als Lehrerin mit Migrationshintergrund im Gegensatz zu ihren Kolleginnen und Kollegen ohne Migrationshintergrund mit diskriminierenden Begriffen „spielen" könne:

> *Mensch ihr Schwarzköpfe*
> Wenn ich zu den Schülern sage: Mensch, ihr Schwarzköpfe, macht das doch mal endlich, ist es was anderes als wenn ein deutscher Lehrer das sagt, weil die sich hier eben nicht angenommen fühlen. Das empfinden die als eine Beleidigung und das ist eben anders. (Transkript, S. 4)

Wenn Frau Öztürk ihre Schülerinnen und Schüler mit Migrationshintergrund als „Schwarzköpfe" adressiert, wird ihr das – so ihre eigene Beobachtung – nicht übel genommen. Im Gegensatz zu ihren herkunftsdeutschen Kolleginnen und Kollegen kann sie als Lehrerin mit Zuwandererbiographie mit stigmatisierenden Begriffen kokettieren bzw. sie anders besetzen. Es kommt also in diesem Zusammenhang nicht nur darauf an, *was* gesagt wird, sondern vor allem auch, *von wem* es gesagt wird. Wenn die Lehrerin mit Migrationshintergrund rassistische Begriffe aufgreift und im Dialog mit ihren Schülerinnen und Schülern mit Migrationshintergrund platziert, kann das auch als Ausdruck von Solidarität und Aneignung bzw. Neubesetzung der Begriffe aus Minderheitenperspektive gewertet werden.

## Besondere Verantwortung für migrantische Schülerinnen und Schüler

Frau Öztürk bewertet ihren Berufswechsel rückblickend positiv. Interessant ist, dass sie gerade in diesem Zusammenhang auch den Bildungserfolg ihrer migrantischen Schülerinnen und Schüler hervorhebt. Frau Öztürk betont, dass sie es als befriedigend und erfüllend erlebe, wenn sie diese Schülergruppe bis zum erfolgreichen Absolvieren ihrer Abschlussprüfungen begleite:

> *Ich fühle mich gebraucht*
> Jetzt habe ich ja mittlerweile fünf Jahre auf dem Buckel und mit Referendariat circa sieben Jahre und ich denke, dass es eine gute Entscheidung war. Also ich fühle mich dann irgendwie gebraucht und es tut mir gut zu sehen, wenn ich jetzt meine Schüler durch die Prüfung bringe, seien es deutsche oder auch türkische oder arabische. Ich freue mich aber umso mehr, wenn es türkische oder arabische Schüler oder auch Schüler anderer nationaler Herkunft sind – ja eben Schüler mit Migrationshintergrund sind: Ich freue mich doppelt soviel, weil ich denke, dass ich die dann irgendwie erreicht habe, dass ich denen gut getan habe. Wahrscheinlich ist das so ein Gefühl, dass man da nicht resigniert und sagt: Mensch, es ist gut, dass du das gemacht hast, dass du für die da warst. (Transkript, S. 1)

Wenn Frau Öztürk betont, dass sie sich „doppelt soviel" über die Schulabschlüsse ihrer migrantischen Schülerinnen und Schüler freue, bringt sie zum Ausdruck, dass sie die besonderen Lernbedingungen (etwa Mehrsprachigkeit) kennt und in ihrer Beurteilung der schulischen Leistung veranschlagt. Insofern kann man die Formulierung, dass sie sich für ihre Schüler mit Migrationshintergrund „doppelt freut" so deuten, dass Frau Öztürk davon ausgeht, dass diese Schülerinnen und Schüler „doppelt soviel" – zumindest aber mehr als herkunftsdeutsche Lerner – für ihren Schulerfolg leisten mussten. Gleichzeitig kristallisiert sich in dieser Interviewpassage auch ein Teil des professionellen Selbstverständnisses von Frau Öztürk heraus. Sie übernimmt die Rolle der Fürsorgerin: Sie möchte ihren Schülerinnen und Schülern – wie sie sagt – „gut tun" und für sie „da sein" und genießt es, „gebraucht" zu werden. Sie nimmt Anteil an dem Leben ihrer Schützlinge, ist emphatisch und freut sich mit ihnen über bestandene Prüfungen.

## Vertrauensverhältnis: Identifikationen und Projektionen

Frau Öztürk beobachtet, dass sich die Schülerinnen und Schüler mit gleichem national-kulturellem Hintergrund stark mit ihr identifizieren. Sie erhalte einen Vertrauensvorschuss, weil die Lernenden ihr ähnliche Erfahrungen, etwa mit Diskriminierung, unterstellten:

> *Dass ich besser verstehe*
> Aufgrund der Tatsache, dass die nun wissen, dass ich einen türkischen Migrationshintergrund habe, haben die türkischen Schüler einfach ein Gefühl, dass ich das besser verstehe, diese Diskriminierung. Sie denken, dass ich das besser verstehe. Sie haben zumindest dieses Urvertrauen, dass ich auch so was erlebt habe, so in der Richtung und es stimmt ja auch. (Transkript, S. 5)

Frau Öztürk bestätigt, dass sie die spezifischen Erfahrungen – gerade auch Diskriminierungserfahrungen von Schülerinnen und Schüler mit Migrationshintergrund – aus eigener Erfahrung kennt. Sie leitet daraus auch ab, dass sie die Erfahrungen der Jugendlichen tatsächlich im Spiegel ihrer eigenen Biographie nachvollziehen kann. Insofern basiert die Interaktion zwischen ihr als Lehrerin und den migrantischen Jugendlichen auf einem „konjunktiven Erfahrungsraum" (Bohnsack 1998), der ein wechselseitiges Sich-Wiedererkennen ermöglicht. Dieses aus „konjunktivem Wissen" (Mannheim 1980: 296) generierte Spiegelpotential bildet zugleich die Basis eines besonderen, von Vertrauen geprägten Lehrer-Schüler-Verhältnisses.

## Expertin für kulturelle und religiöse Belange im Kollegium

In der folgenden Passage spricht Frau Öztürk über ihre besondere Rolle als Lehrerin mit Zuwandererbiographie im Kollegium. Sie erzählt von Situationen, in denen sie streitschlichtend, moderierend und übersetzend gewirkt hat. Sie betont allerdings, dass nur eine kleine Zahl an ohnehin engagierten Kolleginnen und Kollegen ihren Rat suche, insbesondere auch in kulturellen oder religiösen Fragen. Hier hebt sie einzelne Kolleginnen und Kollegen positiv hervor, die sich um eine Beziehung zu den Lernenden bemühen, indem sie sich gegenüber den herkunftskulturellen, sprachlichen und religiösen Prägungen und Traditionen öffneten:

> *Sie stellen zig Fragen über Religion*
> Sehr häufig werde ich gefragt von Kollegen, die mich schätzen, wenn sie Probleme mit Schülern mit Migrationshintergrund haben, dass sie mich dann fragen, mit türkischen Schülern zum Beispiel. Ja, das und das ist passiert, was meinst Du? Wie soll ich handeln? Und so weiter, aber es sind eben Kollegen, mit denen ich mich sonst gut verstehe. Alle anderen machen das ((schmunzelnd)) mit sich selbst aus und fragen da auch nicht oder es interessiert sie nicht mal. Das sehen sie nicht als Problem, aber die so interessiert sind, die versuchen irgendwie, was aufzubauen mit den Schülern oder auch mit Islam. Sie stellen auch zig Fragen über Religion und also über Fastenzeit. Da haben die gefragt, ja wie lange müssen die dann fasten und, ja, weil viele Schüler gefastet haben und solche Sachen. Oder wenn es irgendwelche Konflikte und Probleme gibt, ja dann fragen die schon und fragen mich um Rat, wie sie sich zu verhalten haben. Dann sehen die mich als Ressource in dem Moment. (Transkript, S. 4)

Frau Öztürk resümiert, dass sie besonders aufgrund ihrer Experten- und Vermittlerrolle im Kollegium als Ressource wahrgenommen werde. Dabei lässt sie offen, ob sie dies für sich positiv oder negativ beurteilt. Sie berichtet sodann von Situationen, in denen sie als Vermittlerin zwischen migrantischen Jugendlichen, Eltern und Lehrkräften agierte. Unter anderem schildert sie folgenden Konflikt zwischen einer Kollegin und einem Schüler in Anwesenheit von dessen Vater:

> *Es kam dann zu einem Kompromiss*
> Der Junge hat versucht, sich immer wieder zu rechtfertigen und ich habe ihm gesagt, auf Türkisch, sei mal ruhig, Du hast jetzt ruhig zu sein, weil ich merkte, die Strafe wird höher, wenn er da weiter rumfuchtelt. Die Abteilungsleiterin und die Lehrerin saßen da. Ich habe gesagt, auch wenn Du Recht hast, sei mal ruhig, ja und verhalte Dich mal ganz ruhig, auf Türkisch. Das haben die aber nicht verstanden. Ich habe das auch nicht übersetzt (…) Und der Vater hat dann zu ihm auch gesagt: Du hast bitte jetzt ruhig zu sein. Ich hatte Angst, dass er in eine andere Klasse versetzt wird. Das wollte er nicht. Aber er hat dann durch seine ganzen Bewegungen nun dazu beigetragen, dass er wahrscheinlich in die andere Klasse versetzt

worden wäre (…) Dann war er aber ruhig ja, und hat gesagt: Entschuldigung. Ja, ich wollte das nicht, aber sie haben mich auch provoziert und so weiter jedenfalls kam es dann eben zu einem Kompromiss und er blieb dann in der Klasse und hat dann irgendwie nur einen Verweis gekriegt und so. (Transkript, S. 6)

Interessant ist, dass sich Frau Öztürk in der von ihr geschilderten Situation durch den gezielten Einsatz der Herkunftssprache quasi mit dem Schüler „verbündet." Sie nutzt die Herkunftssprache, deren Exklusionseffekt und ihre Macht als Übersetzerin, um dem mit den Lehrpersonen in Konflikt geratenen Schüler zu helfen. Sie trägt zur Deeskalation bei, indem sie dem Schüler – in einem nicht-übersetzten Zwiegespräch – Recht gibt, ihn zugleich aber zu einer Entschuldigung bewegt und damit die Strafe der Versetzung in eine andere Klasse abwendet. Sie positioniert sich hier eindeutig und ergreift Partei für den Schüler. Eine weitere Interviewpassage fügt sich in dieses Bild:

*Im Nu war er wie verwandelt*
Letztens hatte ein Schüler große Probleme, ein türkischer Schüler, mit seinem Klassenlehrer, der mich daraufhin angesprochen hatte, und ich habe gesagt: Ich möchte mit Dir sprechen und da war er sofort bereit. Ich habe mit ihm Türkisch gesprochen. Ich denke nicht, dass er sehr gut Türkisch kann. (…) Ich habe das nämlich gemerkt, dass er es doch nicht so gut kann. Zwischendurch hat er nämlich immer deutsche Wörter eingebaut. Aber im Nu war er wie verwandelt. Ja, ich habe ihm die Situation erörtert und habe gesagt: Das ist nicht gut, wie Du Dich da verhältst. Und ich habe ihm gesagt, dass ich das nicht gut heiße, auf Türkisch. Und das scheint irgendwie Wunder gewirkt zu haben. Seitdem gibt es da keine Beschwerden mehr über ihn. Bis jetzt habe ich mit Türkisch in Problemsituationen eigentlich nur gute Erfahrungen gemacht, muss ich sagen. (Transkript, S. 9)

Auch in dieser Episode aus dem Schulalltag wird sie als Vermittlerin zwischen einer Lehrperson und einem Schüler tätig. Und wieder wirken ihr Migrationshintergrund und der Einsatz der Herkunftssprache in der Kommunikation mit dem türkischstämmigen Schüler scheinbar „Wunder." Der Schüler sei nach dem Gespräch mit ihr „wie verwandelt" gewesen. Gefragt, ob sie häufiger eine Vermittlerrolle einnehme und ob sie dies gerne tue, antwortet Frau Öztürk:

*Ein bisschen Helfersyndrom*
Es kommt drauf an. Also, ich denke, ich habe da immer so ein Gefühl, dass ich da helfen muss (…) naja irgendwie ist das wahrscheinlich auch ein bisschen so ein bisschen immer noch, Helfersyndrom. Vielleicht kann ich da nicht zum Bösen sondern eher zum Guten die Dinge wenden im Moment fühl ich mich eher, na ich werd einfach, um Hilfe gerufen. Ich leiste das eher so. (Transkript, S. 9)

Sie konstatiert, dass sie gerne, fast mit einer zwanghaften Neigung („Helfersyndrom") helfe. Zugleich begreift sie sich als aktiv Handelnde, die – wie im
geschilderten Fall – die Dinge zum Guten hin wenden kann. Insofern erlebt
sie die Rolle der Vermittlerin als aktiv und gestaltend. Sie kann in schwierigen
Situationen intervenieren und formend eingreifen.

In den folgenden Interviewpassagen reflektiert Frau Öztürk über ihren offenen Umgang mit ihrer Zuwandererbiographie in der Schule und ihr Verhältnis
zu Lernenden unterschiedlicher Herkunft. Dabei wird ihr die Wirkung ihres
türkischen Migrationshintergrundes auf die Erwartungshaltungen und Wahrnehmungen ihrer Schülerinnen und Schüler bewusst:

> *Dass ich türkischstämmige Deutsche bin*
> Also wenn ich jetzt in eine neue Klasse reingehe, dann erzähle ich schon,
> dass ich türkischstämmige Deutsche bin, und was ich studiert habe und
> dass ich eine Quereinsteigerin bin, dass ich erst später eine Lehrerausbil-
> dung gemacht habe: Das erzähle ich denen schon. Wir stellen uns gegen-
> seitig vor und dann möchte ich auch, dass sie mal ein bisschen was erzäh-
> len und manchmal kommen dann so persönliche Fragen, ob ich Kinder
> habe, ob ich verheiratet bin ((schmunzelnd)). Wobei ich sagen muss, also
> die deutschen Schüler, die sind da natürlich sehr viel diskreter. Die stellen
> solche Fragen nicht. Irgendwie aber die türkischen Schüler und die arabi-
> schen. Sind sie verheiratet? Wie viele Kinder haben sie? ((lacht)) Also so-
> fort gleich in der ersten Stunde werden zig Fragen gestellt, ja sehr persön-
> liche Fragen. (Transkript, S. 14)

Frau Öztürk unterscheidet ihre Schülerinnen und Schüler entlang ihrer Herkunft
– türkisch, arabisch, deutsch – und stellt Differenzen etwa im Umgang mit biographischen Informationen über sie als Lehrperson fest. Während ihr die tür-
kisch- und arabischstämmigen Schülerinnen und Schüler sehr persönliche
Fragen stellten, verhielten sich die deutschstämmigen Schülerinnen und Schüler
eher zurückhaltend und distanziert. In ihrer Reflexion des Schüler-Lehrer-Ver-
hältnisses in der Klasse hebt Frau Öztürk noch ein weiteres Phänomen hervor:
die Unterstellung von Bevorzugung aufgrund der gleichen national-kulturellen
Herkunft:

> *Dass bei türkischstämmigen Schülern was passiert*
> Also, wenn ich so in eine Klasse reinkomme, merke ich, welcher Schüler
> mir eher positiv zugeneigt ist und welcher nicht. Und ich denke, dass dann
> bei einigen türkischstämmigen Schülern was passiert. Also die machen da
> auch einen Unterschied. Wenn sie wissen, ich bin türkischstämmig dann
> denken die immer, ich bevorzuge die türkischen Schüler: Das habe ich
> auch erlebt so. (…) wenn jetzt hauptsächlich in einer Klasse, türkisch-
> stämmige Schüler sind, dann erwarten die häufig von vornherein, dass
> ich da so ein gewisses Verständnis für ihre Problemchen habe. Und in-
> teressanterweise denken die arabischen Schüler sofort, da wird irgendwie

> Vetternwirtschaft gemacht. Die verbünden sich mit den Türkischstämmi
> gen, die bekommen grundsätzlich bessere Noten, weil Frau Öztürk Tür
> kin ist. Und die deutschen Schüler, die sind dann eher so überrascht, eine
> türkischstämmige Lehrerin, das ist ungewohnt für die, vollkommen unge
> wohnt. Und die brauchen erst mal Zeit, bis sie merken: Mensch die kann
> ja ganz gut unterrichten, die kommt ganz gut klar. Es gibt keine Schwie
> rigkeiten. (…) Aber ich merke schon, dass das von denen kritisch gesehen
> wird. (Transkript, S. 8-9)

Frau Öztürk beobachtet zum einen die Erwartungshaltung der Schülerinnen
und Schüler gleicher, also türkischer, Herkunft. Diese erwarteten von ihr eine
Bevorzugung und mehr Einfühlungsvermögen aufgrund der Annahme eines geteilten sprachlichen, kulturellen und religiösen Hintergrunds. Zum anderen fällt
ihr auf, dass migrantische Jugendliche mit nichttürkischem Hintergrund, etwa
arabischstämmige Schüler, ihr häufig eine gezielte Bevorzugung der türkischstämmigen Schüler (Vetternwirtschaft) unterstellen. Bei Schülerinnen und Schülern
ohne Migrationshintergrund verspürt Frau Öztürk eher eine grundsätzliche
Skepsis gegenüber ihr als nichtherkunftsdeutscher Lehrerin. Sie fühlt sich in den
Augen dieser Schülerinnen und Schüler fachlich und professionell auf Bewährung,
so als müsse sie erst einmal ihre Kompetenzen unter Beweis stellen.

## Schulerfahrungen im Vergleich

Interessant im Zusammenhang mit der Diskussion um interkulturelle Schulentwicklung sind die folgenden Interviewpassagen, in denen Frau Öztürk ihre eigenen Schulerfahrungen den Schulerfahrungen von Schülerinnen und Schülern
mit Migrationshintergrund heute gegenüberstellt und zu einem überraschenden
Ergebnis kommt:

> *Hauptsächlich positive Erfahrungen*
> Wenn ich jetzt an meine Vergangenheit denke, ja ich hatte hauptsäch
> lich positive Erfahrungen. Aber was ich jetzt so von den Schülern so mit
> bekomme, machen die negative, durchweg negative, sehr negative und
> ganz selten positive Erfahrungen mit ihren Lehrern. Sie erzählen, dass
> auch wenn sie nichts gemacht haben, herablassend und abwertend mit ih
> nen gesprochen wird in der Regel. Und das habe ich alles nie erlebt, muss
> ich sagen. Also ich hatte im Gegenteil sehr engagierte Lehrer, die mich
> auch unterstützt haben. Also ich muss sagen, ich denke heute noch im
> mer sehr positiv an die zurück (…) Ich hatte natürlich auch schlechte Leh
> rer, aber die waren vom Unterrichten her schlecht, aber ich hatte nicht das
> Gefühl, dass die mich jetzt aufgrund meiner Migrationsgeschichte ver
> dammen, also so das Gefühl hatte ich nicht. Aber interessanterweise – ich
> muss das eben noch mal unterstreichen – die Schüler, die ich jetzt zur
> zeit bekomme, die haben diese Erfahrung, aber ich hatte sie nicht. Wahr-

scheinlich gab es einen Umschwenk. Ja, zuerst gab es dieses Verständnis für die armen Ausländer und jetzt gibt es irgendwie Resignation. So aus denen wir sowieso nichts. Auch die guten Lehrer ja, die sich so sehr engagiert haben, auch die sind mittlerweile so. So im Sinne von: Das nützt hier alles sowieso nichts. (Transkript, S. 13)

Folgt man diesen Ausführungen, so macht Frau Öztürk als Kind türkischer Arbeitsmigranten zu Zeiten der Ausländerpädagogik (70er und 80er Jahre) in Deutschland keine Diskriminierungserfahrungen. Im Gegenteil – so ihre Analyse – scheint in dieser Zeit eine Art Helferbewusstsein bei dem schulischen Lehrpersonal vorgeherrscht zu haben. Frau Öztürk blickt gerne auf ihre Schulzeit in Deutschland und ihre Lehrerinnen und Lehrer in den 70er und 80er Jahren zurück, weil sie sich von diesen unterstützt und anerkannt fühlte. Ihre Schülerinnen und Schüler heute hingegen – so ihre Beobachtung des schulischen Alltags und die Rekonstruktion von Gesprächen mit ihren Schülerinnen und Schülern – machten häufiger Erfahrungen von Abwertung, Ausgrenzung und Rassismus in der Schule. Frau Öztürk erklärt sich diesen Wandel im Umgang mit kultureller, religiöser und sprachlicher Differenz in der Schule mit „Resignation" auf Lehrerseite. Viele – gerade von den einst engagierten Lehrkräften – hätten wohl angesichts der strukturellen Unzulänglichkeiten und der Komplexität der Herausforderungen von Schule in der Einwanderungsgesellschaft die Motivation verloren, sich für die Bildungsteilhabe migrantischer Kinder und Jugendlicher einzusetzen.

## Konflikte um Mehrsprachigkeit: Die türkische Sprache in der Schule

In der folgenden Interviewpassage spricht Frau Öztürk ein weiteres Schlüsselthema von Schule in der Einwanderungsgesellschaft an: das Thema Mehrsprachigkeit und den sog. „monolingualen Habitus der deutschen Schule" (Gogolin/ Neumann 1997, Gogolin 2008). Gegenübergestellt werden zwei für die Analyse aufschlussreiche Textausschnitte aus dem Interview: Einerseits die von Frau Öztürk als positiv dargestellte Präsenz und der gezielte Einsatz der Herkunftssprachen und andererseits die Schilderung eines Konfliktes um die Verwendung der Herkunftssprache in der Schule.

In den folgenden Passagen spricht Frau Öztürk über die Bedeutung von Mehrsprachigkeit in der Schule:

*Mehrsprachigkeit spielt eine sehr große Rolle*
Mehrsprachigkeit spielt eine sehr große Rolle. Dass die schon wissen, dass sie mich in der Pause sozusagen auf Türkisch ansprechen können. Das schafft schon ein Vertrauensverhältnis, also das tut denen wirklich gut. Auch in Konfliktsituationen, wenn ich zu denen auf Türkisch spreche ja: Du, das ist aber vom Verhalten her jetzt nicht in Ordnung. Wenn ich das auf Deutsch sagen würde, wirkt das nicht so wie, wenn ich das auf Tür-

kisch sage. Dann ist es wohl eher so eine Respektsperson, irgendwie. Und die denken dann, es ist Vater und Mutter in dem Moment, die auf Türkisch sprechen, weil die sprechen ja zu Hause nicht deutsch. Ich weiß es nicht, also es hat schon eine größere Wirkung, wenn ich mit denen Türkisch spreche. (Transkript, S. 9)

Während Frau Öztürk hier sehr deutlich macht, welche positive Wirkung der Einsatz der Herkunftssprache in der Kommunikation mit Migrantenkindern hat, muss sie im vornehmlich herkunftsdeutschen Kollegium erfahren, dass die Präsenz der Muttersprachen an ihrer Schule als Integrationshindernis betrachtet wird und unerwünscht ist. Darüber entfacht sich auch eine Auseinandersetzung im Kollegium, die Frau Öztürk wie folgt beschreibt:

> *Wie kann man denn die Muttersprache verbieten?*
> Also, es gab ein großes Problem bei uns in der Schule und zwar wollten die in die Hausordnung mit einführen, dass auch in den Pausen, bitte schön deutsch gesprochen wird und dann haben die da irgend so eine komische Regulierung gefunden: Verkehrssprache in unserem Haus ist deutsch, so und daraufhin hat wohl eine Kollegin sich zu Wort gemeldet und gesagt: Wie kann man denn die Muttersprache verbieten? Also, soll ich mich jetzt auch nicht in der Pause mit meinen Kollegen auf Türkisch unterhalten dürfen? Daraufhin hat irgendeiner im Kollegium gesagt: Dann geh doch zurück. Was suchst Du denn hier, so nach dem Motto. Daraufhin gab es einen großen Eklat hier in der Schule. Aber Sie können sich nicht vorstellen, was für Sachen da gesagt werden, ja. Es geht ja eigentlich nur um die türkische Sprache, letztlich. Die sagen zwar andere Sprachen, aber es geht nur um Türkisch. Auch Kollegen, mit denen ich auch befreundet bin, meinten: Was habt Ihr Euch denn so? Was ist denn dabei, wenn jetzt die Verkehrssprache Deutsch ist? Wer ist denn da diskriminiert? Die haben das einfach nicht verstanden. Das ist denen nicht in den Kopf reingegangen und ich habe da stundenlange Diskussionen immer wieder geführt. (Transkript, S. 15)

Frau Öztürk berichtet von einer Auseinandersetzung im Kollegium, die in ihrer Abwesenheit stattgefunden hat. Sie muss sich also hier auf Berichte ihr nahe stehender Lehrpersonen aus dem Kollegium verlassen. Erst nach dem Eklat im Lehrerzimmer, den sie skizziert, mischt sich auch Frau Öztürk in die Diskussion ein und positioniert sich. Es ist für sie selbstverständlich, dass im Unterricht deutsch gesprochen wird. Aber die Herkunftssprachen der schulischen Akteure über ein Verbot gänzlich aus dem Schulalltag zu verbannen, hält sie für diskriminierend. Sie weist in diesem Zusammenhang darauf hin, dass es in den Debatten um die Präsenz anderer Sprachen an deutschen Schulen zumeist um die türkische Sprache gehe und schon diese Fokussierung ausgrenzende Züge trage. Besonders enttäuscht ist Frau Öztürk zudem über die Ignoranz befreundeter Kolleginnen und Kollegen. Ihre Versuche, ihren Standpunkt zu erklären, münden auch bei diesen nicht in die Einsicht, dass die Herkunftssprachen im öffentlichen Raum Schule anerkannt werden sollten. Darüber sichtlich enttäuscht, verfasst sie gemeinsam mit drei ebenfalls migrantischen Kolleginnen einen Protestbrief an die Schulleitung:

> *Einen Brief geschrieben an die Schulleitung*
> (…) in dieser Geschichte mit der Verkehrssprache Deutsch. Da haben wir uns zusammengesetzt. Da haben wir wirklich auch einen Brief geschrieben an die Schulleitung. Das brannte uns dann sozusagen unter den Fingernägeln (…) weil wir gemeinsam was schreiben wollten und wir haben dann tatsächlich auch was zustande gebracht. (Transkript, S. 16)

Der Brief führt dazu, dass die Diskussion um die „Sprachpolitik" an der Schule noch einmal aufgenommen wird. Als Ausgangspunkt für die Wiederaufnahme der Diskussion verordnet die Schulleitung dem gesamten Kollegium eine Fortbildung zum Thema „Migration und Bildung."

## Diskriminierende Kommentare auf der Lehrerfortbildung

Frau Öztürk berichtet – emotional sehr engagiert – von dieser schulinternen, für das gesamte Kollegium verpflichtenden Fortbildung. Sie kritisiert diskriminierende Kommentare, die während dieser Fortbildung gefallen seien. In diesem Kontext berichtet sie von einem Kollegen, dessen rassistische Äußerung Frau Öztürk sogar zu einer dienstlichen Meldung an die Abteilungsleitung bewegt:

> *Schüler als Abschaum bezeichnet*
> (…) dass die Lehrer sich da in der Fortbildung selbst unmöglich verhalten haben aufgrund der gestellten Fragen und Kommentare. Also einer hat die Schüler wirklich als Abschaum bezeichnet, und ich habe das dann auch der Abteilungsleitung gemeldet. Daraufhin hat dieser Lehrer ein Gespräch gehabt, aber keine Dienstaufsichtsbeschwerde. Er hat gesagt, es ist ihm ausgerutscht und alle anderen Lehrer konnten wohl irgendwie bezeugen, dass er nicht rechtsextremistisch und so, was weiß ich, ist. Aber ich sage meinen Kollegen, so was darf einfach nicht passieren. So was ist nicht hinnehmbar, ja meine Lieben. Gott sei dank, sind ein zwei Kollegen da, die dann auch sagen, dass es nicht hinnehmbar ist. Die anderen sagen: Ja, so hat er es aber nicht gemeint. (Transkript, S. 18)

Frau Öztürk ist empört über die Äußerung des Kollegen und beabsichtigt, eine Dienstaufsichtbeschwerde gegen ihn einzuleiten. Es kommt jedoch lediglich zu einer Abmahnung durch die Abteilungsleitung. Der Kollege habe hierbei Rückenwind aus dem Kollegium erhalten. Offenbar können nur wenige Lehrpersonen aus dem Kollegium die Erregung und Verärgerung von Frau Öztürk nachvollziehen.

Die Episode aus der Fortbildung zeigt, dass die Präsenz von Lehrkräften mit Migrationshintergrund das kollegiale Verhältnis beeinflusst. Das Kollegium muß sich mit Frau Öztürks Anklage und persönlicher Verletzung auseinandersetzen. Sie lässt solche Verhaltensweisen nicht durchgehen, sondern prangert sie gemeinsam mit Gleichgesinnten öffentlich an.

Frau Öztürk erläutert eine weitere Szene aus der Fortbildung. Ausgangspunkt ist eine Diskussion um den Stellenwert und die Bedeutung von Respekt in türkischen Migrantenfamilien:

> *So was von herablassend*
> Es ging um das Thema Respekt. In vielen Migrantenfamilien spielt Respekt ja eine große Rolle. Da meldete sich doch die eine Kollegin und sagt: Ja, wenn sie das denen in den Familien beibringen, dann frage ich mich aber, warum die sich hier nicht so verhalten. Sie sagte das aber in einer Art und Weise, die so was von herablassend war. Und daraufhin hat der andere Kollege sich gemeldet und hat dann gesagt: Ja, wir müssen uns hier mit dem Abschaum beschäftigen und es gibt kein Rezept, wie wir uns zu verhalten haben und wir haben das Ganze zu ertragen. So lief die Diskussion ab und das ist natürlich ganz schön heftig auf einer Schule mit sehr vielen Migrationshintergründlern also das ist doch (Abbruch). (Transkript, S. 17)

Wieder zeigt sich Frau Öztürk verärgert über die herablassende Sprache und die diskriminierenden Haltungen, die in der Fortbildung geäußert werden. Insbesondere vor dem Hintergrund der Tatsache, dass der Anteil von migrantischen Jugendlichen an der Schule hoch ist, bewertet sie solche Einstellungen auf Kollegiumsseite als inakzeptabel. Der Abbruch der Erzählung im letzten Satz unterstreicht, dass sie das Verhalten für so unfassbar hält, dass ihr geradezu die Worte fehlen, ihrer Empörung Ausdruck zu verleihen.

Auch in der folgenden Reflexion über ihre eigene Berufsmotivation unterstreicht Frau Öztürk, wie problematisch sie das diskriminierende Verhalten von Kolleginnen und Kollegen gegenüber Lehrpersonen und Lernenden mit Migrationshintergrund einschätzt:

> *Man gewöhnt sich daran*
> Ich mache meinen Beruf schon gerne. Also ich mache das gerne. Bis jetzt habe ich auch keine großen Abgründe erlebt sozusagen, außer jetzt mit meinen Kollegen. Es ist schon enttäuschend, klar, zu hören von den Kollegen: Was habt Ihr Euch da so? Seid doch nicht gleich so empfindlich und so. Gut, aber das steckt man dann auch weg. Man gewöhnt sich daran, wie meine eigenen Schüler. Sie sagen, die haben sich schon mittlerweile an diese ganzen Diskriminierungen gewöhnt. Das erleben die tagtäglich. (Transkript, S. 16)

Frau Öztürk, die an ihrer Schule dafür bekannt ist, dass sie sich gegen den Rassismus in der Schule stark macht, muss erfahren, dass die Kolleginnen und Kollegen ihr Engagement nicht teilen bzw. gar als übertrieben einschätzen. Ihre Sensibilität für Diskriminierung wird ihr als Überempfindlichkeit ausgelegt. Es gelingt ihr offenbar nur bedingt, Aufklärungs- und Überzeugungsarbeit zu leisten. In ihrer Erzählung schwingen infolgedessen Frustration und Resignation mit. Schließlich resümiert sie, dass sie sich – wie ihre migrantischen Schülerinnen und Schüler – an den Alltagsrassismus in der Schule gewöhnt habe.

## Zusammenfassender Kommentar

Frau Öztürk ist eine Bildungsaufsteigerin. Die enge Familienbindung und die Familienorientierung sind zugleich Ausgangspunkt und Ressource ihres Bildungserfolges. Auch wenn die selbst „bildungsfern" aufgewachsenen Eltern Frau Öztürk weder materiell noch intellektuell unterstützen können, haben sie eine hohe Bildungserwartung und glauben fest an die Fähigkeit ihrer Kinder, soziale Schranken durch Bildung zu überwinden. Dabei machen sie keinen Unterschied zwischen den Geschlechtern. So erwarten Frau Öztürks Eltern, dass sie einmal Ärztin wird. Frau Öztürk verinnerlicht die Bildungserwartung ihrer Eltern, überträgt diese aber zunächst in ein Studium der Betriebswirtschaft und dann in eine Ausbildung zur Lehrerin. Ihre Bildungsbiographie ist als Erfolgsgeschichte erzählt. Schon früh weiß Frau Öztürk, dass sie Abitur machen und studieren will. Ihre in der Türkei studierenden Brüder sind ihr ein Vorbild. Durch Strebsamkeit und gute akademische Leistungen erhält sie – trotz anfänglicher Sprachschwierigkeiten als nichtherkunftsdeutsche Quereinsteigerin – die notwendige Unterstützung durch zugewandte und engagierte Lehrerinnen und Lehrer. Damit schafft sie es, den von ihr anvisierten Bildungsweg tatsächlich zu realisieren. Auch in der zweiten Ausbildungsphase zum Lehrberuf findet sie in ihrem Seminarleiter einen Mentor. Dieser ermutigt sie, das Referendariat abzuschließen.

Als Lehrerin mit Migrationshintergrund ist sie in der Schule sensibel für Themen von Rassismus und Diskriminierung. Sie versteht sich als kritisches Korrektiv, im Lehrerzimmer wie im Klassenzimmer. Diskriminierendes Verhalten in der Schule prangert sie öffentlich an. Damit macht sie sich im Kollegium nicht beliebt und muss sich mit kritischen Fragen auseinandersetzen, die sie frustrieren, weil sie sich nicht verstanden fühlt.

Im Umgang mit ihren vorwiegend auch migrantischen Schülerinnen und Schüler beobachtet sie – abhängig von der jeweiligen Herkunftskultur – unterschiedliche Verhaltensweisen ihr gegenüber. Diese von Frau Öztürk geschilderten Verhaltensweisen reichen von der Identifikation bei gleichem ethnisch-kulturellen Hintergrund bis zur kritischen Distanzierung bei anderem kulturellen Hintergrund. Ihre Herkunftssprache setzt Frau Öztürk in der Schule sehr bewusst ein. Sie dient ihr zur Herstellung von Vertrauen und bei der Mediation von Konflikten. Hierzu gehören Gespräche zwischen Schülern und Lehrern ebenso wie Lehrer-Eltern-Gespräche. Sie bemüht sich, zwischen den unterschiedlichen Akteuren in der Schule zu vermitteln. Ihr Selbstverständnis zeichnet sich durch ihre Bereitschaft aus, aktiv gestaltend die Rolle der Vermittlerin und Brückenbauerin anzunehmen. Hierin drückt sich auch ihre kommunikative und interkulturelle Kompetenz aus. Zu ihren Schülerinnen und Schülern pflegt sie ein inniges Verhältnis, lässt auch die private Begegnung zu und stellt sich als Ansprechpartnerin und Vertrauensperson zur Verfügung. Zudem partizipiert sie mit großer Begeisterung an den Bildungserfolgen ihrer Schützlinge. Sie ist bestrebt, ihre Schülerinnen und Schüler zum Schulabschluss zu bringen und ihnen Zukunftsperspektiven zu eröffnen. Das gilt für alle Lernenden in ihren Klassen. Sie räumt aber ein, dass sie sich für ihre migrantischen Schüler „doppelt" freut. Es scheint, als erkenne sich Frau Öztürk in diesen Jugendlichen ein Stück weit selbst wieder. Die Unterstützung und die Fürsorge, die sie in ihrer Familie und ihrem Bildungsweg erfahren hat, versucht sie, an ihre Schülerinnen und Schüler weiterzugeben.

Die Ausführungen von Frau Öztürk lassen mutmaßen, dass eine erhöhte Präsenz von engagierten und für Rassismus sensibilisierten Lehrenden dazu beitragen könnte, alltäglichen Rassismus in deutschen Schulen stärker sichtbar zu machen und Diskriminierungen zu bekämpfen. In jedem Fall zeigt das Beispiel von Frau Öztürk, dass Lehrende mit Migrationshintergrund ein kritisches Korrektiv für fortbestehende Diskriminierungsmuster in der Schule sein können.

## 4.3 Herr Spinello: Immer Mentoren gehabt

**Lisanne Ackermann**

### Biographische Skizze

Zum Zeitpunkt des Interviews ist Herr Spinello 34 Jahre alt. Seine Eltern kamen 1967 als Gastarbeiter aus Italien nach Deutschland. Herr Spinello besucht nach der Grundschule zunächst ein Jahr lang die Hauptschule, wechselt dann auf die Realschule und absolviert später auf dem Gymnasium das Abitur. Anschließend studiert er Sport und Italienisch auf Lehramt und verbringt ein Auslandsstudienjahr in Italien. Nach dem Referendariat geht Herr Spinello erneut nach Italien, um dort für zweieinhalb Jahre im Managementbereich in der Wirtschaft zu arbeiten. Seit 2007 unterrichtet er an einem Gymnasium in Nürnberg.

### Bildungs- und Migrationsgeschichte

Herr Spinello ist in einer Kleinstadt in der Nähe von Nürnberg geboren, wo er in einem italienischsprachigen Umfeld aufwächst und eine an den Erfahrungen der Eltern im Herkunftsland Italien ausgerichtete traditionelle Erziehung erfährt. Er bezeichnet seine Eltern als bildungsfern; sie sprechen bis heute wenig Deutsch. Erst in der Grundschulzeit wird Herr Spinello in die Kultur und Sprache der Mehrheitsgesellschaft eingeführt.

> *Aufwachsen in zwei Lebenswelten*
> Zuhause war für uns die Sprache Italienisch. Meine Eltern sprechen bis heute nicht wirklich gut Deutsch. Also mein Vater spricht bis heute nicht wirklich Deutsch. Daher war zu Hause einfach die italienische Welt präsent, angefangen vom italienischen Fernsehen bis hin zu den Gewohnheiten. Ein italienisches Umfeld, Bekannte und Freunde der Familie und auch Nachbarn. Es waren viele italienische Familien dort. Es gab eine sehr große Diskrepanz zwischen der deutschen Welt in der Schule, wo man plötzlich morgens anfing, Deutsch zu sprechen und dann nach der Schule war es einfach wieder Italienisch. Also das war sehr schwierig auseinanderzuhalten. (Transkript, S. 9-10)

Herr Spinello beschreibt, wie die beiden Lebenswelten zwar räumlich und zeitlich voneinander getrennt sind, er aber Schwierigkeiten hat, diese auseinanderzuhalten. Der allmorgendliche Wechsel von der familiären italienischen Welt in das schulische deutsche Umfeld scheint eine fortwährende Herausforderung zu sein. Er ist mit zwei getrennten Lebenswelten konfrontiert und muss diese in seiner Erfahrungswelt zusammenbringen. Dadurch entwickelt er bereits in seiner

Kindheit die Fähigkeit, kulturelle Orientierungen des Herkunftslandes und der Einwanderungsgesellschaft miteinander zu vereinen.

Herr Spinello berichtet, wie seine Mutter durchaus zu Elternsprechtagen ging, um sich zu informieren, sein schulischer Erfolg in der Grundschule jedoch begrenzt war, weil seine Eltern ihn aufgrund ihres bildungsfernen Hintergrundes nicht unterstützen konnten. In der folgenden Passage beschreibt er das Engagement seiner Lehrer und die Kommunikation mit seinen Eltern:

> *Lehrer als Verbindungsglied zwischen Lebenswelten*
> Ich weiß noch ganz genau, dass wir an der Grundschule italienische Lehrer hatten, die vom italienischen Konsulat eingestellt worden waren, um muttersprachlichen Unterricht zu geben, den ich natürlich besucht habe. Diese Lehrer kommunizierten mit unseren Fachlehrern und diese Lehrer kommunizierten dann mit meinen Eltern. Also das war eine Dreiecksverbindung. Wobei meine Mutter auch sehr interessiert war und auch den Kontakt zu unseren Lehrern suchte und bei Elternsprechtagen durchaus anwesend war und sich informierte. Auch wenn ich dort dann als Dreiecksfigur einsprang und zwischen den Lehrern und meiner Mutter übersetzen musste. Aber trotzdem war meine Mutter irgendwo schon präsent und das haben die Lehrer registriert. Bei vielen italienischen Kindern ist es nicht so gewesen. Ich glaube, dadurch hatte ich ein ganz anderes Verhältnis zu meinen Fachlehrern in der Grundschule. (Transkript, S. 10)

Herr Spinello erzählt hier, wie die italienischen Muttersprachlehrer und deutschen Fachlehrer eine Verbindung zwischen seinen beiden kulturellen Lebenswelten schaffen. Auch er selbst wird als Dolmetscher bei Elterngesprächen zur Verbindungsperson. Diese Passage verdeutlicht des Weiteren, wie die Mutter trotz ihres bildungsfernen Hintergrundes und mangelnder Deutschkenntnisse sich für die Schulbildung ihres Kindes einsetzt und ihm so eine positive Haltung zur Bildung vermittelt. Nach der Grundschule besucht Herr Spinello zunächst ein Jahr lang die Hauptschule. Die Wahl der weiterführenden Schule geht Herrn Spinello zufolge von den Eltern aus:

> *Meine ältere Schwester ging zu der Zeit auch auf diese Hauptschule*
> Dass meine Eltern mich einfach auf die Hauptschule geschickt haben, lag wohl auch daran, dass alle Nachbarskinder im Prinzip auf die Hauptschule kamen. Meine ältere Schwester ging zu der Zeit auch auf diese Hauptschule, also ging ich auch dorthin. Also ich glaube, so war das eher gedacht. (Transkript, S. 11)

Die Wahl der weiterführenden Schule – so erklärt Herr Spinello – war vom sozialen Umfeld und von der Situation seiner älteren Schwester vorgegeben. Den Eltern scheint die Kenntnis über die verschiedenen Schulformen zu fehlen. Sie kennen über ihre ältere Tochter nur diese eine Hauptschule und schicken folglich auch ihr jüngeres Geschwisterkind dorthin. Die damalige Entscheidung der Eltern spiegelt zugleich ihre soziale Angepasstheit in der Nachbarschaft wider, wo zu der Zeit alle Kinder ebendiese Schule besuchen: sie wollen sich von anderen Familien in der Nachbarschaft hinsichtlich der Bildungsfrage ihrer Kinder nicht abheben. Welche Empfehlung die Lehrer aussprechen, bleibt hier offen. Herr Spinello verbleibt nur ein Jahr auf der Hauptschule – eine Zeit, an die er sich offensichtlich nicht gerne zurückerinnert:

> *Das war einfach kein schönes Jahr*
> Das eine Jahr auf der Hauptschule war einfach kein schönes Jahr. Dort war ich sehr lernwillig. Ich weiß, dass ich sehr engagiert war und dass ich dort von meinen Klassenkameraden sehr viel unterdrückt wurde. Das war eigentlich auch der Hauptgrund, warum die Lehrer auf der Hauptschule dann meine Eltern dazu gedrängt haben, mich dann doch wieder runterzunehmen und es vielleicht doch auf einer Realschule zu versuchen. Damit dies möglich ist, sollte ich eben das eine Schuljahr wiederholen. (Transkript, S. 11)

Herr Spinello betont, dass er auf der Hauptschule sehr bemüht gewesen sei, gute Leistungen zu erbringen. Diese Leistungsorientierung habe dazu geführt, dass er bei seinen Klassenkameraden an Sympathie verliert und, wie er an anderer Stelle des Interviews beschreibt, auch gemobbt wird. Die Lehrer erkennen seine Bildungsaspiration und überzeugen die Eltern, ihren Sohn auf die Realschule zu schicken. Nach dem Wechsel auf die Realschule wiederholt er dort die 5. Klasse. Herr Spinello erzählt von Schwierigkeiten mit der Klassenzusammensetzung:

> *Diese Klassen waren als sehr schwierig eingestuft*
> Auf der Realschule differenzierte man die Schulklassen und es gab Klassen mit sehr vielen Aussiedlern. In so eine Klasse bin ich dann gekommen. Also diese Klassen waren als sehr schwierig eingestuft, der Ausländeranteil in dieser Klasse war eben sehr hoch. Die Aussiedler galten als deutsch, aber trotzdem sprachen viele von denen auch nicht wirklich gut Deutsch. Ja, und darüber war ich eigentlich nicht so zufrieden zu der Zeit. Die Zeit auf der Realschule gestaltete sich aufgrund dieser komischen Klassensituation immer wieder holprig. Ich habe dann in der 9. Klasse das Schuljahr wiederholen müssen und bin dann Gott sei Dank in eine ganz normale Klasse gekommen. Aber aufgrund dessen, dass ich das so geäußert hatte. Das war wieder eine gute Entscheidung. Das eine Schuljahr, was ich dann wiederholt habe, tat mir sehr gut, weil ich ab da wirklich sehr gute Abschlüsse machen konnte, sowohl in der Realschule als auch auf dem Gymnasium. (Transkript, S. 11)

In dieser Passage sind zwei Aussagen Herrn Spinellos von zentraler Bedeutung: „Ich habe eine starke Bildungsaspiration, kann sie aber nicht entfalten," und „In der Klasse gibt es mich und ‚die Anderen' (Aussiedler/Ausländer)." Herr Spinello kommt in eine Klasse mit hohem Anteil an Kindern nichtdeutscher

Herkunftssprache, in der er sprachlich und kulturell eine Minderheit darstellt. In seiner Darstellung grenzt er sich von den Aussiedlern ab. Die „schwierige" Klassenkonstellation beeinflusst aus Herrn Spinellos Sicht auch seinen Lernerfolg. Er muss die 9. Klasse wiederholen, wodurch er, wie er mit Erleichterung feststellt, „Gott sei Dank in eine ganz normale Klasse" kommt. Seine Leistungen verbessern sich in der neuen Klasse schlagartig, jedoch gibt es wohl auch in dieser Zeit Situationen, in denen er sich von Lehrern benachteiligt fühlt. Herr Spinello verweist auf Erlebnisse, die er als ausländerfeindlich charakterisiert. So erzählt er etwa davon, wie der Englischlehrer ihn schikaniert habe:

> *Das waren schon immer sehr grenzwertige Sachen*
> Ich hatte in der Realschule auch Erlebnisse mit Lehrern, wo ich überzeugt war, dass diese mir gegenüber feindlich waren. Mein Englischlehrer war ein Experte in so etwas. Er hat mich dann aus der Klasse als Drahtzieher für irgendwelche Aktionen ausfindig gemacht. Dann hat er gesagt, er werde mich besonders im Auge behalten. Und das setzte er um, indem er z.B. in die Klasse kam und ich als Einziger raus musste, um einen Vokabeltest zu schreiben. Solche Aktionen kamen sehr häufig vor. Dass ich als Einziger immer wieder aus der Klasse gezogen wurde, um irgendwas zu machen. Oder an die Tafel musste, um etwas zu schreiben. Oder ich musste mir mal die Nase putzen, wo er mich dann beschimpfte und ich musste dann rausgehen, um mir da die Nase zu putzen. Also das waren schon immer sehr grenzwertige Sachen. (Transkript, S. 24-25)

Herr Spinello schildert hier, wie er von seinem Englischlehrer gezielt vor der Klasse diffamiert und zeitweise aus der Klassengemeinschaft ausgeschlossen wird. Er führt das heute auf seinen Migrationshintergrund zurück und spricht von Feindlichkeit. Es bleibt unklar, wie Herr Spinello damals mit dieser Demütigung umging und ob sie seine Lernbereitschaft beeinflusst haben mochte.

Welchen Einfluss Lehrende auf den Bildungserfolg der Schülerschaft haben können, verdeutlicht das folgende Beispiel. Herr Spinello stellt hier eine direkte Verbindung zwischen einem Lehrer und seinen Leistungssteigerungen her:

> *Meine Leistungen haben sich wirklich rapide geändert*
> Ich hatte in der 5. Klasse meinen ersten Klassenlehrer, der Mathematik und Sport unterrichtete. Der hat mich sehr geprägt, vor allem, was den Sport angeht. Er vermittelte mir Kontakte zu einem guten Fußballverein. Als er dann nicht mehr mein Klassenlehrer war, haben wir uns etwas aus den Augen verloren. Erst als ich das 9. Schuljahr wiederholt habe, bekam ich ihn wieder als Mathelehrer und somit wieder als direkte Bezugsperson. Dadurch haben wir wieder sehr zueinander gefunden. Er war auch maßgeblich daran beteiligt, dass sich dann meine Leistungen wirklich rapide geändert haben. Er hat mich dann auch dazu bewogen, das Abitur zu machen und auch darüber nachzudenken, etwas im Bereich Sport zu machen, also zu studieren. Das Wort Studium war in der Realschulzeit für mich ei-

gentlich ein Fremdwort. Ich hatte noch nie über ein Studium nachgedacht, auch zu Hause wurde nie über ein Studium gesprochen oder nachgedacht. Das war einfach etwas, was nicht zu uns gehörte, nicht greifbar war. Er war so ziemlich die Person, die mich dahin geführt hat. (Transkript, S. 12-13)

Herr Spinello erzählt, wie sich über mehrere Jahre eine besondere Nähe zu seinem Lehrer entwickelt. Er beschreibt ihn als Bezugsperson, der entscheidend zu seinen Bildungserfolg beiträgt, ihn ermutigte, Abitur zu machen und zu studieren. Damit eröffnet er ihm Bildungsmöglichkeiten, die Herrn Spinello und seiner Familie bis dahin fremd waren und unerreichbar schienen. Mit seiner Rolle als Berater und Begleiter, der die schulische Entwicklung Herrn Spinellos entscheidend fördert, fungiert der Lehrer als Mentor und Vorbild. Sein neues Ziel vor Augen, verbessert sich Herr Spinello rasch und erreicht einen sehr guten Realschulabschluss, um dann auf das Gymnasium zu wechseln und dort das Abitur zu absolvieren. Zu dieser Zeit tritt ein weiterer Mentor in sein Leben. Herr Spinello erwähnt einen Nachbarn, der ihm Nachhilfestunden organisiert und ihm immer wieder darlegt, wie wichtig es sei, Abitur zu machen:

> *Dieser Mann ist bis heute noch eine sehr guter Freund*
> Es gab noch eine Person in der näheren Nachbarschaft, ein Bankangestellter, den ich über die Bank kennengelernt hatte. Der hat mich dann während des Abiturs unheimlich gefördert und hat mir immer wieder nahe gelegt, wie wichtig es ist, das Abitur gut zu machen. Er hat mir z.B. die Möglichkeit gegeben, Nachhilfe zu bekommen von professionellen Lehrern im Bereich Englisch. Ich hatte eine muttersprachliche Lehrerin, die er für mich organisiert hatte. Es war eine gute Bekannte von ihm und die hat mir dann Nachhilfe gegeben. Ja, und dieser Mann ist bis heute noch ein sehr guter Freund von mir. Er hat mich auch während des Studiums noch viel unterstützt und begleitet. (Transkript, S. 13)

Die Passage verdeutlicht, wie auch dieser Mentor maßgeblich den Bildungserfolg von Herrn Spinello fördert. Es handelt sich dabei um eine Form des *empowerment*, die aufgrund der freundschaftlichen Beziehung besondere Wirkung hat. Auffallend ist, dass seine Bildungslaufbahn seit der 5. Klasse mit kurzen Unterbrechungen von Mentoren begleitet wird. Beide Mentoren haben einen bildungsnahen Hintergrund und in beiden Fällen entwickelt sich das Mentee-Mentoren-Verhältnis aus einer bestehenden sozialen Beziehung. Sie erkennen sein Potential und führen ihn über das Abitur zum Studium. Sie motivieren ihn auch, seine besonderen Fähigkeiten in Sport und Italienisch zu nutzen und diese in einem Studium weiterzuentwickeln.

> *Du kannst Italienisch dazu nehmen, du bist Italiener, du sprichst die Sprache*
> Mein erstes Ziel war irgendetwas mit Sport machen. Und eigentlich hatte ich mich für Sportmedizin einschreiben wollen. Dort musste ich dann

aber Sport auf Diplom studieren. Was eigentlich kein Problem war, hätte ich auch gerne gemacht. Allerdings kam ich im Gespräch schon während des Abiturs dazu zu sagen: „Aber du kannst ja Italienisch dazu nehmen, du bist ja Italiener, du sprichst die Sprache. Es schadet ja nicht, das noch als Fach dazu zu nehmen. Als Sportdiplomer ist man vielleicht nicht so gefragt." Man sah so diese berufliche Perspektive nicht. Man sagt einfach, als Sportdiplomer hat man nicht so viele Chancen auf dem freien Markt. Und das war für mich einfach so eine Ungewissheit, so dass ich gesagt habe „Gut, dann versuche ich das mal mit Italienisch zu kombinieren." Das Kuriose war, dass ich bis dahin gar nicht wusste, dass man das Fach Italienisch tatsächlich als Schulfach studieren bzw. unterrichten kann (…) Und so bin ich dann beim Lehramt geblieben. Auch weil die ersten Semester auch sehr schön waren. Also Italienisch dann an der Uni zu studieren, das war einfach für mich sehr sehr schön. (Transkript, S. 16)

Herr Spinello verbindet den Entschluss zu studieren mit dem Wunsch, seine sportlichen Fähigkeiten vertiefen zu wollen. Die Entscheidung für das Lehramt erklärt er mit einem Sicherheitsdenken und damit, dass ihm plötzlich bewusst wird, dass er seine Herkunftssprache zu einer professionellen Ressource ausbauen kann. Damit öffnet sich ihm offenbar ein völlig neuer Zugang zu seiner Herkunftskultur.

Herr Spinello erzählt, dass ihm seine Herkunftssprache viele Vorteile im Studium bringe. Er nutzt seine Herkunftssprache als Ressource und überspringt Sprachkurse, um auf diese Weise schon im Grundstudium Literaturkurse belegen zu können. So bekommt er sehr früh Kontakt zu einem Professor für italienische Literaturwissenschaft, der ihn während des Studiums begleitet:

*Der Professor als Mentor*
Während meiner Studienzeit habe ich als wissenschaftliche Hilfskraft gearbeitet beim Professor für italienische Literatur also im Romanischen Seminar. Das habe ich sehr lange gemacht, im Prinzip schon im 2. Semester bis hin zu meinem Abschluss. Ich bin danach übernommen worden als wissenschaftlicher Mitarbeiter. (Transkript, S. 2)

Sein Professor kann als weiterer Mentor in seiner Bildungslaufbahn gesehen werden. Es ist davon auszugehen, dass Herr Spinello als studentische Hilfskraft und später als wissenschaftlicher Mitarbeiter intensiven wissenschaftlichen Austausch mit seinem Mentor pflegt und viel von ihm lernt. Das trägt sicherlich dazu bei, dass Herr Spinello an der Universität bleibt und dort promoviert, anstatt sofort sein Referendariat zu beginnen. Ein wichtiger Aspekt des Mentee-Mentoren-Verhältnisses stellt die finanzielle Sicherheit durch das Arbeitsverhältnis dar. Seine Familie kann ihm keinen finanziellen Rückhalt geben. Gleichzeitig muss er als BAföG Bezieher die Regelstudienzeit einhalten. Herr Spinello resümiert jedoch zufrieden, dass er zügig und zielstrebig studiert, sehr früh durch seinen Professor an Literaturarbeit herangeführt wird und früh ein Auslandsstudienjahr in Italien absolviert. Er geht nach Palermo, um dort italienische Literatur- und

Sprachwissenschaften zu studieren. So führt er die Migrationserfahrung seiner Eltern in Form einer eigenen transnationalen Migration zwischen Italien und Deutschland fort. Für Herrn Spinello ist das Studium eng mit seiner sizilianischen Herkunft verbunden. Er nutzt seinen Familiendialekt als Bildungsressource und spezialisiert sich auf Dialektologie.

*Das Herkunftsland als Studienort*
Zwischenzeitig war ich für ein Jahr in Italien, in Palermo, und habe dort überwiegend italienische Literatur studiert und Sprachwissenschaft, also Dialektologie vor allem. Das war sehr speziell, weil das mein Interessengebiet aufgrund meiner sizilianischen Herkunft war, weil wir einen sehr prägnanten Dialekt sprechen. Ich interessierte mich umso mehr für Dialekte. (Transkript, S. 2)

Es lässt sich mutmaßen, dass sich sein besonderes Interesse an Dialektologie auch deshalb herausbildet, weil er auf diese Weise die sprachlichen Wurzeln seiner Herkunftsfamilie zu rekonstruieren sucht. Er nimmt gewissermaßen ein ihm persönlich vertrautes und familiäres Thema auf. Gleichzeitig stellt er durch die wissenschaftliche Auseinandersetzung mit der Thematik eine Distanz zur Familie her. Nach Abschluss des Studiums geht Herr Spinello erneut nach Palermo, um dort über einen italienischen Lyriker zu promovieren. Im Rahmen dieser Arbeit wendet er sich erneut seiner Herkunftssprache zu. Die zwei Studienaufenthalte in Italien geben ihm die Möglichkeit, ganz in die italienische Lebenswelt einzutauchen und sich der wissenschaftlichen Auseinandersetzung mit der italienischen Herkunftskultur hinzugeben. Jedoch sieht er sich aufgrund der Einstellung der Fördermittel völlig unerwartet dazu gezwungen, das Promotionsvorhaben einstellen, wie Herr Spinello im Folgenden erzählt:

*Und was passiert jetzt?*
Das war schon, nicht unbedingt ein Schock, aber es war schon so, dass ich mich drauf verlassen hatte. Da waren schon die ersten Angstgefühle, dass man sagt „Und was passiert jetzt?" Ich hatte bis dahin ja auch schon einige Sachen erarbeitet und jetzt einfach nicht mehr die Möglichkeit zu haben, weiterzumachen. Man bot mir noch an, das eventuell in irgendeiner Form in Deutschland weiterzumachen, dann an meiner Universität in irgendeiner Form aktiv zu werden. Aber man konnte mir nicht eine feste Zusage machen, hinsichtlich meines Gehalts. Und das war für mich schon immer ein Problem, weil ich von zu Hause aus auch während der Studienzeit absolut keine finanzielle Unterstützung bekommen konnte. Die Entscheidung lag nicht weit, mich umgehend für das Referendariat zu bewerben. Diese drei Monate bis zum Referendariat konnte ich noch überbrücken. Also das war im Nachhinein nicht das Problem. Aber es war schon schade. Aber Gott sei Dank konnte ich zumindest die Arbeit, die ich bis dahin gemacht hatte, für die Promotion in Form einer Veröffentlichung jetzt einlösen. Also ich habe tatsächlich letztes Jahr meine Staatsarbeit mit diesen

Zusatzkapiteln, die ich erarbeitet hatte, veröffentlicht. Ich habe zwar nicht meine Promotion dadurch zu Ende gemacht, aber immerhin habe ich das veröffentlichen können und das war, jetzt im Nachhinein, so eine kleine Wiedergutmachung. (Transkript, S. 3)

Herr Spinello bedauert sehr, dass er seine Promotion nicht zum Abschluss bringen konnte. Die Wörter „Schock," „Angstgefühle," „schade" und „Wiedergutmachung" weisen darauf hin, dass ihm sehr viel an dieser Promotion lag. Der Abbruch scheint ein einschneidendes Erlebnis in seiner Bildungsbiographie zu sein, das er durch verschiedene Handlungsstrategien zu verarbeiten versucht. Dazu gehören die Publikation, die er mit Stolz hervorhebt, und auch das Referendariat, das er als „sehr harmonisch" beschreibt.

## Referendariat: Es war wirklich eine sehr schöne Zeit

Herr Spinello bewirbt sich für das Referendariat und bekommt einen Platz an einem Gymnasium in Augsburg. Die von Herrn Spinello als „sehr gut" bezeichneten Seminarfachleiter und die kompetenten Kolleginnen und Kollegen in der Schule tragen dazu bei, dass Herr Spinello das Referendariat als eine „sehr harmonische" und „sehr schöne Zeit" in Erinnerung hat. Herr Spinello schließt das 2. Staatsexamen mit der Note „sehr gut" ab und bekommt sofort ein Angebot, in der Ausbildungsschule zu bleiben, womit ein nahtloser Übergang in den Lehrberuf und eine langfristige finanzielle Absicherung gewährleistet gewesen wäre. Jedoch schlägt Herr Spinello das Angebot der Schule aus und geht stattdessen nach Italien. Er erklärt diese Entscheidung, die durchaus auch als Bruch gewertet werden kann, folgendermaßen:

> *Die Lust, wieder in Italien etwas zu machen, war sehr groß*
> Ich hatte irgendwie das Verlangen, etwas auszuprobieren, wo ich mich gefordert sehe in Anführungsstrichen. Also ich wollte mal was ganz anderes machen, außerhalb des Lehrens. Die Lust, wieder in Italien etwas zu machen, war sehr groß und das wollte ich eben verbinden mit etwas ganz Neuem. Und dort im Bereich Schule zu arbeiten, war für mich von Vornherein ausgeschlossen, und dann blieb im Prinzip die Möglichkeit, in der Wirtschaft was zu machen. Und dann habe ich angefangen, mich zu informieren und bin einfach durch einen Zufall drauf gestoßen, in einem Betrieb ein Traineeprogramm zu durchlaufen. Im Hinterkopf hatte ich natürlich eine große Sicherheit, dass ich das 2. Staatsexamen hatte. Ich wusste, ich bin Lehrer. Ich wusste um meine Noten, dass ich mich jederzeit frei bewerben kann, ohne zu befürchten, dass ich nicht eingeladen werde. (Transkript, S. 5-6)

Herr Spinello schildert in dieser Passage, wie es ihn wieder zurück in die italienische Lebenswelt zieht. Er beschreibt dies wie ein Verlangen, dem er unbedingt nachkommen muss, bevor er sich endgültig dem Lehrberuf verpflichtet. Ganz bewusst wählt er in Italien ein berufliches Feld, das nichts mit der Lehramtslaufbahn zu tun hat. Jetzt kann er, losgelöst von finanziellen Sorgen, die ihn in seiner gesamten Bildungslaufbahn begleiteten, eine andere berufliche Identität erproben, jedoch immer mit der Gewissheit, jeder Zeit nach Deutschland und ins Lehramt zurückkehren zu können. Nach zweieinhalb Jahren Arbeit im Managementbereich der Wirtschaft entscheidet sich Herr Spinello für die Rückkehr nach Deutschland und den Lehrberuf:

> *Mir fehlte der Kontakt zu Menschen*
> Die Arbeit als Führungskraft in diesem Betrieb gestaltete sich dann doch sehr anstrengend, sehr unterschiedlich von dem, was man gewohnt war. Die betriebliche Atmosphäre war ganz anders als in Schulen oder Universitäten. Mir fehlte einfach der wirkliche Kontakt zu Menschen bzw. die Möglichkeit, diesen Menschen was mitzugeben, was ich als Lehrer täglich machen kann. Mir fehlte die Möglichkeit, mich selbst zu entfalten oder zu verwirklichen. Und dann lag die Antwort eigentlich schon auf der Hand, dass ich lieber wieder zurück will ins Lehramt und versuchen werde, mich dort vielleicht über den Job hinaus zu engagieren, zu betätigen, um dort die nötige Verwirklichung zu finden. (Transkript, S. 6-7)

Herr Spinello macht hier unmissverständlich deutlich, dass die sich ihm in Italien offenbarende Wirtschaftsbranche nicht seinen beruflichen Vorstellungen entspricht. Er spricht hier von dem Wunsch nach Selbstverwirklichung, die er über soziale Kontakte und das Fördern von Menschen sucht. Zu seinen Ansprüchen an den Lehrerberuf gehört auch ein Engagement über die eigentlichen Tätigkeiten hinaus. Er gibt zu verstehen, dass er sich durch die Erfahrungen in der Wirtschaft nun klar in seiner Berufwahl des Lehrers bestätigt fühlt.

Bei seiner Entscheidung, nach Deutschland zurückzukehren, greift er auf professionelle schulbezogene Netzwerke zurück, die er während seiner Abwesenheit gepflegt hat. Es handelt sich dabei um den Kontakt zu den Fachseminarleitern aus der Referendariatszeit. Herr Spinello charakterisiert diese als wichtige Ressource für einen nahtlosen Übergang in das durch Lehrplanreformen veränderte Schulsystem:

> *Fachseminarleiter als Mentoren*
> Ich hatte während meiner ganzen Zeit in Italien auch noch Kontakt zu meinen Fachleitern in Augsburg. Leider ist einer dieser Fachleiter sehr schwer erkrankt. Ich habe ihn während dieser Zeit besucht, also ich bin nach Augsburg gekommen, um ihn zu besuchen. Als ich dann zurückgekommen bin, habe ich natürlich den Kontakt beibehalten. Diese Fachleiter haben mir einfach viele Hilfestellungen gegeben, also die neuen Materialien zukommen lassen, was sich in den Lehrplänen geändert hatte in Hinblick auf das Zentralabitur. Dort habe ich viel Unterstützung bekommen. (Transkript, S. 8)

Hier deutet sich an, dass die Fachseminarleiter durchaus auch als Mentoren gesehen werden können. Während seines Italienaufenthalts stellen sie ein wichtiges professionelles Netzwerk. Sie versorgen Herrn Spinello mit relevanten
Informationen und erleichtern ihm durch ihre fachliche Beratung eine reibungslo-
se Rückkehr in den Lehrberuf.

Die verschiedenen Mentoren in der Bildungsbiographie von Herrn Spinello
sind von großer Wichtigkeit für seinen Bildungserfolg und müssen im Kontext
seiner Familiensituation gesehen werden. So erzählt Herr Spinello, wie die Eltern
kein Verständnis für das Studium haben, heute aber sehr stolz auf ihren Sohn
sind.

*Familie gibt keinen moralischen Halt während des Studiums*
Meine Eltern haben, glaube ich, lange Zeit gar nicht verstanden, was ich
da wirklich mache. Das Studium war für die etwas, was sie überhaupt
nicht greifen konnten. Also ich weiß, dass meine Eltern eigentlich am Anfang enttäuscht waren, dass ich studiere, weil sie eigentlich fest damit ge-
rechnet haben, dass ich irgendwie anfange zu arbeiten und dadurch auch
unsere Familie unterstütze. Dass ich überhaupt von zu Hause ausziehen
wollte plötzlich, das war auch ein Drama mehr oder weniger. Also meine Eltern konnten das auch nicht nachvollziehen, warum man jetzt von
zu Hause ausziehen muss und überhaupt, warum ich aus der Heimatstadt
weg muss und in einer Großstadt studieren muss. Die haben es auch lange Zeit während des Studiums nicht verstanden, was für Prüfungen ich da
machen muss, warum ich Praktika machen muss, warum ich dafür nicht
bezahlt werde, oder warum ich für ein Jahr nach Italien muss. Also die haben auch diese Vorzüge nicht gesehen, dass ich dann auf einmal Italienisch
studiere. Also das war für die nicht unbedingt etwas Schönes. Im Nachhinein sind sie jetzt sehr stolz und sagen „Ja, mein Sohn hat studiert." Das
betonen meine Eltern immer gerne. (Transkript, S. 16)

Das mangelnde Verständnis seiner Eltern für sein Studium setzt Herr Spinello in
Verbindung mit ihrem bildungsfernen und finanziellen Hintergrund. Es gibt in
der Familie keine Akademiker, die ihn fördern oder als Vorbilder fungieren könnten. Die Rolle der drei Mentoren wird dadurch umso bedeutungsvoller, denn sie
füllen eine Lücke, die sich aus dieser Familiensituation ergibt. Es kann gemutmaßt
werden, dass Herr Spinello ohne seine Mentoren, die ihn von der 5. Klasse bis hin
zur Lehrberuf begleiten, einen anderen Bildungsweg eingeschlagen hätte.

Zusammenfassend kann festgestellt werden, dass Herrn Spinellos Bildungsgeschichte eng mit seiner Migrationsgeschichte verwoben ist. In seiner Bildungsgeschichte spielt die italienische Sprache und Herkunft von der Grundschule über
Studium und Promotion bis hin zur Zusatzausbildung eine zentrale Rolle. Ebenso
wichtig sind Schlüsselpersonen, die als Mentoren in der Bildungslaufbahn fungieren und zum Leistungserfolg Herrn Spinellos beitragen. Seine Migrationsgeschichte ist geprägt zum einen von der Migration seiner Eltern, die als Gastarbeiter nach Deutschland gekommen waren, und zum anderen von seiner

eigenen transnationalen Migration zwischen Deutschland und Italien während und nach seinem Studium. So kann die Bildungsgeschichte als Struktur für die eigene Migrationsgeschichte gesehen werden.

In der folgenden themenspezifischen Analyse wird ersichtlich, welche Strukturen der Bildungs- und Migrationsgeschichte sich auch in der Schulpraxis des Herrn Spinello widerspiegeln.

## Schulische Integration

Nach seiner Rückkehr aus Italien bekommt Herr Spinello eine Lehramtsstelle an einem Gymnasium in Nürnberg. Die Schule hat eine sprachlich und ethnisch-kulturell heterogene Schülerschaft, allerdings ein relativ homogenes Kollegium. Von insgesamt 60 Lehrpersonen haben lediglich vier einen Migrationshintergrund. Herr Spinello schätzt, dass es in der Schülerschaft 25 bis 30 verschiedene Herkunftskulturen gibt. Seine erste Zeit an der Schule hat Herr Spinello in guter Erinnerung:

> *Das ist jetzt die Stelle, jetzt bist du Beamter*
> Das war eigentlich eine schöne Zeit. Vor allem auch, weil ich jetzt wusste: „Das ist jetzt die Stelle, jetzt bist du Beamter, du hast die Stelle hier unterschrieben." Das gab mir auch wieder die Sicherheit, dass ich dann tatsächlich für eine längere Zeit in einer ganz neuen Stadt sein werde und ich konnte mich ganz anders auch drauf einstellen oder auch einlassen. (Transkript, S. 8)

Herr Spinello stellt mit Erleichterung fest, dass er angekommen sei. Die Verbeamtung gibt ihm Sicherheit und ermöglicht ihm Sesshaftigkeit. In der Fremdwahrnehmung wird ihm die Verbeamtung jedoch abgesprochen, wie Herr Spinello nachfolgend konstatiert:

> *Wie, so richtiger Lehrer oder nur Italienischunterricht?*
> Wenn ich irgendwo neue Leute kennen lerne, ist einer der ersten Fragen ja immer „Was machst du beruflich?" Ich sage dann „Ich bin Lehrer." Dann kommt immer als erstes die Frage „Grundschule oder Hauptschule?" Es ist nie, dass man sagt, „Ja, der ist Lehrer auf dem Gymnasium." Oder die eine Frage ist auch: „Wie, so richtiger Lehrer, oder nur Italienischunterricht? Oder nur für italienische Schüler?" Also, man versucht immer, das irgendwie zu reduzieren. (Transkript, S. 40)

Herr Spinello verdeutlicht hier exemplarisch die Unterschätzung von Migranten. Er erzählt, wie er zuerst auf „niedere" Schulformen reduziert wird und dann auf seine Herkunftssprache. Sein Fachwissen und sein Status als Fachlehrer für Italienisch an einem Gymnasium werden dabei ausgeblendet.

## Verhältnis zwischen Schülerinnen und Schülern und Lehrpersonen mit Migrationshintergrund

Am Anfang seiner Schulpraxis lernt Herr Spinello einen italienischen Schüler kennen, der durch die Abiturprüfung gefallen ist. Er beschreibt, wie er ihn dazu motiviert, das Abitur zu wiederholen. Dadurch übernimmt Herr Spinello gleich zu Beginn seiner Lehramtstätigkeit eine Mentoren- und Vorbildrolle:

> *Er überlegt, Lehramt zu studieren*
> Ein Schlüsselerlebnis hatte ich direkt zu Beginn meiner Schulpraxis. Ich bin direkt auf zwei Schüler mit italienischer Herkunft gestoßen, die gerade Abitur machten. Da es eigentlich nicht so viele italienische Schüler gibt, die Abitur machen, war das für mich sehr schön. Einer dieser Schüler hat das Abitur nicht geschafft, der andere musste das Schuljahr wiederholen. Er ist dann zu mir gekommen und war natürlich sehr enttäuscht darüber, dass er das nicht geschafft hat. Dadurch haben wir einen sehr engen Kontakt aufgebaut, wobei ich ihn nicht als Schüler hatte. Also er war nicht bei mir im Unterricht. Und trotzdem hat er mich aufgesucht und ich habe ihn dazu bewegt, das Schuljahr zu wiederholen. Er wollte eigentlich abbrechen. Er war irgendwo sehr stolz und wollte das Schuljahr nicht wiederholen. Aber er macht es jetzt gerade und wird es wohl dieses Jahr auch schaffen. Ich habe ihn schon unterstützt in dieser Zeit und ihn auch dahingehend geprägt, dass er jetzt überlegt, Lehramt zu studieren. Und zwar Italienisch und Latein. Also er hat auch gesagt, dass es daran liegt, dass er mich kennengelernt hat. (Transkript, S. 29-30)

Herr Spinello charakterisiert diese Erfahrung als Schlüsselerlebnis, weil er sich in einer Mentoren-Mentee-Situation wiederfindet, die er aus seiner eigenen Bildungsgeschichte aus der Position des Mentees bereits selbst erlebt hat, und weil er sich in seinem professionellen Anspruch, „Menschen was mitzugeben" bestätigt fühlt und so auch zum Bildungserfolg des Schülers beiträgt. Genau wie sein Schüler stand er damals vor dem Abitur, als der Nachbar ihn motivierte, weiterzumachen. Er orientierte sich auch an seinem Lehrer, was das Studium und die Fächerwahl betrifft. So fungiert Herr Spinello auch als Vorbild für den Schüler, der ihn offenbar als Vertrauensperson ausgewählt hat. Hierin deutet sich eine Identifikation mit Herrn Spinello seitens des Schülers an, die auf einem Vertrauensverhältnis aufgrund des gemeinsamen sprachlichen und kulturellen Hintergrundes beruht.

### Vertrauensverhältnis

Im folgenden Beispiel wird deutlich, wie ausgehend vom eigenen italienischen Migrationshintergrund ein interkultureller Austausch mit Schülerinnen und Schülern gefördert wird und Brücken geschlagen werden.

*Ich habe schon sehr oft diese ja Brücke geschlagen zwischen Schülern*
Und aufgrund dieser Kursfahrten [nach Italien] oder mit dem Austausch
[mit Italien], den wir auch anbieten, habe ich schon sehr oft diese Brücke geschlagen zwischen deutschen Schülern und ausländischen Schülern in Anführungsstrichen. Um auch banale Sachen einfach zu verdeutlichen: wenn man in der Klasse ausländische Schüler fragt: „Ja, du kommst
aus Kroatien und erkläre doch mal, welche Sitten es bei einer Taufe, oder
bei einer Kommunion, oder bei einer Hochzeit gibt." Und dann vergleicht
man das mit den deutschen Schülern, um denen einfach klar zu machen,
dass es in anderen Ländern einfach andere Sitten gibt. Oder man spricht
im Bereich des Faches einfach über Ostern oder Weihnachten, welche Gewohnheiten es in Deutschland und Italien gibt. Also landeskundliche Themen einfach, die dort angesprochen werden und wo man wirklich dort
diese Brücke schlagen kann. (Transkript, S. 20)

Herr Spinello erzählt, wie er seine Verbindung zu Italien und seine Mehrsprachigkeit nutzt, um Klassenfahrten nach Italien und einen Schüleraustausch
zu organisieren. Seine italienische Sozialisation hilft ihm im Unterricht, kulturelle Gemeinsamkeiten und Unterschiede mit den Schülerinnen und Schülern unterschiedlicher Herkunft zu erarbeiten. Herr Spinello ordnet diese Beschreibung
der Kategorie „Brücken schlagen" zu. Es besteht jedoch auch die hier von Herrn
Spinello ausgeblendete Gefahr, dass die Frage „Wie ist es bei Euch?" immer wieder
„die Anderen" kennzeichnet.

## Besondere Verbindung zur Schülerschaft mit Migrationshintergrund

Herr Spinello erzählt, dass wenn Schülerinnen und Schüler auf ihn mit persönlichen Fragen zukommen, es sich dabei eher um solche mit Migrationshintergrund
handelt. Sie seien an seiner Bildungslaufbahn interessiert und ihm gegenüber generell offen und freundlich. Die herkunftssprachlich deutschen Schülerinnen und
Schüler andererseits seien besonders an seinem Ursprungsland Italien interessiert.
Er gibt zu bedenken, dass ihm durch seine Funktion als Sportlehrer auch eine
besondere Vertrautheit von der Schülerschaft entgegenkommt. Seine Kolleginnen
und Kollegen erzählen ihm häufig, dass die Schülerinnen und Schüler viel locke-
rer mit Herrn Spinello umgehen. So wird ihm in den Pausen oft die Hand zur
Begrüßung gegeben.
    Das folgende Erlebnis mit einer marokkanischen Schülerin veranschaulicht,
wie Herr Spinello aufgrund seiner eigenen kulturellen Sozialisation besonderes
Verständnis für deren familiäre Situation aufbringt. Die Schülerin fühlt sich von
anderen Lehrenden nicht verstanden und wendet sich an Herrn Spinello.

*Verständnis für bestimmte kulturell geprägte Verhaltensmuster*
Ich hatte ein Erlebnis mit einer marokkanischen Schülerin, eine jüngere
Schülerin, die Probleme zu Hause hatte. Der Vater hatte eine sehr stren-

ge Erziehung und sie fühlt sich da so ein bisschen unter Druck gesetzt. Ja, also wir konnten uns austauschen. Ich konnte ihr das verständlich machen, dadurch dass ich ihr sagen konnte. „Ja, meine Familie kommt aus Sizilien, das ist nicht Marokko, aber auch da gibt es eine strenge Erziehung." So konnte ich ihr ein Beispiel von meinen Schwestern näher bringen, auch wenn ich da leicht übertrieben habe. Aber um ihr einfach zu verstehen zu geben, dass ich da nicht so weit weg bin. Denn sie pochte immer wieder drauf: „Ja, aber das können Sie nicht verstehen." Mein Anliegen war natürlich, dass sie mal mit ihrer Klassenlehrerin darüber spricht. „Nee, das verstehen die nicht. Ich habe schon oft mit denen gesprochen." Da merkt man schon, dass die Schüler schon verstehen, dass es verschiedene Kulturen gibt und unterschiedliche Perspektiven. (Transkript, S. 23)

Herr Spinello konstruiert hier eine Parallele zwischen seiner Herkunftsfamilie und der seiner Schülerin und macht ihr ein Identifikationsangebot. Diese Episode kann als Beispiel dafür gesehen werden, dass Lehrpersonen mit Migrationshintergrund nicht unbedingt denselben kulturellen und sprachlichen Hintergrund haben müssen wie ihre Schülerinnen und Schüler, um eine Verbindung aufzubauen und Verständnis für bestimmte kulturell geprägte Verhaltensmuster aufzubringen.

### Selbstbewusstsein stärken

Das folgende Beispiel illustriert, wie das Selbstvertrauen von Schülerinnen und Schülern mit Migrationshintergrund seitens der Lehrperson gestärkt wird. Herr Spinello baut dabei auf die Weitergabe seiner eigenen Erfahrungen und motiviert seine Schülerschaft, Leistung zu bringen:

> *Dann sage ich ganz konkret, dass sie an sich glauben sollen*
> Sobald man sich unterhält, vor allem wenn es wirklich um schulische Sachen geht, ist automatisch die Bestärkung da. Ich sage dann ganz konkret, dass sie an sich glauben sollen, dass es sich lohnt, was zu tun, dass sie sich nicht ausruhen sollen oder sich zurücknehmen sollen, weil sie denken, sie werden benachteiligt. Ich betone das immer wieder. Und diese Meinung ist gerade unter Ausländerschülern verbreitet, dass man sich eigentlich immer bestätigen muss. Ich selbst habe das auch erfahren, dass ich eigentlich immer 150% geben musste, um vielleicht 100% nachher zu bekommen. Es ist nicht immer so, dass man irgendwo hinkommt und sofort als gleichberechtigt angesehen wird. Das muss man sich irgendwo erkämpfen. Das ist bei vielen ausländischen Schülern drin. Ich bestärke sie und sage: „Es lohnt sich, gebt mehr als vielleicht andere geben, damit ihr genau das erreicht, was die anderen dann auch erreichen." (Transkript, S. 23)

Herr Spinello erzählt, wie er seine Schülerinnen und Schüler motiviert, für ihren Bildungserfolg Verantwortung zu übernehmen und an sich zu glauben. Es handelt sich dabei zweifelsohne um eine Form von *empowerment*. Herr Spinello setzt an der großen Leistungsbereitschaft der Kinder an und bestätigt diesen Weg zum Erfolg durch sein Beispiel. Es scheinen ebendiese geteilten Erfahrungen von Lehrenden und Lernenden mit Migrationshintergrund zu sein, die dem *empowerment* eine besondere Wirkung und Authentizität verleihen. Zu den gemeinsam konstruierten Erfahrungen gehören auch Diskriminierungserfahrungen, die Herr Spinello hier nur indirekt andeutet. Er betont, dass er nicht automatisch als gleichberechtigt wahrgenommen wird, sondern aufgefordert ist, vergleichsweise mehr Leistung zu erbringen als andere. Die Begriffe „sich bestätigen," „150% geben, um 100% zu bekommen," „als nicht gleichberechtigt angesehen zu werden" und „erkämpfen" unterstreichen einerseits den damit verbundenen Schwierigkeitsgrad und andererseits die mit Optimismus verbundene Erfolgsorientierung Herrn Spinellos.

## Verhältnis zum Kollegium

Herr Spinello wird vom Kollegium zu Beginn seiner Lehrtätigkeit als junger Lehrer ohne Berufserfahrung behandelt. So erzählt er, wie er sich dadurch in Ruhe einleben konnte, ohne sich unter Druck gesetzt zu fühlen:

> *Sie sind mit mir sehr höflich umgegangen*
> Die Kollegen in der Schule, die für mich erst mal fremd waren, sind mit mir sehr höflich umgegangen. Die wussten natürlich nicht konkret über meine Biographie Bescheid und behandelten mich im Prinzip als absoluten Anfänger. Viele dachten bis vor kurzem noch, dass ich aus dem Referendariat direkt in die Schule gekommen bin. Das half mir natürlich, mich ein bisschen einzugewöhnen, einzuleben. Das war ganz gut. Also im Nachhinein erzählte ich dann, wie es wirklich war und das war auch ganz gut so. (Transkript, S. 9)

Das Zitat macht deutlich, dass seine Kolleginnen und Kollegen Herrn Spinello als jungen Lehrer sehen, der direkt aus dem Referendariat kommt. Er lässt sie zunächst in diesem Glauben, um als Neuling weniger unter Leistungsdruck zu geraten. Während das Kollegium niedrige Maßstäbe ansetzt, kann er sich langsam in das Schulsystem einleben, das sich während seiner zweieinhalbjährigen Abwesenheit verändert hat. Erst als er genügend berufliche Sicherheit hat, deckt er seine Bildungsbiographie auf.

In der folgenden Passage reflektiert Herr Spinello, welche Rolle sein beruflicher Status für seine Anerkennung beim Kollegium spielt.

> *Berufliche Abwertung*
> Als ich dorthin gekommen bin, war eine der ersten Fragen immer, ob ich einen Beamtenvertrag habe, oder nur befristet bin. „Wie lange sind Sie denn an dieser Schule, wie lange bleiben Sie denn bei uns?" Man merkt

einfach, dass sie von vornherein davon ausgehen, dass man hier nicht Be-
amter ist. Aber das ist dann schnell gelegt. Also ich glaube, wenn man diese Fragen zwei, drei Mal beantwortet hat, dann wissen sofort alle Bescheid
eigentlich. Also ich bin da nicht pikiert oder beleidigt oder in keiner Weise persönlich getroffen. Ich amüsiere mich eigentlich darüber, weil ich mir
denke, dass ich nicht diese Bestätigung brauche, um das zu sein, was ich
bin. Also deswegen ist es mir eigentlich nicht egal, aber es ist für mich
nicht schlimm. (Transkript, S. 40)

Das Beispiel illustriert, wie die Identifizierung seines beruflichen Status mit einer
beruflichen Deklassierung einhergeht. Die Kolleginnen und Kollegen sehen den
Lehrer mit Migrationshintergrund als den „Anderen." Mit dieser Zuschreibung ist
eine berufliche Abwertung verbunden. Herr Spinello sagt, dass er nicht persönlich
getroffen sei, ihm aber eine Klarstellung wichtig sei. Möglicherweise verarbeitet
er auf diese Weise die Erfahrung, am Anfang nicht als vollwertiges Mitglied des
Kollegiums betrachtet zu werden.

Im schulischen Alltag kommt Herrn Spinello sein Migrationshintergrund
sehr zugute. So kann er gelegentlich zwischen zugewanderten Eltern und seinen
Kolleginnen und Kollegen vermitteln und bei potentiellen Konflikten beschwich-
tigend intervenieren. In dem folgenden Beispiel berichtet Herr Spinello von seiner Rolle als Vermittler in einer Disziplinarkonferenz zwischen einem Schüler mit
Migrationshintergrund und einem Kollegen.

*Vertrauenswürdigkeit und Loyalität*
Eine Familie ist auf mich zugekommen und hat gesagt, ihr Sohn hätte jetzt einen Termin für eine Disziplinarkonferenz, ob ich nicht einfach
dazu kommen könnte. Weil die das Gefühl haben, dass die deutschen Kollegen übertreiben oder ausländerfeindlich wären. Das war mir am Anfang
eigentlich unangenehm, weil ich meinen Kollegen nicht irgendwie unter
Druck setzen will und sagen will, „ich guck dir jetzt auf die Finger." Also
das war nicht so toll. Ich habe der Familie erst mal zugesagt, nach Rück-
sprache mit meinem Schulleiter, und habe aber dann erstmal mit meinem
Kollegen gesprochen. Wir haben uns unterhalten, was wirklich ist und was
nicht. Dadurch konnte ich mir erstmal ein Bild machen von der Situation. Im Gespräch war ich dann auch beruhigt, ich konnte da meine Position einnehmen, um meinem Kollegen auch irgendwo zu helfen. Das hat
im Prinzip bewirkt, dass man vielleicht das erreicht hat, was man eigentlich auch so hätte erreichen wollen, nur vielleicht im Einvernehmen beider Seiten. Also die Familie hatte das Gefühl, richtig behandelt zu werden
und mein Kollege hatte das Gefühl, nicht als ausländerfeindlich gesehen
zu werden. Im Prinzip war das nachher ein sehr harmonisches Gespräch,
beide Parteien sind zufrieden nach Hause gegangen. Das war sehr gut. Ich
hätte es sehr unangenehm gefunden, wenn es tatsächlich Reibereien gegeben hätte, wo ich dann plötzlich gefordert gewesen wäre, Position zu nehmen. Das wäre mir schwer gefallen, ja. Also in der Hinsicht sollte man

vielleicht drüber nachdenken, eine zusätzliche Ausbildung zu machen.
(Transkript, S. 25)

Es ist davon auszugehen, dass Herr Spinello von der Familie aufgrund seines Migrationshintergrundes als Vertrauensperson angesprochen wird. Ihm
scheint klar zu sein, dass er beiden Seiten im Vorfeld der Disziplinarkonferenz
Vertrauenswürdigkeit und Loyalität signalisieren muss. Herr Spinello erzählt, wie
er sich in der Rolle unwohl fühlt und sich bei der Schulleitung die Zustimmung,
vielleicht auch als Rückendeckung, holt. Er berichtet mit Erleichterung, dass die
Disziplinarkonferenz gut verlaufen sei. Offensichtlich konnte er seine Neutralität
bewahren. Hätte er sich klar positionieren müssen, wäre er Gefahr gelaufen, sich
beim Kollegium unbeliebt zu machen und sich auszugrenzen. Der Gedanke einer
Zusatzausbildung weist auf die ambivalente Vermittlerrolle hin. Dies wird durch
die folgende Passage bestätigt. Auf die Frage, ob er die Mittlerfunktion als eine
seiner Rollen ansieht, antwortet Herr Spinello:

> *Ich möchte diese Nische nicht haben*
> Nein, eher nicht. Also ich möchte mich nicht wirklich damit abfinden,
> dass ich irgendwo hinkomme, also jetzt speziell in der Schule, und dass
> man sagt: „Das ist unser Lehrer mit Migrationshintergrund, der kümmert
> sich um …" Also ich möchte nicht diese Nische haben. Es soll so sein, wie
> es auch gerade eigentlich ist, dass ich Teil des Kollegiums bin und dass ich
> vollwertiger Lehrer bin so wie die anderen Kollegen auch. Nur, dass ich
> dieses Plus habe, also dass ich den Migrationshintergrund habe und dass
> ich die bilinguale Fähigkeit habe oder die kulturelle Fähigkeit habe, das
> schon, also das trage ich schon mit rein. Aber ich möchte nicht dadurch
> in eine gewisse Sparte gedrängt werden. Das würde ich nicht wollen. Also
> ich möchte nicht so eine Art Sozialarbeiterfunktion übernehmen. Also das
> soll es nicht sein (Transkript, S. 26)

Herr Spinello spricht hier die Ambivalenz fremd- und selbstbestimmter
Funktionen an. Er möchte, dass seine sprachlichen und kulturellen Kompetenzen
zur Geltung kommen und bietet diese auch an. Aber sobald die Zuschreibung
von Funktionen fremdbestimmt und mit einer Ethnisierung, oder Nische, wie es
Herr Spinello ausdrückt, verbunden ist, wird er skeptisch. Denn damit verbindet
er eine Degradierung zum Sozialarbeiter sowie die Gefahr, nicht mehr als gleichberechtigtes (vollwertiges) Mitglied des Kollegiums angesehen zu werden. Herr
Spinello verweist hier auf eine ambivalente Gratwanderung, mit der sich Lehrende
mit Migrationshintergrund auseinandersetzen müssen. Trotzdem plädiert Herr
Spinello dafür, dass Lehrende mit Migrationshintergrund ihr Anderssein ganz bewusst einsetzen sollten:

> *Anders, aber trotzdem Teil eines Ganzen sein können*
> Also man sollte das schon einsetzen. Ich sage auch immer meinen Kol
> leginnen und Kollegen mit Migrationshintergrund, dass man sich nicht

> verstecken soll, sondern dass man damit wuchern muss. Also damit muss
> man in den Vordergrund treten, also man muss sich schon damit zeigen,
> dass man anders ist und dass man damit auch anders umgehen kann, aber
> dass man Teil eines Ganzen trotzdem sein kann. Also das ist wichtig, dass
> wir zeigen, dass wir das leben. (Transkript, S. 43)

Herr Spinello plädiert hier für einen selbstbewussten und offenen Umgang mit
sprachlicher und ethnisch-kultureller Differenz und spricht damit Lehrende mit
Migrationshintergrund an. Sie sollen migrationsbedingte Erfahrungen bewusst
einsetzen. Er besetzt damit das „Anderssein" positiv und betont, dass sie trotzdem „dazugehören" können, vorausgesetzt sie erfahren vom herkunftsdeutschen
Kollegium Anerkennung und Akzeptanz.

## Verhältnis zu Eltern mit Migrationshintergrund

Auch in der Elternarbeit profitiert Herr Spinello von seinen migrationsbedingten Erfahrungen. Zu Eltern mit Migrationshintergrund kann er meist ohne
Einschränkungen einen Dialog herstellen und schnell Zugang finden. Auf die
Frage hinsichtlich seines Verhältnisses zu Eltern mit oder ohne Migrationshintergrund stellt Herr Spinello bei den ersten Begegnungen ganz klare Unterschiede fest:

> *Man kann es nicht wirklich erklären*
> Bei den Familien mit Migrationshintergrund merkt man sofort, dass da
> nicht viel gesagt werden muss. Das ist sehr natürlich, also es ist nicht so,
> dass man darauf hin arbeiten muss oder denen sagen muss: „Ich bin ge-
> nauso wie du." Es ist einfach so. Man kann es nicht wirklich erklären, wie
> das vonstattengeht. Das ist sehr unmittelbar, das passiert wirklich automa-
> tisch. Das ist wie mit der Chemie, es passt oder es passt nicht. Mit den
> Eltern ohne Migrationshintergrund mache ich die Erfahrung, dass man,
> wenn man vor denen steht und noch nichts gesagt hat, dass in den Ge-
> sichtern ganz eigenartige Reaktionen sind. Ich habe immer das Gefühl,
> dass ich erst was sagen muss, zu irgendetwas Stellung genommen haben
> muss. Ich muss mich erst mal präsentieren. Dann merke ich, dass sich die
> Atmosphäre langsam lockert. Also ich merke schon, dass da Vorbehalte
> sind. Und das ist bei den Familien mit Migrationshintergrund häufig nicht
> der Fall. Da muss man sich nicht präsentieren, oder beweisen, um verstan-
> den zu werden. (Transkript, S. 37-38)

Herr Spinello beschreibt hier kulturelle Unterschiede in der Kontaktaufnahme.
So erzählt er, wie herkunftsdeutsche Eltern Vorbehalte dem Lehrer mit Migrationshintergrund gegenüber haben und diese sich erst nach einer verba-
len Selbstpräsentation lockern. Beim ersten Kontakt zu Eltern mit Migrationshintergrund hingegen entstehe aufgrund der Annahme geteilten kulturellen

Erfahrungswissens, und zwar unabhängig vom sprachlich-ethnischen Hintergrund, automatisch und ganz natürlich ein Verständnis für einander. Eine Erklärung für diese Wahrnehmung Herrn Spinellos könnte sein, dass die Einwandererelter ihn als „einen von ihnen" konstruieren. Die gemeinsame Erfahrung als Migrant und Minderheitenangehöriger könnte das gegenseitige Gefühl der Verbundenheit auslösen und dabei intrakulturelle Differenzen in den Hintergrund treten lassen. Das Beispiel zeigt auch, wie Herr Spinello ganz souverän mit seinem kulturspezifischen Wissen umgeht und kulturbedingte Erwartungen der Eltern bereits bei der ersten Begegnung bedient. Das folgende Beispiel einer japanischen Mutter zeigt, wie Herrn Spinello aufgrund seines Migrationshintergrundes ein Vertrauensvorschuss gegeben wird.

> *Sie hatte sofort Vertrauen*
> Gemerkt habe ich es einmal als es darum ging, eine Klassenfahrt zu einem Kletterwald zu machen. Die Mutter eines japanischen Mädchens sah nicht so gerne, dass ihre Tochter mitfährt, weil sie doch sehr schüchtern ist, sie ist sehr zurückhaltend, sie ist nicht sehr sportlich, sie macht nicht gerne mit. Aber im selben Atemzug, als sie mir das sagte, sagte sie aber auch schon, dass sie das eigentlich möchte, weil sie mir vertraut. Sie hat vielleicht einfach aufgrund meiner Herkunft den direkten Bezug gefunden. Sie hatte sofort Vertrauen. (Transkript, S. 37)

Bei dieser Passage wie auch bei der vorhergehenden muss hervorgehoben werden, dass es sich hier nicht um die Sicht der Eltern handelt, sondern um die Wahrnehmung von Herrn Spinello. Vielleicht hat er selbst den Anspruch, besonders gut mit Migranteneltern zusammenzuarbeiten.

## Zusammenfassender Kommentar

Die Bildungslaufbahn des Herrn Spinello ist eine Aufstiegskarriere: Er wechselt von der Hauptschule auf die Realschule, sodann auf das Gymnasium. Nach dem Abitur studiert er und beginnt eine Promotion. Auffällig ist, dass Herr Spinello auf seinem gesamten Bildungsweg von ihm zugewandten Menschen begleitet wird, die eine Mentorenfunktion einnehmen: Klassenlehrer, Nachbar, Professor, Fachseminarleiter. Es ist anzunehmen, dass Herr Spinello ohne diese Mentoren einen anderen Bildungsweg eingeschlagen hätte. Sie erkennen seine Fähigkeiten, geben ihm moralischen Halt und tragen maßgeblich zu seinem Bildungserfolg bei. Die Mentoren ersetzen die fehlende Unterstützung der Eltern, die ihrerseits wenig Verständnis für sein Studium aufbringen. Darüber hinaus ist die Fähigkeit Herrn Spinellos hervorzuheben, seine Herkunftskultur und auch den Familiendialekt als Bildungsressource im Studium zu nutzen. Auch wenn ihm anfangs seine italienisch geprägte Erziehung in der Familie als bildungsfern erschien, distanziert er sich vom deutschen Bildungskanon, der herkunftskulturelles Wissen ausschließt, und schreibt der italienischen Sprache, insbesondere dem sizilianischen Dialekt der Familie, große Relevanz für die eigene Bildungslaufbahn zu.

Sein Lehramtsstudium ist von Zielstrebigkeit und Sicherheitsdenken bestimmt, auch wenn es nicht ganz gradlinig erscheint. Mit der Promotion an einer italienischen Universität ergibt sich für Herrn Spinello die Option, eine Universitätslaufbahn einzuschlagen. Fehlende finanzielle Mittel zwingen ihn jedoch, die Promotion abzubrechen. Die Berufsjahre in der italienischen Wirtschaftsbranche verzögern den Einstieg in die Lehramtstätigkeit, bringen ihm aber die Gewissheit, dass der Lehrberuf seine Berufung ist.

Die Bildungsgeschichte ist eng mit der transnationalen Migration zwischen Deutschland und dem Herkunftsland seiner Eltern verbunden. Herr Spinello geht während und nach dem Studium in regelmäßigen Abständen nach Italien und bleibt dort jeweils für einen längeren Zeitraum. Die Transnationalität seiner eigenen Migration scheint schon in der Kindheit angelegt, als Herr Spinello in zwei kulturellen Lebenswelten aufwächst. In den ersten Jahren seines Lebens ist seine kulturelle Sozialisation fast ausschließlich von der Herkunftskultur bestimmt. Erst als Grundschulkind wird er sprachlich und kulturell in die Einwanderungsgesellschaft eingeführt. Er entwickelt zu dieser Zeit die Fähigkeit, Handlungs- und Verhaltensorientierungen der beiden Lebenskontexte miteinander zu verbinden. Dies manifestiert sich später in der Transnationalität seiner eigenen Migrationsgeschichte.

Herr Spinello hat ein besonderes Verhältnis und Vertrauen zu Schülerinnen und Schülern und nutzt seine migrationsbedingten und bildungsbiographischen Erfahrungen, um das Selbstvertrauen und die Ressourcen der Schülerinnen und Schüler mit Migrationshintergrund zu stärken. Diese Form des *empowerment* hatte er selbst zuvor als Mentee erfahren. Die Erkenntnis, dass er selbst jetzt als Mentor Lernende stärken und fördern kann, wird für ihn zu einem Schlüsselerlebnis. Auch zu den Eltern mit Migrationshintergrund entsteht aufgrund der Konstruktion geteilter kultureller Erfahrungen, unabhängig von dem sprachlichen und ethnischen Hintergrund, ein besonderes Vertrauensverhältnis. In seiner interkulturellen Elternarbeit entspricht Herr Spinello den Erwartungen der Eltern und setzt sein kulturspezifisches Wissen gezielt ein. Im Kollegium ist ihm Loyalität sehr wichtig. Seine Kolleginnen und Kollegen integrieren ihn rasch in das Kollegium, obgleich sie ihm anfänglich den Beamtenstatus nicht zutrauen. In schulischen Alltagssituationen schätzen sie sein kulturelles Wissen bei der Vermittlung in Konfliktsituationen zwischen Lehrenden und Eltern. Die Übernahme derartiger Funktionen ist für Herrn Spinello nicht selbstverständlich. Er lehnt fremdbestimmte, mit Ethnisierung verbundene Zuschreibung von Funktionen ab. Als Lehrer mit Migrationshintergrund vertritt er aber einen selbstbewussten Umgang mit sprachlicher und ethnisch kultureller Differenz und besetzt das „Anderssein" positiv.

## 4.4 Frau Pahlawi: Engagiert im sozialen Brennpunkt

### Nurten Karakaş

### Biographische Skizze

Frau Pahlawi ist eine 32 Jahre alte Lehrerin mit persischem Migrationshintergrund. Zum Zeitpunkt des Interviews arbeitet sie seit einigen Monaten als angestellte Lehrerin mit einer halben Stelle an einer Realschule und mit einer halben Stelle an einer Hauptschule. Sie unterrichtet die Fächer Englisch und Geschichte an beiden Schulen. An der Hauptschule unterrichtet sie zusätzlich die Fächer Ethik, Erdkunde und Deutsch.

Frau Pahlawi kommt 1986 mit ca. elf Jahren aus dem Iran nach Deutschland. Sie hat einen jüngeren Bruder, der in Deutschland geboren ist. Nach der Machtübernahme des islamistischen Regimes unter der Führung von Ayatollah Khomeini engagiert sich ihr Vater politisch in der Opposition. Die Familie sieht sich bald gezwungen, den Iran zu verlassen und beantragt in Deutschland politisches Asyl. Die Familie lebt zunächst in verschiedenen Städten in unterschiedlichen Asylbewerberwohnheimen, zieht auch danach innerhalb Deutschlands mehrfach um. Später trennen sich die Eltern.

Frau Pahlawi erzählt, dass ihre Mutter vor der Flucht im Iran als Lehrerin gearbeitet hat. In Deutschland wird ihr der Beruf nicht anerkannt. Nach einigen Umschulungen arbeitet sie zunächst als Buchhalterin, entscheidet sich schließlich für die Selbstständigkeit und wechselt in die Gastronomie.

Auch die berufliche Qualifikation des Vaters als Chirurg und Universitätsdozent wird in Deutschland nicht anerkannt. Angebote, als Assistenzarzt zu arbeiten, so Frau Pahlawi, habe der Vater als Kränkung erlebt und abgelehnt. Stattdessen versucht er sich zunächst in der Hotellerie, wählt dann die Selbstständigkeit und kauft einen Kiosk. Erst zu einem späteren Zeitpunkt findet er doch noch eine Anstellung als Aufsichtsarzt in einem Krankenhaus.

### Bildungsgeschichte

Die ersten vier Jahre ihrer schulischen Bildung verbringt Frau Pahlawi in Teheran. Zu Beginn der 4. Klasse kommt sie nach Deutschland. Sie empfindet es als schwierig, sich an die deutsche Schule zu gewöhnen. Die Bildungserwartungen der Eltern sind sehr hoch. So kommt es auch, dass die Eltern eine von der deutschen Schule angeregte Zurückstufung der Tochter aufgrund fehlender Deutschkenntnisse ausschlagen. Frau Pahlawi erzählt, dass ihre Mutter sogar ihr Alter falsch angegeben habe, damit sie die vierte Klasse nicht wiederholen muss. Sie kommt aufgrund fehlender Deutschkenntnisse in eine Förderklasse der Klassenstufe 5. Dort absolviert sie die 5. und 6. Klasse, wo sie – wie sie schildert – nahezu die einzige Migrantin an der gesamten Schule gewesen sei. Am Ende der

Grundschulzeit erhält sie eine Realschulempfehlung, aber auf Wunsch der Eltern wechselt sie auf ein Gymnasium. Die Anforderungen dort kann sie jedoch nicht erfüllen. Aus der folgenden Interviewpassage wird deutlich, dass Frau Pahlawi Schule als große Herausforderung erlebt hat:

> *Schule war eine Katastrophe*
> Die Schule war ja eine Katastrophe, also ich bin da wirklich dran zerbrochen, und hätte ich nicht diese Bildungsfaschisten als Eltern gehabt, die da so hinter standen und mich da wirklich durchgeschleift haben. Während der ganzen Schullaufbahn wurde ich nur so mitgeschleift. (Transkript, S. 19)

Frau Pahlawi charakterisiert ihre schulischen Erfahrungen als „Katastrophe," die sie ohne die Unterstützung durch die Eltern nicht durchgestanden hätte. Das Bild, durch die Schulzeit „geschleift" worden zu sein, unterstreicht diesen Eindruck. Auf Frau Pahlawi lastet eine hohe Bildungs- und Leistungserwartung seitens der Eltern. Der Begriff „Bildungsfaschisten" ist in diesem Zusammenhang sehr aussagekräftig und drückt die elterliche Autorität aus, der Frau Pahlawi im Elternhaus ausgesetzt ist.

> *Ich hätte aufgegeben*
> Weil ich wäre ja wirklich um ein Haar gescheitert. Und hätte ich nicht meine Familie so dahinter gehabt, dass die wirklich gekämpft haben, dass ich das Abitur noch irgendwie schaffe, also aus eigenen Stücken hätte ich das nie geschafft. Ich hätte aufgegeben. (Transkript, S. 20)

Die sehr hohen Erwartungen der Eltern erlebt Frau Pahlawi einerseits als Druck, andererseits sieht sie diese im Rückblick aber auch als Motivationsfaktor und resümiert, dass sie ohne den Druck der Eltern ihre Gymnasialkarriere wohl abgebrochen hätte.

## Schulwechsel

Die Schulzeit von Frau Pahlawi zeichnet sich durch sehr viele Brüche, Orts- und Schulwechsel aus. Rückblickend resümiert sie, dass sie in ihrer Schullaufbahn 13 Mal die Schule gewechselt habe. Diese Erfahrung habe sie aber positiv für sich nutzen können. Sie habe dadurch besondere soziale Kompetenzen erworben.

> *Jedes Jahr Schulwechsel hört sich nach Psychoknacks an*
> Jedes Jahr Schulwechsel hört sich nach Psychoknacks an, aber mir hat das insofern was gebracht, als dass ich einfach mit neuen Situationen, neuen Umgebungen gelernt habe umzugehen. (Transkript, S.21)

Zwar entwickelt Frau Pahlawi – wie sie rückblickend resümiert – aus den Brüchen ihrer Schulzeit die Stärke, sich rasch auf neue Gegebenheiten einstellen zu können und offen für Veränderungen zu sein, aber während ihrer Schulzeit wirken sich die häufigen Umzüge der Familie erschwerend auf die schulische Integration aus.

Zudem erlebt sie „das System Gymnasium" als wenig fördernd und integrativ. Insbesondere an Schulen, wo sie als Migrantin in der Minderheit ist, fühlt sie sich offenbar sehr auf sich selbst gestellt.

> *Keine Unterstützung auf dem Gymnasium*
> Am Gymnasium herrschte, bis auf dieses eine Gymnasium, das im sozi-alen Brennpunkt war, generell eine Mentalität von: „Wenn du nicht mit-kommst, dann ist das dein Problem!" Also, wer auf der Strecke bleibt, kann ja woanders hingehen. Also es gab null Geist von Förderung, keine besondere Hilfestellung, nichts. Also ich musste selber gucken, wie ich die-ses Sprachdefizit aufhole und alles andere auch. Ich hatte null Hilfe, immer nur eigentlich Extradruck. Man musste sich immer extra beweisen. Weil ich ja nur eine Realschulempfehlung hatte, aber meine Eltern sehr darauf gedrängt haben, dass ich auf's Gymnasium komme. Ja, ich musste mich immer doppelt beweisen. (Transkript, S. 8)

Frau Pahlawi äußert hier das Gefühl, sich in mehrfacher Hinsicht „beweisen" zu müssen: erstens ist sie mit einer Realschulempfehlung auf das Gymnasium ge-wechselt und muss sich jetzt als Gymnasiastin bewähren, zweitens ist sie oft die einzige Migrantin der Klasse bzw. der Schule und drittens verfügt sie nur über unzureichende Sprachkenntnisse. Die anfänglichen Sprachprobleme erschweren das Einleben in der Schule. Da sie der Sprache nicht mächtig ist, verhält sie sich in ihrer Klasse zurückhaltend.

> *Ich war immer nur Fremdkörper*
> Ich konnte die Sprache nicht und war immer nur Fremdkörper, habe mich nie getraut, mich mal zu melden, weil außer mir konnte jeder super deutsch, das waren alles Deutsche und ich hatte halt, wollte einfach mich diesen Blicken nicht aussetzen. (Transkript, S. 19)

Frau Pahlawi schildert hier anschaulich, warum sie sich wie ein „Fremdkörper" gefühlt hat. Ihr Unbehagen, sich möglicherweise in der Klasse mit schlechten Deutschkenntnissen zu blamieren, führt dazu, dass sie sich am Unterricht wenig beteiligt.

Nach der Trennung der Eltern zieht Frau Pahlawi mit ihrem Bruder und ihrer Mutter nach Köln. Sie ziehen in „einen sozialen Brennpunkt," in dem auch viele Einwandererfamilien leben. Sie macht hier erstmals die Erfahrung, nicht mehr die einzige Migrantin in der Schule zu sein. Zwei Jahre später zieht Familie Pahlawi in die Vorstadt („einen reichen Vorort") um. Weil die Entfernung zur Schule sehr groß ist, wechselt Frau Pahlawi auf ein anderes Gymnasium, in dem sie wieder die einzige Migrantin in der Klasse ist. Sie erzählt, dass sie sich sehr unwohl gefühlt habe unter den bürgerlichen Kindern aus „gut betuchten Einfamilienhäusern." Ihre Familie hingegen lebt in einem Hochhaus. In der 11. Klasse ziehen sie wieder ins Stadtzentrum und Frau Pahlawi wechselt noch einmal das Gymnasium. Schließlich macht sie dort ihr Abitur, welches sie mit der Note 3,6 besteht.

## Diskriminierungserfahrungen

Frau Pahlawi erzählt, dass sie sich in ihrer Anfangszeit in Deutschland weder in der Schule noch in ihrem Freundeskreis wohl gefühlt habe, weil sie auf kultureller, sozialer und ökonomischer Ebene tiefgreifende Differenzerfahrungen verarbeiten musste. Ihre Familie gehörte im Iran zum Bildungsbürgertum. Sie war damit Teil der iranischen Oberschicht. Durch die Migration erlebt die Familie einen extremen sozialen Abstieg. Sie leben als Flüchtlingsfamilie in Asylbewerberunterkünften bzw. in Hochhäusern, die Frau Pahlawi als „Ghettos" beschreibt.

Frau Pahlawi schildert, dass sie sich unter ihren Mitschülern und Mitschülerinnen auf dem Gymnasium fremd gefühlt habe.

> *Es war eine völlig andere Welt*
> Es war eine völlig andere Welt. Die waren anders angezogen mit ihren Benettons und Esprits. Ich wurde einfach nie warm mit denen. Warm wurde ich nur mit anderen ausländischen Mitschülern, die eine ähnliche Lebenswelt hatten wie ich, ähnliche Lebenserfahrungen. (Transkript, S. 20)

Das Gefühl des Nicht-Dazugehörens scheint Frau Pahlawi im schulischen Kontext oft erlebt zu haben. So beschreibt sie im Folgenden, dass sie sich während ihrer Schulzeit als Außenseiterin gefühlt habe. Sowohl kulturell wegen ihrer persischen Herkunft als auch sozial wegen ihres Flüchtlingsstatus, habe sie sich sehr fremd gefühlt.

> *Ich habe mich als Außenseiterin gefühlt*
> Ich habe mich als Außenseiterin gefühlt, als links liegen gelassen. Sowohl kulturell als auch soziokulturell kam ich aus einer anderen Welt. Ich meine, ich habe zwar einen akademischen Hintergrund, meine Eltern kommen aus dem Bildungsbürgertum, aber durch die Migration sind wir ja sozial total abgestiegen und haben hier im Asylantenwohnheim und in Ghettos gewohnt. Also und da war ich ja nicht nur kulturell eine Außenseiterin, sondern auch sozial. Ich habe mich einfach total fremd gefühlt. Als Fremdkörper. (Transkript, S. 8)

Das Fremdheitsgefühl, das Frau Pahlawi hier zum Ausdruck bringt und mit kulturellen und sozialen Unterschieden zu Mitschülern und Mitschülerinnen begründet, scheint durch das Verhalten einiger Lehrenden verstärkt worden zu sein, die Frau Pahlawi rückblickend als „rassistisch" bezeichnet.

*Ich hatte rassistische Lehrer*
Ich hatte auch schon hier und da richtig rassistische Lehrer, die mich auch richtig gemobbt haben. (Transkript, S. 7)

Frau Pahlawi resümiert, dass sie sich während ihrer gesamten Schulzeit ausgegrenzt gefühlt habe und sich in Folge dessen in ihr „Perserghetto" zurückgezogen habe:

*Ich wollte mit Deutschen nichts zu tun haben*
Ich habe in meinem Perserghetto gelebt. Ich habe nur persische Musik gehört, habe nur persische Freunde gehabt, bin nur auf persische Partys und wollte mit Deutschen nichts zu tun haben. Und habe versucht, diese Ausgrenzungserfahrung einfach so für mich zu lösen, dass ich sage, o.k., ich will auch nix mit euch zu tun haben, ich ziehe mich einfach zurück in meine Perserwelt und habe diese dann plötzlich angefangen zu idealisieren. (Transkript, S. 19)

Frau Pahlawi interpretiert hier ihren Rückzug in eine persisch dominierte Peergroup und den Prozess der Selbstethnisierung als eine Reaktion auf Ausgrenzungserfahrungen in der deutschen Mehrheitsgesellschaft.

Frau Pahlawi hat kaum positive Erfahrungen und Erinnerungen an ihre Schulzeit, die sie als große Herausforderung erlebt. Um so bemerkenswerter ist vor diesem Hintergrund ihre Entscheidung, Lehramt zu studieren. Dies könnte darauf hindeuten, dass Frau Pahlawi sich als *change agent* positioniert. Eine solche Positionierung kann entstehen, wenn eigene Diskriminierungserfahrungen zur motivationalen Grundlage werden, in neuer Rolle – etwa als Lehrende – gegen Rassismus vorzugehen (vgl. Sleeter 1992).

## Lehramtsstudium

Nach ihrem Abitur interessiert sich Frau Pahlawi für Lateinamerika. Sie schreibt sich daher zunächst für das Fach Lateinamerikanistik ein und bereist verschiedene Länder des lateinamerikanischen Kontinents. Das Studium überfordert sie jedoch. Daher wechselt sie in das Lehramtsstudium mit den Fächern Sozialwissenschaft und Englisch.

Während des Studiums macht Frau Pahlawi eine signifikante Persönlichkeitsentwicklung durch. Durch politische Aktivitäten und Kontakte zu Deutschen verändert sich ihre Sicht auf die Mehrheitsgesellschaft. Ihr Selbstwertgefühl und ihre Selbstsicherheit werden durch ihre politischen Aktivitäten an der Universität gestärkt. Diese persönliche Entwicklung scheint sich zugleich positiv auf ihre Studienleistungen auszuwirken.

*In der Uni dreht sich auch noch mal alles*
Also das ist vielleicht das Interessante: Schulabschluss 3,6, dann Studium, Referendariat mit 1, also Erstes Examen auch 1,3. Also daran sieht man einfach so, dass wer in der Schule scheitert, heißt nicht, dass er an der Uni scheitert. Also, in der Uni dreht sich auch noch mal alles. (Transkript, S. 20)

Frau Pahlawi betont hier, dass die Leistungsbeurteilungen in der Schulzeit sich im Studium nicht notwendigerweise verstetigen und karriererelevant seien. Aus ihrer persönlichen Erfahrung schlussfolgert sie, dass im Studium eine Wende durchaus möglich ist. Die hier beschriebene positive Leistungsentwicklung verwundert umso mehr, als dass Frau Pahlawi später erzählt, dass sie sich eher spontan für das Lehramtsstudium entschieden habe. Der Grund für ihre Studienfachwahl seien „interessante Professoren" an der erziehungswissenschaftlichen Fakultät gewesen. Erst im Orientierungspraktikum, das sie in einem sozialen Brennpunkt absolvierte, merkt sie, dass ihr der Lehrberuf liegt und dass sie Spaß daran hat. Sie betont, dass sie sich sehr bewusst für die Haupt- und Realschule entschieden habe, weil sie selbst auf dem Gymnasium als Schülerin so schlechte Erfahrungen gemacht hat.

Nach dem ersten Staatsexamen geht sie für ein Jahr ins Ausland. Nach der Rückkehr lässt sie sich in einer Kleinstadt in Hessen nieder, in der ihr Bruder lebt. Dort absolviert sie das Referendariat. Sie erlebt ihre Referendariatszeit als sehr anstrengend, aber befriedigend.

Frau Pahlawi erzählt, dass sie eine sehr positive Erfahrung mit ihrer Seminarleiterin gemacht habe, von der sie stark gefördert worden sei. Zwar sei die Zeit des Referendariats auch für sie eine extreme Anstrengung gewesen, in der sie „ergraut" sei, dennoch habe das gute Verhältnis zu ihrer Seminarleiterin ihr bei der Überwindung der Herausforderungen geholfen.

Nach Abschluss des zweiten Staatsexamens wird sie an der Realschule, in der sie ihr Referendariat absolvierte, eingestellt. Die Schulleiterin habe besonderen Wert darauf gelegt, eine Lehrerin mit Migrationshintergrund in ihrem Kollegium zu haben, da ein Großteil der Schülerschaft aus Migrantenfamilien stammt. Das Verhältnis zwischen Frau Pahlawi und der Schulleiterin scheint von besonderer Nähe und Innigkeit geprägt zu sein. So nimmt Frau Pahlawi mit Begriffen wie „Diamant" und „Adoptivmutter" auf sie Bezug.

## Vorbilder

Frau Pahlawi kommt aus einer sehr bildungsorientierten Familie. Ein akademischer Werdegang wird daher bereits von der Familie erwartet und vorgezeichnet. Der Lehrberuf liegt sowohl durch die Mutter, die im Iran Lehrerin war, als auch durch den Vater, der vor der Flucht an der Universität lehrte, in der Familie. Frau Pahlawi erzählt, dass sie „von klein auf" ihre Mutter bewundert habe und schon als Kind auch Lehrerin werden wollte:

*Mama war die Größte*
Als kleines Mädchen, wenn man mich gefragt hat, was ich werden will, habe ich gesagt, Lehrerin. Weil die Mama natürlich die Größte war, an der hat man sich orientiert und so wollte man werden. Und so als kleines Kind hatte ich diesen Berufswunsch. (Transkript, S. 5)

Frau Pahlawi erinnert sich an Situationen in ihrer Kindheit, in denen sie sich gewünscht hat, später auch Lehrerin zu werden.

*Liebe und Achtung von Schülern*
Allein wenn sie jetzt zu Hause saß und Arbeiten korrigiert hat, ich fand das so toll und wollte auch mal eines Tages da so sitzen. Ja oder die hat mich auch mal in die Schule mitgenommen und diese Liebe und Achtung, die sie von den Schülern bekommen hat, das habe ich ja auch mitbekommen. (Transkript, S. 5)

Ähnlich wie ihre Mutter, entscheidet sich Frau Pahlawi ganz bewusst für die Arbeit in der Hauptschule in einem sozialen Brennpunkt. Mit dieser Entscheidung sucht Frau Pahlawi biographisch Anschluss an den Lebensweg ihrer Mutter, die in armen Stadtvierteln von Teheran unterrichtete. Auch erscheint Frau Pahlawis Entscheidung als eine konsequente Reaktion auf ihre eigenen Diskriminierungserfahrungen. Sie fühlte sich in ihrer Schulzeit immer nur an „sozialen Brennpunkten" wohl, wo es viele Menschen mit Migrationshintergrund gab.

*Ich habe meine Mutter bewundert*
Die war auch in so einem Slum von Teheran, dort hat sie gearbeitet. Hatte so eine Schülerin, wo fast ein Mutter-Tochter-Verhältnis geherrscht hat. Als wir nach Deutschland sind, hatten die auch über Jahre hinweg noch Briefkontakt. Das alles fand ich einfach so schön und ich hab sie schon dafür bewundert, dass sie so eine tolle Lehrerin ist. Und als kleines Mädchen bewundert man ja die Lehrer noch so. Bis dann die Pubertät kam. Und Schule Scheiße war, Eltern Scheiße waren und Lehrer sowieso. (Transkript, S. 5)

In der Schilderung werden Erinnerungen an die kindliche Wahrnehmung der Mutter als Lehrerin wachgerufen. Frau Pahlawi stellt rückblickend fest, dass sie ihre Mutter für ihren Beruf stets bewundert habe. Vor diesem Hintergrund verwundert es, warum sie sich nach ihrem Abitur nicht gradlinig und gezielt für den Lehrberuf entscheidet. Die Entscheidung zum Lehramtsstudium ist nicht die erste Wahl, sondern erweist sich für Frau Pahlawi erst später, nach ihrem ersten Orientierungspraktikum, als die richtige Wahl. Erst dann stellt sie ihre Eignung für den Beruf fest, kann sich mit dem Beruf anfreunden und identifiziert sich zunehmend mit ihrer Rolle als Lehrerin. Eine Erklärung auf die Frage, warum sie eher auf Umwegen zum Lehramtsstudium kam, deutet sich im letzten Satz an, in der sie die Konflikte in ihrer Pubertät anspricht. Generationsbedingte Konflikte in der

Pubertät mit Lehrenden und Eltern bzw. der Leistungsdruck in der Schulzeit, könnten wohlmöglich den gradlinigen Weg zum Lehramtsstudium versperrt haben.

Resümierend kann für die eng verwobene Migrationsgeschichte und Bildungsbiographie gesagt werden, dass Frau Pahlawi ihre Schulzeit bedingt durch fehlende Sprachkenntnisse, hohe Erwartungen der Familie, mehrfache Umzüge und Ortswechsel als starke Herausforderung erlebt. Als Tochter einer Flüchtlingsfamilie erlebt sie anfangs soziale und kulturelle Diskrepanzen zu ihren Mitschülern und Mitschülerinnen. Sie fühlt sich lange fremd, ausgegrenzt und diskriminiert. Chronologisch betrachtet, verdeutlicht Frau Pahlawis Biographie eine stetige Annäherung an die hiesige Gesellschaft. Im Studium kann sie ihr Fremdheitsgefühl und den Rückzug in ihre ethnische *community* durch gemeinsames politisches Engagement mit herkunftsdeutschen Studierenden überwinden. Ihr Selbstvertrauen wird gestärkt und ihre Studienleistungen verbessern sich. Mit dem Lehrberuf verbindet sie idealistische Vorstellungen, möchte bewusst in Haupt- und Realschulen sozialer Brennpunkte wirken und benachteiligte Kinder und Jugendliche fördern.

## Schulische Integration

### Kollegium

Frau Pahlawi arbeitet an einer Schule, an der mehr als drei Viertel der Schülerschaft einen Migrationshintergrund haben. Sie ist allerdings, neben einer russischsprachigen Kollegin, die einzige Lehrerin mit Migrationshintergrund. Auch wenn ihr persischer Migrationshintergrund und ihre Herkunftssprache unter den Schülerinnen und Schülern kaum vertreten ist, kommen ihre migrationsspezifischen Erfahrungen und ihre biographisch bedingt ausgeprägte Wahrnehmung für diskriminierende Situationen in der Praxis oft zur Geltung.

Frau Pahlawi hat mehrfach Erfahrungen mit Kulturalisierung und Rassismus im Schulkontext machen müssen. Ihres Erachtens nehmen sich viele Lehrerinnen und Lehrer, die mehrheitlich mit migrantischen Lernenden arbeiten, die Freiheit, sich abfällig und verallgemeinernd über Migranten zu äußern und diese Äußerungen mit ihren Erfahrungen zu begründen.

Frau Pahlawi erzählt von einer Situation mit einer Kollegin, die gesagt habe, dass 90% der Ausländer kriminell seien. Daraufhin habe Frau Pahlawi sie gefragt, woher sie diese Zahl habe und sie darauf aufmerksam gemacht, dass solche Äußerungen rassistisch seien. Die Kollegin habe sich für den Hinweis bedankt, aber unterstrichen, dass es die Arbeit an dieser Schule sei, die sie zur Rassistin mache (Transkript, S. 13). Frau Pahlawi erklärt sich den unverhohlenen Rassismus im Kollegium als erfahrungsbegründet. Die Kolleginnen und Kollegen meinten wohl, dass sie aufgrund ihrer langjährigen Arbeit in sozialen Brennpunkten mit vielen Migranten, das „Recht" hätten, schulische Problemlagen als Integrationsunwilligkeit zu deuten.

*Rassistisches Gedankengut*

Das ist meine Erfahrung, dass die Lehrer an solchen Schulen sich viel eher das Recht rausnehmen, auch mal rassistisches Gedankengut auszusprechen, weil sie ja mit diesem Problem zu kämpfen haben und sie ja genau Bescheid wissen. Also gerade die Lehrer an Schulen in diesem Bezirk, also ich glaube, dass die besonders rassistisch sind. Natürlich haben sie einen harten Alltag und natürlich haben sie mit vielen Problemen zu kämpfen. Aber so teilweise habe ich das Gefühl, nicht bei allen, jetzt bin ich auch wieder am Verallgemeinern, aber dass doch bei vielen ein bisschen ja, die Scheu fällt, auch mal Sachen auszusprechen, wo man sich eigentlich nicht traut normalerweise, so was zu sagen. So was wie: 90% der Ausländer sind kriminell! Also so was hört man eigentlich nur Leute sagen, die 20 Bier intus haben am Stammtisch, aber nicht eine Lehrerin mittags beim Kaffee. (...) Also bei den Kollegen muss ich sagen, also herrscht größtenteils Stammtischniveau, was Horizont und Denken betrifft. (Transkript, S. 11-13)

Frau Pahlawi äußert Verständnis für die alltäglichen Herausforderungen und die Belastung, die Lehrende an Schulen in sozialen Brennpunkten erleben. Dennoch problematisiert sie die diskriminierenden Deutungsmuster ihrer Kolleginnen und Kollegen. Sie zeigt auf, wie sich innerhalb des Kollegiums angesichts der Überlastung ein kulturalisierender Diskurs entwickeln kann, in dem Hemmnisse und Selbstkontrollmechanismen hinsichtlich rassistischer Äußerungen fallen. Frau Pahlawi attestiert hier ihrem Kollegium einen undifferenzierten Umgang mit migrationsspezifischen Themen. In ihrer Kritik äußert sich zugleich ihre Erwartung, dass sie von Lehrerinnen und Lehrern eine andere Auseinandersetzung und Reflexion mit migrationsspezifischen Themen erwartet als von anderen Teilen der Gesellschaft.

*Das liegt einfach in ihrer Kultur*

Ja, dieses permanente Jammern über Probleme, die so kulturalisiert werden: Das liegt halt einfach in ihrer Kultur. (Transkript, S. 13)

Mit dem Ausdruck „permanent Jammern" verweist Frau Pahlawi auf eine von ihr wahrgenommene negative Grundhaltung gegenüber migrationsbedingter Heterogenität im Kollegium. Auch deutet sich eine gewisse Ohnmachtsituation an, in der die herkunftsdeutschen Lehrenden offenbar keine Lösungswege zur Veränderung der Schulsituation finden und die Problemursachen in der Kultur der migrantischen Lernenden suchen. Deutungsmuster, die einen Zusammenhang zwischen problematischem Verhalten der Schülerinnen und Schüler und ihren ethnisch-kulturellen Hintergründen herstellen, scheinen im Lehrerkollegium keine Seltenheit zu sein. Frau Pahlawi benennt im Folgenden weitere Beispiele, die die kulturalisierende Sichtweisen dokumentieren:

*Kulturalisierungen*
Eine Lehrerin kommt ins Lehrerzimmer, da sieht es sehr unaufgeräumt und chaotisch aus: „Das sieht ja hier aus wie bei den Türken zu Hause." Diese Klassenlehrerin bezeichnet auch die osteuropäischen Schüler, die so „itsch" am Ende ihres Namens haben als „Itschies." (Transkript, S. 13)

Frau Pahlawi schildert diese Beispiele so, als gehörten sie zum Alltag im Lehrerzimmer. Sie erklärt diesen Umstand erneut damit, dass an Schulen mit hohem Migrationsanteil unter einigen Lehrenden kulturalisierende Äußerungen zur Normalität gehören.

Frau Pahlawi beschreibt im Folgenden eine andere Situation, die sich in diese Erfahrungen einreiht. Eine Dozentin aus der Universität soll den Schülerinnen und Schülern Deutschunterricht für ihren Mittleren Schulabschluss (MSA) erteilen.

*Wieder so ethnisierend*
Als sie sich vorstellte, hat sie meinen Schülern erst mal 10 Minuten eine Predigt gehalten, wo die Schüler erst mal angefangen haben zu protestieren, weil die kam da an und hat denen erstmal ein Vortrag über Pünktlichkeit gehalten. Im Anschluss ging es weiter, dass sie plötzlich angefangen hat, über alles so genau Bescheid zu wissen, was unsere Probleme sind und dann (mit verstellter Stimme): „Ja die Eltern haben ja auch kein Buch zu Hause, keine Bücher." Stimmt ja oft auch, aber dann wieder so ethnisierend, „das ist ja deren Kultur und das ist ja einfach ein kulturelles Problem und es gibt in ihrer Kultur keine Bücher," wo ich auch dachte, nicht nur dachte, habe ich dann auch gesagt: „Also entschuldigen Sie mal bitte, wie können Sie hier so etwas behaupten, in deren Kultur gibt es keine Bücher. Bei den Eltern meiner deutschen Schüler, die auch in armen Verhältnissen sind, sieht es auch nicht besser aus." Aber das ist so, im Lehrerzimmer fallen solche Argumente wie am laufenden Band. Und das war eine Dozentin von der Uni. Noch nicht mal Lehrerin, sondern eigentlich noch weiter akademisch gebildet und qualifiziert. (Transkript, S. 13)

Frau Pahlawi beschreibt hier eine Situation, in der eine Hochschuldozentin die Bildungsferne von Eltern mit deren Kultur erklärt. Zwar bestätigt Frau Pahlawi das Fehlen von Büchern bei vielen Eltern („und stimmt ja oft auch"), macht allerdings deutlich, dass sie im Gegensatz zu ihr die Ursache nicht in der Herkunftskultur der Familien, sondern in ökonomischen Verhältnissen („armen Verhältnissen") sieht. In dem Begriff „Predigt" deutet sich an, dass das Verhalten der Hochschuldozentin auf Frau Pahlawi belehrend und moralisierend wirkt. Es scheint, dass sich Frau Pahlawi von den Äußerungen der Dozentin persönlich angesprochen fühlt, denn sie spricht hier plötzlich davon, dass die Dozentin den Anspruch hatte, Bescheid zu wissen, was „unsere Probleme" sind. Im dem Wort „unsere" deutet sich an, dass Frau Pahlawi die kulturalisierenden Äußerungen nicht nur als Zuschreibungen auf ihre migrantischen Schülerinnen und Schüler versteht, sondern sich auch selbst angesprochen fühlt.

## Kulturalisierung von Eltern mit Migrationshintergrund

Frau Pahlawi erzählt, dass sie kaum für Elterngespräche angefragt werde. Die persischen Sprachkompetenzen, die sie mitbringt, werden in Elterngesprächen selten gebraucht. Dennoch nimmt Frau Pahlawi zeitweilig an der Seite ihrer Kolleginnen und Kollegen an Elterngesprächen teil. Im Folgenden erzählt sie von einem Elterngespräch, welches die Verhaltensauffälligkeiten einer migrantischen Schülerin zum Gegenstand hat. An dem Gespräch, das von der Klassenlehrerin (ohne Migrationshintergrund) geführt wird, sind die Schülerin, die Mutter des Mädchens und ihr Onkel beteiligt.

> *Autoritäre patriarchale Strukturen zu Hause*
> Diese Klassenlehrerin hat dann irgendwann das Gespräch dahin gelenkt zu sagen, also es war ihre Art, Verständnis aufzubringen, sowohl für die Schülerin als auch für die ganze Situation zu sagen: Es ist generell ein Problem unserer Schüler, weil sie zu Hause in autoritären, patriarchalen Strukturen erzogen werden und aufwachsen und dann in die Schule kommen und die Schule und die Lehrer relativ versuchen liberal und im Geiste der Freiheit, die Schüler zu erziehen. Und diese zwei Welten klaffen auseinander. Und Schüler, aus solchen Strukturen müssen versuchen, mit dieser Freiheit und der liberalen Lebensart fertig zu werden und können das dann halt in dem Moment nicht. Das war ihr Versuch, wie gesagt, Verständnis für die Situation aufzubringen. (Transkript, S. 11)

Frau Pahlawi beobachtet, dass in dem Moment, wo im Gespräch der Begriff „patriarchal" fällt, der Onkel die Augenbrauen hochzieht und als Zeichen der Ablehnung mit dem Kopf schüttelt. Er habe mit Mimik und Gestik zeigen wollen, dass er mit der Zuschreibung der Lehrerin nicht einverstanden sei und diese Deutung ihre Familiensituation nicht fasse. Frau Pahlawi empfindet die Zuschreibung patriarchaler Familienverhältnisse seitens der Kollegin als problematisch und kulturalisierend, möchte aber ihre Kollegin in Anwesenheit der Angehörigen der Schülerin nicht korrigieren. Sie deutet das Verhalten ihrer Kollegin wohlmeinend als Ausdruck von Verstehensbemühungen.

Frau Pahlawi beschreibt im Verlauf ihrer weiteren Ausführungen, wie sie versucht habe, die Argumentation zu relativieren und stattdessen die Aufmerksamkeit auf die individuelle Problematik der Schülerin zu lenken. Bei der Schilderung der Situation bringt Frau Pahlawi ihre Irritation zur Sprache:

> *Wir müssten eine Front bilden*
> Das war ja Gesprächsrunde, wo wir zwei im Prinzip eine Front bilden müssen und mit einer Linie sagen müssen: „So, du musst dich da und dahin verändern!" Also es war ein Gespräch von uns zu denen eigentlich, also es war ja nicht zwischen uns. (Transkript, S. 11)

Frau Pahlawi bringt ihren Rollenkonflikt in der Situation zur Sprache. Sie habe in ihrer Rolle als Lehrerin den Erziehungsberechtigten gegenüber mit ihrer Kollegin Geschlossenheit zeigen wollen und habe sich vorgestellt, dass sie beide das Fehlverhalten der Schülerin thematisieren. Stattdessen sei sie in Dissonanz mit ihrer Kollegin geraten.

Die von Frau Pahlawi geschilderten Situationen im Kollegium sind Ausdruck eines Diskurses, in der Kulturalisierungen zum festen Meinungsbild Lehrender gehören. Umso bedeutender ist daher die Korrektivfunktion der Interventionen von Frau Pahlawi als eine Kollegin mit Migrationshintergrund. Sie kann die vorhandenen Ansichten hinterfragen und damit eine Reflexion der Standpunkte im Kollegium anstoßen, wie die von ihr genannten Beispiele zeigen.

## Umgang mit Mehrsprachigkeit

Frau Pahlawi beobachtet an den beiden Schulen, in denen sie parallel arbeitet, einen unterschiedlichen Umgang mit Herkunftssprachenkenntnissen ihrer Schülerinnen und Schüler. In beiden Schulen gibt es keine klare Regelung zum Umgang mit Herkunftssprachen. Allerdings scheint es ein informelles Deutschgebot im Unterricht zu geben.

> *Ungeschriebene Regel*
> Also es gibt jetzt keine Regelung, dass nur deutsch gesprochen werden darf. Das ist halt so eine ungeschriebene Regel, würde ich sagen. (Transkript, S. 14)

An der Realschule bemerkt Frau Pahlawi, dass einige Lehrende die Muttersprachenkenntnisse ihrer migrantischen Schülerinnen und Schüler wertschätzen und diese als zusätzliche Kompetenz ansehen und fördern.

> *Herkunftssprache als zusätzliche Kompetenz*
> An der Realschule vermitteln gewisse Lehrer den Schülern, ihr habt eine zusätzliche Kompetenz. Des Öfteren habe ich das auch von Schülern gehört, dass sie auch wirklich dieses Selbstbild mittlerweile haben: „Wir können was, was andere nicht können. Und wenn wir uns irgendwo bewerben, können wir das hervorheben als was Positives, was wir können und haben." An der Hauptschule – nein – nur Problemblick. (Transkript, S. 14)

Frau Pahlawi beschreibt hier, wie das positive Fremdbild, das die Lehrerinnen und Lehrer an der Realschule ihren Lernenden mit Migrationshintergrund spiegeln, mit der Zeit von diesen übernommen wird und zur Stärkung ihres Selbstbewusstseins führt. Sie beobachtet, dass die Schülerinnen und Schüler ihre sprachlichen Fähigkeiten als eine zusätzliche Ressource entdecken und sie gezielt bei Bewerbungen einsetzen. Diese positive Erfahrung kontrastiert sie mit ihrer eher negativen Erfahrung an der Hauptschule, an der sie ebenfalls arbeitet. An der Hauptschule werde das Vorhandensein von weiteren Sprachen kaum wertgeschätzt. Der Defizitblick, der die mangelhaften Deutschkenntnisse der Schülerinnen und Schüler kritisiert, überwiege. Von Lernenden werde erwartet, dass sie auch zu Hause deutsch sprechen.

> *Sonst vergessen die doch ihre Muttersprache komplett*
> Oder dass die Schüler zu Hause nicht deutsch sprechen, wird so problematisiert. Verstehe ich überhaupt nicht. Wo ist denn das Problem, wenn die zu Hause ihre Muttersprache sprechen, sonst vergessen die doch ihre Muttersprache komplett. Aber das ist ein Hauptproblem unserer Schüler, dass die zu Hause nicht deutsch sprechen. Also bei der einen Schülerin war das ein Hauptanliegen, warum es eine Klassenkonferenz gab, weil sie in der Klasse türkisch spricht. (Transkript, S. 13)

Frau Pahlawi moniert hier die Problematisierung von Herkunftssprachen im privaten wie im schulischen Kontext. Darin äußert sich ihre Wertschätzung für die Herkunftssprachen der Schülerinnen und Schüler und ihrer Nutzung auch im schulischen Raum. Mit ihrer Haltung konterkariert Frau Pahlawi den „monolingualen Habitus" (Gogolin 2008) der Schule. Am Beispiel der Einberufung einer Klassenkonferenz zeigt sich, dass sie mit dieser Haltung allein steht, dass das Sprechen der Herkunftssprachen im schulischen Raum problematisiert wird und ggf. gar Disziplinarmaßnahmen nach sich ziehen kann, die wiederum zu Konflikten zwischen migrantischer Schülerschaft und Schule führen können.

Frau Pahlawi differenziert im Folgenden ihren Umgang mit Herkunftssprachen im schulischen Kontext exemplarisch an der Haltung einer Kollegin:

> *Grenzen für die Muttersprache*
> Klar, mich nervt es auch, wenn die über den ganzen Klassenraum hinweg plötzlich türkisch miteinander sprechen und ich auch nicht weiß, was die sagen. Die könnten auch sagen: „Guck dir mal die blöde Kuh an, oder so." Natürlich stört es mich auch. Aber die reagiert total entsetzt. Sie meinte zu mir bei der Klassenkonferenz: „Vor dem Schultor lässt du deine Muttersprache, wo sie ist. Du kannst sie gerne sprechen, aber vor dem Schultor." Da hab ich gesagt: „Nein, vor der Klassentür." Natürlich sollen die auch in der Schule und auf dem Hof türkisch sprechen. Warum dürfen sie nicht türkisch sprechen? Aber so im Unterricht finde ich es auch nicht o.k. Ich will auch wissen, was die gerade reden. (Transkript, S. 13-14)

Die Passage verdeutlicht Frau Pahlawis Toleranzgrenze für herkunftssprachliche Konversation im schulischen Raum. Während ihre Kolleginnen innerhalb der Schule keine Herkunftssprachen dulden, fängt für sie die Grenze an der Klassentür also im Unterricht an. Sie setzt klare Regeln, wo und wann sie die Anwendung der Herkunftssprachen unter Schülerinnen und Schüler zulässt.

## Zusammenfassender Kommentar

Die biographische Fallanalyse von Frau Pahlawi verdeutlicht beispielhaft die hohe Sensibilität migrantischer Lehrender für ethnisch-kulturell-sprachliche Heterogenität in der Schule. Dies zeigt sich in diesem Falle besonders im Umgang mit migrationsspezifischen Themen innerhalb des Kollegiums, in der Arbeit mit Eltern und im Umgang mit Mehrsprachigkeit.

Frau Pahlawis eigene Erinnerungen an die Zeit kurz nach der Flucht aus dem Iran, ihre ersten Erfahrungen in Deutschland – insbesondere ihre Erfahrungen in der Schulzeit – haben eine große Bedeutung für ihren Umgang mit Differenz und Diskriminierungsthemen im schulischen Kontext.

Frau Pahlawi ist zur Zeit der Flucht der Eltern aus dem Iran elf Jahre alt, ein Alter in dem die Migration und die damit zusammenhängenden Herausforderungen und Schwierigkeiten, wie z.B. Spracherwerb, Anpassung, Bewältigung der Flucht usw. bewusst miterlebt werden. Somit stellt der Wechsel des Lebensmittelpunktes vom Iran nach Deutschland vermutlich einen wichtigen Einschnitt in ihrem Leben und in ihrer Wahrnehmung dar. Das Leben als asylsuchende Flüchtlingsfamilie in Deutschland ist für die bis dahin privilegierte bürgerliche Akademikerfamilie sowohl mit einem sozialen als auch einem ökonomischen Abstieg verbunden, den Frau Pahlawi sehr bewusst miterlebt. Immer wieder thematisiert sie ihre Inferioritätserfahrungen, die sie nach ihrer Ankunft in Deutschland im Alltag und im schulischen Kontext macht.

Die Bildungsbiographie von Frau Pahlawi ist gekennzeichnet von vielen Brüchen bedingt durch mehrfache Orts- und Schulwechsel. Diskriminierungserfahrungen und Fremdheitserfahrungen im schulischen Kontext lösen einen Prozess der Selbstethnisierung aus, der erst durch ihr politisches Engagement an der Universität aufgebrochen werden kann.

Diese Erfahrungen in der eigenen Migrationsgeschichte und Bildungsbiographie prägen ihr professionelles Selbstverständnis als Lehrerin. Deutlich wird dies insbesondere im Umgang mit Diskriminierung im schulischen Kontext. Kulturalisierung, Stereotypisierung und Rassismus gegenüber migrantischen Lernenden und deren Eltern prangert Frau Pahlawi an. Sie scheut auch keine Konflikte mit Kolleginnen und Kollegen, die sie anregt, über diskriminierende Auswirkungen ihres Handelns nachzudenken. Damit übernimmt sie innerhalb des Kollegiums eine wichtige Funktion im Sinne eines *change agent*, d.h. ausgehend von eigenen Diskriminierungserfahrungen entwickelt sie eine Motivation, gegen Rassismus anzugehen und ihr Kollegium im Umgang mit migrationsspezifischen Themen zu mehr Reflexion und Sensibilität aufzufordern. Auch ihre Entscheidung, ähnlich wie ihre Mutter, die in Armenvierteln Teherans arbeitete, Lehrerin zu werden und bewusst in sozialen Brennpunkten in Schulen mit hohem Migrationsanteil zu arbeiten, kann als Indiz für ihre Positionierung als *change agent* betrachtet werden.

## 4.5 Frau Beti: „In der Welt zu Hause"

### Nurten Karakaş

### Biographische Skizze

Frau Beti ist 42 Jahre alt, deutsch-kamerunischer Herkunft und unterrichtet an einer Gesamtschule in Bremen die Fächer Geschichte und Französisch. Ihre Bildungsgeschichte ist geprägt durch Pendeln zwischen Deutschland und Frankreich.

Frau Beti ist in einer binationalen deutsch-kamerunischen Familie aufgewachsen. Ihre Mutter absolviert zunächst eine Ausbildung als Erzieherin, später arbeitet sie als Lehrerin in Integrationsklassen mit behinderten Kindern und bildet sich zur Psychotherapeutin fort. Der Vater ist in Kamerun geboren. Er besucht dort ein französischsprachiges, katholisches Internat und kann nach dem Schulabschluss dank eines Stipendiums in Frankreich Soziologie studieren. In den 60er Jahren kommt er nach Deutschland. Dort findet er keine Anstellung und macht sich schließlich selbstständig. In dieser Zeit lernt er seine zukünftige Frau kennen und heiratet sie. Frau Beti kommt 1968 als ihr erstes Kind in Frankfurt auf die Welt; ihr Halbbruder stammt aus einer ersten Ehe des Vaters in Kamerun. Als Frau Beti zwei Jahre alt ist, zieht die Familie nach Kamerun in der Absicht, für immer dort zu leben. Diese Zukunftsvorstellung erfüllt sich jedoch nicht: Die Eltern trennen sich und kehren nach Deutschland zurück. Frau Beti steht zu diesem Zeitpunkt kurz vor ihrer Einschulung. Als Kind geschiedener Eltern pendelt sie zwischen Mutter und Vater. Ihre Mutter heiratet ca. 3 Jahre nach der Trennung einen Lehrer mit griechischem Migrationshintergrund. Aus dieser Verbindung gehen zwei weitere Kinder hervor. Trotz eines großen Altersunterschiedes von insgesamt 15 Jahren beschreibt Frau Beti ihre Beziehung sowohl zu ihrem älteren Halbbruder in Kamerun als auch zu ihren beiden jüngeren Halbschwestern, mit denen sie aufgewachsen ist, als innig. Ihr leiblicher Vater zieht nach Paris, wo sie ihn öfter besucht. Dies ist einer der Gründe für ihre spätere Pendelmigration zwischen Deutschland und Frankreich.

### Aufwachsen im multikulturellen Umfeld

Frau Beti wächst im multikulturellen Freundeskreis ihrer Mutter und ihres Stiefvaters auf. Sie beschreibt ihre Kindheitserinnerungen an dieses multikulturelle Umfeld folgendermaßen:

> *Alle Farben, alle Gerüche, alle Gerichte*
> Was mich da vor allem geprägt hat, also der Freundeskreis meiner Mutter und meines Stiefvaters war von Indisch bis alles Mögliche. Da waren im-

mer alle Farben, alle Gerüche, alle Gerichte. Das ist so mein Kindheitsbild. (2. Transkript, S. 10) [1]

Frau Beti zeichnet hier ihre Kindheitserinnerungen in exotischen Bildern nach, die das interkulturelle Umfeld ihrer Familie veranschaulichen. Sie erinnert daran, wie sie mit allen Sinnen die Farben, Gerüche und die Geschmäcker wahrgenommen hat, und unterstreicht, dass sie das Aufwachsen in einem multikulturellen Umfeld als Bereicherung erlebt habe.

Das häusliche Ambiente bei ihrem leiblichen Vater ist mit herkunftskulturellen Elementen aus Kamerun ausgestattet.

> *Meine Identität ist, dass es toll war*
> Mein Vater hat natürlich auch immer eine Rolle gespielt, also auch da gab es sein Schlafzimmer, da hingen die ganzen Tücher aus Kamerun, und meine Identität war gar nicht so unbedingt kamerunisch-deutsch, sondern ich würde eher sagen, das ist so meine Identität, dass es toll war, also dass es überall so was Tolles gab, also das ist bis jetzt auch so der größte Gewinn aus meiner Kindheit. (2. Transkript, S. 10)

Es scheint, als versuche Frau Beti, eine Brücke zwischen ihren kindlichen Sinneseindrücken und ihrem heutigen Selbstbild zu schlagen. Ihre Kindheitserinnerungen sowie ihre heutige Selbstwahrnehmung dokumentieren, dass sie sich jenseits nationaler Kategorisierungen verortet.

Neben dem binationalen Elternhaus und dem multikulturellen Umfeld, in dem Frau Beti in Deutschland aufgewachsen ist, betont sie auch ihre Transmigration zwischen Kamerun, Frankreich und Deutschland als wichtigen Einflussfaktor auf ihre Identitätsentwicklung. Sie hebt hervor, dass sie sich in allen drei Ländern zu Hause fühle. Die Darstellung der harmonischen Verbindung der Einflüsse der drei Länder erweckt den Eindruck eines gelungenen transnationalen Lebensentwurfes. Frau Beti beschreibt, wie ihre binationale Familie und die Pendelmigration sie geprägt haben:

> *In der Welt zu Hause*
> Also der Kern meiner Identität ist eben wirklich aus diesen drei Ländern, aber darum kommt noch mal so ein größerer Kern, der sehr international geprägt ist und ja, das haben meine Eltern geschafft, dass ich mich in der Welt zu Hause fühle. (2. Transkript, S. 11)

Hier wird ein Universalismusgedanke deutlich, der die gesamte Welt als „zu Hause" definiert. Die drei Länder haben allerdings eine Sonderstellung, denn sie sieht sie als „Kern" und damit als zentralen Einflussfaktor auf ihre Persönlichkeit. Dass ihre Identität international geprägt ist und sie sich in der Welt „zu Hause" fühlt, findet sich in unterschiedlichen Phasen ihrer Biographie wieder. So ist ihre

---

1    Es wurden zwei Interviews mit Frau Beti geführt. Je nachdem aus welchem Interview die Passage entnommen ist, steht eine 1. oder eine 2. vor der Seitenzahl des Transkripts.

Schulzeit gekennzeichnet von einer Pendelmigration zwischen Deutschland und Frankreich. Die Frage nach nationalen, ethnischen und kulturellen Zugehörigkeiten wird dadurch immer wieder angestoßen und erhält angesichts ihrer phänotypisch bedingten Rassismuserfahrungen eine besondere Brisanz.

## Transmigrantin zwischen Frankreich und Deutschland

Frau Beti wird in Deutschland eingeschult. Von der Grundschule wechselt sie nach der 4. Klasse auf ein französischsprachiges Gymnasium. In der 7. Klasse ziehen die Mutter und der Stiefvater gemeinsam mit den Kindern berufsbedingt nach Frankreich um. In Paris besucht Frau Beti die Oberschule. In der folgenden Passage vergleicht sie ihre schulischen Erfahrungen in Deutschland und Frankreich:

> *Die Schulzeit war angenehmer in Frankreich*
> Die Schulzeit war angenehmer in Frankreich, also weil ich da noch mehr das Gefühl hatte, ich gehe so unter. (2. Transkript, S. 4)

Frau Beti empfindet ihre Schulzeit in Frankreich im Vergleich zu Deutschland als „angenehmer" und macht dieses Empfinden daran fest, welche Reaktion sie in beiden Ländern auf ihr Äußeres erfahren hat. Während sie in Frankreich nicht das Gefühl hat, besonders aufzufallen, wird in Deutschland ihre Zugehörigkeit immer wieder in Frage gestellt.

Frau Beti stellt bei ihrem Vergleich zwischen Frankreich und Deutschland fest, dass sie sich in Frankreich hinsichtlich rassistischer Übergriffe, die sie immer wieder in beiden Ländern erlebt hat, sicherer gefühlt habe, auch weil sie den Eindruck hatte, dass man ihr in Frankreich in bedrohlichen Situationen eher zur Hilfe gekommen wäre als in Deutschland.

> *In Frankreich beschützter gefühlt*
> Ich habe mich bei Gewalterfahrungen in Frankreich beschützter gefühlt als in Deutschland. Das ist vielleicht so der Kern des Unterschiedes. Gesellschaftlich beschützter, würde ich sagen. Also, dass da eher Menschen aufstehen, die mich retten aus Situationen, die gefährlich sind. (2. Transkript, S. 4)

Frau Beti macht auch später in ihrem Leben rassistisch bedingte Diskriminierungserfahrungen. Sie berichtet von einer Situation, als sie Anfang der 90er Jahre von einer Gruppe von Neonazis körperlich angegriffen wird. Frau Beti schildert hier, wie ihre Lehrerinnen und Lehrer darauf reagierten:

*Umgang der Lehrenden mit Diskriminierungserfahrungen*
Da war ein Volksfest und dort habe ich Bekanntschaft gemacht mit einer größeren Gruppe von Skinheads, die mir unter anderem, den lin-
ken Arm umgedreht haben, also so ganz langsam und dann hatte ich beide Arme in Gips. Deshalb konnte ich zum Beispiel in Kunst ein Projekt
nicht fertig machen, weil ich ja beide Arme in Gips hatte. Dafür habe ich
eine fünf bekommen. Also so auf der einen Seite wurde damit ganz betroffen umgegangen, also die Lehrer, die davon wussten, „Oh Gott, das ist ja
so schlimm und da muss man darüber reden," aber die Konsequenz war
nicht, dass ich das hätte nachreichen können. Mir hat dann auch mein
Kunstlehrer gesagt: Naja, also wir Ausländer allgemein würden uns auch
so verhalten, dass wir oft so provozierend wirken würden, dass wir dem
sozusagen auch nicht aus dem Weg gehen. (2. Transkript, S. 3)

Zwar erfährt sie in Deutschland von einigen – nicht allen – Lehrenden eine gewisse Anteilnahme und Betroffenheit, aber auf der Handlungsebene fehlt ihr
eine konsequente Praxis, die im Einklang mit der anteilnehmenden Betroffenheit
der Lehrenden steht. Frau Beti wird stattdessen für die nicht erbrachte Leistung
im Kunstunterricht, und damit auch für die erlebte Gewalterfahrung, mit einer schlechten Benotung bestraft. Darüber hinaus wird ihr als Opfer des rassistischen Angriffes sogar noch die Schuld dafür gegeben. Die Haltung des Lehrers
unterstreicht ihre Wahrnehmung, dass sie in Deutschland wenig gesellschaftlichen
Schutz erfährt.

Nach einem vierjährigen Aufenthalt in Frankreich kehrt Frau Beti Anfang der
11. Klasse nach Deutschland zurück. Auf einem humanistischen Gymnasium absolviert sie ihr Abitur. Ihre Schule wird von vielen Kindern aus Einwandererfamilien besucht.

*Multikulturelles Klassenzimmer*
Als ich dann wieder in Deutschland in der Schule war, hat der Schulleiter darauf geachtet, uns Schüler mit Migrationshintergrund nicht auf verschiedene Klassen zu verteilen. Er hat nicht gesagt: „Es müssen nur zwei
oder so pro Klasse sein, damit sich das gut aufteilt," sondern er hat ganz
bewusst entschieden, uns in eine Klasse zu stecken, sodass wir da 15 mit
Migrationshintergrund waren. Er hat gesagt „Die müssen sich austauschen können, müssen das Gefühl haben, die sind nicht alleine." Wir waren dann drei Schwarze in der Klasse, mehrere Vietnamesen und einige
mit türkischem Hintergrund. (2. Transkript, S. 1)

Rückblickend würdigt Frau Beti die Entscheidung des Schulleiters, Schülerinnen
und Schüler mit Migrationshintergrund in einer Klasse zu konzentrieren. Damit
ermöglichte er den Aufbau eines Netzwerkes, das einen Austausch und eine solidarische Gemeinschaft zwischen migrantischen Lernenden fördert. Die schnell
entstehenden freundschaftlichen Beziehungen bestätigen die Entscheidung des
Schulleiters, den sie später auch als Vorbild sieht. In der Klassengemeinschaft er-

fährt sie viel Unterstützung und Rückhalt. Auch außerhalb der Schule durchläuft Frau Beti in dieser Zeit eine Phase, in der sie sich einer *Peergroup* anschließt, die fast ausschließlich aus Jugendlichen mit Migrationshintergrund besteht, um – wie sie sagt – Rückhalt zu haben und sich vor Diskriminierungen zu schützen.

Nach ihrem Abitur beschließt Frau Beti, wieder in Paris zu leben. Dort beginnt sie eine schauspielerische Ausbildung für Tanztheater und Gesang. Nach drei Jahren Schauspielschule muss sie allerdings feststellen, dass sie für diesen Beruf nicht „extrovertiert" genug auftritt, daher entscheidet sie sich für ein Studium und beginnt, in Paris Geschichte zu studieren. Kurz nach Beginn des Studiums lernt sie ihren deutschen Freund, späteren Ehemann und Vater ihrer Tochter kennen und zieht ihm zu Liebe nach Deutschland.

## Vorbilder in der eigenen Schulzeit

Ihre Entscheidung, Lehrerin zu werden, führt Frau Beti rückblickend auf zwei biographische Erfahrungen zurück. Als ersten Grund benennt sie die freiwillig übernommene Aufsichts- und Fürsorgepflicht für ihre beiden jüngeren Stiefschwestern. Als zweiten Grund nennt sie drei Lehrende aus ihrer Schulzeit, an die sie sich immer noch bewundernd als Vorbilder erinnert, wie die folgenden drei Sequenzen illustrieren:

> *Er hat uns so genommen wie wir sind*
> Auf dem französischen Gymnasium gab es einen Pädagogen, der war auch anders als alle anderen, also schon von der Kleidung, der lief immer in Lederhose rum und hat mit uns ganz viel gesungen, Gitarre gespielt und Theater gemacht, gespielt und hatte einen sehr hohen Leistungsanspruch, aber war einfach großartig, wirklich großartig. Er war echt. Er hat uns so genommen, wie wir sind, und hat geguckt, was wir alles Tolles können. Das war wirklich besonders angenehm. (2. Transkript, S. 16-17)

> *Die Welt als Schatztruhe sehen*
> In Frankreich gab es eine Kunstlehrerin. Sie hatte so viel Lebensfreude in allem, auch im Umgang mit Schicksalsschlägen. Ich glaube, das hat uns als Klasse geprägt. Also immer positiv weiter nach vorne zu gucken und bestimmte Schwierigkeiten als Aufgabe zu sehen und dabei trotzdem gut gelaunt zu bleiben und mit Respekt mit anderen Menschen umzugehen und die Welt als Schatztruhe zu sehen. (2. Transkript, S. 17)

> *Er hat uns Schüler so wahnsinnig ernst genommen*
> Und dieser Direktor am Gymnasium, weil er uns Schüler so wahnsinnig ernst genommen hat. Was ihn vielleicht auszeichnete: In jeder großen Pause hat er aus seinem Fenster geguckt auf den Schulhof und hat uns Schülern zugeguckt, (betont), in jeder große Pause. Und so was machen nicht viele Direktoren. Und der kannte jeden einzelnen mit Namen und der

wusste auch von jedem, was er gerne macht. Das waren so drei wichtige Pädagogen. (2. Transkript, S. 17)

Die positiven Eigenschaften, die Frau Beti mit diesen drei Lehrenden assoziiert, prägen ihr späteres professionelles Selbstverständnis als Lehrerin. In den Erzählungen aus ihrer schulischen Praxis stellt Frau Beti immer wieder Bezüge zu diesen Lehrenden her.

## Entscheidung für das Lehramtsstudium

Frau Beti ist zunächst unentschieden, ob sie ihr in Paris angefangenes Geschichtsstudium in Deutschland fortsetzen soll. Sie ist zwischen ihren beiden Wunschberufen – Lehrerin und Historikerin – hin- und hergerissen. Nach einem Gespräch im Immatrikulationsbüro entscheidet sie sich schließlich für ein Lehramtsstudium, da nach Auskunft der dortigen Beraterin mit dem Lehramtsstudium auch alle Voraussetzungen für ein Magisterstudium in Geschichte erfüllt wären. Die Wahl ermöglicht es ihr zudem, noch eine Weile zweigleisig zu fahren und ihren Berufswunsch als Historikerin vorerst nicht aufzugeben. Eine zufriedenstellende Lösung bietet sich ihr erst durch die spätere Fächerkombination Französisch und Geschichte. Im Verlaufe ihrer positiven Erfahrungen im Praktikum erweist sich ihre spontane Entscheidung, Lehrerin zu werden, als die richtige Berufswahl.

> *Ich habe gedacht, das möchte ich machen*
> Es war vor allen Dingen diese Erfahrung in der Studienzeit während des Praktikums, also das war dann so toll und hat wirklich so viel Spaß gemacht, dass ich einfach gedacht habe, das ist es jetzt wirklich, das möchte ich machen. (2. Transkript, S. 16)

Frau Beti stellt die Entscheidung zum Lehrberuf als Prozess dar. Sie fühlt sich durch die Freude an der praktischen Arbeit mit Schülerinnen und Schülern in ihrer Berufswahl bestärkt und wird Lehrerin.

## Referendariat

Frau Beti erinnert sich durchweg positiv an ihre Studienzeit. Das Studium schließt sie mit überdurchschnittlichem Erfolg ab. Während ihres Referendariats wird sie allerdings wieder mit phänotypisch bedingten rassistischen Zuschreibungen konfrontiert, diesmal von ihrem Fachleiter:

> *Ich hatte einen rassistischen Fachleiter*
> Horror, also ich hatte einen rassistischen Fachleiter und das war der Horror. Wenn von einem Fachleiter dann solche Sachen kommen wie: „Sie

sprechen schon wirkliches Negerfranzösisch," wenn man ganz alleine ist natürlich nur. Das ging weiter. Er saß hinten bei meinen Unterrichtsbesuchen und hat eigentlich nur noch den Kopf geschüttelt. Und dann hat der mich in meiner ersten Prüfung zusammengebrüllt wie sonst was. Da wollte ich aufhören. (1. Transkript, S. 16)

Mit dem Begriff „Neger" bedient sich der Fachleiter eindeutig eines rassistischen Vokabulars (Arndt/Hornscheidt 2009: 184ff.). Es ist gut vorstellbar, dass die Tatsache, dass rassistische Bemerkungen in Abwesenheit anderer Personen gemacht werden, bei Frau Beti das Gefühl der Ohnmacht verstärkt. Außerdem fühlt sie sich durch den Fachleiter ungerecht benotet:

*Der hat mir jedes Mal für alles eine Fünf gegeben*
Und dann hab ich irgendwann gesagt: Augen zu und durch. Der hat mir jedes Mal für alles eine Fünf gegeben. Ich hatte noch die anderen, die mir eine gute Note gegeben haben und so habe ich das ausgeglichen. Dann habe ich erst mal gedacht, ich will auf gar keinen Fall Lehrerin werden ((heiter)). Aber, bin ich ja dann doch geworden. (1. Transkript, S. 17)

Nach Darstellung von Frau Beti setzt der Fachleiter hier die Macht seines Amtes ein, um der Referendarin auf ihrem Qualifikationsweg zu schaden. Er beurteilt sie – nach Aussage von Frau Beti – zu Unrecht schlecht. Für ihre Probestunden erhält sie die Note 5. Im zweiten Staatsexamen kommt sie deshalb nur auf einen Notendurchschnitt von 3,8. Nur durch ihr sehr gutes erstes Staatsexamen gelingt es Frau Beti, einen Gesamtnotendurchschnitt von 2,6 zu erreichen. Frau Beti ist so sehr vom Verhalten des Fachleiters verletzt, dass sie kurzzeitig erwägt, ihr Referendariat abzubrechen. Nur durch die Unterstützung ihrer Freunde vermag sie weiterzustudieren.

Das Durchhaltevermögen Frau Betis, ihr Studium trotz extremer rassistischer Erfahrungen nicht aufzugeben, kann mit ihrer Entschlossenheit für ihre Berufswahl begründet werden. Es könnte aber auch sein, dass Rassismuserfahrungen für Frau Beti zur „Normalität" gehören. Aus ihren Schilderungen zur schulischen Praxis wird später auch deutlich, dass sie auf Grundlage dieser Erfahrungen eine Position als *change agent* entwickelt, aus der sie Antrieb für ihr Engagement gegen Rassismus im schulischen Kontext schöpft.

## Zusammenfassung Migrationsgeschichte und Bildungsbiographie

Durch das Pendeln zwischen Deutschland und Frankreich sind Frau Betis Migrationsgeschichte und Bildungsbiographie eng miteinander verwoben, denn jeder Ortswechsel geht mit einem Schulwechsel und einer Veränderung der Bildungskontexte einher. In ihrer Migrationsgeschichte und Bildungsbiographie kristallisieren sich drei Aspekte für die Identität und das professionelle Selbstverständnis als relevant heraus:

1. Bikulturalität der Eltern und das Aufwachsen im interkulturellen Umfeld
2. Pendelmigration zwischen Frankreich und Deutschland und teilweise Kamerun
3. Erfahrungen als „Schwarze"[2] in den jeweiligen Ländern

Bikulturalität, internationale Erfahrung und rassistische Diskriminierungs-erfahrung sind wichtige Faktoren, die die spezifischen Sozialisationserfahrungen von Frau Beti prägen. Gleichzeitig scheint es, dass hier eine wesentliche Ressource für die Entwicklung der interkulturellen Kompetenz Frau Betis liegt. Die biogra-phisch bedingte Auseinandersetzung mit den Themen Interkulturalität, Migration und Rassismus befähigen sie, einen sehr individuellen Umgang mit schulischer migrationsbedingter Heterogenität zu entwickeln, auf die im folgenden Abschnitt „Schulische Integration" differenzierter eingegangen wird.

## Schulische Integration

### Schüler-Lehrer-Interaktion

Frau Beti arbeitet an einer Gesamtschule in Bremen. Sie schildert, dass die Schülerinnen und Schüler dort sehr unterschiedlich auf sie als Lehrerin reagie-ren. Während sich einige Lernende mit Migrationshintergrund freuten, eine Lehrerin zu haben, die ganz offensichtlich auch einen Migrationshintergrund hat (2. Transkript, S. 42), erlebe sie auch, dass stereotype Bilder von Schwarzen auf sie projiziert würden.

> *Das hat mit positivem Rassismus zu tun*
> Am Anfang habe ich oft so einen Coolheitsbonus. Ich bin eben die Schwarze und mit Schwarzen assoziiert man, also bei Jugendlichen zu-mindest, genauso viel gute wie schlechte Dinge. Man wird assoziiert mit Hip Hop –Videos, Basketball, Rap, coolem Tanz, gutem Gesang und Ähn-lichem. In der Schule vorher war ich wie ein Star, als ich da die ersten Wo-chen durchgelaufen bin. Aber hinterher bekommt man eine Arbeitsebene, und dann spielen diese vordergründigen Dinge irgendwann weniger eine Rolle. Dann wird es irgendwann egal, glaube ich. Sie sehen das nicht mehr so, sondern dann hat es eher mit meiner Person zu tun. Das, was sie an-zieht, ist einfach das Gefühl, dass ich ein normaler Mensch bin. (2. Tran-skript, S. 42)

---

2    In Anlehnung an Wachendorfer (2001) soll „die Großschreibung der Begriffe Schwarz und Weiß darauf aufmerksam machen, dass nicht von der Vorstellung einer Einteilung der Men-schen nach phänotypischen Merkmalen im Sinne biologischer Entitäten ausgegangen wird, sondern dass die Begriffe als soziale Konstruktion verstanden werden. Sie verweisen auf so-ziale Praxen und symbolische Ordnungen in gesellschaftlichen Machtverhältnissen […]. Die Verwendung der Begriffe im Text entsprechend dieser Konstruktion beinhaltet ein grund-sätzliches Dilemma, nämlich diese als Stereotype festzuschreiben, während sie ja gerade durch die Analyse dekonstruiert werden sollen" (Wachendorfer 2001: 99). Das von Wachen-dorfer angesprochene Dilemma gilt selbstverständlich auch für die vorliegende Studie.

Frau Beti beschreibt, wie sie von den Jugendlichen in der Schule mit jugendkulturell geprägten medialen Bildern von Schwarzen konfrontiert wird, die häufig exotisierenden Charakter haben. Mit Begriffen wie „Coolheitsbonus" und „Star" umschreibt sie ihre Erfahrung von Idealisierung durch ihre Schülerinnen und Schüler. Doch beobachtet sie auch, dass der anfänglichen Euphorie und Phase der positiven Projektionen eine Ernüchterung und allgemeinere Wahrnehmung ihrer Person folge, in der ihre menschlichen Eigenschaften („normaler Mensch") und ihre professionelle Rolle als Lehrerin in den Vordergrund rückten.

## Diskriminierung von Schülerinnen und Schülern mit Migrationshintergrund

Frau Beti bringt viele Beispiele von Stereotypisierung, Kulturalisierung und Rassismus zur Sprache. Ihre biographischen Erfahrungen erzeugen offenbar eine besondere Sensibilisierung für Diskriminierung migrantischer Schülerinnen und Schüler, bei denen sie den Ruf einer informellen „Vertrauenslehrerin" genießt. So wenden sich Lernende an Frau Beti, wenn sie sich aufgrund ihres Migrationshintergrundes benachteiligt fühlen, wie beispielsweise bei der in der folgenden Passage geschilderten Benotungssituation:

> *Unterschiedliche Beurteilung von Leistungen*
> Die hatten das Gefühl, wir leisten eigentlich genau das gleiche oder wir schreiben genauso schlecht oder gut wie andere deutsche Schüler, aber weil eben Mert oder sonst wer drüber steht, wird unsere Arbeit schon anders wahrgenommen und wenn wir aber hinterher die Klausur nehmen, auf die von Anja oder Sandra legen, können wir eigentlich sprachlich keinen Unterschied feststellen. Es ging darum, stimmt das jetzt. „Könnten Sie gucken, ob das wirklich so ist, oder wo können wir was tun, dass wir uns verbessern?" (…) Und sie haben mich dann einfach gebeten, ob ich mal einen Blick drauf werfen kann und wie man so was thematisieren könnte. (2 Transkript, S. 35-36)

Frau Beti wird hier gebeten, einen professionellen Blick auf die Arbeiten zu werfen und die Angemessenheit der Benotung aus der Perspektive einer Lehrerin zu beurteilen. Das Verhalten der Schülerinnen und Schüler mit Migrationshintergrund, sich vertrauensvoll an sie zu wenden, könnte auf der Annahme gemeinsamer migrationsspezifischer Erfahrungen basieren. Sie erhoffen sich offenbar Rat hinsichtlich adäquater Reaktionsmöglichkeiten und vermutlich auch Rückendeckung und Solidarisierung.

Ihre persönlichen Diskriminierungserfahrungen, die ihren Umgang mit solchen Situationen zweifelsohne beeinflussen, teilt Frau Beti nach eigenen Aussagen zumeist nicht mit ihren Schülerinnen und Schülern.

*Das spüren die Schüler*

Ich glaube schon, dass das eine Rolle spielt, wobei jetzt gar nicht unbedingt so, dass ich dann von meinen Sachen berichte, sondern ich glaube einfach nur die Art und Weise, wie man fragt, wie man darauf reagiert, die aus meinen Erfahrungen wieder resultiert, das spüren die Schüler, dass ich Ahnung habe von dem, worum es geht. Es ist gar nicht so, dass ich es ihnen vorhalte: „mir ist dann das und das passiert" weil, das müssen die auch gar nicht wissen. Nur in Situationen, wo es vielleicht angebracht ist, erzähle ich irgendwas. Aber ich glaube, es ist wie mit allem, wenn man das Gefühl hat, man hat jemanden gegenüber, der Ahnung hat von dem, was er tut, ob es ein Arzt ist oder sonst was. Man hat irgendwie so ein beruhigendes Gefühl und das ist es, glaube ich, was wichtig ist. (2. Transkript, S. 34)

Frau Beti äußert hier die Annahme, dass durch ihre besondere Art und Weise des Umgangs mit Diskriminierungserfahrungen deutlich werde, dass sie persönliche Erfahrungen („Ahnung") mit Benachteiligung hat. Sie vermittle ihren Schülerinnen und Schülern indirekt durch ihren sensiblen, empathischen Umgang Verständnis für deren emotionale Verletzungen. In sinnbildlicher Analogie zu einem behandelnden Arzt versucht Frau Beti vor dem Hintergrund ihrer eigenen Erfahrungen, die psychischen Verletzungen ihrer Schülerinnen und Schüler zu „heilen" und gewissermaßen Hilfe bei der Verarbeitung ihrer Diskriminierungserfahrungen zu leisten.

Frau Beti konstatiert, dass sie häufiger als ihre Kolleginnen und Kollegen von migrantischen Schülerinnen und Schülern mit Anliegen im Zusammenhang mit Diskriminierung und Benachteiligung aufgesucht werde. Diesen Umstand führt sie in erster Linie auf ihren Erfahrungshintergrund als Migrantin zurück und begründet dies wie folgt:

*Man braucht nicht tausend Worte*

Mit deutschen Lehrern zu sprechen kann für sie anstrengend sein. Wenn sie sich zum Beispiel ungerecht behandelt fühlen, kommen sie ganz oft in diese ewige elende Schiene, dass entweder der Deutsche das Gefühl hat, man macht ihm einen Rassismusvorwurf, oder dass sie sich aufgrund von sprachlichen Barrieren nicht mehr auf Augenhöhe fühlen oder sich erklären müssen, warum sie jetzt wie was genau meinen und dass es natürlich oft viel einfacher ist, weil die Leute mit Migrationshintergrund kennen bestimmte Dinge als gemeinsame Erfahrung und dann braucht man nicht tausend Worte zu verlieren, sondern eben nur wenige. (1. Transkript, S. 8)

Sie vermutet hier gemeinsame migrationsspezifische Erfahrungen, die den Schülerinnen und Schülern eine Thematisierung von Ungleichbehandlung erleichtern und ihr als Lehrende mit Migrationshintergrund einen Vertrauensvorschuss gewähren.

Zu sprachlichen Barrieren oder Verständigungsschwierigkeiten, die hinderlich wirken könnten, Kritik und Beschwerden anzubringen, führt sie aus:

> *Die beschweren sich deutlich weniger als andere*
> Oder dass sie sich dann in der Sprache so erheben, dass der andere auch gar nicht mehr mitkommen kann. Ja, das sind wohl solche Dinge, die die Schüler natürlich auch oft erfahren. Und die gehen dann auch bestimmte Wege nicht mehr, also die beschweren sich deutlich weniger als andere. Die geben auch zum Teil einfach schneller auf bei bestimmten Punkten sich durchzusetzen, weil sie das Gefühl haben, da stoße ich vielleicht doch an sprachliche Lücken, ja, wenn einer mir dann begegnet und dann ein Fremdwort nach dem nächsten benutzt oder ähnliches, dann kann ich gar nicht mehr mithalten, oder ich kann dem auch nicht nachweisen, dass ich das jetzt nicht in Ordnung fand. (1. Transkript, S. 8-9)

Frau Beti beschreibt hier, wie einschüchternd die komplexe Sprache einiger Kolleginnen und Kollegen auf Lernende mit Migrationshintergrund wirken kann. Sie übt Kritik daran, dass sie Sprache als Machtinstrument einsetzen, um ihrer sprachlichen und fachlichen Überlegenheit Ausdruck zu verleihen. Frau Beti zufolge könne diese Erfahrung sprachlicher Ohnmacht für Lernende in Resignation und Rückzug umschlagen. Sie grenzt sich klar von diesem Vorgehen ab und hebt hinsichtlich ihrer eigenen Ausdrucksweise hervor, dass sie versuche, sich dem Wortschatz und den sprachlichen Voraussetzungen ihrer Schülerinnen und Schüler so anzupassen, dass diese sie verstehen könnten. Ihre empathische Haltung und Solidarität mit migrantischen Schülerinnen und Schülern drückt sie hier auch im Gebrauch der „Ich"-Form aus.

Trotz ihres Verständnisses für migrationsspezifische Erfahrungen ihrer Schülerinnen und Schüler möchte Frau Beti nicht ausschließlich unter diesem Aspekt gesehen werden.

> *Ich möchte nicht für Rassismus zuständig sein*
> Ich möchte bei meinen Schülern nicht diese Lehrerin sein, die jetzt für den Rassismus zuständig ist und das bin ich ja auch gar nicht. Also, das ist ein Teil, aber der andere Teil, da gibt es keinen Unterschied zwischen Schülern mit Migrationshintergrund und Schülern ohne Migrationshintergrund, die kommen einfach viel zu mir, aber das sind auch andere Sachen, die haben mit Liebe, Sexualität, Streit mit den Eltern, Tod von Verwandten, Auseinandersetzungen mit anderen Lehrern zu tun, aber ein Teil ist eben das. (2. Transkript, S. 38-39)

Frau Beti bringt hier ihr Selbstbild zum Ausdruck, demzufolge sie sich primär definiert als eine Lehrerin, die sich aller Anliegen ihrer Schülerinnen und Schüler annimmt, also auch der Alltagssorgen und allgemeinen Probleme, die nicht unmittelbar im Zusammenhang mit Migration und Schule stehen. Einerseits möchte sie ihre professionelle Rolle nicht auf migrationsspezifische Themen einschränken, andererseits betont sie, dass sie doch häufiger mit migrationsspezifischen Themen von Schülerinnen und Schülern aufgesucht werde. „Ein Teil" von ihr sei für Rassismusfragen verantwortlich, der andere „Teil" sei offen für die Alltagssorgen ihrer Schülerinnen und Schüler.

## Förderung von Schülerinnen und Schülern mit Migrationshintergrund

Frau Beti unterstreicht ihr Ziel, Kinder aus Einwandererfamilien besonders zu fördern und begründet dies aus ihrer gesellschaftspolitischen Sicht heraus:

> *Bildungschancen sind nicht gleich*
> Ja, daran ist mir schon sehr gelegen. Das auf jeden Fall. Weil die Bildungschancen einfach nicht die gleichen sind. Es müssen einfach mehr eine gute Bildung haben. Jemand, der zu Hause alle deutschen Klassiker und Grimms Märchen im Regal stehen hat, kann gegenüber jemandem, der orientalische Märchen im Regal stehen hat, vielleicht über diese ganzen Fragen, die als deutscher Bildungskanon gelten, nicht viel sagen. Es gibt eben einen anderen Bildungskanon. (1. Transkript, S. 10)

Frau Betis Begründung ihres Förderanspruchs basiert auf der Annahme, dass kulturelles Wissen migrantischer Schülerinnen und Schüler im Migrationskontext anderen gesellschaftlichen Beurteilungskriterien unterliegt als im Herkunftskontext. Herkunftskulturelles Wissen sei im deutschen Bildungssystem nicht nutzbar, weil das Wissen und die Bedeutung des Wissens durch den Bildungskanon der Mehrheitsgesellschaft bestimmt werden. Diese Argumentation ist insofern interessant, als dass Frau Beti das herkunftskulturelle Wissen ihrer migrantischen Schülerschaft nicht per se abwertet, sondern dahingehend relativiert, dass dieses Wissen im deutschen Bildungssystem nur bedingt Relevanz für den Schulerfolg der Kinder habe. Ihre Haltung unterstreicht, dass sie in der Lage ist, kulturell geprägtes familiäres Wissen wertzuschätzen und anzuerkennen. Hier scheint Frau Beti ganz im Gegensatz zu den verbreiteten defizitorientierten pädagogischen Perspektiven zu handeln, die Familien mit Zuwanderungsgeschichte vorschnell „Bildungsferne" zuschreiben.

Frau Betis Förderanspruch für Schülerinnen und Schüler mit Migrationshintergrund weitet sie in der folgenden Ausführung dahingehend aus, dass dieser nicht ausschließlich auf Schülerinnen und Schüler mit Migrationshintergrund beschränkt ist. Er umfasst weitgehende soziale Dimensionen von Benachteiligung, die auch Lernende ohne Migrationshintergrund einschließen.

> *Alle anderen Lehrer müssen das auch tun*
> Aber das tue ich nicht nur für Schüler mit Migrationshintergrund. Das gilt auch für Familien, die seit Generationen schon von Sozialhilfe abhängig sind. Also da ist mir genauso dran gelegen, dass es Möglichkeiten gibt,

dass sie aus ihrer Rolle hinaus können und dass sie das ausgleichen können. Das hat ja was mit Selbstbestimmung und Freiheit zu tun. Ihnen steht nicht so viel Geld zur Verfügung, um Bildung zu kaufen. Davon ist unser System und auch unser Schulsystem extrem abhängig. Also es ist Quatsch zu sagen, dass es gleiche Bildungschancen gäbe. Das stimmt einfach nicht. Dem ist nicht so und deswegen muss man das natürlich auffangen. Ich glaube aber, das muss nicht nur ich, sondern das müssen auch alle anderen Lehrer tun. Wenn das System es schon nicht tut, dann muss man das auf jeden Fall versuchen und sich darüber bewusst werden. (1. Transkript, S. 10-11)

Frau Beti nimmt hier nicht nur sich selbst sondern die gesamte Lehrerschaft in die Pflicht, systembedingte soziale Ungleichheiten ausgleichen zu müssen. Mit ihrer systemkritischen Haltung rückt Frau Beti schichtspezifische Differenzen und deren unmittelbaren negativen Einfluss auf Bildungschancen in den Vordergrund. Zwar sind ihr migrationsspezifische Lernvoraussetzungen und Teilhabechancen wichtig und stellen einen Schwerpunkt ihrer Arbeit dar, zugleich erstreckt sich ihr Engagement und ihre Förderung aber auf alle sozial benachteiligten Schülergruppen, unabhängig von deren ethnisch-kulturellen Hintergrund.

## Ambivalenz der Vorbildrolle

Frau Beti ist sich bewusst, dass sie als Lehrerin mit Migrationshintergrund eine Vorbildfunktion insbesondere für ihre Schülerinnen und Schüler mit Migrationshintergrund hat. Sie erlebt in ihrer schulischen Praxis oft Situationen, in denen Schülerinnen und Schüler sie direkt oder indirekt als Vorbild benennen, wie das folgende Beispiel veranschaulicht:

> *Sie hätte nie gedacht, dass Schwarze Lehrer werden können*
> Eine schwarze Schülerin hat mir gesagt, nachdem ich ein halbes Jahr da in der Klasse war, dass sie ganz froh ist, weil sie nie gedacht hätte, dass Schwarze Lehrer werden können. Und dass deswegen dieser Beruf nie in Gedanken vorhanden war und sie jetzt aber das studieren möchte. (1. Transkript, S. 8)

Frau Beti schildert hier einen Fall, in der sich die Vorbildrolle primär über die Konstruktion der gemeinsamen Hautfarbe und wahrscheinlich gemeinsamer phänotypisch bedingter Rassismuserfahrungen definiert. Frau Beti scheint in ihrer Vorbildfunktion berufliche Perspektiven eröffnet zu haben, die in der Vorstellung der Schülerin zuvor nicht existierten.

Im nächsten von Frau Beti geschilderten Fall basiert die Vorbildwirkung nicht auf gemeinsamen phänotypischen Merkmalen sondern eher auf der Annahme gemeinsamer migrationsspezifischer Erfahrungen.

*Man bekommt anscheinend eine Vorbildrolle*
Drei türkische Schülerinnen haben sich dann letztens bei mir bedankt, weil ich ihnen geholfen habe. Dann kommt: „Ihre kleinen Schwestern." Also, da kommt natürlich dieses Vorbilddding so ein bisschen dann raus. Oder verschiedene Schüler aus verschiedenen Zusammenhängen haben mir ein Bild gemalt „Danke. Deine kleine Schwester." Durch diese Begrifflichkeit sieht man natürlich, dass man anscheinend doch irgendwie so eine Vorbildrolle bekommen hat. (2. Transkript, S. 40-41)

Dieses Beispiel zeigt, dass eine Vorbildfunktion auch dann zugeschrieben werden kann, wenn Lernende und Lehrende nicht denselben Migrationshintergrund haben. Im Folgenden beschreibt Frau Beti ihre Ambivalenzen mit der ihr zugeschriebenen Vorbildrolle:

*Eigentlich sollen sie mich überholen*
Ich möchte gar nicht so gern Vorbild sein. Es ist nichts, womit ich jetzt angetreten bin, also es ist nicht mein großes Ziel. Ich würde gern, dass die so ihr Ding machen und herausfinden, was ihre Sachen sind. Für mich wäre es wichtig, dass sie die Schätze in sich entdecken. Weil das war natürlich auch manchmal ein Thema, dass ein Schüler gesagt hat: „Sie sind unser Vorbild." Dann haben wir das auf jeden Fall so thematisiert, dass es höchstens eine Station sein kann auf dem Weg, weil eigentlich sollen sie mich überholen, also nicht da bleiben, sondern sie sollen weitergehen, besser werden, Dinge besser machen, als ich die gemacht habe und schlauer sein als ich. Das wäre gut. Vorbild ist höchstens dafür da, Orientierung zu geben, wie Eltern eine Orientierung geben. Aber dass das ganz wichtig ist, sich davon wieder frei zu machen. Oder zu sagen, okay, damit kann ich was anfangen, aber damit nicht. Man kann das super thematisieren im Unterricht. (2. Transkript, S. 41)

Frau Beti nimmt die von ihren Lernenden an sie herangetragene Vorbildrolle nicht unhinterfragt an, weist sie aber auch nicht eindeutig zurück. Sie ist sich der Autorität und der möglicherweise hohen Erwartungen an diese Rolle bewusst. Sie reflektiert gemeinsam mit ihren Schülerinnen und Schülern über deren Vorstellungen. Damit appelliert sie an die Eigenverantwortung ihrer Lernenden, sich zwar zeitweilig an ihren Vorbildern zu orientieren, gleichzeitig aber auch zu versuchen, sich schrittweise von diesen zu lösen. Erinnert man sich an die Eigenschaften, die Frau Beti an den Vorbildern aus ihrer eigenen Schulzeit besonders schätzte – Respekt vor der Individualität und Persönlichkeit, reflektierter Umgang mit der eigenen Machtposition – werden hier Parallelen erkennbar.

## Verhältnis zum Kollegium

Ihre Beziehung zu ihrem Kollegium beschreibt Frau Beti als ein eher spannungs-reiches Verhältnis. Sie schildert zahlreiche Auseinandersetzungen um migrati-onsspezifische Themen und latente Diskriminierungserfahrungen bis hin zu of-fenem Rassismus (sowohl mit abwertender Intention als auch positiv konnotiert). Fachliche Kompetenzen sowie intellektuell kognitiv-rationale Fähigkeiten werden ihr nicht selten abgesprochen. Sie wird auf Eigenschaften reduziert, die ihrer phä-notypischen Erscheinung zugeschrieben werden. Ihre Beziehung zu Kolleginnen und Kollegen sei häufig von deren Wahrnehmung ihrer Hautfarbe bestimmt.

Beispielsweise würden Teile des Kollegiums sie mit Bildern über „Afrika" und „afrikanische Menschen" adressieren. Dabei werde nicht differenziert zwischen unterschiedlichen Ländern, Kulturen und Sprachen in Afrika, wie das folgende Beispiel aus dem Lehrerzimmer zeigt:

> *Ich habe ja nicht in ganz Afrika gelebt*
> Wenn irgendwas über Afrika gemacht wird, da kommen die Kollegen und sagen „Ja, dann sage doch mal was in Afrika …" Gut ich habe mich viel mit afrikanischer Geschichte beschäftigt, aber das ist ja eigentlich nicht so-fort anzunehmen. Also ich habe ja nicht in ganz Afrika gelebt, sondern in einem dieser Länder und die haben auch ganz unterschiedliche Geschich-ten und Traditionen usw. und diese Reduzierung. (1. Transkript, S. 9)

Frau Beti hält einigen Kolleginnen und Kollegen eine undifferenzier-te Wahrnehmung vor, die sich darin äußere, dass ein Kontinent ohne Binnen-differenzierung als Ganzheit betrachtet werde. Ihr wird aufgrund ihrer Hautfarbe ein Expertenwissen über Afrika unterstellt. Damit wird sie zugleich dort veror-tet. Dass sie im Kollegium oft vorrangig über ihre Herkunft bzw. Hautfarbe wahr-genommen und dem afrikanischen Kontinent zugeordnet wird, verdeutlicht auch folgende Schilderung:

> *Ach, haben wir jetzt schon zwei afrikanische Kollegen?*
> Ich habe auch hier in der Schule ein paar Dinge erlebt. Ich wollte durch den Haupteingang im Verwaltungsteil herein und ein Kollege, der selten hier ist, sagt mir, ich dürfte da nicht rein, das wäre nur für Lehrer und Eltern. Ich habe gesagt: „Ja, ich bin ja hier Lehrerin und habe auch ei-nen Schlüssel." Er hat mich dann von oben bis unten anguckt und gesagt: „Ach, haben wir jetzt schon zwei afrikanische Kollegen?" Also solche Din-ge, die passieren schon öfter. (1. Transkript, S. 13)

Frau Beti wird hier – wie sie sagt – mit ihrem ghanaischen Mathematikkollegen verglichen. An diesem Beispiel wird deutlich, dass hier zwei gänzlich unter-schiedliche Lehrpersonen auf ihre Hautfarbe reduziert und unter eine kontinen-tale Kategorie subsumiert werden. Andere Differenzen, wie z.B. dass es sich um Lehrende handelt, deren Migrationshintergründe bzw. Herkunftsländer ihrer

Eltern unterschiedlich sind, dass sie unterschiedliche Fächerkombinationen haben, dass der andere Kollege ein Mann ist und Frau Beti eine Frau usw. werden vollkommen außer Acht gelassen. Diese Differenzen spielen in der Wahrnehmung der Kolleginnen und Kollegen keine Rolle. Allein das Merkmal der Hautfarbe bestimmt die Zuordnung der beiden Lehrenden und wird zur absoluten Distinktionskategorie.

Immer wieder finden im Lehrerzimmer Auseinandersetzungen über rassistische Begriffe statt, die als Ausdruck eines gesellschaftlichen Dominanzdiskurses gesehen werden können.

> *Wer von uns beiden ist schwarz?*
> Zum Beispiel dass ein Kollege sagt, „Neger" dürfte man ruhig sagen, aber „Nigger" nicht. Oder jemand sagt irgendwas mit „Negerküssen." Ich sage: „Ich möchte dieses Wort einfach nicht hören. Ich bitte darum, dass das nicht in den Mund genommen wird." Und anstatt zu sagen: „Oh, sorry, das tut mir leid," was ja dann kein Problem wäre, wird angefangen, das zu intellektualisieren und zu argumentieren, dass das ja gar nicht schlimm sei. Das geht dann weiter: „Ja, also die ewige politische *Correctness*, die sei ja furchtbar." Bis man einfach nur noch zu dem Punkt kommen kann, dass man entweder sagt: „Okay, ich rede mit den Leuten sowieso nicht mehr, es ist immer das Gleiche" oder zu sagen: „Also wer von uns beiden ist schwarz und wer von uns ist nicht schwarz?" Oder zu drastischen Mitteln zu greifen, um es verständlich zu machen: „Ab jetzt werde ich Dich immer mit „Arsch" ansprechen, damit Du begreifst, was Du sagst. Also: „Hallo Arsch. Wie geht's Dir Arsch? Na Arschloch, schönen Tag gehabt, Arschloch?" (1. Transkript, S. 8)

Frau Beti kritisiert massiv den unreflektierten täglichen Gebrauch von rassistischen Begriffen einiger Kolleginnen und Kollegen. Die verletzende Abwertung, die Frau Beti durch rassistische Begriffe erlebt, wird im Kollegium nicht wahrgenommen. Dennoch wird sogar versucht, den Gebrauch rassistischer Begriffe mit pseudorationalen Gegenargumenten („dann wird angefangen, das zu intellektualisieren und zu argumentieren") und mit Debatten um *political correctness* zu rechtfertigen. In der Frage „Wer von uns beiden ist schwarz?" äußert sich die Position von Frau Beti, dass nur Schwarze, also Angehörige der markierten Gruppe, die Wirkung rassistischer Begriffe aus der Betroffenenperspektive beurteilen können. In der Kommunikation mit dem Kollegium konfrontiert Frau Beti postkoloniale symbolische Machtkonstellationen, die mit der Entstehungsgeschichte und der Gegenwart des Rassismus eng verknüpft sind.[3]

---

3    Der Begriff der „Symbolischen Machtstrukturen" lehnt sich an Hall (2000) an, der von „rassistischen Diskursen" spricht, die dazu dienen, bestimmte Gruppen von dem Zugang zu gesellschaftlichen, kulturellen und symbolischen Ressourcen auszuschließen (S. 7ff.). Hier ist die Verstrickung einiger Lehrender in kolonialgeschichtlich bedingte rassistische Diskurse gemeint, die sich an der Auseinandersetzung um Definitionsmacht rassistischer Begriffe entfachen, über die symbolische Dominanzverhältnisse zwischen Weißen und Schwarzen ausgetragen werden. Wachendorfer (2001) meint hierzu: „Warum löst es bei Weißen erregte

## Elternarbeit

Elternarbeit ist ein besonderer Arbeitsschwerpunkt Frau Betis an ihrer Schule. Um Projekte zur Förderung der Elternpartizipation professionell begleiten zu können, hat sie sich zusätzlich zur Elternberaterin qualifiziert. Einer gelungenen Kooperation zwischen der Institution Schule und Eltern misst Frau Beti große Bedeutung bei. Maßgebend für den Bildungserfolg von Kindern sei nicht allein der Besuch der Schule, sondern auch eine bildungsrelevante Unterstützung durch die Eltern. Unterschiede in den familiären Verhältnissen hinsichtlich vorhandener Bildungsressourcen, des sozioökonomischen Status, des Beschäftigungsverhältnisses usw. sind ihrer Argumentation zufolge wichtige Determinanten für Ungleichheit. Es sei die Aufgabe von Schule und Lehrkräften, ungleiche vorschulische Bedingungen der Kinder zu kompensieren. Allerdings komme die Schule dieser Aufgabe nicht nach, wie sie hier feststellt:

> *Es spielt eine Rolle, ob du arm bist oder reich*
> Und ich glaube, dass sich Schule oder auch die Pädagogik ganz wenig beschäftigt mit Ungleichheit. Gleichheit kann man nicht herstellen, wenn Bildung so sehr darauf abzielt, was man außer der Schule noch mit bekommt. Hier reicht es ja nicht, einfach zur Schule zu gehen, und dann wird man da schon alles lernen, sondern man hat die Schule, und man braucht eigentlich noch die zweite Bildung die aus dem Elternhaus kommt. Und damit wird es eben ungerecht. Gleichstellung ist nicht mal unter Schülern mit deutschem Hintergrund da. Da spielt es eine Rolle ob, du arm bist oder reich und ob deine Eltern beide arbeiten oder nicht und so weiter. Also es gibt einfach keine gleichen Chancen in Deutschland. (1. Transkript, S. 15)

Frau Beti attestiert dem schulischen Bildungssystem in Deutschland Versagen hinsichtlich der Herstellung von Chancengleichheit und Teilhabe. Wie bereits im Zusammenhang mit Schüler-Lehrer-Interaktion angesprochen, zieht Frau Beti die Grenzen der Ungleichheit nicht primär entlang ethnischer Differenzlinien, sondern macht den sozioökonomischen Status der Familien zum wesentlichen Kriterium sozialer Ungleichheit. Diese grundlegende Ansicht charakterisiert auch Frau Betis Haltung zu migrationsspezifischen Themen. Sie offenbart damit, dass sie sich gegen Benachteiligung einsetzt, ohne diese zu ethnisieren.

Auf Grundlage ihrer Erfahrungen stellt Frau Beti einen Unterschied fest in der Kenntnis und Einforderung der elterlichen Rechte zwischen Eltern mit und ohne Migrationshintergrund:

---

Debatten aus, wenn Schwarze die schlichte Forderung stellen, Begriffe wie z.B. „Neger" ob ihrer diskriminierenden Konnotation durch andere selbstgewählte Begriffe zu ersetzen. Ein Grund mag sicherlich darin liegen, dass Weiße ihre Definitionsmacht in Gefahr wähnen (…). Die Debatte wäre sicherlich nicht so emotional besetzt, wenn in ihr nicht auch implizit die Position von Weißen verhandelt würde, eine Position, die im kolonialen Entstehungskontext mit Macht, Unterdrückung und Diskriminierung verknüpft ist (S. 96).

*Ich versuche, über Lücken hinweg zu helfen*
Deutsche Eltern oder Eltern ohne Migrationshintergrund mischen sich ja auch oft auf ganz andere Art und Weise in die Schulangelegenheiten ihrer Kinder ein, so dass sie oft Dinge erreichen, die Eltern mit Migrationshintergrund, weil sie nicht so nerven, gar nicht schaffen und erreichen. Also ich versuche dann mit den Eltern zu sprechen und ihnen ihre Rechte zu verdeutlichen, um Schülern mit Migrationshintergrund über bestimmte Lücken hinweg zu helfen. (1. Transkript, S. 10)

Während deutsche Eltern die Interessen ihrer Kinder hartnäckig vertreten und ihre Rechte soweit einfordern können, dass es von Lehrenden gar als störend („nervend") empfunden werden kann, seien Eltern mit Migrationshintergrund oft nicht über ihre Rechte informiert und könnten sie daher nicht in demselben Maße wirksam einfordern. Ihnen fehle es an Wissen und einer damit eng verknüpften Haltung, für ihre Rechte in der Schule fordernd aufzutreten. Im Rahmen ihres Engagements für Schülerinnen und Schüler mit Migrationshintergrund bemüht sich Frau Beti, Wissenslücken migrantischer Eltern zu schließen, so dass daraus resultierende Nachteile für die Kinder – also auch hier geht es ihr primär um Benachteiligung – reduziert werden können.

Um Eltern mit Migrationshintergrund zu erreichen und zu informieren, nutzt Frau Beti auch die Elternabende. Entgegen der allgemeinen Erfahrung an ihrer Schule macht sie die Erfahrung, dass die von ihr und ihrem Kollegen veranstalteten Elternabende gut besucht werden.

*Ich habe den anderen Multikulti-Background*
Ich glaube, dass in unserer Klasse mehr Eltern mit Migrationshintergrund zum Elternabend kommen, dass die Teilnahme sich gesteigert hat. Ohne dass jetzt explizit darüber gesprochen wird, sondern es ist mehr so: „Ach ja, da sind wir jetzt vereint…" Mein Kollege hat den deutschen Background und ich den anderen Multikulti-Background, wir symbolisieren etwas. Sie fühlen sich alle glaube ich ganz wohl. (1. Transkript, S. 11)

Frau Beti glaubt, dass eine positive Symbolwirkung von einer multiethnischen Zusammensetzung des Lehrteams ausgeht, die die Vielfalt der Gesellschaft abbildet. Zudem scheint ihr Migrationshintergrund auch Vorteile zu haben. Sie konstatiert, dass ihr „Multikulti-Background" es ihr erleichtere, bestimmte Sachverhalte an Elternabenden anzusprechen.

*Ich darf mir bestimmte Dinge herausnehmen*
Was hilft, wenn es um problematische Dinge geht, ist, dass ich mir bestimmte Dinge herausnehmen darf zu sagen, die sich vielleicht ein anderer Kollege nicht so herausnehmen dürfte. Das hat schon manchmal geholfen, zu dem Punkt zu kommen, wirklich über die Inhalte zu sprechen und nicht an solchen oberflächlichen Auseinandersetzungen – der mag mich, der mag mich nicht – zu bleiben. (1. Transkript, S. 11)

Frau Beti stellt fest, dass ihr Migrationshintergrund bei einigen Eltern eine positive Wirkung entfaltet, sie Themen offener ansprechen kann, ohne mit Zuschreibungen und Misstrauen konfrontiert zu werden. Ähnlich wie bei ihren migrantischen Lernenden glaubt sie, aufgrund ihres Migrationshintergrunds und der damit konstruierten Gemeinsamkeit von Erfahrungshintergründen einen Vertrauensvorschuss bei zugewanderten Eltern zu genießen.

## Das multikulturelle Lehrerzimmer: Anspruch und Wirklichkeit

Frau Beti ist eine der wenigen Lehrenden an ihrer Schule, die einen Migrationshintergrund haben und sich für interkulturelle und antirassistische Themen und Projekte engagieren. Sie wehrt sich allerdings gegen eine fremdbestimmte Festlegung auf die Rolle einer personifizierten „Antirassismus-Kommission."

> *Quotentypen-Ausländer*
> Es ist jetzt nicht so, dass ich mich als Vorreiterin für irgendeine Antirassismus-Kampagne sehe. Also das ist ja auch genau das, was sie zuerst wollten: „Ach super, Du bist Schwarze, Du kannst dann gleich mal in die Antirassismus-Kommission gehen und da mitarbeiten." Und das habe ich abgelehnt, weil ich genau das nicht wollte, also das: jetzt haben wir da unseren Quotentypen-Ausländer. Das kommt ja ganz oft, also dass wir auch eingestellt worden sind, um der Schule so einen modernen multikulturellen Anstrich zu geben, nicht nur, hoffe ich zumindest, aber das hat auch auf jeden Fall eine Rolle gespielt. Diese Dinge möchte ich eigentlich nicht bedienen. Eigentlich ist es mein Ideal, dass es so was von Normalität gibt und nicht, dass ich zu so einer Quote oder einem Bild, ein Foto für die Zeitung gemacht werde und dann sehen alle, wie offen und tolerant wir jetzt hier sind, das ist es nicht. (2. Transkript, S. 39)

Trotz ihres überdurchschnittlichen Engagements für migrationsspezifische Themen an ihrer Schule lehnt Frau Beti eine Reduzierung ihrer Lehrerrolle auf diese Inhalte ab. Zugleich verleiht sie ihrer Vision Ausdruck, dass die Präsenz von Minderheiten im Lehrerzimmer von Schulen in Einwanderungsgesellschaften zur „Normalität" werden müsse. In diesem Zusammenhang vermutet sie, dass sich die Schulleitung von ihrer Einstellung als Lehrerin mit kamerunischem Migrationshintergrund wohl auch einen Imagegewinn erhofft habe. Die Schulleitung versuche bewusst, ein weltoffenes Bild der Schule in die Öffentlichkeit zu tragen, deren Aushängeschild ein multikulturell zusammengesetztes Lehrerzimmer ist.

> *Verschieden sein – gemeinsam lernen*
> Das macht schon was her, wenn der Schulleiter sagen kann, also ich habe da Leute aus Südamerika, Mittelamerika, da sind welche mit Ursprungs- oder Herkunftsländern aus der Türkei, aus dem Senegal, von der Elfen-

beinküste. Hier findet sich jeder wieder und das passt zu unserem Motto der Schule: „Verschieden sein – gemeinsam lernen." Also ich meine, besser geht es nicht und wenn man damit auch noch in die Presse gehen kann, dann hört sich das alles ganz wunderbar an und genauso, wie die Leute das hören wollen. (2. Transkript, S. 47-48)

Die Schulleitung wolle durch sichtbare Präsenz von Lehrenden mit Migrationshintergrund ein Idealbild vom multikulturellen Lehrerzimmer vorzeigen. Im letzten Satz, „wie die Leute es hören wollen," klingt allerdings bereits ihr Unbehagen an, dass auf einen Riss in diesem Bild verweist. Die mitschwingende Kritik wird im Folgenden fortgesetzt und differenziert:

> *Das ist mir zu wenig, eine Plakette zu haben*
> Die Außenwirkung der Schule ist ganz wichtig. Ich finde, das steht einer Schule nicht, so viele Plaketten zu haben, sondern die müssen wirklich gefüllt sein mit Inhalten. Das ist mir zu wenig, eine Plakette zu haben. Ich bin „Schule ohne Rassismus" weil wenn man das thematisiert, dann tun auch alle so „oh, da müssen wir unbedingt was machen," aber das passiert natürlich nicht. (2. Transkript, S. 47)

Für Frau Beti ist die Teilnahme ihrer Schule an namhaften antirassistischen Projekten nicht ausreichend. Sie sieht darin ein eher plakatives Bekenntnis, eine Art Schmückung ihrer Schule mit Menschen mit Migrationshintergrund und vermisst die konsequente Umsetzung der damit verbundenen Inhalte und Ziele in der Praxis. Führt man sich vor Augen, welchen rassistischen Erfahrungen Frau Beti tagtäglich in ihrer beruflichen Praxis durch verschiedene schulische Akteure ausgesetzt ist, wird die Berechtigung dieser Kritik umso deutlicher.

## Zusammenfassender Kommentar

Die biographische Fallanalyse von Frau Beti zeigt beispielhaft, mit welcher Intensität migrationsspezifische Themen für Lehrende mit Migrationshintergrund in der schulischen Praxis allgegenwärtig sein können und schulische Interaktionen auf unterschiedlichen Akteursebenen (Leitung, Kollegium, Schülerschaft und Eltern) beeinflussen. Bei Frau Beti kristallisieren sich zwei biographisch und professionell relevante Aspekte heraus, die in Wechselwirkung zueinander stehen: erstens ethnische Selbstzuschreibungen und zweitens ethnisierende Fremdzuschreibungen durch schulische Akteure (Kollegium, Schülerschaft, Eltern). Einerseits ist sie als Lehrende mit Migrationshintergrund von einem scheinbar intrinsischen migrationsspezifischen Engagement getrieben, andererseits nimmt sie eine kritische Haltung ein, wenn von außen Erwartungen an sie herangetragen werden, eine besondere Rolle bei der Bearbeitung migrationsspezifischer Themen im schulischen Kontext zu übernehmen. Ihre selbstbestimmte Motivation und ihren Einsatz für Migrationsthemen möchte sie abgrenzen von der teils rassistisch gefärbten Fremdbestimmung seitens der Schulleitung und des Kollegiums. Analysiert man ihre Schilderungen in dieser Hinsicht, kann man unterscheiden zwischen Handlungen und Haltungen, die eher selbstbestimmt sind, mit persönlicher Motivation begründet werden – wie etwa die Förderung von Schülerinnen und Schülern mit Migrationshintergrund und die Aufklärung von migrantischen Eltern über das deutsche Schulsystem – und Handlungen, die fremdbestimmt wirken. Als Beispiel ließe sich ihr Widerstand benennen, im Kollegium auf ihre Hautfarbe reduziert zu werden und als „Expertin für Afrika" gesehen zu werden. Aber auch an ihrer Kritik, als Lehrende mit Migrationshintergrund kein Aushängeschild für ihre Schule sein zu wollen, wird deutlich, dass sie diesen Umgang mit Differenz im Lehrerzimmer als problematisch erachtet. Frau Beti bewegt sich immer wieder auf diesem schmalen und ambivalenten Grat zwischen Selbst- und Fremdzuschreibung.

Die Ambivalenz könnte mit ihrem bikulturellen Hintergrund zusammenhängen. Sie ist (auch) „Deutsche," wird aber von ihrem Kollegium nicht uneingeschränkt als solche wahrgenommen. Durch ihre phänotypische Markierung wird sie mit rassistischen Fremdzuschreibungen konfrontiert, die sie auf den anderen Teil ihrer Herkunft, auf ihre afrikanischen Wurzeln, verweisen.

Die Erfahrungen migrationsbedingter Differenz prägen Frau Betis professionelles Selbstverständnis als Lehrende und ermöglichen ihr einen besonders reflektierten Zugang zu interkulturellen Kompetenzen. Ihre Rassismuserfahrungen erweisen sich als wichtiger Antrieb, die Benachteiligung von migrantischen Schülerinnen und Schülern und deren Eltern im schulischen Kontext anzuprangern und sich im Sinne eines *change agent* aktiv für den Abbau von Diskriminierung und Rassismus einzusetzen.

# V Themenspezifische Inhaltsanalysen

## 5.1 Familienorientierung und Bildungserfolg

### Viola B. Georgi

In den Interviews sticht die explizite Thematisierung des familiären Umfelds in den Darstellungen der eigenen Bildungsbiographie ins Auge. Unterzieht man die Erfolgsfaktoren in den Bildungsbiographien einer näheren Betrachtung, spielt die Familie – insbesondere die Eltern – eine besondere Rolle für die von den Interviewten entwickelten Bildungsaspirationen sowie deren rückblickende Einordnung und Selbstdeutung ihres Bildungserfolges. Dabei werden – jenseits des spezifischen national-kulturellen Migrationshintergrundes – unterschiedliche, aber auch ähnliche biographische Strategien in Auseinandersetzung mit den diversen familiären Ressourcen sichtbar. Anhand einer thematischen Querschnittsanalyse soll die Bedeutung der Familienorientierung für den Bildungserfolg exemplarisch herausgearbeitet werden. Im Folgenden sind Zitate zum Thema „Bedeutung der Familie für den Bildungserfolg" aus den biographischen Interviews herausgeschnitten und thematisch gebündelt worden, sodass eine dichte und zugleich multiperspektivische Beschreibung entsteht. Es sind drei Muster der Elternbeziehungen herausgearbeitet worden: „Empowerment durch die Familie" (5.1.1), „Zwischen Indifferenz, Skepsis und Verbot" (5.1.2) und „Eltern, die Druck machen" (5.1.3).

### 5.1.1 Familienorientierung als Ressource für Bildungserfolg: *Empowerment* durch die Familie

Die im Folgenden als Auflistung präsentierte Auswahl an Zitaten zur Bedeutung familiärer Unterstützung soll zunächst zeigen, welch herausragende Stellung die Eltern in der Selbstdarstellung und Reflexion der Bildungskarrieren der befragten Lehrerinnen und Lehrer einnehmen. Dabei lässt sich in der Ähnlichkeit der ausgewählten Fälle ein gewaltiger „Bildungssprung" – im Sinne von Bildungsaufstieg – von der ersten Einwanderergeneration auf die so genannte zweite Generation beobachten. Zudem schreiben die Befragten den Eltern einen großen Anteil am eigenen Bildungserfolg zu. Dies bezieht sich häufig auf die emotionale und moralische Unterstützung.

So erzählt beispielsweise Herr Bilen, Haupt- und Realschullehrer mit türkischem Migrationshintergrund, von der Bildungsaspiration seiner Eltern und deren wertebildender Erziehung:

*Gut, das was sie uns mitgegeben haben*
Meine Eltern sind Analphabeten gewesen. Mein Vater hat Schreiben und
Lesen beim Militär gelernt. Meine Mutter hat es später durch uns gelernt,
sie wollte unbedingt selber unterschreiben können. Aber sie haben uns
vermittelt, dass man nicht immer an sich denken soll. Das hat uns eine
gute Grundlage gegeben. Und wir sind alle, wir sind acht Geschwister –
alle haben studiert (…) wir waren erfolgreich und da haben die Leute uns
so akzeptiert, wie wir sind. Aber bis dahin haben wir als Kinder, haben
wir von unseren Familien, Eltern, eine tolerante, großzügige, menschliche
und nicht egoistische, sondern mehr so gesellschaftliche Linie bekommen,
was mich ständig immer noch begleitet. Und dann, sage ich immer wieder: Gut, das was sie uns mitgegeben haben. Wir sind zufrieden. (Herr
Bilen, 58 Jahre, Haupt- und Realschullehrer, türkischer Migrationshintergrund)

Ähnlich beschreibt Herr Azhar, Gesamtschullehrer mit marokkanischem Migrationshintergrund, seine von der Familie übernommene Motivation gesellschaftlich
aufzusteigen:

*Mein Vater wollte unbedingt, dass wir auf jeden Fall was erreichen*
Ich komme aus einer armen Familie, aber mein Vater wollte unbedingt,
dass wir auf jeden Fall was erreichen (…) ich wollte unbedingt gut in der
Schule sein, weil ich nicht wollte, dass meine Kinder das auch erleben werden, was ich erlebt habe (…) ich wollte nie so sozusagen zu den armen
Menschen gehören. Ich wollte auch anerkannt werden. Ich wollte auch etwas selbst entscheiden können. (Herr Azhar, 30 Jahre, Gesamtschullehrer,
marokkanischer Migrationshintergrund)

Frau Badem, Grundschullehrerin mit türkischem Migrationshintergrund, hebt in
ihrer Erzählung hervor, wie stark die Eltern an ihrem Bildungswunsch Anteil nahmen:

*Die haben sich immer gefreut, dass ich weiter lerne*
In meiner Familie haben die sich immer gefreut, dass ich weiter lerne und
weiter machen möchte und studieren möchte. Das war ihnen letztendlich
egal, was es ist. Also da unterstützt haben sie mich auf jeden Fall. Und was
daraus würde, war ihnen, glaube ich, relativ egal. Sie fanden es einfach toll,
dass ich weitergemacht habe und studieren wollte. (Frau Badem, 26 Jahre,
Grundschullehrerin, türkischer Migrationshintergrund)

Frau Güney, Berufsschullehrerin mit türkischem Migrationshintergrund beschreibt, wie ihre Eltern sie zu mehr Leistung motivierten und moralischen
Rückhalt gaben:

*Geht, soweit ihr könnt*
Ich hatte null Selbstbewusstsein, also damals wirklich null Selbstbewusstsein total eingeschüchtert, weil ich nun mal nicht aus einem gebildeten Haushalt komme (…) wir hatten keine Bücher zu Hause, außer dass meine Eltern immer gesagt haben, ihr Standardsatz war immer: „Geht, soweit ihr könnt." Die haben uns nicht irgendwie gesagt, ja du musst jetzt Ärztin werden oder so, aber wir unterstützen euch. Geht, soweit ihr könnt. Das war's. Wir hätten einen Beruf lernen können, wie auch immer. Aber die haben Interesse gezeigt, das war's eigentlich so mehr so dieser Rückhalt der moralische Rückhalt. (Frau Güney, 48 Jahre, Berufsschullehrerin, türkischer Migrationshintergrund)

In den folgenden Erzählungen reflektieren Frau Kara, Gesamtschullehrerin, Frau Öztürk, Berufsschullehrerin, Frau Acar, Grundschulleiterin und Frau Özer, Gymnasiallehrerin, jeweils mit türkischem Migrationshintergrund, sowie Frau Galanis, Gesamtschullehrerin mit griechischem Migrationshintergrund, auch aus einer geschlechtsspezifischen Perspektive über die elterliche Begleitung auf ihrem Bildungsweg und wie ihre Eltern sie in ihrer Bildungsaspiration als Mädchen bestärkten. Alle fünf Lehrerinnen charakterisieren ihre Familien als unterstützend und Halt gebend:

*Ich bin auch sehr dankbar deswegen, dass ich solche Eltern habe*
Also ich glaube, das ist auch sehr wichtig, wenn ein Mädchen von zu Hause gleich schon das Gefühl vermittelt bekommt, ach, Du hast sowieso nichts zu sagen, Du musst sowieso nur heiraten und warum soll ein Mädchen überhaupt studieren, das Gefühl wurde mir eben nie vermittelt. Also ich bin auch sehr dankbar deswegen, dass ich solche Eltern habe. Das ist nicht selbstverständlich. (…) Aber meine Mutter war halt aber auch so diese treibende Kraft, so nach dem Motto, ich hab nichts erleben können in meiner Jugend, dann macht Ihr das wenigstens. (Frau Kara, 29 Jahre, Gesamtschullehrerin, türkischer Migrationshintergrund)

*Dass ich so eine Familie hatte, war wahrscheinlich auch so ein Glück*
(…) also als ich noch ganz klein war, sagten meine Eltern immer: die wird Ärztin oder so, ja, und das hatte ich noch so im Kopf (…) mein Vater war von der Ausbildung her eigentlich nicht gebildet, dafür trotzdem sehr gebildet aber (…) er wollte, dass die Mädels, dass aus denen was wird. Es war selbstverständlich, dass ich studiere. Also die konnten mich da zwar finanziell überhaupt nicht unterstützen, aber trotzdem war es selbstverständlich, dass ich studiere und die haben mir auch keinen Stein in den Weg gelegt. Ja, und das find ich auch, im Nachhinein, dass ich so eine Familie hatte, war wahrscheinlich auch so ein Glück. (Frau Öztürk, 46 Jahre, Berufsschullehrerin, türkischer Migrationshintergrund)

*Sie standen immer hinter mir*
Und also das war halt meinen Eltern auch wichtig, dass wir halt die deutsche Sprache gut lernen, weil sie es einfach selbst nicht hinbekommen haben (…) also ihnen war's halt unheimlich wichtig, dass wir hier uns wohl fühlen, weil wir hier leben. Uns haben sie auch immer gesagt: Du wirst sicherlich Dein Leben lang hier verbringen und mach was draus. Und du siehst, was wir arbeiten, und Du hast jetzt die Möglichkeit, was anderes daraus zu machen. Also ich wurde nie unter Druck gesetzt, ja. Und es war egal, was ich mache, sie standen immer hinter mir. Und sie haben mir halt ein ganz großes Selbstbewusstsein halt einfach mitgegeben und das, denke ich, war sehr wichtig. (Frau Acar, 31 Jahre, Grundschullehrerin, türkischer Migrationshintergrund)

*Ich hatte einen Traum von meiner Mutter übernommen*
Also ich hatte einen Traum von meiner Mutter übernommen, weil sie als Mädchen nicht zur Schule gehen durfte. (…) Also sie konnte ja nicht lesen, aber sie hat *versucht* zu lesen. (…) Also ich hab sie immer gesehen, wie sie versucht hatte, die Buchstaben aneinanderzureihen und zu lesen. Und ich glaube, ich wollte den Traum verwirklichen (…) Es hat auch damit zu tun, ich glaube so: Bildung ist Freiheit. ja. (Frau Özer, 43 Jahre, Gymnasiallehrerin, türkischer Migrationshintergrund)

*Für meinen Vater war Bildung alles*
(…) für meinen Vater war Bildung alles. Und auch als ich dann geheiratet habe, hat er auch gesagt: „Dora kriegt keine klassische Mitgift. Sie darf studieren und wir finanzieren das Studium. Das ist ihre Mitgift." Und da bin ich ihm heute noch endlos dankbar dafür. (Frau Galanis, 45 Jahre, Gesamtschullehrerin, griechischer Migrationshintergrund)

In der Auseinandersetzung mit der eigenen Bildungsgeschichte reflektieren die Befragten ihre soziale Herkunft und bringen dabei zumeist auch die häufig geringe formale Schulbildung ihrer Eltern zur Sprache. Gleichzeitig verweisen die Interviewten auf die emotionale und moralische Unterstützung („sie standen immer hinter mir"), die sie durch ihre Eltern erhalten haben. Häufig wird diese Unterstützung der Kinder seitens des Vaters und/oder der Mutter mit einer Leistungserwartung („geht soweit ihr könnt") verknüpft. Manche Interviewten thematisieren in diesem Zusammenhang explizit die Übernahme eines Bildungsauftrags von den Eltern („ich hatte einen Traum von meiner Mutter übernommen"). Die Befragten betonen die Bedeutung der familiären Unterstützung als wichtige Ressource für die Entwicklung ihres Selbstbewusstseins und der eigenen Bildungsaspiration und bringen ein Gefühl von Dankbarkeit („Ich bin auch sehr dankbar deswegen, dass ich solche Eltern habe") gegenüber den Eltern/der Familie zum Ausdruck. Ein Teil der Befragten schreibt den Eltern zu, dass sie an ihrem Bildungserfolg Teil haben und Anteil nehmen („die haben sich immer gefreut, dass ich weiter lerne"). Sie unterstreichen, dass ihre Eltern ihnen Vertrauen entgegenbrachten und an sie „glaubten" und ihre Lernbereitschaft sowie die erbrachten Leistungen wertschätzten. Die Gemeinsamkeit der hier Befragten besteht in der Erfahrung familiärer Zuwendung und der rückblickenden Anerkennung der elterlichen Unterstützung.

### 5.1.2  Die Familie als Hemmschuh: Zwischen Indifferenz, Skepsis und Verbot

Im untersuchten Sample gibt es aber auch Fälle, in denen die Eltern den Bildungsweg ihrer Kinder nicht unterstützen konnten oder wollten. In diesen Fällen mussten die Interviewten zur Durchsetzung ihres Bildungswunsches – etwa das Abitur zu machen oder zu studieren – intensive Überzeugungsarbeit leisten bzw. gegen den elterlichen Willen handeln.

> *Abitur und Studium verneint*
> Dann hat die Lehrerin gesagt, ich sollte doch das Abitur machen, hat auch meinen Vater darauf angesprochen und, er hat das *verneint*, er wollte das nicht. Er wollte, dass ich nach dem zehnten Schuljahr eine Ausbildung bei unserem Hausarzt mache (…) ja mein Vater hat gesagt, ich soll nicht studieren, obwohl ich das wollte. (Frau Faraj, 42 Jahre, Gymnasiallehrerin, palästinensischer Migrationshintergrund)

> *Am Anfang enttäuscht, dass der Sohn studiert*
> Wobei das Wort Studium für mich eigentlich ein Fremdwort war. Zu Hause wurde nie über ein Studium gesprochen oder nachgedacht. Das war einfach etwas, was nicht zu uns passte oder nicht greifbar war (…) Ja, also meine Eltern haben, glaube ich, lange Zeit gar nicht verstanden, was ich da wirklich mache. Also die haben, wie gesagt, das Studium war für die etwas, was sie überhaupt nicht greifen konnten. Also ich weiß, dass meine Eltern eigentlich am Anfang enttäuscht waren, dass ich studiere, weil sie eigentlich fest damit gerechnet hatten, dass ich irgendwie anfange zu arbeiten und dadurch auch unsere Familie unterstütze. Dass ich überhaupt von zu Hause ausziehen wollte plötzlich, das war auch ein Drama mehr oder weniger. (Herr Spinello, 34 Jahre, Gymnasiallehrer, italienischer Migrationshintergrund)

### 5.1.3  Eltern, die Druck machen: Fremdbestimmte Bildungsaufsteiger

Kontrastiv zu diesen Beispielen verhalten sich folgende Fälle, in denen die Eltern – unabhängig von den akademischen Leistungen und dem schulischen Engagement der Kinder – den Bildungserfolg aktiv fördern. Sie setzen dabei die Kinder und die verantwortlichen Bildungsinstitutionen entsprechend unter Druck.

Für Frau Pahlawi, die aus einer bildungsbürgerlichen Familie (der Vater ist Universitätsprofessor, die Mutter Lehrerin) aus dem Iran stammt, sind die Eltern die treibende Kraft. Sie fordern ihrer Tochter ein hohes Maß an Anstrengungsbereitschaft und schulische Leistungen ab und üben Druck auf das Kind und die Institution Schule aus:

> *Bildungsfaschisten als Eltern*
> Schule war ja eine Katastrophe, also ich bin da wirklich dran zerbrochen und hätte ich nicht diese Bildungsfaschisten als Eltern gehabt, die so dahinter standen und mich wirklich da durchgeschleift haben (…) Während der ganzen Schullaufbahn wurde ich nur so mitgeschleift (…) ich wäre ja wirklich um ein Haar gescheitert. Und hätte ich nicht meine Familie so dahinter gehabt, dass die wirklich gekämpft haben, dass ich das Abitur noch irgendwie schaffe, also aus eigenen Stücken hätte ich das nie geschafft. Ich hätte aufgegeben. (Frau Pahlawi, 35 Jahre, Gymnasiallehrerin, iranischem Migrationshintergrund)

Ein weiteres Beispiel für diese Kategorie ist Herr Foresta. Ihm legen die Eltern ein Studium und den Lehrberuf nahe:

> *Eltern haben mich gedrängt, etwas Anständiges zu machen*
> Meine Eltern haben mich damals schon gedrängt, ich soll doch irgendwas Anständiges machen, was mit einem Studium zu tun hat. Ich war in Berlin, wie gesagt, hab erst mal eine Auszeit von zwei Jahren genommen, habe gejobbt, mal hier, mal da. Und und da wurde ich teilweise gedrängt von meinen Eltern. Der Lehrberuf ist ein guter Job und ich wollte es zumindest ausprobieren. (Herr Foresta, 33 Jahre, Berufsschule, deutsch-italienischer Migrationshintergrund)

Ähnlich geht es Frau Nowikow, deren Eltern nicht nur hohe Leistungserwartungen an sie stellen, sondern auch über ihr Studienfach entscheiden:

> *Druck auch in der Familie*
> Dann haben die Eltern auch gesagt ((leiser)) *ja du musst ja bessere Noten haben,* bessere Noten und so bessere Leistungen bringen. Das war schon so Druck auch in der Familie, aber das ist in Ordnung, finde ich. Meine Eltern haben mich mehr oder weniger *gezwungen,* Französisch zu wählen als Fach, da das die beste Lehrerausbildung beziehungsweise die beste Fremdsprachenausbildung war in der pädagogischen Universität Tolstoi. Also bin ich da hingegangen. (Frau Nowikow, 30 Jahre, Referendarin Realschule, russischer Migrationshintergrund)

Ähnliche Erfahrung in Bezug auf den familiären Bildungsanspruch machte Frau Schwartz, die aus Rumänien als Spätaussiedlerin nach Deutschland migrierte und ihre Schul- und Studienzeit vornehmlich in Rumänien verbrachte. Auffallend in der Bildungsgeschichte von Frau Schwartz ist die Betonung der Leistungsorientierung, des Konkurrenzdrucks und der Entbehrungen, die sie für ihren Bildungsweg zur Lehrerin bereits in Rumänien auf sich nahm. Dabei charakterisiert sie ihre Schul- und Studienzeit als eher „schwere" Zeit.

*Du musst das aushalten*

(…) mein Interesse an der Schule war anfangs auch total gebrochen. Anfangs war es auch gar nicht so einfach, mit dem Ganzen klarzukommen
(…), mit dem Konkurrenzdruck, den es schon damals gab. Und das heißt,
es war ne anstrengende Zeit, total anstrengend ((seufzt tief)) wo man
wusste, wenn man das durchhält, hat man es jahrzehntelang besser. Und
das wurde einem auch vorgelebt, dass man sagte, Du machst es für Dich,
Du musst das aushalten. (Frau Schwartz, 42 Jahre, Gesamtschullehrerin,
rumänisch-deutscher Migrationshintergrund)

Frau Schwartz spricht von erheblichem Lerndruck, dem sie in der Schule und der
Familie ausgesetzt war. Sie erhält Nachhilfeunterricht, damit sie die Prüfungen
zur Zulassung für das Gymnasium und schließlich auch zur Universität in
Rumänien schafft. Der Nachhilfeunterricht ist kostspielig und die Eltern investieren sehr bewusst in die Bildung ihrer Kinder, die sich deshalb verpflichtet fühlen
„durchzuhalten." In diesem Fall scheint der Bildungserfolg dem sich ergänzen-
den Wechselspiel zwischen hoher elterlicher Leistungserwartung und Förderung
(Nachhilfeunterricht) und der gleichzeitigen Anstrengungsbereitschaft der Tochter
geschuldet.

Zusammenfassend kann man sagen, dass sich durch die thematische Zusammenschau unterschiedliche Erfahrungen hinsichtlich familiärer Unterstützung abbilden lassen (von hohen Leistungsanforderungen bis Indifferenz). Zudem fällt auf,
dass der überwiegende Teil der Lehrkräfte des untersuchten qualitativen Samples
und auch des quantitativen Samples aus Einwandererfamilien stammt, die im Zuge
der Arbeitsmigration (Anwerbeabkommen der 50er und 60er Jahre) bzw. im Zuge
der Familienzusammenführung 1973 nach Deutschland kamen. Es handelt sich
in der Regel um die Kinder der Arbeitsmigranten und Arbeitsemigrantinnen aus
der Türkei, Italien, Spanien und Marokko, die über eine geringe formale Bildung
und wenig kulturelles Kapital verfügten und deren soziales Milieu daher als eher
„bildungsfern" eingeordnet werden kann. Trotz dieses Familienhintergrundes
erfuhren die Befragten offenbar eine Form der emotionalen und moralischen Unterstützung, die sie als unabdingbare Voraussetzung für den eigenen
Bildungserfolg charakterisieren. Es lässt sich schlussfolgern, dass in einer Vielzahl
der untersuchten Fälle die Eltern in der Lage waren, ihren Kindern eine positive Haltung zu Bildung sowie ein gesellschaftliches Aufstiegsversprechen zu vermitteln. Diese Eltern- bzw. Familienorientierung der Befragten stellten also einen wesentlichen Faktor für den Bildungserfolg dar. Dieser Befund deckt sich mit
einer Reihe von Studien aus der aktuellen Migrationsforschung in Deutschland
(Hummrich 2002, Boos-Nünning/Karakaşoğlu 2005, Raiser 2007). Darüber hinaus lässt sich entlang der hier nur in Ausschnitten präsentierten Bildungsverläufe
ein hohes Maß an Verantwortungsübernahme für die eigene Bildungskarriere und
eine große intrinsische Aufstiegsmotivation sowie überdurchschnittliche individuelle Leistungsbereitschaft der Interviewten erkennen.

## 5.2 Lehrende mit Migrationshintergrund im Verhältnis zu schulischen Akteurinnen und Akteuren

**Lisanne Ackermann und Viola B. Georgi**

In der folgenden Inhaltsanalyse nehmen wir die Interaktionen und Beziehungen von Lehrenden mit Migrationshintergrund zu unterschiedlichen schulischen Akteurinnen und Akteuren in den Blick. Wir untersuchen insbesondere, welche Beziehungen Lehrkräfte mit Zuwanderungsgeschichte zu Schülerinnen und Schülern, Kolleginnen und Kollegen sowie Eltern aufbauen. Insbesondere interessiert uns, ob und wie sich der Migrationshintergrund auf die schulischen Interaktionen und ihre Akteurinnen und Akteure auswirkt.

### 5.2.1 Lehrer-Schüler-Verhältnis

Das Lehrer-Schüler-Verhältnis ist ein zentraler Grundbegriff der Pädagogik. Es bildet den Rahmen, innerhalb dessen organisierte Lernprozesse stattfinden, Wissen erworben und Kompetenzen erlangt werden. Deshalb ist es konstitutiv für den Lernprozess. Ganz grundsätzlich bezeichnet das Lehrer-Schüler-Verhältnis die Beziehung zweier Personen, die einen pädagogischen Prozess gemeinsam gestalten (Hintz/Pöppel/Rekus 2001, Kösel 2002). Unterschieden werden in der Literatur häufig das pädagogische Lehrer-Schüler-Verhältnis und das institutionelle Lehrer-Schüler-Verhältnis. Während ersteres auch die spontan entstehende und außerhalb von Bildungsinstitutionen mögliche Beziehung von zwei einen pädagogischen Prozess gestaltenden Personen einschließt, ist letzteres an die Rolle von Schüler und Lehrer in einer Institution gebunden. Vorliegende Studie beleuchtet beide genannten Dimensionen des Lehrer-Schüler-Verhältnisses und fügt noch die Dimension eines persönlichen Lehrer-Schüler-Verhältnisses hinzu, in dem auch persönliche und private Angelegenheiten zur Sprache gebracht werden.

Das Verhältnis zwischen Lernenden und Lehrenden mit Migrationshintergrund wurde von den Interviewpartnerinnen und -partnern selbst thematisiert. Es handelt sich also ganz offenbar um ein für das Selbstverständnis der Befragten relevantes Thema. Zugleich messen die Forscherinnen dem Lehrer-Schüler-Verhältnis in Anlehnung an amerikanische und kanadische Studien (Irvine 1989, Solomon 1997, Torres/Santos/Peck/Cortes 2004) große Bedeutung für die Forschungsfrage der Untersuchung bei. Denn die Analyse der Darstellung und Deutung des Lehrer-Schüler-Verhältnisses durch die befragten Lehrenden ermöglicht eine Rekonstruktion der Besonderheit dieses Verhältnisses entlang der wechselseitigen Konstruktion von herkunfts- und sprachbedingten Gemeinsamkeiten bzw. die wechselseitige Bezugnahme auf geteilte „konjunktive Erfahrungsräume" (Bohnsack 1998). In diesem Zusammenhang werden folgende Themen näher beleuchtet: „Vertrauensverhältnis" (5.2.1.1), „Zwischen Identifikation und Distanz" (5.2.1.2), „Engagement für den Bildungserfolg von Schülerinnen und Schülern mit

Migrationshintergrund" (5.2.1.3) und „Außerschulische Hilfeleistung in schwierigen Lebenslagen" (5.2.1.4). Anhand dieser Kategorien wurde eine thematische Querschnittsanalyse durchgeführt.

### 5.2.1.1 Vertrauensverhältnis

Bei der quantitativen Befragung stimmen 64,6% der Befragten der Aussage „Es wird mir von Schülerinnen und Schülern mit Migrationshintergrund mehr Vertrauen entgegengebracht als Lehrpersonen ohne Migrationshintergrund" *ziemlich* bis *sehr* zu, während 11,3% der Befragten diese Aussage nur als *wenig* bis *nicht* zutreffend bewerten. Auch auf Grundlage der qualitativen Daten lässt sich ein besonderes Vertrauensverhältnis zwischen Lehrpersonen mit Migrationshintergrund und Schülerinnen und Schülern mit Migrationshintergrund nachzeichnen (vgl. Tabelle 5). Einige der befragten Lehrerinnen und Lehrer erklären, dass sie aufgrund der eigenen Migrations- und Sozialisationserfahrungen ein hohes Maß an Verständnis für Schülerinnen und Schüler mit Migrationshintergrund aufbringen. Den Ausgangspunkt bildet die Annahme einer Ähnlichkeit der Familiensituation und des schulischen Erlebens. Die folgenden ausgewählten Beispiele machen deutlich, dass das besondere Vertrauensverhältnis häufig auf der Konstruktion von migrationsbedingt geteilten Erfahrungen basiert, etwa sprachlichen, kulturellen oder religiösen Gemeinsamkeiten.[1]

Frau Berber ist Referendarin an einer Haupt- und Realschule in München und hat einen türkischen Migrationshintergrund. Sie setzt ihre Erfahrungen als Kind von türkischen Einwanderern in Deutschland sehr bewusst im Austausch mit Schülerinnen und Schülern nichtdeutscher Herkunftssprache ein, etwa indem sie ihre kulturelle und sprachliche Doppelkompetenz hervorhebt und die Möglichkeit, aus zwei „Kulturen" wählen zu können, als Privileg beschreibt:

> *Ich kann vieles besser verstehen*
> Ich kann vieles besser verstehen, denke ich, als vielleicht ein deutscher Lehrer oder eine deutsche Lehrerin. Ich kenne teilweise die Hintergründe oder die familiäre Situation oder ich kann es mir vorstellen, wie es bei denen zu Hause ist, weil es teilweise vielleicht ähnlich ist, wie es bei mir war. Dass die Schüler vielleicht in so einem Dilemma stecken „Bin ich jetzt Deutsch? Bin ich Türke?" (…) Da hatte ich auch schon mit den Neunklässlern das Gespräch darüber, dass ich gesagt habe „Ja, ich kam auch in diese Situation während der Pubertät und ich hab mir einfach gesagt: ja, ich nehme einfach von beiden Kulturen für mich jetzt raus, was ich als positiv empfinde. Von den Deutschen nehme ich vielleicht grade die Disziplin und Zielstrebigkeit und den Perfektionismus, ja und von den Türken mehr die Herzlichkeit und die Offenheit und die Gastfreundlichkeit."

---

1   Empirische Befunde aus der Studie „Muslimische Religiosität und Erziehungsvorstellungen" von Yasemin Karakaşoğlu verweisen ebenfalls auf dieses Deutungsmuster von türkischstämmigen Lehramtsstudierenden (vgl. Karakaşoğlu 2000: 407).

Das ist halt so, wir sind, find ich, so Mitteldinger ((lacht auf)). (Frau Berber, 29 Jahre, Referendarin an Haupt- und Realschule, türkischer Migrationshintergrund)

Herr Polydoras, ein Gymnasiallehrer mit griechischem Migrationshintergrund, beschreibt sein Verhältnis zu den Kindern aus Einwandererfamilien ähnlich. Auch er betont das Potential von ähnlichen und geteilten Erfahrungen, aus denen eine besondere Nähe zu den Schülerinnen und Schüler erwachse:

*Dass man vielleicht ähnliche Erfahrungen wie sie hat*
Ich glaube, es tut ihnen auch gut zu merken, dass man vielleicht ähnliche Erfahrungen wie sie hat. Also dieses Anderssein. Ich glaube, diese Erfahrung des Andersseins, dass man dafür ja selber auch eine Sensibilität hat. Ich glaube, das tut denen gut. Also die merken, dass wir das kennen. Also, ich kann es gefühlsmäßig vielleicht nachvollziehen. Auch dass sie spüren, dass da ein bisschen mehr Emotionalität vielleicht dabei ist bei mir. Das ist, glaube ich, wichtig, ja. (Herr Polydoras, 40 Jahre, Gymnasiallehrer, griechischer Migrationshintergrund)

Herr Yildiz, ein Gymnasiallehrer mit türkischem Migrationshintergrund, erzählt in diesem Zusammenhang von einer Situation mit einer Schülerin, in der seine durch Migration geprägte Familienerfahrung zur Matrix einer schulbezogenen Entscheidung wird:

*Mein Migrationshintergrund ist definitiv auch ein Vorteil*
Mein Migrationshintergrund ist definitiv auch ein Vorteil, was gewisse Traditionen angeht. Ich habe da auch ein anderes Verständnis, weil ich eben selber auch das miterlebe und vielleicht auch in bestimmten Situationen mehr Verständnis zeigen kann als andere Kollegen. Zum Beispiel kam neulich eine Schülerin zu mir und sagte: „Herr Yildiz, ich kann die siebte Stunde nicht hier sein, weil meine Mutter fliegt in die Türkei und ich muss sie zum Flughafen bringen." Ich weiß, dass viele meiner Kollegen gesagt hätten, das ist kein Argument, das geht nicht, Du kannst nicht den Unterricht ausfallen lassen. Aber wenn man eben weiß, das ist die Tochter, die ihre Mutter verabschiedet, die jetzt vielleicht zwei, drei Monate weg ist – ich kenne das Phänomen – und dann habe ich eben mich mit ihr geeinigt und habe gesagt, „Okay hier pass auf, das machen wir in der Stunde, Du musst das zu Hause selber nachholen, dafür darfst Du entschuldigt fehlen." Und wenn ich nicht gewusst hätte, wie das so in der Familie läuft, dann hätte ich das sicher nicht erlaubt. Also das ist so eine Situation. (Herr Yildiz, 33 Jahre, Gymnasiallehrer, türkischer Migrationshintergrund)

Herr Yildiz hebt hervor, dass seine Kolleginnen und Kollegen vermutlich eine andere Entscheidung getroffen hätten, das Mädchen vermutlich für diesen Anlass nicht vom Unterricht befreit hätten. Herr Yildiz aber zeigt Verständnis für das ihm bekannte Anliegen und Empathie für das Mädchen. Entsprechend nimmt er das besondere Bedürfnis der Schülerin wahr und findet eine der Situation angemessene Lösung.

Frau Özer, Gymnasiallehrerin mit türkischem Migrationshintergrund, beschreibt eine ähnliche Szene spontaner Empathie zwischen ihr und einem türkischstämmigen Schüler. Es ist die aus ihrer Sicht geteilte Erfahrung der gemeinsamen Sprache und Kultur, die das besondere Lehrer-Schüler-Verhältnis ausmache:

> *Vertrautheit können Sie sich nicht anlesen*[2]
> Ich habe da noch eine Erinnerung an einen türkischen Jungen, da war sofort eine ganz enge Bindung, ein ganz enges Verständnis, ohne dass wir uns jetzt länger kannten. Diese Vertrautheit im Denken und Handeln zu verstehen, das ist ein großes Plus, das die Lehrer mit Migrationshintergrund haben. Das können sie sich nicht anlesen und das können sie auch nicht durch irgendeine Pädagogik, die sie sich angeeignet haben, einfach anwenden. Das ist etwas Empathisches, etwas Gewachsenes. (Frau Özer, 43 Jahre, Gymnasiallehrerin, türkischer Migrationshintergrund)

Die „Vertrautheit im Denken und Handeln," die Frau Özer hier als nicht erlernbar charakterisiert, ermöglicht auch die Überwindung von religionsbedingten Barrieren im schulischen Alltag. Frau Toprak, eine Gesamtschullehrerin mit türkischem Migrationshintergrund, erzählt in diesem Zusammenhang von ihrem Sportunterricht und wie muslimische Mädchen in diesem ganz selbstverständlich das Kopftuch und andere religiös-verpflichtende Kleidungsstücke ablegen:

> *Sie entledigen sich ihres Kopftuches*
> Ich habe zwei Sportkurse in der zehnten Klasse, zwei Mädchenkurse. Da sind 90% Ausländerinnen. Ein paar tragen ein Kopftuch. Sie ziehen sich da trotzdem aus, weil ich die Lehrerin bin. Aber die würden sich nie ausziehen bei irgendjemand anderem. Sie entledigen sich ihres Kopftuches, ihres langen Shirts oder ihrer sonstigen Kleidungsstücke. Und das ist toll, das ist gut. Und ich weiß auch, dass die das bei deutschen Kollegen niemals machen würden. (Frau Toprak, 36 Jahre, Gesamtschullehrerin, türkischer Migrationshintergrund)

In diesem Beispiel ist das Vertrauensverhältnis zwischen Lehrerin und Schülerinnen durch die Annahme religiösen Verständnisses aufgrund gleicher kultureller Zugehörigkeit und Gleichgeschlechtlichkeit geprägt. Durch ihre Präsenz nehmen die muslimischen Mädchen ohne Einschränkungen am Sportunterricht teil. Frau Toprak hebt hervor, dass die muslimischen Mädchen sich bei herkunftsdeutschen Kollegen zum Sport nicht umziehen würden, und unter-

---

2   Dieses Bild charakterisiert das implizite „konjunktive Wissen" (Mannheim 1980), welches von den Lehrkräften mit Migrationshintergrund geteilt wird und ein Gefühl „unmittelbaren Verstehens" (Bohnsack 2001: 311) evoziert.

streicht damit die besondere Wirkung ihres Migrationshintergrundes. Es wäre in diesem Zusammenhang auch denkbar, dass sich die Mädchen ihrer Kleidung und Kopftücher entledigen, weil sie eine (weibliche) Sportlehrerin haben. Man kann aber aus dem Interviewzusammenhang davon ausgehen, dass Frau Toprak mit den Formulierungen „bei jemand anderen" und „deutsche Kollegen" nicht nur ihre männlichen Kollegen, sondern auch ihre weiblichen Kolleginnen meint, und damit betont, dass es mehr um die Projektion geteilter religiöser und kultureller Werte als um das gemeinsame Geschlecht geht, welches sie mit ihren Schülerinnen teilt.

## 5.2.1.2 Zwischen Identifikation und Distanz

In den Interviews finden sich auch Szenen, die über das in den beiden vorangegangen Erzählungen geschilderte Maß an Vertrauen hinausgehen. Es handelt sich um erzählte Episoden, die eine starke Identifikation der Schülerinnen und Schüler mit den Lehrenden dokumentieren.

So schildert etwa Frau Karabulut, Grundschullehrerin mit türkischem Migrationshintergrund, wie sehr sich insbesondere die Schülerinnen freuen, eine türkischstämmige Lehrerin zu haben, und sich mit ihr identifizieren. Frau Karabulut beschreibt, wie positiv sich ihre Herkunft auf Einwandererfamilien auswirkt und wie im gegenseitigen „Wiedererkennen" entlang ethnischer und sprachlicher Herkunft eine besondere Verbindung entsteht:

> *Dass man einander irgendwie fühlt*
> Schülerinnen in meiner Klasse, die sagen immer wieder, wie toll sie es finden, dass eine Türkin ihre Lehrerin ist. Zum Beispiel eine Schülerin in meiner Klasse. Wenn die Mutter kommt, in ihrem Schlabberlook und mit Kopftuch und ich dann mit ihr auf Türkisch spreche, wie sie sich freut. Ja, da merke ich das schon. Oder wenn die afghanischen oder marokkanischen Mütter kommen und mir die Hand geben und dann merkt man schon, dass man einander irgendwie fühlt. Und das spüren die Kinder und das finden die toll. Oder wenn sie mich dann fragen, ob ich irgendwas auf Türkisch sagen kann, und ich sie dann frage und sie es dann sagen, dann ist das so ein gegenseitiges Freuen ((lacht)). (Frau Karabulut, 28 Jahre, Grundschullehrerin, türkischer Migrationshintergrund)

Frau Acar, eine Grundschulleiterin mit türkischem Migrationshintergrund, erzählt davon, wie ein Schüler mit gleichem Nachnamen sie als Mutter vereinnahmt:

> *Du bist meine Mutter*
> Ich habe da auch so eine kleine Anekdote: Ein Junge aus der 4. Klasse, der hat in der Schule herumerzählt, ich sei seine Mutter, weil wir nämlich denselben Nachnamen haben. Da war er ganz stolz, da kommt eine Schulleiterin, die heißt auch Acar. Ich bin jetzt sozusagen seine zweite Mutter und

viele Kinder haben das am Anfang auch geglaubt. „Das ist ja die Mutter vom Mete." Er ist auch noch zu mir gekommen und hat auch gesagt „Du bist meine Mama." (Frau Acar, 31 Jahre, Grundschuldirektorin, türkischer Migrationshintergrund)

Ähnlich geht es Frau Badem, ebenfalls Grundschullehrerin mit türkischem Migrationshintergrund:

*Am liebsten wären sie 24 Stunden mit mir zusammen*
Am liebsten wären sie 24 Stunden mit mir zusammen. Sie sagen dann auch wirklich „du bist meine Mutter" oder „nimm mich doch mit zu dir nach Hause." Also ich glaube, sie sind sehr zufrieden mit mir. (Frau Badem, 26 Jahre, Grundschullehrerin, türkischer Migrationshintergrund)

Der Wunsch der Schülerinnen und Schüler, der Lehrerin so nah zu sein wie einer Mutter hat sicherlich verschiedene Gründe und ist keine Seltenheit bei Grundschulkindern, für die die Lehrerin häufig ein Idol darstellt. Es zeigt sich hier jedoch eine besondere Vertrautheit und das Bedürfnis, sich mit seiner Lehrerin aufgrund kulturell-sprachlicher Ähnlichkeiten zu identifizieren. Mit dem Ausspruch „Du bist meine Mutter" artikulieren die Kinder einen starken Bindungswunsch: Sie möchten die Lehrerin als Teil der eigenen Familie betrachten. Zugleich legt die starke Identifikation mit der Lehrerin auch nahe, dass sie eine Vorbildrolle für die Kinder hat. Aber auch umgekehrt scheint es signifikant, dass die interviewten Lehrerinnen sich in einem Mutter-Verhältnis zu den Kindern darstellen. Das weist auf ein besonders enges Verhältnis zu den Kindern hin.

Beim nächsten Beispiel geht das Identifikationsangebot von der Lehrerin mit Migrationshintergrund aus. Frau Faraj, eine Berufsschullehrerin mit palästinensischem Migrationshintergrund, berichtet über ein Gespräch mit einer Schülerin, welches die bevorstehende Klassenfahrt zum Gegenstand hat. Es geht um die Frage, ob ein muslimisches Mädchen mitfahren darf oder nicht.

*Ich habe gesagt, dass ich quasi in genau der gleichen Situation bin*
Ich habe versucht, dass die Schülerin mitfährt auf die Klassenfahrt, und erklärt, dass sie keine Angst zu haben braucht, trotzdem beten kann und auch kein Schweinefleisch essen muss. Ich habe ihr gesagt, dass ich auch bete und dass ich auch kein Schweinefleisch esse und dass ich quasi in genau der gleichen Situation bin wie sie. Sie braucht auch nicht unbedingt in die Kneipen mitzugehen. Da gehe ich auch nicht immer mit, wenn ich keine Lust habe. Aber ich habe es nicht geschafft, dass sie mitfährt, aber ich glaube eher, dass sie auch nicht wollte. (Frau Faraj, 42 Jahre, Berufsschullehrerin, palästinensischer Migrationshintergrund)

Frau Faraj schildert, wie sie Überzeugungsarbeit leistet und der Schülerin zugleich ein Identifikationsangebot macht. Auch wenn die Schülerin letztendlich nicht mit auf Klassenfahrt fährt, so hat Frau Faraj doch den Versuch unternommen, dem Mädchen durch die Betonung religiöser Ähnlichkeiten Anerkennung und Verständnis zu signalisieren. Dabei hat sie sehr bewusst ihren eigenen Migrationshintergrund und ihre muslimische Religionszugehörigkeit ins Zentrum der Argumentation gerückt.

Die folgenden Beispiele heben eine weitere Dimension des Vertrauensverhältnisses hervor, nämlich die Herausforderung, eine Balance zwischen Nähe und Distanz im Lehrer-Schüler-Verhältnis zu finden. Frau Güney, Berufsschullehrerin mit türkischem Migrationshintergrund, charakterisiert das Nähe-Distanz-Problem auf der Folie ihres kulturspezifischen Wissens wie folgt:

> *Dann lieber so ein bisschen Distanz*
> Die Schüler bedrängen mich dann und fragen: „Wo kommen sie denn her, wo kommen Deine Eltern her?" Also man versucht ja auf Schülerseite so eine Art Vertrautheit aufzubauen. Dann erzähle ich in Maßen ganz wenig, weil ich einen ganz speziellen Weg gegangen bin. Ich bin nämlich früh von zu Hause ausgezogen. Wenn die mitkriegen, dass ich ausgezogen bin, ohne verheiratet zu sein, dann wäre auf einmal die Vertrautheit zu schnell weg. Das ist dann wieder zu speziell. Damit können die Mädchen nichts anfangen. Dann lieber so ein bisschen mehr Distanz. (Frau Güney, 48 Jahre, Berufsschullehrerin, türkischer Migrationshintergrund)

Frau Güney wägt ab, wie viel sie von ihrer eigenen Lebensgeschichte den Schülerinnen und Schülern preisgeben soll und stellt damit zugleich eine kulturspezifische Überlegung an. Sie vermutet nämlich, dass die Offenlegung ihres frühen Auszugs aus dem Elternhaus Autoritäts- und Vertrauensverlust auf Seiten der muslimischen Mädchen bewirken könnte. Offenbar geht sie davon aus, dass sie bestimmte kulturspezifische Vorstellungen eines weiblichen Lebensentwurfs irritieren könnten. Sie enthält ihren Schülerinnen und Schüler diese Information deshalb ganz bewusst vor und entscheidet sich für mehr Distanz hinsichtlich des Austauschs persönlicher Informationen.

Auch Frau Fernandez, Realschullehrerin mit spanischem Migrationshintergrund, pendelt in der Beziehung zu ihren Schülerinnen und Schülern zwischen der Herstellung von Nähe und der Schaffung von Distanz:

> *Sie erfahren mich als jemand, der auf ihrer Seite steht und auch Distanz schafft*
> Sie lernen mich sukzessive kennen, mit meinen Statements und pädagogischen didaktischen Einwürfen. Sie erfahren mich unter Umständen als jemanden der auf ihrer Seite steht, und das nehmen sie wohlwollend zur Kenntnis. Aber es ist trotzdem noch so, dass da die bewertende Lehrerin ist, die Autorität hat und Distanz schafft. Ich finde das auch nicht verkehrt. Ich würde ungern die Lehrerin sein, die ein Kumpel ist, nur weil

ich jetzt eine ausländische Herkunft habe. Das würde ich nicht gerne sein wollen. (Frau Fernandez, 42 Jahre, Gesamtschullehrerin, spanischer Migrationshintergrund)

Frau Fernandez betont hier zwar eine gewisse solidarische Grundhaltung gegenüber ihren Schülerinnen und Schülern mit Migrationshintergrund, hebt jedoch zugleich eine damit verbundene Befürchtung hervor. Sie fürchtet um ihre professionelle Distanz und Autorität. Keinesfalls möchte sie als nur mit den Migrantenkindern verbündete Lehrerin wahrgenommen werden, sondern als Lehrpersönlichkeit, die auch ihre unterrichtsgestaltende, gratifizierende und sanktionierende Rolle ausfüllt. Mit ihrer klaren Grenzziehung, trotz des gemeinsamen Migrationshintergrundes, verortet sie sich fest in der institutionellen Rolle der Lehrerin. Eine ebensolche Strategie verfolgt Herr Drogba, Gesamtschullehrer mit deutsch-ivorischem Migrationshintergrund:

> *Dann werde ich schon mal angesprochen als Bruder*
> Also, ich kann nicht sagen, dass ich einen besonderen Zugang zu Schülern mit Migrationshintergrund habe, jedenfalls von mir aus gesehen nicht. Ich weiß aber, dass die Schüler mit Migrationshintergrund einen besonderen Zugang zu mir haben. Ich erlebe das immer wieder auch, dass Leute sagen: Ah, cool, jetzt mal ein Lehrer, der sozusagen zu uns gehört, ne. Dann werde ich schon mal angesprochen als Bruder. So nach dem Motto: Endlich mal einer, der uns versteht und bei dem wir mal Vorteile haben, weil wir sonst immer benachteiligt werden. Solche Situationen habe ich in der Schule schon öfter erlebt. Und die müssen dann aber auch feststellen, dass ich keine Unterschiede mache, zumindest nicht bewusst. (…) Im Gegenteil, mir ist es ja immer wichtig, deutlich zu machen, dass die Schüler alle eines gemeinsam haben, nämlich, dass sie Schüler sind, dass sie Lernende sind, an einem Lernort und dass sie alle berechtigte Wünsche und Erwartungen haben, aber auch alle gleichermaßen Pflichten. Und insofern ist da kein Unterschied zu machen und es gibt Regeln für ein gutes, für ein gelingendes Miteinander, an die müssen sich alle halten, Lehrer wie Schüler. Und die Situation rechtfertigt überhaupt gar nicht, Unterschiede zu machen. Und ich lasse mich da auch nicht manipulieren. Es gibt ja auch Schüler, die dann das versuchen. (…) so auf dieser Bruderebene: „Ach Herr Drogba, kommen Sie, Bruder, hey, wir verstehen uns doch." So nach dem Motto. Aber nichts Bruder, mein Lieber, für Dich gilt genau dasselbe wir für die anderen auch. (Herr Drogba, 38 Jahre, Gesamtschullehrer, deutsch-ivorischer Migrationshintergrund)

Herr Drogba weist Vereinnahmungsversuche durch die Schüler mit Migrationshintergrund energisch zurück und hebt die institutionelle Rolle des Lehrers hervor. Für ihn steht das institutionelle Lehrer-Schüler-Verhältnis, welches an die Rolle von Schüler und Lehrer in der Institution Schule gebunden ist, im Vordergrund. Dabei unterstreicht er zugleich das für ihn in der Institution Schule geltende Gleichheitsprinzip und die Einhaltung von Regeln, die ein „gelingendes Miteinander" im Unterricht ermöglichen.

Auch Frau Güney wertet ihre institutionelle Rolle im Umgang mit den Schülerinnen und Schülern als maßgeblich. Zudem weist sie die kultur- und religionsspezifischen Erwartungshaltungen ihrer Schülerinnen und Schüler mit Migrationshintergrund zurück und grenzt sich sogar explizit von diesen ab:

> *Ja, dann wollen die so eine Art Verbindung zu mir haben*
> (…) weil es auch für die Schüler ungewöhnlich ist, eine Lehrerin zu haben die – Ayla Güney – heißt. Also ich trete in der Schule ja auch nicht als türkischstämmige Lehrerin in erster Linie auf, aber ich bin es ja. (…) Durch den Namen ist es ja schon zu erkennen. Ich merke, dass sich dann bei den Schülern was verändert, die eben den gleichen Migrationshintergrund haben. Auf einmal setzen sie sich schon anders hin, schon mal ein bisschen ordentlicher und wenn Fastenzeit gerade ist, ja, dann wollen die so eine Art Verbindung zu mir haben. Aber ich stelle sofort klar: Ich faste nicht. Ich respektiere, wenn sie fasten, aber ich nicht. Dann ist das schon ((lachend)) *die erste Enttäuschung* ja und spätestens bei den Noten kommt die zweite Enttäuschung, weil die Schüler da ein bisschen auf bessere Beurteilung hoffen. (Frau Güney, 48 Jahre, Berufsschullehrerin, türkischer Migrationshintergrund)

Auch Herr Weber, Hauptschullehrer mit deutsch-türkischem Migrationshintergrund zieht sich auf seine institutionelle Rolle zurück und beschreibt in diesem Zusammenhang die Gefahr, dass Jugendliche anderer Herkunft ihm Bevorzugung der türkischen Schülerinnen und Schüler im Sinne von Vetternwirtschaft unterstellten:

> *Türkisch oder Deutsch, oder sonst was, spielt keine Rolle*
> Ich meine, man muss da ein bisschen aufpassen, weil ich habe nicht nur türkische Schüler, ich habe auch noch Schüler mit anderem Migrationshintergrund, damit es nicht heißt: „Ja, der bevorzugt jetzt türkische Schüler oder so." Das ist mir irgendwo schon wichtig, dass die Nationalität eigentlich komplett Wurscht ist, dass es keine Rolle spielt. (…) In der Regel ist es so: ich gehe da rein, bin der Lehrer und will denen was beibringen, und am Schluss soll was daraus rauskommen unabhängig jetzt davon, ob ich jetzt Türkisch oder Deutsch, oder sonst was, spielt es keine Rolle. (Herr Weber, 32 Jahre, Hauptschullehrer, deutsch-türkischer Migrationshintergrund)

### 5.2.1.3 Engagement für Bildungserfolg von Schülerinnen und Schülern mit Migrationshintergrund

Die quantitativen Daten zeigen, dass sich viele der befragten Lehrpersonen für den Bildungserfolg ihrer Schülerinnen und Schüler mit Migrationshintergrund einsetzen. Der Aussage „Ich engagiere mich besonders für den Bildungserfolg von Schülerinnen und Schülern mit Migrationshintergrund" stimmen 68,0% der Befragten *ziemlich* bis *sehr* zu, während 11,2% der Befragten diese Aussage nur als *wenig* bis *nicht* zutreffend bewerten. Die folgenden Beispiele der qualitativen Daten illustrieren, in welcher Weise dieses Engagement zum Ausdruck kommen kann. Es wird aber auch deutlich, an welche Grenzen Lehrpersonen mit Migrationshintergrund dabei stoßen können.

Frau Struk, Grundschullehrerin mit ukrainischem Migrationshintergrund, berichtet über ihr Bemühen, Kinder mit Migrationshintergrund individuell zu fördern und ihr Selbstbewusstsein zu stärken:

> *Es geht mir darum, das Selbstbewusstsein zu stärken*
> Kinder mit Migrationshintergrund, sind oft sensibler. Bei manchen Themen reagieren sie anders, so dass sie dann wirklich in einigen Situationen gestärkt werden müssen. ((erhobene Stimme)) Du bist anders, steh dazu, wenn das Deine Ansichten sind. So Einzelgespräche mache ich, das auf jeden Fall. Es geht mir darum, das Selbstbewusstsein zu stärken, auch wenn sie sich noch nicht gut ausdrücken können. Sie sollen sich nicht genieren und sich auch mal trauen. (Frau Struk, 35 Jahre, Grundschullehrerin, ukrainischer Migrationshintergrund)

Auch Herr Spinello, Gymnasiallehrer mit italienischem Migrationshintergrund, erzählt, wie er das Selbstvertrauen von Schülerinnen und Schülern mit Migrationshintergrund zu stärken bemüht ist. Er baut dabei auf die Weitergabe seiner eigenen Erfahrungen und motiviert seine Schülerinnen und Schüler zu erhöhter Leistungsbereitschaft:

> *Dann sage ich ganz konkret, dass sie an sich glauben sollen*
> Sobald man sich unterhält, vor allem wenn es wirklich um schulische Sachen geht, ist automatisch die Bestärkung da. Ich sage dann ganz konkret, dass sie an sich glauben sollen, dass es sich lohnt, was zu tun, dass sie sich nicht ausruhen sollen oder sich zurücknehmen sollen, weil sie denken, sie werden benachteiligt. Ich betone das immer wieder. Und diese Meinung ist gerade unter ausländischen Schülern verbreitet, dass man sich eigentlich immer bestätigen muss. Ich selbst habe das auch erfahren, dass ich eigentlich immer 150% geben musste, um vielleicht 100% nachher zu bekommen. Es ist nicht immer so, dass man irgendwo hinkommt und sofort als gleichberechtigt angesehen wird. Das muss man sich irgendwo erkämpfen. Das ist bei vielen ausländischen Schülern drin. Ich bestärke sie und sage: „Es lohnt sich, gebt mehr als vielleicht andere geben, damit Ihr genau das

erreicht, was die anderen dann auch erreichen. (Herr Spinello, 34 Jahre, Gymnasiallehrer, italienischer Migrationshintergrund)

Herr Spinello erzählt, wie er die Schülerinnen und Schüler motiviert, für ihren Bildungserfolg eigene Verantwortung zu übernehmen und an sich zu glauben. Es handelt sich dabei zweifelsohne um eine Form des Empowerment.[3] Herr Spinello appelliert an die Leistungsbereitschaft der Schülerinnen und Schüler mit Migrationshintergrund und bestätigt diesen Weg zum Erfolg durch sein Beispiel. Es scheinen eben diese geteilten Erfahrungen von Lehrenden und Lernenden mit Migrationshintergrund, die dem Empowerment eine besondere Wirkung und Authentizität verleihen. Herr Spinello erzählt in diesem Zusammenhang von einem Schlüsselerlebnis:

*Sehr engen Kontakt aufgebaut*
Ein Schlüsselerlebnis hatte ich direkt zu Beginn meiner Schulpraxis. Ich bin direkt auf zwei Schüler mit italienischer Herkunft gestoßen, die gerade Abitur machten. Da es eigentlich nicht so viele italienische Schüler gibt, die Abitur machen, war das für mich sehr schön. Einer dieser Schüler hat das Abitur nicht geschafft, der andere musste das Schuljahr wiederholen. Er ist dann zu mir gekommen und war natürlich sehr enttäuscht darüber, dass er das nicht geschafft hat. Dadurch haben wir einen sehr engen Kontakt aufgebaut, wobei ich ihn nicht als Schüler hatte. Also er war nicht bei mir im Unterricht. Und trotzdem hat er mich aufgesucht und ich habe ihn dazu bewegt, das Schuljahr zu wiederholen. Er wollte eigentlich abbrechen. Er war irgendwo sehr stolz und wollte das Schuljahr nicht wiederholen. Aber er macht es jetzt gerade und wird es wohl dieses Jahr auch schaffen. Ich habe ihn schon unterstützt in dieser Zeit und ihn auch dahingehend geprägt, dass er jetzt überlegt, Lehramt zu studieren. Und zwar Italienisch und Latein. Also er hat auch gesagt, dass es daran liegt, dass er mich kennen gelernt hat. (Herr Spinello, 34 Jahre, Gymnasiallehrer, italienischer Migrationshintergrund)

Herr Spinello erzählt, wie er sich einem italienisch-stämmigen Schüler mit schulischen Problemen gezielt annimmt, ihn unterstützt und motiviert und dabei eine Mentorenrolle für den Schüler übernimmt. Er schreibt den sich einstellenden

---

3   Das *Empowerment*-Konzept kommt ursprünglich aus den USA, wo es im Zuge der Bürgerrechtsbewegung und der gemeindebezogenen sozialen Arbeit entwickelt wurde. Seit einigen Jahren hat das Konzept auch Eingang in die psychosoziale Arbeit in Deutschland gefunden. Aus dem Englischen wörtlich übersetzt, bedeutet der Begriff *empowerment* Ermächtigung. Der Empowerment-Begriff bezeichnet Strategien und Maßnahmen, die darauf abzielen, Autonomie und Selbstbestimmung im Leben von Individuen oder Gruppen zu erhöhen. Dabei geht es darum, die Menschen dazu zu befähigen, ihre Interessen eigenmächtig, selbstverantwortlich und selbstbestimmt zu vertreten und zu gestalten. Der Empowerment-Begriff umfasst sowohl den Prozess der Selbstbemächtigung als auch die professionelle Unterstützung von Individuen oder Gruppen in ihrer Lebensgestaltung und bei der Wahrnehmung von Ressourcen (siehe hierzu Herringer 1995, 1997 und 2006).

Bildungserfolg seinem *mentoring* zu und unterstreicht mit dem Berufswunsch des Jungen – Lehrer – seine Vorbildwirkung.

Auch Frau Özer stärkt das Selbstvertrauen der einzelnen Schülerinnen und Schüler und betont dabei die jeweiligen ethnischen und religiösen Hintergründe:

> *Den Kindern ein Rückgrat geben*
> Ich habe versucht, den Kindern ein Rückgrat zu geben: „Ihr seid gut, wie ihr seid. Mit türkischem, kurdischem, allevitischem, muslimischem Hintergrund. So wie ihr seid, seid ihr gut. (Frau Özer, 35 Jahre, Gymnasiallehrerin, türkischer Migrationshintergrund)

Indem Frau Özer die kulturelle und religiöse Herkunft jedes Kindes anerkennt, sucht sie die kulturspezifische Identität der Kinder insofern zu stärken, als dass diese ihre Herkunft nicht als Makel oder Defizit empfinden. Mit dem Begriff „Rückgrat geben" unterstreicht sie ihre Intention, die Schülerinnen und Schüler im Sinne von Empowerment zu stärken.

### 5.2.1.4 Außerschulische Hilfeleistung in schwierigen Lebenslagen

Die folgenden Beispiele der qualitativen Daten zeigen, dass Lehrende mit Migrationshintergrund jenseits ihrer fachlichen Verantwortung auch außerschulische Hilfeleistungen geben, die weit über das institutionelle Lehrer-Schüler-Verhältnis hinausgehen. Es geht hier vor allem um Hilfen in schwierigen familiären Situationen. Im Dialog mit Schülerinnen, Schülern und Eltern bringen die Befragten ihr kulturspezifisches Wissen und ihre migrationsspezifischen Erfahrungen zum Einsatz.

Die folgende Interviewpassage mit Herrn Azhar, Gesamtschullehrer mit marokkanischem Migrationshintergrund, zeigt, welche Mittel ein Lehrer mit Migrationhintergrund einzusetzen vermag, um das Selbstbewusstsein einer Schülerin zu stärken. In Form eines Rollenspiels bereitet er die Schülerin auf eine schwierige Gesprächssituation mit ihrem Vater vor:

> *Stell Dir vor, ich bin Dein Vater*
> Es gab eine Schülerin aus dem 10. Jahrgang, deren Vater war neun Jahre im Gefängnis. Als er aus dem Gefängnis kam, hat er festgestellt, dass seine Tochter inzwischen eine Frau geworden war. Er fing an, ihr bestimmte Sachen zu verbieten. Sie durfte z.B. nicht mehr zur Schule kommen, obwohl sie schulpflichtig war. Das Mädchen war so verzweifelt, dass sie zu mir kam und mich um Rat gefragt hat: „Herr Azhar, ich möchte nicht mehr bei meinen Eltern bleiben, ich kann das nicht mehr aushalten. Und dann habe ich mit ihr geredet und überlegt, wie wir die Situation verbessern können. Sie hat sich nicht getraut, mit ihrem Vater zu reden. Sie hatte immer Angst, er würde sie schlagen oder er akzeptiere sie nicht. Und dann habe ich zu ihr gesagt: „Stell Dir vor, ich bin Dein Vater. Ich kenne auch

die arabische Mentalität, wir proben das jetzt." Ich habe ihr auch ein paar Tipps gegeben, was sie sagen soll. Der Vater ist auch Moslem, so habe ich bestimmte Sachen für sie aus dem Koran herausgesucht und dann haben wir zwei Tage jeweils eine Stunde geprobt. Und dann habe ich ihr gesagt „Versuch mal, mit Deinem Vater zu reden." Als sie das gemacht hat, war der Vater erst mal schockiert, weil er bemerkt hat, dass seine Tochter es besser wusste als er selbst. Sie konnte ihm zeigen, wo was im Koran steht. Er hat auch festgestellt, dass seine Tochter ein vernünftiges Mädchen ist. Sie konnte ihn auch überzeugen, dass sie wieder zur Schule geht und für ihre Zukunft selbst entscheiden kann. Ob es dabei bleibt, weiß ich nicht. Wenn man die verschiedenen Sprachen kennt, kennt man auch die Mentalität und dann kann man auch Lösungen finden. (Herr Azhar, 30 Jahre, Gesamtschullehrer, marokkanischer Migrationshintergrund)

Herr Azhar erzählt, wie er im Rahmen eines Rollenspiels ganz gezielt sein kultur- und religionsspezifisches Wissen einsetzt, um einer muslimischen Schülerin aus ihrer schwierigen familiären Situation herauszuhelfen. Als Islamkundelehrer versorgt er das Mädchen mit Versen aus dem Koran, die die Bildung von Frauen positiv hervorheben. Mit entsprechendem Wissen ausgestattet, ist das Mädchen in der Lage, ein Gespräch mit dem Vater zu führen. Auf diese Weise kann die Schülerin ihr Bildungsinteresse gegenüber ihrem Vater behaupten und eine Fortsetzung ihrer Schulkarriere durchsetzen.

Im nächsten Beispiel geht es um eine Schülerin, die von zu Hause weggelaufen ist und gezielt die Hilfe ihrer türkischstämmigen Lehrerin sucht:

*Ich habe aber schon gemerkt, dass ich da an ganz große Grenzen komme*
Wenn ganz klar irgendwie Schülerinnen auf mich zukämen und mir sagten, dass sie Probleme haben, würde ich ihnen auch weiterhelfen. Das habe ich einmal gemacht und habe aber schon gemerkt, dass ich da an ganz große Grenzen komme. Eine Schülerin war von Zuhause weggelaufen und ich hatte Kontakt zu ihr. Sie war irgendwie auf mich gekommen. Wir haben uns im Café getroffen, und ich habe ihr versprochen nicht zu sagen, dass ich Kontakt zu ihr habe. Der Vater oder die Mutter haben mit mir telefoniert. Ich habe den Eltern aber glaubwürdig machen können, dass sie bitte Verständnis dafür haben, dass ich nicht sagen kann, wo die Tochter ist, weil dann wäre nämlich der Kontakt verloren gegangen, der einzige, den wir hatten. Ich habe aber nicht mehr weiter mit bekommen, was mit ihr passiert ist, weil sie selbst so ambivalent war. Ich habe ihr aber schon so viel sagen können, Telefonnummern gegeben, wo man sich hinwenden kann, also betreutes Wohnen und das alles. (Frau Güney, 48 Jahre, Berufsschullehrerin, türkischer Migrationshintergrund)

Frau Güney fungiert hier als Sozialarbeiterin und bietet der Schülerin Lösungswege für ihre problematische Familiensituation an. Damit ist die Herausforderung verbunden, der Schülerin gegenüber loyal zu bleiben und gleichzeitig bei den

Eltern für Verständnis zu werben. Frau Güney kann diese vermittelnde Rolle zwischen Eltern und Tochter einnehmen, weil sie sich mit ihrem kulturspezifischen Wissen in die Familie hineinversetzen kann, und weil sie die gleiche Sprache spricht. Frau Güney fügt ihrer Erzählung ein weiteres Beispiel zum Thema Eltern-Tochter-Konflikt hinzu:

> *Wenn mich jemand so direkt anspricht, dann mache ich das auch*
> Vor sieben oder acht Jahren hatte mich eine ehemalige Kollegin aus der anderen Schule angerufen, dass sie eine Schülerin hat, die zwangsverheiratet werden sollte. Dann habe ich sie hierher eingeladen und mit ihr gesprochen. Wenn mich jemand so direkt anspricht, dann mache ich das auch. Ich weiß, es ist halt eine sehr schwierige Situation. Ich kann keinen abhalten, von Zuhause abzuhauen, wenn man selbst nicht weiß, wie es weitergeht. (Frau Güney, 48 Jahre, Berufsschullehrerin, türkischer Migrationshintergrund)

Frau Güney weist implizit darauf hin, dass sie sich die Rolle der Sozialarbeiterin und Psychologin nicht gerne qua Migrationshintergrund zuschreiben lässt. Sie möchte selbst abwägen, ob und in welchen Situationen sie Schülerinnen und Schüler in familiären Angelegenheiten berät.

Herr Foresta, ein Berufsschullehrer mit deutsch-italienischem Migrationshintergrund, berichtet ebenfalls von ganz praktischen Hilfeleistungen, die er seinen Schülerinnen und Schülern mit Migrationshintergrund anbietet:

> *Ich helfe auf jeden Fall*
> Also wenn ich Euch nicht helfen kann, dann helfe ich auf jeden Fall, jemanden zu finden, bei dem Ihr weiterkommt. Und das habe ich dann öfter getan. Bei einer Schülerin mit Migrationshintergrund, die schwanger war, die habe ich dann zu Pro Familia geschickt. Mit den Ausbildungsverträgen kommen die Schülerinnen und Schüler und wollen wissen, was drin steht. Ich übersetzte denen das dann in eine Jugendsprache. (Herr Foresta, 33 Jahre, Berufsschullehrer, deutsch-italienischer Migrationshintergrund)

### 5.2.1.5 Zusammenfassender Kommentar

Die Besonderheit des untersuchten Lehrer-Schüler-Verhältnisses basiert auf tatsächlich geteilten migrationsspezifischen Erfahrungen (unabhängig von der spezifischen national-kulturellen Herkunft), auf der wechselseitigen Annahme von Gemeinsamkeiten aufgrund des gleichen Migrationshintergrundes oder auch auf tatsächlich vorhandenen sprachlich-kulturellen Gemeinsamkeiten sowie eines geteilten „konjunktiven Erfahrungsraums" (Bohnsack 1998). So dokumentieren die Beispiele, wie Lehrende mit Migrationshintergrund häufig eine Mittlerfunktion einnehmen und zumeist ohne eigenes Zutun einen Vertrauensvorschuss von ihren Schülerinnen und Schülern mit Migrationshintergrund erhalten. Darüber hinaus spielen persönliche biographische Erfahrungen sowie die interkulturellen Kompetenzen der Lehrenden eine wichtige Rolle.

Eine weitere Ebene des Verhältnisses zwischen Lehrkräften und Lernenden stellt das Engagement für den Bildungserfolg dar. Hierin kommt ein spezifisches Rollenverständnis zum Ausdruck, welches die soziale Verantwortung gegenüber benachteiligten Schülerinnen und Schülern in den Vordergrund stellt und ein Selbstverständnis als *change agent* unterstellt (vgl. hierzu auch Karakaşoğlu, 2000: 407). Die Beispiele zeigen, dass Lehrende mit Zuwandererbiographie häufig gezielt das Selbstvertrauen der Kinder und Jugendlichen mit Migrationshintergrund stärken. Eine Erklärung hierfür könnte in einer auf einem gemeinsamen „konjunktiven Erfahrungsraum" (Bohnsack 1998) sowie einer „habituellen Übereinstimmung" (Bohnsack 1998) begründeten erhöhten Sensibiliät für die besonderen Lernvoraussetzungen und Bildungsherausforderungen migrantischer Kinder und Jugendlicher gesehen werden. In diesem Zusammenhang werden auch Parallelen zu eigenen Schulerfahrungen gezogen. Diese Strategie erzeugt Glaubwürdigkeit und Authentizität. Es kann daher angenommen werden, dass sich die Präsenz von Lehrenden mit Migrationshintergrund positiv auf das Selbstbild und den Bildungserfolg von Lernenden mit Migrationshintergrund auswirkt (vgl. hierzu Solomon 1997: 406).

Hervorzuheben ist ferner, dass auch außerschulische Hilfeleistungen das Verhältnis zu den Schülerinnen und Schülern mit Migrationshintergrund prägen. Häufig übernehmen die Lehrenden sozialarbeiterische und psychologische Aufgaben (vgl. hierzu auch Irvine 1989). Dabei handelt es sich in der Regel um die Unterstützung in schwierigen familiären Situationen, für die es kulturspezifischen Wissens und kulturspezifischer Sensibilität bedarf. Es scheint in diesem Zusammenhang, als seien Lehrende mit Migrationshintergrund prädestiniert für die Übernahme kultur- und religionsbezogener sozialarbeiterischer Aufgaben. Zugleich wird aber auch deutlich, dass sie dabei an ihre professionellen und persönlichen Grenzen stoßen und die ihnen häufig zufallende Rolle zu Recht auch als Zumutung empfinden (vgl. hierzu auch Carrington/Skelton 2003: 257). Oft konstatieren sie, dass diese Aufgaben eigentlich von dafür ausgebildeten Sozialarbeiterinnen und Sozialarbeitern sowie Schulpsychologinnen und Schulpsychologen wahrgenommen werden sollten.

Bezogen auf das institutionelle Lehrer-Schüler-Verhältnis wird deutlich, dass dieses zuweilen in Konflikt gerät, mit dem persönlich geprägten Lehrer-Schüler-Verhältnis. Dies geschieht etwa dann, wenn die Schülerinnen und Schüler mit Migrationshintergrund aufgrund der mit den Lehrenden geteilten migrationsbedingten Erfahrungen oder der Unterstellung solcher Erfahrungen, Solidarität, Verständnis oder gar eine Bevorzugung erwarten. Die Beispiele der hier befragten Lehrenden zeigen, dass diese das institutionelle Lehrer-Schüler-Verhältnis als übergeordnetes begreifen und andere Beziehungsdimensionen diesem Verhältnis unterordnen.

### 5.2.2  Verhältnis zum Kollegium

Das Verhältnis zum Kollegium ist von zentraler Bedeutung für die schulische Integration von Lehrenden mit Migrationshintergrund. Das Kollegium ist der Ort, von dem aus die individuelle Schule ihr spezifisches Profil entwickelt (vgl. Fend 1998: 90f.). Hier werden Weichen für die Schulkultur gestellt. Es finden fachlicher Austausch und Programmarbeit statt, gemeinsame Projekte werden geplant, Klassenfahrten werden organisiert, Schülerverhalten und Klassenprobleme werden diskutiert, Elternarbeit wird besprochen und soziale Beziehungen werden geknüpft, die auch über den schulischen Kontext hinaus von Bedeutung sind (vgl. Bergmann/Rollet 2008).

Die qualitativen Daten zeigen, dass Lehrpersonen mit Zuwandererbiographie im Kollegium durchaus viel Akzeptanz, Anerkennung und Wertschätzung erfahren. Dieses Bild lässt sich durch die quantitativen Befunde unterstreichen, denn 72,7% der Befragten stimmen der Aussage „Ich fühle mich im Kollegium anerkannt" *ziemlich* bis *sehr* zu. Darüber hinaus äußern sich 71,3% der Befragten positiv über den Austausch mit den Kolleginnen und Kollegen an ihrer Schule. Allerdings fühlen sich 8,6% der Befragten im Kollegium nicht anerkannt und immerhin 8% der Lehrenden mit Migrationshintergrund bewerten den Austausch mit Kolleginnen und Kollegen als unbefriedigend. 69,9% der befragten Lehrerinnen und Lehrer wünschen sich mehr Kompetenz im Umgang mit Vielfalt im Lehrerkollegium. Es verwundert daher nicht, dass auch im qualitativen Sample ein Teil der Befragten mit Erfahrungen der Kulturalisierung, Exotisierung, Abwertung und Diskriminierung befasst ist.[4]

Vorliegende thematische Querschnittsanalyse wirft einen Blick auf die Interaktionen von Lehrenden mit Migrationshintergrund mit Kolleginnen und Kollegen ohne Migrationshintergrund. Dabei liegt ein besonderer Fokus auf der Fragestellung, ob, wie und in welchen Zusammenhängen kulturspezifische und sprachliche Ressourcen der migrantischen Lehrenden aktiviert werden und wie die unterschiedlichen schulischen Akteure sowie die migrantischen Lehrenden selbst mit diesen Kompetenzen umgehen. Die Inhaltsanalyse orientiert sich daher an folgenden Kategorien: (a) Lehrende mit Migrationshintergrund als Kulturübersetzer (5.2.2.1), (b) Ambivalenz von „Expertenwissen" (5.2.2.2) und (c) Fehlende Anerkennung von kulturspezifischem Wissen, sprachlichen und interkulturellen Kompetenzen (5.2.2.3).

### 5.2.2.1  Lehrende mit Migrationshintergrund als Kulturübersetzer

Ausgehend von den Ergebnissen der quantitativen Untersuchung lässt sich zunächst folgendes Bild zeichnen: Der Aussage „Ich versuche, anderen Lehrkräften die Perspektiven und Erwartungen von Eltern mit Migrationshintergrund näher zu bringen" stimmen 61,2% der Befragten *ziemlich* bis *sehr* zu, während 12%

---

4    Siehe hierzu insbesondere das Kapitel 5.6 *Diskriminierungserfahrungen*.

der Befragten diese Aussage nur als *wenig* bis *nicht* zutreffend bewerten. Dieser Befund lässt sich auf Basis von Erzählungen aus den qualitativen Interviews vertiefen. So spricht etwa Frau Öztürk, eine Berufsschullehrerin mit türkischem Migrationshintergrund, über ihre Rolle im Kollegium:

> *Dann sehen die mich als Ressource*
> Ich werde sehr häufig von Kollegen, die mich schätzen, gefragt, wenn sie Probleme mit Schülern mit Migrationshintergrund haben. „Es ist das und das passiert, was meinst Du, wie soll ich handeln?" (...) Oder zur Fastenzeit, da haben sie gefragt „Wie lange müssen die dann fasten?" Dann sehen die mich als Ressource in dem Moment. Aber sie fragen dann auch „Wieso ist das denn so?" Da hast du das Gefühl, du fängst immer wieder von vorne an. Du versuchst was zu erklären, aber irgendwie begreifen die es nicht. Alle anderen machen das mit sich selbst aus und fragen da auch nicht, oder es interessiert sie nicht mal (…) Es fehlt leider bei den meisten deutschen Lehrern das Verständnis. „Ja die müssen sich doch hier anpassen, warum verhalten die sich denn so? Lernen die das nicht zu Hause? Die sind ja so rücksichtslos, respektlos, aber zu Hause müssen die dann Respekt zeigen." Manchmal sind es auch diskriminierende Äußerungen. Es fällt denen aber gar nicht auf und das ärgert mich so sehr. (Frau Öztürk, 45 Jahre, Berufsschullehrerin, türkischer Migrationshintergrund)

Sie erzählt von Situationen, in denen sie moderierend und vermittelnd in kommunikativen Situationen zwischen migrantischen Schülerinnen und Schülern und herkunftsdeutschen Kolleginnen und Kollegen gewirkt hat. Dabei hebt sie hervor, dass sie nur von ihr nahe stehenden Kolleginnen und Kollegen um Rat gefragt wird. In diesem Zusammenhang kritisiert sie die Ignoranz anderer Kolleginnen und Kollegen gegenüber kultureller und sprachlicher Differenz und den Anpassungsdruck, den diese auf Lernende mit Migrationshintergrund ausübten. Zudem moniert sie, dass sie sich und das Verhalten migrantischer Schülerinnen und Schüler in bestimmten Situationen (z.B. in der Fastenzeit) immer wieder erklären müsse. Sie attestiert ihren Kolleginnen und Kollegen einen Mangel an Lernbereitschaft. Zuweilen wird sie auch mit diskriminierenden Äußerungen seitens des Kollegiums konfrontiert.

Frau Tekin, Gymnasiallehrerin mit türkischem Migrationshintergrund, schildert eine Situation, in der sie einer Kollegin eine andere Sichtweise auf das Verhalten einer Schülerin mit Migrationshintergrund eröffnet und damit die Brisanz aus einem sich anbahnenden Konflikt herausnimmt:

> *Kulturspezifisches Wissen löst Reflexionsprozess im Kollegium aus*
> Eine Schülerin hat einen Brief nach Hause bekommen und hat diesen Brief geöffnet, obwohl der an den Vater adressiert war. Und da ist die Lehrerin mit dieser Schülerin zum Schulleiter gegangen, weil sie den Brief geöffnet hatte. Ich hab dann der Lehrerin erklärt, wie das bei mir zu Hause war. Meine Eltern verstanden den Inhalt des Briefes sowieso nicht und

mir wurde auch nicht beigebracht, dass es absolute Privatsphäre ist und
man den Brief nicht öffnen darf. Für meinen Vater war es auch selbstverständlich, dass er einen Brief, der an mich adressiert war, geöffnet hat.
Und dann hat die Lehrerin gesagt: „Ach so, komisch, dann hat die Schülerin das vielleicht überhaupt nicht böse gemeint." Also ich hätte der Schülerin das jetzt auch nicht so negativ ausgelegt, so dass ich sie sogar zum
Schulleiter bringe. Das hat mich sehr gewundert. Daran sieht man, dass
es so kulturelle Dinge gibt, wenn man die kennt, dann völlig anders aus-
legt. (Frau Tekin, 38 Jahre, Gymnasiallehrerin, türkischer Migrationshintergrund)

Frau Tekin übernimmt hier die Funktion einer Kulturübersetzerin. Während die
Kollegin das Verhalten des Mädchens als Verletzung des Briefgeheimnisses interpretiert und danach strebt, dieses Vergehen zu sanktionieren, argumentiert Frau
Tekin auf der Matrix ihrer eigenen Biographie und des migrations- bzw. kul-
turbedingten Kontextes. Aus der Tatsache der mangelnden Deutschkenntnisse
der Eltern habe sich die Notwendigkeit ergeben, dass die Kinder Schriftstücke
übersetzten. Die Intervention von Frau Tekin setzt einen Reflexionsprozess
in Gang, eröffnet eine andere Perspektive und mündet in einer Deeskalation
der Situation. Die Migrationsforscherin Neval Gültekin (2003) spricht in diesem Zusammenhang von „Doppelperspektivität" (9) und meint damit eine
Kompetenz, mit der die kulturellen Orientierungen der Herkunftsländer, der in
der Einwanderungsgesellschaft herausgebildeten Migrantenkultur und der Mehrheitsgesellschaft in Dialog gebracht werden können. Aufgrund ihrer familiären
Migrationsgeschichte, durch die zwei Lebenswelten getrennt aber zugleich miteinander verbunden sind, hat Frau Tekin als Lehrerin mit Migrationshintergrund offenbar eine solche Doppelperspektivität entwickelt, die ihr im hier beschriebenen
Fall die Wahrnehmung der Rolle der Kulturübersetzerin ermöglicht.

Herr Spinello, Gymnasiallehrer italienischer Herkunft, erzählt von einer
Situation, in der er als Vermittler in einer Disziplinarkonferenz zwischen einem
Schüler mit Migrationshintergrund und einem herkunftsdeutschen Kollegen
agiert. Ganz gezielt wird Herr Spinello hier von migrantischen Eltern, die
dem Kollegen ohne Migrationshintergrund misstrauen, um Beistand in dem
Disziplinargespräch gebeten:

*Ambivalente Vermittlerrolle*
Eine Familie ist auf mich zugekommen und hat gesagt, ihr Sohn hätte jetzt einen Termin für eine Disziplinarkonferenz, ob ich nicht einfach
dazu kommen könnte. Weil die das Gefühl haben, dass die deutschen Kollegen übertreiben oder ausländerfeindlich wären. Das war mir am Anfang
eigentlich unangenehm, weil ich meinen Kollegen nicht irgendwie unter
Druck setzen will und sagen will „Ich guck Dir jetzt auf die Finger." Also
das war nicht so toll. Ich habe der Familie erst mal zugesagt, nach Rück-
sprache mit meinem Schulleiter, und habe aber dann erstmal mit meinem
Kollegen gesprochen. Wir haben uns unterhalten, was wirklich ist und was

nicht. Dadurch konnte ich mir erstmal ein Bild machen von der Situation. Im Gespräch war ich dann auch beruhigt, ich konnte da meine Position einnehmen, um meinem Kollegen auch irgendwo zu helfen. Das hat im Prinzip bewirkt, dass man vielleicht das erreicht hat, was man eigentlich auch so hätte erreichen wollen, nur vielleicht im Einvernehmen beider Seiten. Also die Familie hatte das Gefühl, richtig behandelt zu werden und mein Kollege hatte das Gefühl, nicht als ausländerfeindlich gesehen zu werden. Im Prinzip war das nachher ein sehr harmonisches Gespräch, beide Parteien sind zufrieden nach Hause gegangen. Das war sehr gut. Ich hätte es sehr unangenehm gefunden, wenn es tatsächlich Reibereien gegeben hätte, wo ich dann plötzlich gefordert gewesen wäre, Position zu nehmen. Das wäre mir schwer gefallen, ja. Also in der Hinsicht sollte man vielleicht drüber nachdenken, eine zusätzliche Ausbildung zu machen. (Herr Spinello, 34 Jahre, Gymnasiallehrer, italienischer Migrationshintergrund)

Herr Spinello verweist auf das Dilemma, beiden Seiten gerecht werden zu wollen. Gerade der Vorwurf der Ausländerfeindlichkeit bringt Herrn Spinello in eine schwierige Situation. Einerseits kann er die Bedenken der Familie nachvollziehen, andererseits widerstrebt es ihm, seinen der Ausländerfeindlichkeit verdächtigten Kollegen durch Kontrolle bloßzustellen. Herr Spinello fühlt sich unwohl. Er konsultiert zunächst die Schulleitung und sichert seine Teilnahme an dem Gespräch durch deren Zustimmung ab. Dann sucht er das Gespräch mit dem Kollegen, um sich die Situation aus dessen Sicht schildern zu lassen. Auf diese Weise schafft er eine neutrale Ausgangslage für beide Parteien. Über den „harmonischen" Verlauf des Gesprächs zeigt sich Herr Spinello geradezu erleichtert. Es gelingt ihm, solidarisch mit der Familie und dem Kind zu sein und sich dem Kollegen gegenüber loyal zu verhalten. Die Vorstellung von einem konfliktreichen Gespräch stürzt ihn in ein Dilemma. Ungern hätte er Position für die eine oder andere Seite beziehen wollen. In diesem Zusammenhang verweist Herr Spinello auf die Ambivalenz, die in der Vermittlerrolle steckt. Diese von Herrn Spinello empfundene Ambivalenz bei der Übernahme von Mittlerfunktionen im Schulalltag wird durch die folgende Interviewpassage nochmals unterstrichen. Auf die Fragen, ob er die Mittlerfunktion als eine seiner Rollen ansehe, antwortet er:

*Also ich möchte nicht diese Nische haben*
Nein, eher nicht. Also ich möchte mich nicht wirklich damit abfinden, dass ich irgendwo hinkomme, also jetzt speziell in der Schule, und dass man sagt: „Das ist unser Lehrer mit Migrationshintergrund, der kümmert sich drum." Also ich möchte nicht diese Nische haben. Es soll so sein, wie es auch gerade eigentlich ist, dass ich Teil des Kollegiums bin und dass ich vollwertiger Lehrer bin so wie die anderen Kollegen auch. Nur, dass ich dieses Plus habe, also dass ich den Migrationshintergrund habe und dass ich die bilinguale Fähigkeit habe oder die kulturelle Fähigkeit habe, das schon, also das trage ich schon mit rein. Aber ich möchte nicht dadurch

in eine gewisse Sparte gedrängt werden. Das würde ich nicht wollen. Also
ich möchte nicht so eine Art Sozialarbeiterfunktion übernehmen. Also das
soll es nicht sein. (Herr Spinello, 34 Jahre, Gymnasiallehrer, italienischer
Migrationshintergrund)

Herr Spinello verweist hier direkt auf die Ambivalenz der Vermittlerposition.
Einerseits möchte er durchaus, dass seine sprachlichen und kulturellen Kompetenzen in der Schule zur Geltung kommen und bietet diese auch an.
Andererseits befürchtet er, durch ebendiese Kompetenzen in eine sozialarbeiterische „Nische" gedrängt zu werden und nicht mehr als gleichwertiges Mitglied
des Kollegiums angesehen zu werden. Auch Frau Güney, Berufsschullehrerin mit
türkischem Migrationshintergrund, wehrt sich mit Nachdruck gegen die Funk-
tionszuschreibung als Sozialarbeiterin:

*Ich bin keine Sozialarbeiterin*
Das ist mir am Anfang hier schon öfter begegnet, dass ein oder zwei Kollegen mitbekommen haben, dass vielleicht eine Schülerin Schwierigkeiten zu
Hause hat oder möglicherweise vor einer Zwangsheirat stand. Dann habe
ich gesagt: Ich bin keine Sozialarbeiterin. Ich wollte auch nicht für diesen Dienst herhalten. Ich habe aber, als wir diesen pädagogischen Tag gemacht haben, eine Frau vom Bezirksamt eingeladen, die sich genau damit
beschäftigt. Sie hat alle Unterlagen mitgebracht, es waren gar nicht so viel
Kollegen da. Nein, aber ich will nicht für diesen Sozialarbeiterdienst herhalten. (Frau Güney, 48 Jahre, Berufsschullehrerin, türkischer Migrationshintergrund)

Frau Güney vermittelt ihrem Kollegium mit Vehemenz, dass sie sich nicht für
sozialarbeiterische Dienste instrumentalisieren lassen wolle. Gezielt delegiert
sie diese zugeschriebene Rolle und fordert professionelle Unterstützung für die
Schule an, indem sie eine themenbezogene Fortbildung für das Kollegium organisiert. Dieses beteiligt sich allerdings nur mit mäßigem Interesse.
    Auch Frau Toprak, eine Gesamtschullehrerin mit türkischem Migrations-
hintergrund, berichtet von Situationen, beispielsweise von Konferenzen, in denen
sie als Vermittlerin und Übersetzerin fungiere. Auf die Nachfrage, ob sie diese
Funktionen gerne übernehme, antwortet sie:

*Noch macht es Spaß*
Auf der einen Seite schon, weil ich dann denke, ich helfe meinen Kollegen,
eine gewisse Situationen zu analysieren, warum Eltern so reagieren, warum Schüler so reagieren, warum Kollegen so reagieren. Ich betrachte das
dann von allen Seiten und kann das dann auch so vermitteln. Aber auf der
anderen Seite denke ich, meine Funktion ist eigentlich Wissensvermittle-
rin. Aber das ist nicht so. Also gerade bei uns an der Schule und auch in
diesem Beruf heutzutage, bist du Sozialarbeiterin, Psychologin, Lehrerin,
Dolmetscherin. Das ist der Hammer. Noch macht es Spaß. (Frau Toprak,
36 Jahre, Gesamtschullehrerin, türkischer Migrationshintergrund)

Frau Toprak verweist auf ihre Fähigkeit, sich in die Perspektive verschiedener Schulakteure hineinzuversetzen und betont, dass sie diese Rolle als Kulturübersetzerin gerne übernehme. Zugleich macht sie deutlich, dass die mit dieser Rolle einhergehenden vielfältigen Aufgaben zumeist jenseits ihrer Rolle als Fachlehrerin liegen. Darin sieht sie tendenziell auch die Gefahr der professionellen Überforderung.

Im Vergleich dazu unterstreicht Frau Akar, Gesamtschullehrerin mit türkischem Migrationshintergrund, die positiven Auswirkungen ihrer Rolle als Kulturübersetzerin. Sie berichtet von einem Elterngespräch und reflektiert aus der Sicht der Kolleginnen und Kollegen den Verlauf des Gespräches:

> *Die Kollegen schätzen das auch sehr*
> Ich habe auch viele Schriften übersetzt ins Türkische, wenn es wichtige Mitteilungen gab. Die Kollegen schätzen das auch sehr und sagen z.B. „Wenn Du jetzt nicht bei dem Gespräch dabei gewesen wärst, wir haben das vorher ganz anders erlebt. Die haben geblockt ohne Ende vorher und dadurch, dass Du jetzt dabei warst, konnten wir die Mutter mit einbeziehen und das Gespräch ist ganz anders verlaufen und das finden wir auch toll." Die finden das gut und sagen es mir gegenüber dann auch. (Frau Akar, 52 Jahre, Gesamtschullehrerin, türkischer Migrationshintergrund)

Im Elterngespräch gelingt es Frau Akar, alle involvierten Akteure gleichberechtigt in das Gespräch einzubeziehen. Die Präsenz und das Moderieren des Gesprächs durch Frau Akar ermöglichen einen konstruktiven Austausch zwischen der Mutter und den Lehrkräften. In der Darstellung betont Frau Akar die Anerkennung ihrer Kolleginnen und Kollegen und unterstreicht abschließend, wie wichtig es ist, für die Übernahme von Vermittlungsaufgaben auch Wertschätzung seitens des Kollegiums zu erfahren. Dies wird auch im nächsten Beispiel einer deutsch-syrischen Sonderschullehrerin deutlich, die sich als Referendarin besonders für Schülerinnen und Schüler mit Migrationshintergrund einsetzt. Sie erzählt, dass ihr Mentor ihr besonderes Engagement sogar in ihrem Zeugnis hervorgehoben habe:

> *Umgang mit kulturspezifischem Wissen*
> Ich glaube, ich werde als eine wahrgenommen, die sich um die Belange der Ausländer kümmert, die sich für die Schüler einsetzt. Als ich mit meinem Referendariat fertig war, hat mein Mentor mir ein Zeugnis geschrieben und den Punkt extra erwähnt, dass ich immer sehr auf die kulturellen Hintergründe der Schüler eingegangen bin und Rücksicht genommen habe. Mir war es nicht so bewusst, dass es so auffällt. Die finden es aber eigentlich alle positiv. (Frau Basir, 37 Jahre, Sonderschullehrerin, deutsch-syrischer Migrationshintergrund)

Frau Basir präsentiert sich als Lehrerin mit Migrationshintergrund, die aufgrund ihres kulturspezifischen Wissens besonderes Verständnis für Lernende mit

Migrationshintergrund aufbringt und auch als Anwältin dieser Kinder auftritt. Sie reflektiert rückblickend mit einem gewissen Erstaunen und Zufriedenheit, dass man ihr Engagement wahrgenommen und über den Eintrag ins Zeugnis auch formal anerkannt habe.

Frau Bayrak, Hauptschullehrerin mit deutsch-türkischem Familienhintergrund, fungiert bei Elterngesprächen an ihrer Schule in verschiedenen Klassen regelmäßig als Dolmetscherin und wird vom Kollegium in dieser Funktion auch angefragt:

> *Immer als Dolmetscherin*
> Wenn türkische Elterngespräche anstehen, wo man weiß, die können die deutsche Sprache nicht, dann komme ich schon immer als Dolmetscherin hinzu, unabhängig, ob das meine Klasse ist. Oder Kolleginnen sagen „Es wäre super, wenn du dabei sitzt, weil ich nicht alles verstehe. Da sitzt das Kind und ich weiß nicht, ob ich dem vertrauen kann, ob er wirklich richtig übersetzt." Dann mache ich das auch gerne. (Frau Bayrak, 32 Jahre, Hauptschullehrerin, deutsch-türkischer Migrationshintergrund)

Frau Bayrak übernimmt die ihr offensichtlich ganz selbstverständlich von den Kolleginnen und Kollegen immer wieder abgeforderte Rolle als Übersetzerin gerne, obwohl die Moderation und Übersetzungsarbeit in den Elterngesprächen eine Leistung ist, die sie quasi zusätzlich und ehrenamtlich, d.h. außerhalb ihrer Dienstzeit anbietet. Sie leistet damit einen wichtigen Beitrag zur Förderung migrantischer Kinder und Elternarbeit an ihrer Schule.

## 5.2.2.2 Die Ambivalenz von „Expertenwissen"

Eine weitere Dimension der Interaktion zwischen Lehrenden mit Migrationshintergrund und dem Kollegium ist der ambivalente Umgang mit Expertenwissen. Die erzählten Episoden zeigen, dass Lehrende mit Migrationshintergrund nicht nur häufig als Repräsentanten, sondern darüber hinaus als Experten für ihre Herkunftskultur gesehen werden. Das konfligiert nicht selten mit dem Selbstbild und den Sozialisationserfahrungen der Lehrenden, besonders wenn sie in Deutschland geboren und aufgewachsen sind. Durch die implizite Annahme, dass sich die Lehrenden mit Kultur, Geschichte und Politik der Herkunftsländer auskennen, werden diese durch die Fragen der Kolleginnen und Kollegen dort verortet. Sie werden – obwohl sie zumeist in Deutschland aufgewachsen sind – zu „Anderen" gemacht. Dieser problematische Aspekt der Fremdzuschreibung von Expertenwissen qua Herkunft sei im Folgenden am Beispiel einer Erzählung von Frau Gülen, Gymnasiallehrerin mit türkischem Migrationshintergrund, illustriert:

> *Das zeigt ja auch immer wieder, man ist anders*
> Häufig kriege ich auch Fragen gestellt, wo ich denke, die kann ich doch gar nicht beantworten. Es werden Fragen gestellt zum Schulsystem in der

Türkei oder zur Schulsituation in der Türkei, zu Lehrern in der Türkei. Ich kann vieles beantworten, weil ich mich auch dafür interessiere, aber die Türkei ist für mich ein Urlaubsland. Solche Fragen, wenn man dann ganz genau weiß, die sehen Dich irgendwo immer noch als eine Türkin. Also man muss gleichzeitig viel mehr Sachen beherrschen, um gleichwertig zu sein: die eigenen Fächer, aber auch die deutsche Kultur, Politik und Geschichte. Plus noch die türkische, damit man solche Fragen beantworten kann, weil man ja immer als Experte irgendwie betrachtet wird und man automatisch dann auch informiert sein muss in deren Augen. Das ist den meisten vielleicht auch gar nicht so bewusst, das geschieht automatisch. Aber da denke ich mir manchmal auch, das muss nicht sein. Das zeigt ja auch immer wieder, man ist anders, man wird nicht voll akzeptiert. (Frau Gülen, 35 Jahre, Gymnasiallehrerin, türkischer Migrationshintergrund)

Das Kollegium erwartet von Frau Gülen landeskundliches Expertenwissen über die Türkei. Frau Gülen gerät hier in einen Konflikt. Einerseits ist sie bestrebt, die Fragen der Kolleginnen und Kollegen zu beantworten und liest sich zusätzliches Wissen an. Andererseits suggerieren ihr die Fragen, dass sie nicht als zugehörig betrachtet und vom Kollegium in der Türkei verortet wird. Die Erkenntnis, dass sie sich dieser Erwartungshaltung und Fremdzuschreibung nicht entziehen kann, stimmt sie nachdenklich. Obwohl sie in Deutschland sozialisiert wurde und ein umfangreiches Allgemeinwissen über die deutsche Einwanderungsgesellschaft besitzt, hat sie das Gefühl, nicht als gleichwertige Kollegin anerkannt zu werden.

In den folgenden Ausführungen über eine Karnevalfeier mit Kolleginnen schildert Frau Gülen eine weitere Episode kultureller Fremdverortung. Mit großer Befremdung stellt sie fest, dass ihre Kolleginnen glauben, ihr „deutsches Kulturgut" in Form von Karnevalritualen näher bringen zu müssen:

*So, jetzt kommst du aber mit und lernst deutsches Kulturgut kennen*
Wir waren mit Kolleginnen Karneval feiern. Ich habe in meiner Kindheit Karneval gefeiert, mein Vater hat uns immer zum Karnevalszug gebracht, seitdem nicht mehr. Ich wollte auch mitgehen, ich wollte nicht nein sagen, ich mache überall mit, wie gesagt. Wir waren in so einer Kneipe und haben zu dieser, meiner Meinung nach bekloppten Karnevalsmusik getanzt. Ich konnte mich nicht sehr damit anfreunden, aber ich habe mitgemacht und dann gab es diese Polonaise und da meinte meine Kollegin, die angeblich sehr offen ist: „So, jetzt kommst du aber mit und lernst deutsches Kulturgut kennen." Und genau das beantwortet, denke ich, die Frage, warum ich das Gefühl habe, dass ich nicht als gleichwertig betrachtet werde, wenn ich erst deutsches Kulturgut kennenlernen muss als Deutsch- und Englischlehrerin. Ich kenne den Tanz, aber ich muss ihn nicht unbedingt gerne tanzen. Und ich muss nicht unbedingt gerne Karneval feiern. Ich kenne ganz viele Deutsche, die nicht gerne Karneval feiern, die lieber zu Hause sitzen. Und ich kenne auch ganz viele Türken, die sehr gerne Karneval feiern. Deshalb finde ich das nicht gut, dass man immer wie-

> der sagt „ihr" und „wir." Und an dem Abend habe ich lauter Fragen dazu
> gestellt bekommen: wie feiert man, wie feiert ihr denn in der Türkei? Wie
> feiert ihr denn? Wie macht ihr das denn? Bei uns ist es aber so. Als ob ich
> irgendwie vom Mond käme oder vor einem Jahr erst aus der Türkei ge-
> kommen wäre und die deutsche Kultur gar nicht kennen würde und nur
> mit türkischen Werten aufgewachsen wäre. Dabei sag ich ja immer wieder,
> wir haben beides gehabt, wir haben dies und das und ich kann mir das
> Beste aussuchen. Ich habe ein Plus, auf jeden Fall, also das kann ich jetzt
> ganz stolz auch sagen und deshalb macht mir das inzwischen auch nichts
> aus. (Frau Gülen, 35 Jahre, Gymnasiallehrerin, türkischer Migrationshin-
> tergrund)

Frau Gülen macht auch hier wieder die Erfahrung, zur kulturell „Anderen" gemacht zu werden. Sie bemüht in diesem Zusammenhang sogar die Metapher „vom
Mond gefallen zu sein." Das Angebot der Kolleginnen, ihr „deutsches Kulturgut"
zu vermitteln, ist für sie ebenso irritierend, wie das als Kulturvergleich inszenierte
Gespräch über Karneval. Frau Gülen selbst problematisiert in ihren Ausführungen
das im herkunftsdeutschen Kollegium vorherrschende Denken in Dichotomien, in
„wir"- und „ihr"-Kategorien, kann aber als migrantische Lehrerin an der Schule
diese Dichotomie nicht aufbrechen. Sehr bewusst stellt Frau Gülen im Interview
aber ihre bi-kulturelle Sozialisation heraus, besetzt diese positiv und behauptet damit ihre spezifische Identität.

Auch Frau Karabulut, Grundschullehrerin mit türkischem Migrationshintergrund, macht Erfahrungen damit, im Kollegium als „Andere" adressiert zu werden:

> *Ich finde das total verletzend*
> Ich ärgere mich, dass es immer noch so ist, dass im Kollegium über Dinge
> gesprochen werden muss, die eigentlich selbstverständlich sind. Wie, dass
> ich gut deutsch spreche, das braucht mir nicht immer wieder jemand zu
> sagen. Ich finde das nicht nur unglaublich, ich finde das total verletzend.
> (Frau Karabulut, 28 Jahre, Grundschullehrerin, türkischer Migrationshin-
> tergrund)

Frau Karabulut erlebt die Hervorhebung ihrer guten deutschen Sprachkenntnisse
seitens der Kolleginnen und Kollegen nicht nur als Irritation, sondern als
Beleidigung. Es handelt sich für sie nicht um eine Geste der Anerkennung, sondern um den für sie schmerzlichen Hinweis, als nicht gleichwertig betrachtet zu
werden.

Im Sample gibt es aber auch Beispiele für gelungene Integration im Lehrerzimmer. Tatsächliche oder zugeschriebene kulturelle und religiöse Differenz führen
nicht zwangsläufig zu Ausgrenzung. Die von Herrn Demir, einem Türkisch- und
Islamkundelehrer, wiedergegebene Episode soll hier exemplarisch für die positive Anerkennung von Differenz im Lehrerzimmer stehen. Herr Demir erzählt, wie
sein muslimischer Glaube im Kollegium ganz selbstverständlich respektiert wird:

*Anerkennung von Differenz im Lehrerzimmer*
An unserer Grundschule, die ist ja klein, da werden auch Geburtstage gefeiert. Die Kollegen werden beglückwünscht und wenn einer z.B. Sekt mitbringt, wird er allen angeboten. Ich trinke persönlich keinen Alkohol. Anfangs haben die auch ein Glas für mich gefüllt und ich habe gesagt: „Ich trinke keinen Alkohol" und dann haben sie das gelassen. Das wird so respektiert. Als wir zu einer Fortbildung gingen, hat die Schulleiterin dort angerufen und man hat dann für mich ein Gericht ohne Schweinfleisch bestellt, muslimische Kost, ich habe dann Rindfleisch bekommen. Für eine andere Kollegin wurde vegetarische Kost bestellt. Da wird man schon anerkannt, respektiert, das ist wichtig. Oder wenn z.B. Fastenzeit ist, wenn ich faste, dann achtet man schon darauf, nicht vor mir zu essen. (Herr Demir, 37 Jahre, Grundschullehrer, türkischer Migrationshintergrund)

Herrn Demir ist es wichtig, dass er seine Religion im Kollegium offen leben kann. Kollegium und Schulleitung verhalten sich hier respektvoll und gehen ganz selbstverständlich mit seiner religiösen Alltagspraxis um. Herr Demir betont, dass er sich deshalb in seiner Differenz als gleichwertiges Mitglied des Kollegiums anerkannt fühle.

### 5.2.2.3 Fehlende Anerkennung der Kompetenzen

In den Interviews stößt man immer wieder auf Episoden, in denen die Befragten davon erzählen, wie ihre sprachlichen, kulturellen oder fachlichen Kompetenzen vom Kollegium nicht wahrgenommen, akzeptiert oder anerkennt werden.

Herr Drogba, Deutschlehrer mit deutsch-ivorischem Migrationshintergrund (Elfenbeinküste), beispielsweise schildert, wie er seitens einer Kollegin von Fachgesprächen an einer Gesamtschule ausgeschlossen wird, weil diese ihm zunächst nicht zutraut, das Fach adäquat vertreten zu können.

*Man muss sozusagen erst mal in Vorleistung treten*
Ich hatte eine Kollegin in der Deutschfachschaft, die sich mit allen ausgetauscht hat und auch gefachsimpelt hat, nur mit mir nicht, jahrelang. Irgendwann hat sie die Kurve gekriegt und zwar nur dadurch, meiner Meinung nach, dass sie festgestellt hat, dass ich sehr gute Arbeit mache. Das hat sich herumgesprochen, es gab Komplimente von der Schulleitung und auch von Kollegen aus anderen Fachbereichen. Die sagten, der Deutschunterricht von Herrn Drogba wirke sich positiv auf ihren Englischunterricht aus. Die Schüler könnten so strukturiert mit Texten umgehen und arbeiten. Da haben sie sich erkundigt und die Schüler haben gesagt „Ja, Herr Drogba macht das mit uns." Und das ist dann bei ihr auch angekommen. Und dann hat sie sich geöffnet. Aber das ist auch wiederum etwas, was einem Menschen mit Migrationshintergrund in Deutschland immer wieder begegnet. Man muss sozusagen erst mal in Vorleistung treten. Das eine ist,

> nett und sympathisch gefunden zu werden, so mal zu plaudern mit ihm.
> Das andere ist, für kompetent und fähig gehalten zu werden. Das wird ei-
> nem nicht von jedem automatisch unterstellt. (Herr Drogba, 38 Jahre, Ge-
> samtschule, deutsch-ivorischer Migrationshintergrund)

Es kann gemutmaßt werden, dass die Kollegin einem Deutschlehrer mit ivori-
schem Migrationshintergrund grundsätzlich kein fundiertes Fachwissen zutraut
und deshalb kein Interesse an einem fachlichen Austausch mit ihm zeigt. Erst als
die fachliche und didaktische Kompetenz Herrn Drogbas von der Schulleitung
und anderen Kolleginnen und Kollegen hervorgehoben wird, legt sich die
Skepsis der Kollegin. Herr Drogba kritisiert, dass man sich als Lehrender mit
Migrationshintergrund in einer Art Bewährungssituation befinde, da einem fachlich erst einmal nicht sehr viel zugetraut werde, so dass man seine Kompetenzen
zunächst unter Beweis stellen müsse.

Auch Frau Mermer, eine Referendarin mit türkischem Migrationshintergrund,
beklagt Desinteresse seitens ihrer Kolleginnen und Kollegen. Ihre Mehrsprachigkeit (Französisch und Türkisch) sei zwar am ersten Schultag bei der Vorstellung
hervorgehoben worden, sei aber später in der Schulpraxis ignoriert worden:

> *Ich wollte auf jeden Fall an einer Schule arbeiten, wo ich erwünscht bin*
> Als ich in diese Schule kam, habe ich mich am ersten Tag vorgestellt und
> gesagt „Ich komme aus Frankreich und ich bin zweisprachig aufgewach-
> sen: Französisch und Türkisch." Und alle haben geklatscht und ich dach-
> te „toll." Und ich habe auch meine Hilfe angeboten, weil ich immer gehört
> habe „Die Eltern sprechen kein Deutsch und wir haben Probleme bei der
> Kommunikation mit den Eltern." Da habe ich gedacht, „na ja, wenn ich
> eine Kleinigkeit machen kann, etwas übersetzen oder telefonieren, dann
> würde ich es gerne machen." Ich wollte auf jeden Fall an einer Schule ar-
> beiten, wo ich erwünscht bin, wo ich gebraucht werde. Meine Schulleite-
> rin war sehr froh, dass ich in ihrer Schule unterrichte. Letztendlich ist aber
> kein Lehrer zu mir gekommen und hat nach Hilfe gefragt, keiner! Auch
> z.B. in Französisch. Ich sage immer „Wenn ich irgendwie helfen kann,
> wenn ich Klausuren korrigieren kann, mache ich das gerne. Oder wenn
> ihr Fragen habt, ich bin hier," aber nein. Die einzigen Lehrer, die zu mir
> gekommen sind, um über kulturelle Unterschiede zu sprechen, sind nicht
> mit Fragen gekommen, sondern mit einer festgefahrenen Meinung. Und
> deswegen konnte ich auch nichts beitragen. (Frau Mermer, 31 Jahre, Refe-
> rendarin am Gymnasium, türkischer Migrationshintergrund)

Es ist Frau Mermer unverständlich, dass ihre Mehrsprachigkeit weder bei
Gesprächen mit türkischen Eltern noch im französischen Fachunterricht nachge-
fragt wird. Die Kolleginnen und Kollegen scheinen ihr sprachliches und kulturelles Potential nicht nutzen zu wollen und orientierten sich zudem eher an stereotypen Bildern über Migrantinnen und Migranten. Der uneingelöste Wunsch, ihr

kulturspezifisches Wissen als Ressource zur Verfügung zu stellen, führt bei Frau Mermer zu Resignation.

Ganz ähnliche Erfahrungen macht Frau Köksal. Auch ihre kulturellen und sprachlichen Ressourcen bleiben im Schulalltag ungenutzt. Auf die Frage, ob sie gelegentlich als Vermittlerin oder Übersetzerin im Kollegium angefragt werde, antwortet sie:

> Überhaupt nicht. Das wundert mich, dass man überhaupt nicht danach fragt. Die machen das so, wie sie das schon seit 30 Jahren machen. Die sprechen mich gar nicht drauf an. (Frau Köksal, 43 Jahre, türkischer Migrationshintergrund, Gesamtschule)

### 5.2.2.4 Zusammenfassender Kommentar

Die Inhaltsanalyse hat aufgezeigt, dass die befragten Lehrerinnen und Lehrer mit Migrationshintergrund ihre Doppelperspektivität (Gültekin 2003) sowie ihre Mehrsprachigkeit einsetzen, um für Kolleginnen und Kollegen als kulturelle und sprachliche Übersetzer und Vermittler zu agieren. Dafür erhalten sie zumeist Wertschätzung und Anerkennung. Auch wenn Lehrende mit Zuwanderungsbiographie diese Rollen im schulischen Alltag häufig ganz selbstverständlich übernehmen, deutet sich in den Interviews aber auch ein Unbehagen gegenüber fremdbestimmten Zuschreibungsprozessen und Rollenverteilungen an. In Konsequenz lehnen einige Lehrpersonen die Übernahme sozialarbeiterischer Funktionen an der Schule ab und berufen sich auf ihre fachlichen Aufgaben, weil sie fürchten, in eine Nische zu geraten und nicht als gleichwertiges Mitglied des Lehrkörpers akzeptiert zu werden.

### 5.2.3 Lehrende mit Migrationshintergrund und Elternarbeit

In jüngster Zeit gibt es in Forschung und Praxis eine breite Diskussion zur Beteiligung von Eltern im schulischen Kontext. Es wird gefordert, dass insbesondere Schulen mit einer großen Heterogenität an Bildungsvoraussetzungen und Bildungsbedürfnissen seitens der Schülerschaft *alle* Eltern systematisch involvieren, informieren und nach Möglichkeit auch bilden sollten (Fürstenau/Gomolla 2009b: 13).

Dazu sollen Ansätze der Elternbeteiligung aus den 80er Jahren aufgegriffen und systematisch zu folgenden verschiedenen Partizipationsformen ausgeweitet werden: Freiwillige Mithilfe und Mitarbeit in der Schule, Mitsprache und Engagement von Eltern in Entscheidungsgremien, Vermittlung von Informationen und Elternbildung, individuelle Erziehungsberatung, Unterstützung durch die Eltern bei Hausarbeiten und die Vernetzung der Schule mit dem Stadtteil als Brücke zwischen den vielfältigen Lebenswelten der Schülerinnen und Schüler (Gomolla 2009: 37). Die Zusammenarbeit zwischen Schule und Elternhäusern in

Form von aktiver Beteiligung der Eltern und wechselseitiger Verständigung wird als Erfolgsschlüssel für schulisches Lernen und für gerechtere Bildungschancen aller Schülerinnen und Schüler gesehen (21).

Dem Ruf nach mehr Beteiligung von Eltern mit Migrationshintergrund in der Schule schließt sich die Forderung nach einem interkulturellen Ansatz in der Elternarbeit an, der die unterschiedlichen Erfahrungen, Sichtweisen und Erwartungen der migrantischen Eltern berücksichtigt. Ausgangspunkt ist der negative Befund einer unter Lehrenden ohne Migrationshintergrund verbreiteten Defizitperspektive, die unterstellt, dass Migranteneltern ihre Kinder nur unzureichend schulisch begleiten, den institutionellen Integrationsforderungen nicht angemessen nachkommen und darüber hinaus kulturspezifische Erziehungsstile praktizieren, die mit den schulischen Werten und Normen nicht vereinbar sind (Hawighorst 2009: 53). Im Vordergrund der folgenden Querschnittsanalyse steht daher die Betrachtung interkultureller Elternarbeit als Schlüssel im Umgang mit migrationsbedingter Heterogenität.

Insofern liegt das Augenmerk dieser Inhaltsanalyse auf den Potentialen von Lehrenden mit Migrationshintergrund im Bereich der interkulturellen Elternarbeit. Dabei analysieren wir die Daten aus den Interviews nach drei Themenschwerpunkten. Erstens werfen wir einen Blick auf die häufig wechselseitig konstruierte kulturelle und sprachliche Nähe zwischen migrantischen Eltern und Lehrpersonen mit Zuwanderungsgeschichte. Zweitens beleuchten wir die Kommunikationsstrategien und den Informationsaustausch zwischen Schule und Elternhaus. Drittens arbeiten wir die Mittlerfunktion von migrantischen Lehrenden sowie ihre Vorbildrolle heraus.

### 5.2.3.1 Herstellung von Nähe und Vertrauen zwischen Lehrenden und Eltern mit Migrationshintergrund

Für eine gelungene Zusammenarbeit zwischen Schule und Elternhaus ist ein guter Kontakt zwischen Eltern und Lehrenden von großer Bedeutung (Blickenstorfer 2009: 71). Sowohl die quantitativen als auch die qualitativen Ergebnisse der vorliegenden Studie weisen auf wechselseitige Konstruktionen und Projektionen von Nähe zwischen Eltern und Lehrenden mit Migrationshintergrund hin. Diese Besonderheit in der Kommunikation könnte auf „habituelle Übereinstimmung" (Bohnsack 1998: 12) oder ähnliche biographische Erfahrungen zurückzuführen sein.

In der quantitativen Befragung stimmen 67,2% der befragten Lehrenden mit Migrationshintergrund der Aussage „Eltern mit Migrationshintergrund identifizieren sich mit mir aufgrund meines Migrationshintergrundes" *ziemlich* bis *sehr* zu, während 6,4% der Befragten diese Aussage nur als *wenig* bis *nicht* zutreffend bewertet. Die qualitativen Ergebnisse vertiefen diese Aussage und deuten darauf hin, dass der spezifische Migrationshintergrund bei der Herstellung von Nähe offenbar sogar eine eher untergeordnete Rolle spielt. Dies würde die oben genannte

Hypothese eines gemeinsamen biographischen und habituellen Erfahrungsraumes jenseits ethnischer Zugehörigkeit stützen. Die Herstellung von Nähe basiert offenbar auf der angenommenen oder tatsächlich geteilten Erfahrung, in der Mehrheitsgesellschaft als „Angehöriger einer Minderheit" bzw. als „Anderer" wahrgenommen zu werden. So erzählt beispielsweise Frau Karabulut, eine Grundschullehrerin mit türkischem Migrationshintergrund, von einem besonderen Gefühl im Moment der Begrüßung migrantischer Mütter:

*Da merkt man schon, dass man einander irgendwie fühlt*
Wenn die afghanischen oder marokkanischen Mütter kommen und mir dann die Hand geben. Also da merkt man schon, dass man einander irgendwie fühlt. Und das spüren die Kinder und das finden sie toll. (Frau Karabulut, 28, Grundschullehrerin, türkischer Migrationshintergrund)

Ganz ähnlich beschreibt Herr Spinello, ein Gymnasiallehrer mit italienischem Migrationshintergrund, die Unmittelbarkeit in der Kontaktaufnahme mit Einwandererfamilien:

*Das ist sehr natürlich*
Das passiert wirklich automatisch. Es ist so wie mit der Chemie, es passt oder es passt nicht. Bei den Familien mit Migrationshintergrund merkt man sofort, dass da nicht viel gesagt werden muss. Das ist sehr natürlich, es ist nicht so, dass man darauf hin arbeiten muss oder denen sagen muss: „Ich bin genauso wie Du." Es ist einfach so. Man kann es nicht wirklich erklären, wie das vonstattengeht. (Herr Spinello, 34 Jahre, Gymnasiallehrer, italienischer Migrationshintergrund)

Auch Herr Foresta, Berufsschullehrer mit italienischem Migrationshintergrund, beschreibt einen großen Vertrauensvorschuss, den er aufgrund seines Migrationshintergrundes bei türkischen und griechischen Migrantenfamilien genießt:

*Da war ein sehr großes Vertrauensgefühl bei den Eltern*
Von zwanzig Schülern waren drei Eltern da. Ein Deutscher und zwei Ausländer, ein Grieche und ein türkischer Vater. Das war super, die Eltern waren sehr interessiert, die wollten, dass ihre Kinder mehr Chancen haben, als sie selber hier in Deutschland hatten. Und die Eltern waren sehr glücklich darüber, dass ich ein Halbitaliener bin, dass ich Migrant bin. Das war schon erstaunlich, da war ein sehr großes Vertrauensgefühl bei den Eltern da. Mittlerweile habe ich auch ein paar Mal angerufen bei denen, um zu sagen, wie ihr Sohn in der Schule ist, um sie auf dem Laufenden zu halten. Sie hatten mich darum gebeten. Wenn die Eltern Interesse zeigen und wenn die Eltern dahinter sind, bin ich auch sehr bereit, und dann arbeite ich sehr gerne mit den Eltern zusammen. Ich freue mich sogar, wenn die Eltern sich an mich wenden. (Herr Foresta, 33 Jahre, Berufsschullehrer, italienischer Migrationshintergrund)

Herr Foresta stellt hier die aus seiner Sicht notwendigen und sich einander bedingenden Voraussetzungen für eine erfolgreiche Elternzusammenarbeit dar: Die geteilte Migrationserfahrung und der Minderheitenstatus in Deutschland bilden den gemeinsamen Erfahrungshintergrund und das Vertrauensfundament, auf dem die Kommunikation zwischen Eltern und Lehrenden aufgebaut werden kann. Herrn Foresta zufolge entsteht ein dichtes Netz von Interesse, Begleitung und Förderung der Kinder im engen Schulterschluss von Elternhaus und Schule.

Aufbauend auf dem gegenseitigen Verständnis und Vertrauen gerät auch die sprachliche Verunsicherung migrantischer Eltern in den Hintergrund. Frau Bayrak, eine Hauptschullehrerin türkischer Herkunft, beschreibt, wie unbefangen die migrantischen Eltern mit ihr in deutscher Sprache kommunizieren.

> *Da haben sie diese Scheu nicht, dass sie so holpriges Deutsch reden*
> Ich habe auch ganz positive Erfahrungen gemacht mit Eltern, auch mit anderen Nationalitäten, Kosovaren, Serben oder Afghanen, oder so. Wir haben ja 80% Ausländer, davon sind vielleicht 70 Länder vertreten an unserer Schule. Wenn ich mit ihnen spreche, fühlen sie sich einfach verstanden, das Gefühl habe ich. Die kommen auch gerne und reden auch. Da haben sie diese Scheu nicht, dass sie so holpriges Deutsch reden, oder so gebrochenes Deutsch. Sie reden einfach. Das ist auch gut so. Also habe ich ganz gute Erfahrungen gemacht mit verschiedenen Nationalitäten. (Frau Bayrak, 32 Jahre, Hauptschullehrerin, türkischer Migrationshintergrund)

Im nächsten Beispiel beschreibt Frau Basir, eine Sonderschullehrerin mit syrischem Migrationshintergrund, wie sie durch den gezielten Einsatz von sprachlichen Gesten in der Muttersprache der Eltern Nähe, Beziehung und Vertrauen erzeugt.

> *Verbundenheit erleichtert Elternarbeit*
> Wir haben nicht so viele arabischsprachige Schüler, es sind deutlich mehr Türkischsprachige. Ich hatte einen arabischsprachigen Schüler. Ohne dass ich Arabisch gesprochen habe, ging die Mutter wesentlich freundlicher auf mich zu als auf meine Kollegen. Ich glaube, sie fühlten sich da gleich verstanden, irgendwie war gleich eine Verbundenheit da. Ich habe mit ihr auch ein bisschen Arabisch gesprochen, das Begrüßen und das „Setzen Sie sich doch. Möchten Sie einen Tee?" ((lacht)) Und das ist eben wahrscheinlich ähnlich wie ich selber diese Verbundenheit spüre, spürt sie es eben umgekehrt auch. Und ich glaube, das erleichtert auch manche Elternarbeit. (Frau Basir, 37 Jahre, Sonderschullehrerin, deutsch-syrischer Migrationshintergrund)

Die vorangegangenen Beispiele verdeutlichen, dass Lehrende mit Migrationshintergrund und migrantische Eltern häufig eine besondere Beziehung aufbauen, die sich durch ein Gefühl von Vertrautheit und Verbundenheit sowie eine relative

Unbefangenheit in der Kommunikation auszeichnet. Dieser Vertrauensvorschuss bildet eine zentrale Voraussetzung für eine effektive und nachhaltige Elternarbeit.[5]

### 5.2.3.2 Informationsaustausch zwischen Schule und Elternhaus

Beim Informationsaustausch zwischen Schule und Elternhaus geht es um einen reziproken Informationsfluss. Eltern mit Migrationshintergrund müssen über ihre Rechte, Pflichten und Möglichkeiten im deutschen Bildungssystem informiert werden und sollen gleichzeitig die Gelegenheit bekommen, den Lehrpersonen zu erzählen, wie sie ihre Kinder erziehen und wie sie sie beim Lernen unterstützen. Dies setzt gegenseitiges Vertrauen sowie Kenntnis der Lehrpersonen über die Lebenshintergründe der Familien voraus (Blickenstorfer 2009: 73). Die folgenden Beispiele zeigen, wie Übersetzungen von Informationsblättern und das Abhalten von Elternabenden in den Herkunftssprachen der Eltern sowie eine gezielte Einbeziehung der migrantischen Schülerinnen und Schüler die Elternarbeit interkulturell öffnen konnten.

Frau Köksal, eine Gesamtschullehrerin mit türkischer Herkunft, führt die hohe Teilnahme an dem von ihr organisierten Elternabend auf ihren Migrationshintergrund zurück:

> *Und es kamen alle, ja!*
> Ich war Klassenlehrerin in einer Klasse mit 90% Migrantenkindern aus allen möglichen Ländern. Und dann habe ich einen Elternabend gemacht. Alle meine Kollegen haben zu mir gesagt: „Ach, das kannste dir eh schenken, da kommt eh keiner, mach dir die Arbeit nicht. Sag den Elternabend ab und geh lieber mit den Elternbeiräten einen Kaffee trinken und besprich da die wichtigsten Punkte und dann sollen die das irgendwie an die Elternschaft weiter tragen." Dann habe ich gesagt: „Nein, wieso denn? Warum sollen die denn nicht kommen? Die sind genauso interessiert." Und es kamen alle, ja ((lacht)). Das ist ganz merkwürdig. Die blühen förmlich auf und kommen sehr gerne. Die nehmen das sehr, sehr gerne wahr und die bekunden ihr Interesse an ihrem Kind, sind sehr bemüht, ja. Ich glaube, da spielt der Migrationshintergrund eine ganz große Rolle. Also, ich glaube schon, dass die mich sozusagen als eine von sich wahrnehmen. Da wird den Eltern dann ganz schnell klar, dass jemand hinter Ihnen und hinter ihrem Kind steht und sich Mühe gibt und das Beste sozusagen für das Kind rausholen will. Und dann kommen sie auch gerne, dann sitzen sie gerne am Tisch und reden mit mir über alles Mögliche. (Frau Köksal, 43 Jahre, türkischer Migrationshintergrund, Integrierte Gesamtschule)

---

5    Blickenstorfer sieht das gegenseitige Kennenlernen und Vertrauen als fundamentalen Baustein einer erfolgreichen Zusammenarbeit zwischen Schule und Eltern. Sie hebt dabei die Kontinuität der Kommunikation hervor, die garantieren soll, dass der Kontakt gepflegt und vertieft werden kann (2009: 71).

Frau Köksal geht davon aus, dass die Eltern grundsätzlich Interesse an der schulischen Begleitung ihrer Kinder haben und deshalb auch potentiell an Elternabenden interessiert sind. Mit dieser Überzeugung setzt sie sich auch über die
eher resigniert anmutenden Äußerungen aus dem Kollegium hinweg, die ihr nahe
legen, sich in Sachen Elternarbeit nicht zu sehr zu engagieren. Frau Köksal erkennt das Motivationspotential, welches durch die Gemeinsamkeit „Migrationshintergrund" entfaltet werden kann, und übernimmt die auch durch die Eltern
an sie herangetragene Rolle der „solidarischen Lehrerin," die sich für den
Bildungserfolg ihrer migrantischen Schützlinge engagiert und deren Fähigkeiten
und Ressourcen erkennt und fördert. Frau Köksal geht sehr bewusst mit diesen
Erwartungen und Projektionen der Eltern um und nutzt diese zugleich, um ein
Vertrauensverhältnis zu den Eltern aufzubauen.

Auch Frau Beti, Realschullehrerin mit kamerunisch-französischem Migrationshintergrund, beobachtet eine erhöhte Teilnahme migrantischer Eltern an Elternabenden und schreibt diese ihrer Präsenz als „Multikulti-Lehrerin" an ihrer Schule
zu:

> *Sie fühlen sich alle, glaube ich, ganz wohl*
> Ich glaube, dass in unserer Klasse mehr Eltern mit Migrationshintergrund
> zum Elternabend kommen, dass die Teilnahme sich gesteigert hat. Ohne
> dass jetzt explizit darüber gesprochen wird, sondern es ist mehr so: „Ach
> ja, da sind wir jetzt vereint …" Mein Kollege hat den deutschen Back-
> ground und ich den anderen Multikulti-Background, wir symbolisie-
> ren etwas. Sie fühlen sich alle, glaube ich, ganz wohl. (Frau Beti, 42 Jahre,
> deutsch-kamerunischer Migrationshintergrund)

Frau Beti führt das Interesse der Eltern an Elternabenden auf das multikulturelle
Lehrerteam zurück, das die Heterogenität der Gesellschaft abbilde.

Frau Berber, Haupt- und Realschullehrerin mit türkischem Migrationshintergrund, erläutert, wie die gemeinsame Sprache die Zusammenarbeit mit türkischen
Eltern erleichtern kann:

> *Kommunikation in der Muttersprache fördert Zusammenarbeit*
> Ich habe auch einen ganz anderen Draht zu den Eltern. Bei mir waren
> auch beim Elternsprechtag Mütter, die kein Deutsch sprechen können,
> und haben sich mit mir über ihre Kinder unterhalten. Das sind Mütter, die
> sonst eigentlich nicht kommen, weil sie die Sprache nicht können. Die sa-
> gen dann: „Rufen Sie an, wenn was ist!" Das finde ich schon positiv. Die
> kommen zu den Elternabenden, oder auch so, wenn ich sie zum Gespräch
> einlade, weil sie wissen, sie können mit mir auch auf Türkisch sprechen.
> Die Zusammenarbeit klappt einfach besser. Einige kamen nur aus Neugier,
> weil sie gehört haben, da ist jetzt eine junge türkische Kollegin und woll-
> ten mich mal kennenlernen. Das gab es natürlich auch. (Frau Berber, 29
> Jahre, türkischer Migrationshintergrund, Haupt- und Realschule)

Dieses Beispiel verdeutlicht, dass migrantische Eltern unzureichende Deutschkenntnisse als Barriere und Hemmnis erleben. Ihr Interesse am schulischen Fortkommen ihrer Kinder könnten sie erst dann differenziert zum Ausdruck bringen, wenn sie die Möglichkeit hätten, sich in ihrer Muttersprache mit der Lehrperson auszutauschen. Hier können sich Lehrkräfte mit Migrationshintergrund anbieten, sofern sie wie Frau Berber entsprechende Sprachkenntnisse mitbringen. Die gemeinsame Sprache und der Migrationshintergrund sind oft auch eine Art Katalysator, um den ersten Kontakt herzustellen.

In den folgenden zwei Beispielen spielt neben der Kommunikation in der Muttersprache auch die Partizipation von Schülerinnen und Schülern eine zentrale Rolle in der Elternarbeit. Im Falle von Frau Akar, einer Gesamtschullehrerin mit türkischem Migrationshintergrund, befürchten die Schülerinnen und Schüler offenbar, dass eine engere Kooperation zwischen Schule und Elternhaus Nachteile für sie haben könnte. Die Einladung zu einem Elternabend zu Bildungsabschlüssen, die Frau Akar ins Türkische übersetzt hat, leiten sie nicht an ihre Eltern weiter. Durch ihr besonderes Engagement und direkte telefonische Kommunikation auf Türkisch erreicht die Lehrerin die Eltern schließlich doch:

*Schülerinnen und Schüler fürchten um ihre „Machtposition"*
Ich habe im 9. Schuljahr für türkische Eltern angefangen, einen Elternabend zu Bildungsabschlüssen an einer Gesamtschule anzubieten. Ich habe das Blatt auch ins Türkische übersetzt. Und dann habe ich auch die Eltern angerufen. Ich saß den Nachmittag am Telefon, weil die Schüler die Einladung, die ich auf türkisch geschrieben hatte, teilweise nicht an die Eltern weitergegeben haben. Sie wollten auch gar nicht, dass die Eltern plötzlich durch mich vielleicht besser informiert werden, also diese Machtposition wollten sie gar nicht aufgeben. Und dann saß ich da am Telefon und habe gesagt: „Ihre Tochter hat gesagt, dass sie keine Zeit haben, weil Sie ein Baby zu Hause haben." „Was? Für so eine wichtige Sache, natürlich komme ich. Sie hat mir nicht den Zettel gegeben." (Frau Akar, 52 Jahre, Gesamtschullehrerin, türkischer Migrationshintergrund)

Dieses Beispiel verdeutlicht, wie durch enge und gelungene Kommunikation zwischen Eltern und Lehrerin „Tricks" der Schülerinnen und Schüler unterhöhlt werden können – wenn die jüngere Generation etwa den Versuch unternimmt, mit ihrer den Eltern überlegenen Sprachkompetenz die Kommunikationskette zwischen Eltern und Lehrenden zu stören. Eine erfolgreiche Kommunikation zwischen Lehrenden und Eltern kann die innerfamiliäre Dynamik und Autorität dem Kind gegenüber stabilisieren.

Herr Weber, Hauptschullehrer mit türkisch-deutschem Migrationshintergrund, beschreibt exemplarisch, wie Schülerinnen und Schüler an der Elternarbeit beteiligt werden können. Er fördert ihre aktive Partizipation durch die gemeinsame Organisation eines Elternabends auf Türkisch. Die Schülerinnen und Schüler leisten gemeinsam mit ihrem Lehrer Aufklärungsarbeit. Mit dem Rückgriff auf die

Herkunftssprache erhalten die Eltern Informationen und Orientierungswissen über das deutsche Schulsystem.

> *Schülerinnen und Schüler gestalten Elternarbeit*
> Wenn jetzt türkische Eltern kommen, die nicht gescheit Deutsch können, dann spreche ich mit denen auch türkisch. Also was ich auch schon gemacht habe, ist mit türkischen Schülern Elternabende auf Türkisch organisiert, wo wir den türkischen Eltern das deutsche Schulsystem erklärt haben. Also gerade den Eltern, die hier nicht auf der Schule waren, sondern die erste oder zweite Generation. Wir haben so ein bisschen zu erklären versucht, wie das mit den Abschlusszeugnissen ist. Welche Noten man braucht usw. und dann auch Fragen versucht, auf Türkisch zu beantworten. Das war jetzt Serviceleistung unserer Schule. (Herr Weber, 32 Jahre, Hauptschullehrer, türkisch-deutscher Migrationshintergrund)

Die letztgenannten Beispiele machen auf einen häufig unberücksichtigten Akteur in der Elternarbeit aufmerksam: die Schülerinnen und Schüler. Nach Sacher (2006) spielt die Partizipation von Schülerinnen und Schülern eine zentrale Rolle in der Elternarbeit.

So zeigt das Beispiel von Herrn Weber, dass Schülerinnen und Schüler wichtige Mittler im Informationsaustausch zwischen Schule und Elternhaus sein können und daher auch aktiv an der Gestaltung der Elternarbeit beteiligt werden sollten. Das Beispiel von Frau Akar hingegen unterstreicht den Befund Sachers, dass Schülerinnen und Schüler zuweilen den Informationsfluss zum Elternhaus sogar blockieren, weil sie eine Allianz zwischen Lehrkräften und Eltern verhindern wollen (2006: 317).

### 5.2.3.3 Lehrende mit Migrationshintergrund als Vermittlerinnen und Vermittler

Lehrende mit Migrationshintergrund übernehmen in der Elternarbeit häufig eine Vermittlerfunktion. Vermitteln umfasst hier verschiedene Dimensionen: Neben dem Vermitteln in „Problemsituationen" übernehmen Lehrende mit Migrationshintergrund auch häufig die Funktion eines Sprachmittlers und Informationsvermittlers. Das folgende Beispiel illustriert diese verschiedenen Bedeutungen. Frau Bayrak setzt ihre Mehrsprachigkeit einerseits ein, um bei interkulturellen Problemen zu vermitteln, andererseits bietet sie Informationsabende für Eltern auf Türkisch an:

> *Vermitteln über gemeinsame Sprache*
> Ich denke, es ist ein Vorteil, wenn man zweisprachig aufgewachsen ist, dass man für Eltern, die diese deutsche Sprache nicht beherrschen, dass man da einfach vermitteln kann, wenn es Probleme gibt. Oder wenn Informationen vermittelt werden müssen, dass man da so die Vermittlung

herstellen kann Bei uns an der Schule haben wir zum Beispiel auch einen türkischen Infoabend gemacht, um Eltern aufzuklären, wie sie ihre Kinder fördern können. Und das ist ein großer Vorteil. (Frau Bayrak, 32 Jahre, Hauptschullehrerin, türkischer Migrationshintergrund)

Die folgenden zwei Beispiele veranschaulichen, wie Lehrende mit Migrationshintergrund als Vermittler der normativen Wertorientierung der Schule agieren. Die konstruierte Nähe sowie kulturelle und sprachliche Gemeinsamkeiten mit den migrantischen Eltern spielen auch hier eine wichtige Rolle, um für eine Bereitschaft zur Kooperation und Kommunikation mit der Schule zu motivieren. Dennoch wird hier deutlich, dass die Lehrenden mit Migrationshintergrund im Zuge ihres professionellen Selbstverständnisses in der Lage sind, sich abzugrenzen und den Eltern gegenüber auch fordernd zu handeln. So berichtet beispielsweise Frau Akar davon, wie es ihr gelang, Eltern von der Notwendigkeit eines empfohlenen psychologischen Tests zu überzeugen:

*Ich vermittle das auch anders*
Beratungslehrerin heißt also für mich, dass ich bei vielen Elterngesprächen dabei bin, mit unserer Psychologin oder Sozialarbeiterin oder auch mit deutschen Kollegen (…). Und wenn ich den Eltern das vermittle, den gleichen Sachverhalt, dann sagen die oft zu mir: „Ja, so versteh ich das. So find ich das ok." Wenn es z.B. um eine Unterschrift geht, dass unsere Psychologin das Kind testen soll. Erst mal sind sie ganz ablehnend, sie haben das Gefühl, denen wird Unfähigkeit unterstellt. Und wenn ich das sage und ich denke, ich sag das auch etwas anders, vermittle das auch anders, dann ist das ok, dann hat das einen ganz anderen Stellenwert. (Frau Akar, 52 Jahre, Gesamtschullehrerin, türkischer Migrationshintergrund)

Auch Frau Struk, Grundschullehrerin ukrainischer Herkunft, nutzt den gemeinsamen Migrationshintergrund, um Zugangsbarrieren zu Eltern aufzulösen. Fest verortet in der institutionellen Rolle der Lehrerin, vermittelt sie den Eltern ein realistisches Bild der Leistungen ihrer Kinder:

*Es war einfacher, denn dann konnten sie sich nicht sofort benachteiligt fühlen*
Bei Schülern, bei denen man ja ein bisschen deutlicher werden muss, konnte man das aufgrund des Migrationshintergrundes auch gut den Eltern begründen ((erhobene Stimme)). Es war einfacher, denn dann konnten sie sich nicht sofort benachteiligt fühlen, denn mir konnten sie ja nicht vorwerfen, ich bin eine Deutsche und benachteilige jetzt ein Migrationskind. Da war diese Barriere schon mal genommen und dann konnte ich wirklich sagen: „Tut mir leid aber diese Fähigkeiten bringt ihr Kind noch nicht mit" oder „Daran muss noch gearbeitet werden." Ich denke, sobald ein deutscher Lehrer das sagen würde, fühlen sie sich ja sehr schnell angegriffen. (Frau Struk, 35 Jahre, Grundschullehrerin, ukrainischer Migrationshintergrund)

Herr Azhar illustriert in den folgenden zwei Erzählungen, wie sprachlich-kulturelle Gemeinsamkeiten in schulischen Interaktionen vermittelnd wirken können. Zugleich wird aber auch deutlich, dass die Konstruktion gleicher ethnischer Zugehörigkeit offenbar häufig mit einer Solidaritätserwartung an die Lehrenden verknüpft wird, die oftmals von diesen aber nicht eingelöst wird und deshalb auch zur Ernüchterung bei den Eltern führt. Im ersten Beispiel geht es um eine Vermittlung zwischen einem Klassenlehrer und einem Vater, der seine Tochter nicht zu einer Klassenfahrt mitfahren lassen möchte:

> *Gemeinsame Sprache und religiöses Wissen überzeugt die Eltern*
> Eine Schülerin aus dem 10. Jahrgang durfte nicht mit auf die Klassenfahrt. Der Vater hat gesagt, bei uns in unserer Religion ist es verboten. Dann haben wir den Vater und seine Tochter eingeladen. Der Klassenlehrer war auch dabei. Ich versuche immer, mit den Eltern auf Deutsch zu reden, weil es unfair den anderen gegenüber ist, aber wenn ich merke, dass das nicht ankommt, dann frage ich meinen Kollegen, ob ich mit ihm auf Arabisch sprechen kann. Der Vater hat behauptet „Bei uns dürfen die Muslime nicht schwimmen." Da habe ich ihm gesagt: Erstens, wenn du sagst (weil wenn ich ihn sieze, dann hab ich schon mein Wert verloren), wenn du sagst, bei uns, das heißt in deinem Land ist das so, aber nicht bei den Muslimen. Zweitens er hat auch behauptet, das steht irgendwo im Koran geschrieben. Dann hab ich ihm auch den Koran gezeigt, wo genau denn das steht. Er wusste das nicht: „aber das steht irgendwo." Und dann habe ich auch bemerkt, der versucht, uns irgendwie indirekt hinters Licht zu führen, nach dem Motto „Das sind nur die Lehrer, sie haben sowieso gar keine Ahnung." Dann hab ich ihm alle Sachen auch aufgelistet, was der Prophet in bestimmten Situationen gesagt hat und dann hat er auch gemerkt, „Oh, der kann auch Arabisch und kennt sich mit dem Koran aus." Ja, und er hat immerhin zugelassen, dass seine Tochter mitfährt, aber der Bruder ist auch mitgefahren. Weil er gedacht hat, das ist auch eine Frage der Ehre. (Herr Azhar, 30 Jahre, Gesamtschullehrer, marokkanischer Migrationshintergrund)

Herr Azhar beschreibt hier eine kritische Konfrontation mit einem Vater, die im Kontrast zu den genannten Beispielen geteilter kultureller und sprachlicher Erfahrungsräume steht. Er setzt sein kultur- und religionsspezifisches Wissen in der Diskussion mit dem Vater ein und erreicht letztlich eine positive Lösung des Problems. Im folgenden Beispiel beschreibt Herr Azhar, wie gerade in der Kommunikation mit Eltern die Annahme von Harmonie und Verständnis aufgrund sprachlich-kultureller Gemeinsamkeiten in Widerspruch zu seinem professionellen Handeln gerät und auch für Irritationen sorgen kann.

> *Professionalität versus sprachlich-kulturelle Gemeinsamkeit*
> Die Arbeit mit den Eltern ist nicht so einfach. Am Anfang, wenn sie hören, der ist Marokkaner, der kann Arabisch, denken sie, der gehört zu uns.

Aber wenn ich dann die Eltern einlade und mit ihnen rede, dann bin ich auf einmal der Gegner, weil ich eine andere Meinung vertrete. Aber wenn ein Schüler nicht zur Schule kommt und ich wusste, dass er Schwierigkeiten hat, dann gehe ich sie besuchen. Und ob die Eltern das gut oder schlecht finden, das ist ihre Sache. (Herr Azhar, 30 Jahre, Gesamtschullehrer, marokkanischer Migrationshintergrund)

Herr Azhar verortet sich ganz klar in seiner institutionellen Lehrerrolle und nimmt ganz bewusst in Kauf, bestimmte Erwartungshaltungen der Eltern, die auf unterstellten geteilten Wertorientierungen basieren, zurückzuweisen.

Frau Özer beschreibt, wie sie sich gegen die Erwartungen der Eltern wehrt, als identitätsstiftende türkische Kulturvermittlerin zu agieren. Stattdessen hält sie den Eltern die normativen Wertorientierungen und nationalstaatlichen Rahmenbedingungen der deutschen Schule entgegen:

*Sie müssen eigentlich dafür sorgen, dass die Kinder ihre Identität mit der Türkei verbinden*
Da waren stark konservative Eltern, die auch versucht hatten, mich da zu manipulieren. Sie haben gesagt: „Es gefällt uns nicht. Sie sind eigentlich Türkischlehrerin, Sie müssen eigentlich dafür sorgen, dass die Kinder ihre Identität mit der Türkei verbinden." Und ich meinte: „Nein, der Rahmenplan ist hier auf deutschem Boden gemacht und der deutsche Boden ist demokratisch und die Kinder leben hier." Diese Diskussion hat mich letztendlich genervt, weil ich mich nicht für etwas rechtfertigen muss, was Realität ist: Die Kinder leben in Deutschland. Aber dieser Elternteil, der in dieser Türkeiromantik, Altheimatgefühl schwebt, oder dies auch instrumentalisiert hat, der hat eine ganz große Lobby hier. (Frau Özer, 35 Jahre, Berufsschullehrerin, türkischer Migrationshintergrund)

Frau Özer gerät hier hinsichtlich ihres Bildungsauftrags zwischen zwei Fronten: die Erwartungshaltung einer Gruppe türkischer Eltern auf der einen Seite und den Rahmenplan der deutschen Schule auf der anderen. Ihre scharfe Verurteilung am Ende des Zitats illustriert, wie wichtig es Frau Özer ist, sich gegenüber dieser Gruppe abzugrenzen und sich professionell als Vertreterin der deutschen Schule zu positionieren. Das Beispiel zeigt, dass die gemeinsame ethnische und sprachliche Herkunft nicht notwendigerweise Gemeinsamkeit, Solidarität und Harmonie stiftet, sondern es durch soziale, ideologische oder geschlechtsspezifische Unterschiede auch zu starken Diskrepanzen kommen kann.

Die vorangegangenen Zitate haben verdeutlicht, dass der auf Gemeinsamkeitskonstruktionen aufbauende Vertrauensvorschuss und die Solidaritätserwartungen es den Lehrenden mit Migrationshintergrund erlauben, den migrantischen Eltern gegenüber zugleich fordernd und fördernd zu begegnen.

### 5.2.3.4 Akzeptanz aufgrund von Identifikation und Vorbildrolle

Die Vorbildrolle von Lehrenden mit Migrationshintergrund und auch die Identifikation mit den migrantischen Lehrenden aufgrund konstruierter Gemeinsamkeiten oder eines geteilten Erfahrungsraums bzw. habitueller Übereinstimmung
spielt eine wichtige Rolle für die Akzeptanz der Lehrenden bei Eltern mit
Migrationshintergrund. Frau Schwartz, Gesamtschullehrerin rumänischer Herkunft, erzählt, wie Eltern mit Migrationshintergrund ihr unterstellen, dass sie einen leichteren Zugang zu migrationsspezifischen Schulproblemen habe und dadurch die Eltern auch besser ansprechen könne:

> *Die Probleme leichter erkennen*
> Es ist eine Herzlichkeit bei den Eltern von den Schülern mit Zuwande-
> rungsgeschichte vorhanden, weil die eher in einem die Person sehen, die
> es trotz Schwierigkeiten und sicher nicht immer einfachen Zeiten hinbe-
> kommen hat. Und sie gehen eher davon aus, dass man die Probleme ihrer-
> seits leichter erkennt und ganz anders auf die Eltern eingeht oder sie viel-
> leicht anders anspricht von der Art her, als es vielleicht andere Lehrer tun.
> (Frau Schwartz, 42 Jahre, Gesamtschule, rumänischer Migrationshinter-
> grund)

Die folgenden zwei Beispiele heben die Vorbildrolle hervor, die Lehrende mit
Migrationshintergrund für migrantische Eltern haben. Die Zitate von Frau Tekin,
Gymnasiallehrerin, und Frau Köksal, Gesamtschullehrerin, beide mit türkischem
Migrationshintergrund, beschreiben die Erwartungshaltung der Eltern und wie
diese durch die Beobachtung der schulischen Erfahrungen der Kinder unterstri-
chen wird. Angesichts der positiven Entwicklung ihrer Kinder messen sie der
Vorbildrolle der Lehrkräfte mit Migrationshintergrund eine wichtige Rolle bei:

> *Ich wünschte, meine Kinder würden das auch machen*
> Bei Elternabend z.B. hatte ich eine Mutter und sie war stolz „Sie haben
> es geschafft! Das ist toll. Sie haben es geschafft. Ich wünschte, meine Kin-
> der würden auch studieren und das auch machen." (Frau Tekin, 38 Jahre,
> Gymnasiallehrerin, türkischer Migrationshintergrund)

> *Mein Kind hätte niemals sonst diesen Weg eingeschlagen*
> In dieser Abschlussklasse, die ich hatte, die 10. Klasse, da waren die El-
> tern so was von dankbar „Wie konnte es passieren, dass mein Kind hier
> in dieser Stadt an Sie geraten ist? Das hätte niemals sonst diesen Weg ein-
> geschlagen. Das Kind hat sich so dermaßen verändert." Also die sind so
> dankbar. (Frau Köksal, 43 Jahre, türkischer Migrationshintergrund, Inte-
> grierte Gesamtschule)

Die beiden Lehrerinnen beschreiben hier, inwiefern ihnen seitens der migrantischen Eltern Dankbarkeit entgegengebracht wird. Einige Eltern sehen in den Lehrerinnen Vorbilder für ihre Kinder.

### 5.2.3.5 Zusammenfassender Kommentar

Die Inhaltsanalyse der erzählten Episoden verdeutlicht in eindrücklicher Weise die wichtige Rolle, die Lehrende mit Migrationshintergrund in der interkulturellen Elternarbeit spielen. Es wurde aufgezeigt, dass das Schaffen von Nähe zwischen Lehrenden und Eltern mit Migrationshintergrund, der Informationsaustausch zwischen Schule und Elternhaus, die Mittlerfunktion von Lehrenden mit Migrationshintergrund sowie deren Vorbildrolle maßgeblich zur Förderung und Stärkung der interkulturellen Elternarbeit beitragen und damit auch eine bessere schulische Begleitung von Kindern und Jugendlichen aus Einwandererfamilien ermöglichen. Lehrende mit Migrationshintergrund sind – das zeigen die Beispiele – häufig in der Lage, eine persönliche Beziehung zu Eltern mit Migrationshintergrund zu knüpfen. Sie nutzen ihren Vertrauensvorschuss, um Nähe und Verbindlichkeit herzustellen und öffnen damit die Tür für eine nachhaltige Kooperation zwischen Schule und Elternhaus. Durch gezielten Einsatz der Herkunftssprachen gelingt es ihnen zudem, Brücken zu bauen und die Eltern in schulbezogenen Fragen zu erreichen. Dabei zeigen die Beispiele, wie Lehrende mit Migrationshintergrund schulstrukturelle, unterrichtliche, psychologische und entwicklungsrelevante Informationen für migrantische Eltern systematisch aufbereiten und gegebenenfalls auch in den Herkunftssprachen kommunizieren. Zugleich sind die Lehrenden gegenüber migrantischen Eltern aber auch Vertreter der Institution Schule in Deutschland und der mit dieser einhergehenden Wertorientierungen und Prinzipien, die unter Umständen mit religiösen oder kulturellen Wertorientierungen bestimmter Einwanderergruppen in Konflikt stehen können. Hier zeigen die qualitativen Daten, dass die befragten Lehrenden zwar grundsätzlich bereit sind, kultursensitiv auf spezifische Bedürfnisse migrantischer Eltern einzugehen, in der Tendenz aber eher die institutionellen Werte der deutschen Schule vertreten und auch bereit sind, die Einhaltung und Achtung dieser Werte von den Eltern einzufordern.

## 5.3 Repräsentation und Rollenvorbild

### Viola B. Georgi

Empirische Studien über *minority teachers* aus dem englischsprachigen Raum, die die Bedeutung von Minderheitenrepräsentation und *role modelling* in der Schule untersucht haben, diskutieren, ob und auf welche Weise Lehrerinnen und Lehrer mit Migrationshintergrund die Funktion von Rollenvorbildern (*role models*) einnehmen (Irvine 1989, Osler 1994, Solomon 1997, Carr/Klassen 1997, Okawa 2002). Im Raum steht die Hypothese, dass Lehrende, die einer Minderheit angehören, als Rollenvorbilder für Kinder und Jugendliche aus Minderheitengruppen wirken (Carrington/Skelton 2003). Dabei wird davon ausgegangen, dass *minority teachers* sich mit ihren erfolgreichen Bildungsbiographien den Schülerinnen und Schülern mit Migrationshintergrund als positive Identifikationsfiguren anbieten und deshalb auch eine Orientierung für gesellschaftlichen Aufstieg sowie Partizipation durch Bildung in der Einwanderungsgesellschaft vermitteln können.

Die derzeit geführte bildungspolitische Debatte um Integration und Schule in der deutschen Einwanderungsgesellschaft akzentuiert die Bedeutung einer Erhöhung des Anteils von Lehrenden mit Migrationshintergrund und platziert dabei die *Role-Model*-Hypothese an prominenter Stelle. Es schien deshalb von Relevanz, das Thema „Rollenvorbilder" einer Querschnittsanalyse zu unterziehen. Untersucht wurde, ob sich Lehrende mit Migrationshintergrund als Rollenvorbilder betrachten und wie sie solche selbst- bzw. fremdzugeschriebene Funktionen reflektieren.

Herr Hadzic, Grundschullehrer mit bosnischem Migrationshintergrund, erzählt, wie positiv er von den migrantischen Kindern in der Schule aufgenommen und als Vorbild betrachtet wird:

> *Dass ich Ausländer bin und dann als Lehrer arbeite*
> Die Migrantenkinder finden es toll, dass ich quasi nicht deutschen Ursprungs bin. Die finden es toll und ich hatte den Eindruck, dass ich so eine Art Vorbild für die bin, dass ich also quasi Ausländer bin und dann als Lehrer arbeite. Also, das kommt sehr positiv an bei den Migrantenkindern. (Herr Hadzic, 47 Jahre, Grundschullehrer, bosnischer Migrationshintergrund)

Frau Toprak, Gesamtschullehrerin mit türkischem Migrationshintergrund, berichtet von verschiedenen Gesprächen mit ihren Schülerinnen und Schülern, in denen sie von diesen explizit als Vorbild benannt wird. Sie sagt, dass sie diese Rolle gerne ausfülle. Sie bietet sich aktiv als Vorbild an und genießt die Anerkennung, die ihr dabei offenbar entgegen gebracht wird.

*Ich will ihnen auch Vorbild sein*
Also, ich habe z.B. auch Schülerinnen, die jetzt also 10. Klasse sind und bald aus unserer Schule herausgehen. Dann frage ich: Ja und was macht ihr denn nach der Schule? Und dann erzählen sie so, ich weiß noch nicht und ach, meine Eltern wollen, dass ich vielleicht heirate. Und dann sage ich, ja, aber ihr müsst selber herausfinden, was ihr wollt und ich zeige auch am Beispiel von mir, dass es andere Möglichkeiten gibt. Dass die sehen, ja, Frau Toprak, die hat es ja auch irgendwie geschafft. Ich will ihnen auch Vorbild sein, auf jeden Fall. Und das bin ich auch, es kommen Fünftklässler zu mir und sagen, Frau Toprak, Sie sind mein Vorbild. Und das ist toll. Wenn Fünftklässler das sagen. Und Kollegen das mitbekommen. Ist schön, ich finde das schön, ja. Ich finde, das sollte auch so sein. (Frau Toprak, 36 Jahre, Gesamtschullehrerin, türkischer Migrationshintergrund)

Eine ähnliche Situation schildert Frau Karabulut, Grundschullehrerin mit türkischem Migrationshintergrund. Sie positioniert sich gegenüber ihren Schülerinnen mit Migrationshintergrund ganz bewusst als berufliches Rollenvorbild und motiviert die Schülerinnen zum Lehrberuf:

*Die Vorbildrolle bewusst einnehmen und Schülerinnen motivieren*
Einmal haben wir über Berufe gesprochen in der Klasse. Und da meinte die eine aus meiner Klasse, eine Türkin, dass sie Friseurin werden will. Da hab ich gemeint: Oh, das ist toll. Aber kannst Du Dir nicht vorstellen, auch was anderes zu machen? Was fändest Du denn toll? Oh, Lehrerin fände ich auch toll. Meinte ich: „Ja, wieso versuchst Du das dann nicht? Wieso denkst Du dann nicht in die Richtung?" Und dann, dann sind dann die anderen Mädels auch gekommen, die Afghanin und die Marokkanerin und dann haben wir mal darüber gesprochen. Ich habe versucht, ihnen irgendwie so den Blickwinkel zu öffnen, nicht für kleinere Berufe, sondern für ein Studium. Und ich glaube, das war eine Situation, wo sie dann dachten, ja, wieso nicht eigentlich. Dann sage ich ihnen auch immer: „Guck mal, ich habe es doch auch gemacht. Ihr wisst doch, ich hab doch auch nur türkisch gesprochen, bis ich im Kindergarten war und musste auch alles lernen, so wie ihr. Und ich stehe jetzt heute hier." Und dann stehen die da mit ganz großen Augen. (Frau Karabulut, 28 Jahre, Grundschullehrerin, türkischer Migrationshintergrund)

Frau Beti, Gesamtschullehrerin mit deutsch-kamerunischem Migrationshintergrund, erzählt, dass sie durch ihre bloße Präsenz als Rollenvorbild auf eine Schülerin gleicher Hautfarbe gewirkt habe:

*Dass Schwarze Lehrer werden können*
Ich glaube, für viele ist das auch eine Erleichterung zu sehen, dass eine Migrantin vorne steht. Und eine Schülerin, also eine schwarze Schülerin, hat mir gesagt, nachdem ich ein halbes Jahr in der Klasse war, meinte sie,

dass sie ganz froh ist, weil sie nie gedacht hätte, dass schwarze Lehrer werden können. Und dass deswegen dieser Beruf nie in ihren Gedanken vorhanden war und sie jetzt aber auch für das Lehramt studieren möchte.
(Frau Beti, 42 Jahre, Gesamtschullehrerin, deutsch-kamerunischer Migrationshintergrund)

Das Beispiel illustriert die Bedeutung der Repräsentanz auch von Lehrenden anderer Hautfarbe bzw. phänotypischer Andersheit in der Schule. Die schwarze
Schülerin scheint sich mit Frau Beti zu identifizieren. Sie erkennt sich aufgrund
der Hautfarbe in ihr wieder (vgl. hierzu Solomon 1997). Auch in der Erzählung
von Frau Kara, Gesamtschullehrerin mit türkischem Migrationshintergrund,
kommt diese Dimension des sich Wiedererkennens zum Ausdruck. Frau Kara
erzählt, dass sich die Nachricht von der Einstellung einer türkischstämmigen
Lehrerin unter den Schülerinnen und Schülern wie ein Lauffeuer verbreitet habe:

> *Oh endlich mal eine Türkin*
> Ich habe mitbekommen, wie sich die Schüler auf Türkisch gesagt haben:
> „Oh, oh endlich mal eine Türkin, ey, nicht immer nur deutsche Lehrer und
> so." Und dann kam auch eine albanische Schülerin auf mich zu: „Oh, ich
> find das toll und so. Das macht uns Mut. Dann glauben wir, dass wir das
> auch vielleicht schaffen können. Das fand ich toll, also ich hätte nicht ge-
> dacht, dass das so eine Wirkung hat. (…) aber ich fand das halt schön, was
> die Albanerin gesagt hat. (Frau Kara, 29 Jahre, Gesamtschullehrerin, türki-
> scher Migrationshintergrund)

Frau Kara registriert mit gewisser Verwunderung, welche Wirkung ihre Präsenz
als Lehrerin mit Migrationshintergrund unter den Schülerinnen und Schülern
entfaltet, genießt aber die Zuwendungen der Kinder.

Herr Khayyat, ein Gymnasiallehrer mit deutsch-ägyptischem Migrationshintergrund, fällt es hingegen zunächst schwer, die an ihn herangetragene Vorbildrolle anzunehmen:

> *Das ist eine Sache, die von außen an mich herangetragen wird*
> Von denen, die stärker in der *community* verhaftet sind, werde ich als
> ((lacht)) Bruder wahrgenommen. (…) Ja, sie sind doch auch Araber und
> so weiter und so fort. Ich hatte große Berührungsängste lange Zeit damit.
> Jetzt hab ich mich ein bisschen dran gewöhnt. (…) Ich sehe auch eine ge-
> wisse Verantwortung. Ich dachte, das ist genau das, das ist sozusagen eine
> Aufgabe, bei der ich als Vorbild wirken kann, wo ich junge Menschen
> dazu bringen kann, auch so einen ähnlichen Weg einzuschlagen wie ich
> selbst. (…) Das ist eine Sache, die von außen an mich herangetragen wird,
> also ein Konflikt, der von außen in mich hineinkommt, das ist deshalb
> für mich ein bisschen schwer. (Herr Khayyat, 45 Jahre, Gymnasiallehrer,
> deutsch-ägyptischer Migrationshintergrund)

Die arabisch-stämmigen Schüler nennen ihn „Bruder" und identifizieren sich mit Herrn Khayyat. Es kostet ihn, wie er sagt, einige Zeit und Überwindung, diesen Identifikationswunsch zu erwidern. Auch wenn er konstatiert, dass er sich bis heute damit schwer tue, so betrachtet er das Ausfüllen der ihm zufallenden Vorbildrolle doch als seine Aufgabe. Ähnlich scheint auch Herr Demir, Gesamtschullehrer mit türkischem Migrationshintergrund, zu empfinden. Herr Demir spricht sogar von einer „Pflicht" zur Einnahme der Vorbildrolle:

> *Verpflichtung zum Vorbild*
> (…) also insbesondere als Lehrer mit Migrationshintergrund haben wir auch die Pflicht, den Schülern zu sagen und zu zeigen: „Guck mal, ich habe es geschafft: Du kannst es auch schaffen, komm, mach mit." Weil wenn der Schüler merkt: „Aha, es geht. Ich habe ein Vorbild vor mir. Der hat es geschafft, der hatte auch Schwierigkeiten. Er kommt aus meinem Milieu. Er ist mein Landsmann oder kommt auch aus dem orientalischen Gebiet." Das sind so wichtige Sachen. Da spielt das Fachliche nicht so eine große Rolle. (Herr Demir, 37 Jahre, Gesamtschullehrer, türkischer Migrationshintergrund)

Herr Demir knüpft aber auch an die vorangegangen Schilderungen, die stärker auf die Frage der Repräsentation abheben, an. Auch er betont, wie wichtig es sei, dass die Lernenden sich im Lehrenden ein Stück weit wiedererkennen. Herr Demir bezieht dieses Wiedererkennen zwar auch auf die national-kulturelle Herkunft, erweitert diese aber um das soziale Herkunftsmilieu.

Frau Bayrak, Hauptschullehrerin mit deutsch-türkischem Migrationshintergrund, erzählt von ihrer Wirkung auf die Eltern mit Migrationshintergrund:

> *Ich möchte auch, dass mein Kind das schafft*
> Die Eltern sagen halt: ich möchte auch, dass mein Kind das schafft, wie Sie das geschafft haben und sie sollen sehen, dass man das schaffen kann. Weil Sie stehen ja jetzt davor und das ist auch schön so. Also man kann es schaffen, ja es gibt Hoffnung. Es ist eher so eine Symbolik für die Eltern mehr, so: ja wir sind stolz auf Sie, dass Sie das geschafft haben und hoffen, dass unsere Kinder das auch packen. (Frau Bayrak, 32 Jahre, Hauptschullehrerin mit deutsch-türkischem Migrationshintergrund)

Frau Bayrak erfährt ihre Vorbildfunktion vornehmlich im Austausch mit migrantischen Eltern, die sie in dieser Rolle bestärken. Zugleich scheinen die Eltern den Bildungserfolg von Frau Bayrak als Hinweis auf die Möglichkeit eines künftigen gesellschaftlichen Aufstiegs ihrer Kinder in Deutschland zu sehen.

## Zusammenfassender Kommentar

Zusammenfassend kann festgehalten werden, dass die Befragten – abhängig vom Kontext und den jeweils involvierten schulischen Akteuren – sehr differenziert mit der Vorbildrolle umgehen. Wie in den angloamerikanischem Studien wird auch hier deutlich, dass sich die Rollenvorbilder in Inspirationsfiguren, Fürsprecher und Mentoren einteilen lassen (vgl. hierzu etwa Carrington/Skelton 2003: 257ff.). Lehrende akzentuieren je nach Situation und Selbstverständnis die eine oder andere Dimension. Während sich ein Teil der Befragten in den Erzählungen selbst als Rollenvorbild präsentiert und die häufig auch an sie herangetragene Vorbildfunktion empathisch annimmt und auszufüllen bemüht ist, tut sich ein anderer Teil der Befragten durchaus schwer damit, diese Herausforderung – auch im Sinne der Übernahme von besonderer Verantwortung – anzunehmen und sich den Schülerinnen und Schülern als Inspirationsfigur, Fürsprecher oder Mentor anzubieten. Die befragten Lehrenden mit Migrationshintergrund erleben also sehr bewusst, dass sie als Rollenvorbilder adressiert werden und dass in diesem Zusammenhang auch hohe Erwartungen an sie gestellt werden (vgl. hierzu auch Solomon 1997: 407ff.). Ein großer Teil der Befragten scheint diese besondere Rolle – so legen es die Erzählungen nahe – aber durchaus als Anerkennung der eigenen Bildungsbiographie zu empfinden. Empirisch verlässliche Aussagen über die positive Wirkung der Lehrenden auf den Bildungserfolg von Kindern und Jugendlichen mit Migrationshintergrund, wie es etwa die Studien von Solomon (1997) andeuten, können auf der Grundlage dieser Erhebung nicht gemacht werden, auch wenn die Darstellungen der Befragten zu einer solchen Deutung verführen mögen.

## 5.4 Lehrerbilder im Vergleich

### Viola B. Georgi

Einige der Interviewpartner und Interviewpartnerinnen, die Teile ihre Schul-
und Studienzeit im Herkunftsland oder in einem anderen Land absolvier-
ten, entwickeln in ihrer bildungsbiographischen Erzählung Vergleichs- und
Wechselperspektiven, in denen sie ihre persönlichen Erfahrungen mit unterschiedlichen nationalen Bildungssystemen beschreiben und bewerten. Es wird
hier deshalb der Frage nachgegangen, wie Lehrende mit Migrationshintergrund,
die Schule als Bildungsausländer und/oder als Lehrende im Ausland anders kennen gelernt haben, mit dieser Differenzerfahrung umgehen und was daraus
für ihre schulische Praxis in Deutschland folgt. In den drei Beispielen werden
Unterschiede in den Unterrichtsmethoden, Differenzen in den Rollenmodellen
und den gesellschaftlichen und institutionellen Erwartungen an die schulischen
Akteure (Schüler, Lehrer, Eltern) sowie grundsätzliche Aspekte von historisch ge-
wachsenen und national geprägten Schulkulturen vergleichend zur Sprache gebracht.

**Herr Demir:** *Nach einer Weile habe ich dann die Krawatte zu Hause gelassen*

Herr Demir absolvierte seine Lehramtsausbildung größtenteils in der Türkei
und sammelte dort seine ersten Berufserfahrungen als Lehrer. Er ist 37 Jahre alt
und arbeitet an einer Realschule in einer hessischen Kleinstadt. Er unterrichtet
Türkisch und Islamkunde. In der folgenden Interviewpassage vergleicht er die
Kleiderordnung in der deutschen und der türkischen Schule. Herr Demir tritt seinen Schuldienst in Deutschland, wie er es aus der Schule in der Türkei gewohnt
ist, mit Anzug und Krawatte gekleidet an und erntet damit im Lehrerzimmer be-
fremdliche Blicke. Es wird ihm klar, dass er bezogen auf die Kleiderordnung auf
eine andere Schulkultur trifft. Zunächst stellt er irritiert fest, dass die Kolleginnen
und Kollegen in Deutschland mit Jeans, T-Shirt und sportlichem Schuhwerk zum
Unterricht kommen. Nach einer Weile findet er aber durchaus gefallen an dem
eher lässigen *dresscode* und passt sich – zumindest partiell – an:

> *In der Türkei gab's Anzugspflicht*
> Nach einer Weile habe ich dann die Krawatte zu Hause gelassen, nach
> einer Weile das Jackett ((lacht)) und danach habe ich auch die Hose zu
> Hause ((lacht)) gelassen, die gebügelte frisch gebügelte Hose und so war's
> ((lacht laut auf)). In der Türkei gab's Anzugspflicht, auch Schüler An-
> zug und Krawatte. (Herr Demir, 37 Jahre, Realschullehrer, türkischer
> Migrationshintergrund)

Herr Demir ordnet seinen Anpassungsprozess an das deutsche Kollegium rückblickend mit Humor ein. Er verweist aber in seinen weiteren Ausführungen auf
eine tiefer liegende Dimension der Kleiderordnung, die er mit dem Begriff der
„Respektsperson" zu verdeutlichen sucht:

> *Das Fleisch Dir, die Knochen mir*
> Als Lehrer, wenn man einen Anzug anhat, ist man Respektsperson und
> man fühlt sich auch anders ((lacht auf)) Ja, also in der Türkei ist der Leh-
> rer eine absolute Respektsperson. Man hat ja auch so ein Sprichwort ent-
> wickelt: Das Fleisch Dir, die Knochen mir. Also Du darfst machen, was Du
> willst eigentlich aus meinem Kind. Aber heutzutage, ich habe noch Freun-
> de, Kollegen, (man teilt mir das aus der Türkei mit) ändert sich das Bild
> auch in der Türkei. Hier? Ok. die Lehrer sind auch Respektspersonen, aber
> der Lehrer erwartet ja mehr, dass die Eltern sich mehr einmischen, ne?
> Am Nachmittag ist das Kind zu Hause und da werden die Eltern auch in
> die Pflicht gezogen. In der Türkei ist es völlig anders: Man überlässt das
> Kind der Schule oder dem Lehrer. So ist auch das Bild da. Meiner Mei-
> nung nach, wenn man als Lehrer vor der Klasse steht, muss man nicht völ-
> lig daneben sein. Man muss auch aufpassen. Ich würde z.B. nie mit Panto-
> letten in die Schule gehen, ich gehe schon mit meinen Schuhen (…) also
> T-Shirt, Jeans – kein Problem. Aber, was man auch anhat, muss sauber
> und ordentlich sein: Respektsperson sein bzw. Respekt zu bekommen, hat
> auch was mit der eigenen Person zu tun, weil man auch dafür was tun
> muss. Nicht zuletzt soll man sich benehmen. Der Vorbildcharakter ist sehr
> wichtig. (Herr Demir, 37 Jahre, Realschullehrer, türkischer Migrationshin-
> tergrund)

Herr Demir passt sich an, trägt fortan auch Jeans und T-Shirt, wobei er beim
Schuhwerk keine Kompromisse eingeht. Er trägt weiterhin Herrenschuhe.
Auch betont er die Notwendigkeit eines gepflegten Auftretens in der Schule
und begründet dies mit Selbstrespekt, Respekt gegenüber der Institution und
den Schülern sowie mit dem Vorbildcharakter des Lehrers. Diese Dimension
des Lehrberufes ist ihm wichtig und er möchte seine Lehrerrolle auch in
Deutschland auf diese Weise ausfüllen. Hierin offenbart sich, dass das professionelle Selbstverständnis von Herrn Demir auch von seiner schulischen und beruflichen Sozialisation in der Türkei geprägt ist. Zugleich kontrastiert er in seiner vergleichenden Reflexion auch die institutionell zugeschriebenen und kulturell
verankerten Rollen der schulischen Akteure in beiden Ländern. Dabei wird zum
Beispiel deutlich, dass die Schule in der Türkei, so wie Herr Demir sie erlebt hat,
wenig auf Elternbeteiligung setzt, während elterliches Engagement in Deutschland
– so seine Beobachtung – erwartet werde. Während sich Eltern in Deutschland
in schulische Angelegenheiten einbrächten, überlasse man das Kind in der Türkei
eher der Schule bzw. dem Lehrer. Er unterstreicht den Status des Lehrers als
Respektsperson, indem er betont, dass der Lehrer eine „absolute" Respektsperson
sei und untermauert dieses Bild mit einem aus dem Türkischen übersetzten

Sprichwort: „Das Fleisch Dir, die Knochen mir." Er deutet dies zugleich aus: Der Lehrer dürfe aus dem Kind machen, was er wolle. Schließlich räumt er aber ein, dass dieses Lehrerbild in der gegenwärtigen Türkei im Wandel begriffen sei. In seinen Vergleichen zwischen bestimmten schulischen Praxen in beiden Ländern, wägt er stets ab und entscheidet sich dann in seiner eigenen Praxis, welche Haltung oder welche Handlung ihm angemessen erscheint, wie das folgende Beispiel zeigt:

> *Neutral-Sein, das ist sehr wichtig*
> Neutral-Sein, das ist sehr wichtig, das habe ich auch in Deutschland gelernt, weil in der Türkei da wird auch einiges so von oben gedrillt und das gibt man weiter, automatisch, sonst wird man zum Außenseiter. Aber hier unterstütze ich und unterschreibe ich das Neutralitätsgebot. Das ist sehr wichtig, wenn man in die Klasse reingeht zu vergessen, was man selbst im Kopf hat. Auch die eigene Richtung bei Islamkunde. Man ist da in der Mitte, oder so. Das ist halt wichtig. (Herr Demir, 37 Jahre, Realschullehrer, türkischer Migrationshintergrund)

Herr Demir betont, dass er in Deutschland gelernt habe, eine Lehrperson solle sich neutral verhalten. In der Türkei sei es ihm hingegen schwer gefallen, eine eher hierarchisch-orientierte und staatskonforme Haltung zu durchbrechen und die Lernenden nicht auf eine bestimmte Position hin zu „drillen." Herr Demir spricht sogar von einem „Neutralitätsgebot" in der deutschen Schule und spielt hier vermutlich auf den sog. „Beutelsbacher Konsens" von 1977 an, wonach die Schüler nicht durch den Lehrer indoktriniert bzw. von seiner politischen Position überwältigt werden dürfen (Schiele/Schneider 1977). Dies imponiert Herrn Demir offensichtlich und er integriert diese Prämisse von Bildungsarbeit auch sehr bewusst und selbstreflexiv in sein eigenes professionelles Handeln, etwa bezogen auf sein religiöses Selbstverständnis und seinen Islamunterricht.

## Frau Struk: *In der Ukraine gab's diese Methodenvielfalt nicht*

Frau Struk ist 35 Jahre alt und stammt aus der Ukraine. Sie unterrichtet derzeit als Vertretungslehrerin Sachkunde, Mathe und Deutsch an einer kleinstädtischen Grundschule im Rheinland. Frau Struk absolvierte ihre Schullaufbahn und große Teile ihres Studiums in der Ukraine. Sie ist Bildungsausländerin und musste sich durch ein ergänzendes Studium als Quereinsteigerin für den Lehrberuf in Deutschland qualifizieren. In der folgenden Passage vergleicht sie die Unterrichtspraxis in beiden Ländern:

> *Da war keine Aktivität für die Schüler*
> Der Unterricht war ziemlich frontal. Das habe ich hier ganz anders kennen gelernt. Ich arbeite hier ganz anders, probiere neue Methoden aus, finde das auch interessanter und besser. Weil das selbstständige Denken von

> Kindern wird einfach mehr gefordert, *aber* nichtsdestotrotz hatte ich net-
> te Lehrer in der Ukraine, die uns auch forderten und förderten. Aber in
> der Ukraine gab's diese Methodenvielfalt nicht, wenn ich so zurückden-
> ke. Vielleicht mal in der Oberstufe, das man da mal ein Referat in Partner-
> arbeit gestaltet hat. Sonst nichts. Gar nichts. Da war keine Aktivität für
> die Schüler. Gar keine. (Frau Struk, 35 Jahre, Grundschullehrerin, ukraini-
> scher Migrationshintergrund)

Frau Struk vergleicht die Unterrichtsmethoden, die sie als Schülerin in der
Ukraine und später als Lehrerin in Deutschland kennen gelernt hat. Dabei hebt
sie die Methodenvielfalt, die sie in der unterrichtlichen Praxis in Deutschland erlebt hat, ebenso positiv hervor wie die Förderung von schülerorientierten, selbst-
gesteuerten und kritischen Lernprozessen. Im Kontrast dazu beschreibt sie den
Unterricht in der Ukraine als „ziemlich frontal" und wenig interaktiv. Sie nimmt
zugleich eine Bewertung vor und erzählt, dass sie als Lehrerin im Unterricht heute selber mit interaktiven Methoden arbeite und beurteilt diese auch als „interes-
santer" und „besser." Frau Struk tut sich offenbar nicht schwer damit, ihr aus heu-
tiger Perspektive nicht zeitgemäß und effizient erscheinende Unterrichtsformen
ad acta zu legen und sich neue schüleraktivierende Methoden für ihre eigene
Unterrichtspraxis zu erschließen. Hierin spiegeln sich nicht nur eine Offenheit für
andere Unterrichtsmethoden, sondern auch eine Bereitschaft zur professionellen
Neuorientierung und Weiterentwicklung in der Auseinandersetzung mit Unterrichtsmethoden in Deutschland und der Ukraine.

### Frau Schwartz: *Wenn der Lehrer was sagte, dann war das so*[1]

Frau Schwartz hat einen rumänisch-deutschen Migrationshintergrund. Sie ist zum
Zeitpunkt des Interviews 42 Jahre alt und verfügt über 15 Jahre Berufspraxis als
Lehrerin in Rumänien und Deutschland. Sie absolvierte ihre gesamte Schulzeit
in Rumänien und schloss auch ihr Lehramtsstudium in Rumänien ab. In
Deutschland qualifizierte sie sich nochmals durch ein Studium und ein zweijäh-
riges Referendariat für den Lehrberuf. Sie unterrichtet an einer Gesamtschule in
Hessen.

Im Interview betont Frau Schwartz, wie schwer es ihr gefallen sei, das von ihr
in der eigenen Schulzeit und in ihrer Ausbildung zur Lehrerin in Rumänien verinnerlichte Lehrerbild in Auseinandersetzung mit der Schulkultur in Deutschland
neu zu justieren. Gerade bezogen auf das Verhältnis zwischen Lehrkräften und
Schülerschaft, aber auch zwischen Lehrkräften und Eltern konstatiert sie große
Unterschiede zwischen Rumänien und Deutschland. Frau Schwartz stellt rumänische Schulverhältnisse in ihrer rückblickenden Erzählung folgendermaßen dar:

---

1    Siehe das ausführliche biographische Portrait von Frau Schwartz unter 4.1.

*Die Person, die mein Kind an der Hand nimmt*
Ich muss da vielleicht zurückschwenken und ganz kurz sagen, wie es in Rumänien war (…). Wenn der Lehrer was sagte, dann war das so. Lehrer war Respektsperson, auf der Straße, beim Einkaufen. Wir wurden nett von den Eltern begrüßt und das, was der Lehrer sagte, wurde abgenickt. (…) Und dadurch, dass man als Klassenlehrer auch zwei Hausbesuche machen musste in jedem Schuljahr, hatte man einen ganz anderen Kontakt zu den Eltern. (…) Man war nicht als Autoritätsperson, sondern Respektsperson und die Person, die einem das Wissen vermittelt, was man für das Leben braucht. Das konnte man an dem erkennen, wenn zu Hause Kirschen eingekocht wurden, brachte man welche mit zum Probieren, weil die Mutti einem das Gläschen mitschickt. Und am ersten Schultag, das war zum ersten Mal, dass ich Klassenlehrerin war, mit 24 Schülern in der 5. Klasse, habe ich 28 Blumensträuße bekommen, d.h., nicht nur die Kinder haben es symbolisch gebracht, auch die Eltern haben noch zusätzlich, um diese Liebe oder dieses Vertrauen auszudrücken, dass man einem das Kind anvertraut. Also es war gar nicht sozusagen der strenge Lehrer. Sondern es war die Person, die mein Kind an der Hand nimmt. (…) Und das waren alles Verhältnisse, oder sind die dann in die Berge am Wochenende zum Zelten und haben dann einen Enzianstrauß mitgebracht. Einfach Gebirgsblumen. Das waren jetzt keine materiellen Sachen, aber die Akzeptanz war ganz anders da. Und das vermisse ich. (Frau Schwartz, 42 Jahre, Gesamtschullehrerin, rumänisch-deutscher Migrationshintergrund)

Dieser Rückblick von Frau Schwartz mutet nostalgisch an: selbsteingekochte Kirschen, Ausflugsmitbringsel und Blumensträuße als Präsente und Ausdruck von Wertschätzung für den Lehrer. Frau Schwartz macht keinen Hehl daraus, dass sie derartige symbolische Gesten im deutschen Schulalltag vermisst.

Auf die Frage, wie sie das Lehrerbild in Deutschland im Vergleich zu Rumänien wahrnehme, antwortet Frau Schwartz:

*Es hat wehgetan*
Ja, ((seufzt)) also, es hat wehgetan, wenn man dann hier sieht, dass die Respektsperson, oder die Person, die das Leben ebnet durch die Wissensvermittlung, dass die hier ganz anders angesehen wird. Eher nach dem Motto: Der Lehrer hat ja nur noch Freizeit. Schule Unterricht und danach Freizeit. Das bekannte Bild von dem Lehrer mit dem Fahrrad auf dem Auto angebunden, weil der sich ja nach dem Unterricht sowieso nur noch Zeit für Sport nimmt usw. Und jeder kann hier über den Lehrer meckern, wie unfair der zu den Kindern ist. Und es ist ganz anders, sag ich: eher ein gestörtes Verhältnis. Und solange das Image des Lehrers nach außen nicht anders wird, dass die Eltern auch entsprechend mit dem Lehrer zusammenarbeiten an der Erziehung des Kindes, wird das nicht so einfach sein. (Frau Schwartz, 42 Jahre, Gesamtschullehrerin, rumänisch-deutscher Migrationshintergrund)

Frau Schwartz kritisiert das negative Lehrerbild in Deutschland und beklagt, dass der Lehrberuf hierzulande wenig Ansehen genieße. Der Verlust des Respekts gegenüber der Lehrperson als Schlüssel zum Wissen und die verbreitete Lehrerschelte schmerzen sie sogar. Sie spricht von einem „gestörten Verhältnis" zwischen Lehrenden, Eltern und Schülerinnen und Schülern, welches sie auf den mangelnden Respekt gegenüber der Lehr- und Erziehungsleistung der Lehrpersonen zurückführt.

Bezogen auf Schülerinnen und Schüler aus bestimmten Herkunftsländern konstatiert sie, dass diese den Respekt zunächst mitbrächten, aber im Laufe der Zeit schnell lernten, sich an die Schulkultur und das andere Lehrer-Schüler-Verhältnis in Deutschland anzupassen.

> *Nach zwei Monaten ist alles weg*
> Bei Russland und Polen weiß ich das hundertprozentig, wenn die Schüler von dort reinkommen, mit wie viel Ehrwürdigkeit sie einem entgegentreten und Höflichkeit und nach zwei Monaten ist alles weg. Das sagen auch Schüler hinterher im Pausengespräch, dass sie das von zu Hause her ganz anders von der Schule kennen würden. Das Verhalten und die Disziplin, die in unseren Klassen herrschen würde, das würde ja gar nicht gehen und das ist so laut und usw. Also es ist nicht das Bild, was sie kennen. Aber sie merken dann schnell: Okay, es ist angenehm, es macht vielleicht mehr Spaß auf diese Art, ne. Dementsprechend gewöhnen sie sich sofort an das Neue und passen sich an. (Frau Schwartz, 42 Jahre, Gesamtschullehrerin, rumänisch-deutscher Migrationshintergrund)

Frau Schwartz betont die Bedeutung von Elternarbeit für den schulischen Erfolg und die Integration der Kinder und Jugendlichen. Auch dabei schaut sie mit vergleichendem Blick nach Rumänien:

> *Über Elternarbeit Buch führen*
> Ich finde die Elternarbeit ist hier nicht so gegeben. Da musste man wirklich Buch führen, wann man welche Uhrzeit wo war und wie lange das gedauert hat. Das musste man auch als ein kleines Protokoll führen. Und das ist ja hier nur, wenn ein Problemfall ist und das Elternteil bei dem 5. Mal nicht erschienen ist, dass man dann Hausbesuch machen muss. Also da ist es hier schon: Oh Gott, der Lehrer war hier im Haus, ist hier ein halber Weltuntergang. In Rumänien war es normal, dass der Lehrer zu den Eltern nach Hause kommt. (Frau Schwartz, 42 Jahre, Gesamtschullehrerin, rumänisch-deutscher Migrationshintergrund)

Sie beurteilt die Praxis der Buchführung über jeden Schüler und jede Schülerin rückblickend und im Vergleich als positiv und beziehungsstiftend. Zugleich kritisiert sie den Mangel an konstruktiver Elternarbeit in Deutschland. Auch hebt sie Hausbesuche, so wie sie dieses Konzept in Rumänien erfahren hat, als Möglichkeit einer guten Elternarbeit hervor und äußert sich eher befremdet über die aus ihrer Sicht in Deutschland vorhandene Grenze zwischen dem Elternhaus als Teil der Privatsphäre und der Institution Schule als öffentliche Einrichtung. Sie macht dies am Thema Hausbesuche fest. Sie bedauert, dass das Aufsuchen der Schüler und deren Eltern nur selten als adäquate Form einer verbindlichen Elternarbeit betrachtet wird.

## Zusammenfassender Kommentar

In der Analyse der Interviews bezüglich der Vergleichs- bzw. Wechselperspektive fällt zusammenfassend auf, dass es sich bei den hier dargestellten Befragten vor allem um die so genannten Quereinsteiger bzw. Quereinsteigerinnen handelt. Darunter fassen wir in unserer Studie all diejenigen Lehrenden, die ihren gesamten Bildungsweg oder Teile ihrer Ausbildung in einem anderen Land absolviert haben und zumeist dort bereits auch Unterrichtserfahrungen in Schulen gesammelt haben. In der Reflexion ihrer professionellen Rolle kommt es zu einer Art Pendelbewegung, in der die jeweils spezifischen und häufig systemisch geprägten Lehrerbilder, Unterrichtsstrategien und Schulkulturen kritisch gegeneinander abgewogen werden. In den Darstellungen der schulischen Erfahrungen durch die Befragten werden ganz unterschiedliche Strategien der Bewertung, Aneignung und Verarbeitung von selbst erlebten schulischen Unterschieden präsentiert. Neben dem kritischen Abwägen didaktischer Ansätze und pädagogischer Grundhaltungen sticht insbesondere die Dimension des „Lehrers als Respektsperson" hervor. Häufig wird das positive Image des Lehrers in den Herkunftsländern betont. Hervorgehoben wird etwa, das Lehrende in den Herkunftsländern einen besonderen gesellschaftlichen Status genießen, mehr Achtung und Wertschätzung erfahren. Die Situation in Deutschland wird im Vergleich hierzu teilweise als Gegensatz erlebt. Auch wenn der Umgang mit dem wahrgenommenen Gegensatz individuell unterschiedlich ist, so bedauern die hier Befragten – mit Ausnahme von Frau Struk – durchaus den Verlust des Ansehens, das der Lehrberuf im Herkunftsland genoss. Die Autorität und Anerkennung, die ihnen im Herkunftsland entgegengebracht wurde, erleben sie als Lehrkräfte in Deutschland nicht in gleicher Weise. Ob und wie dieser von den Betroffenen geschilderte „Statusverlust" in die schulische und unterrichtliche Praxis diffundiert, muss an dieser Stelle ein Forschungsdesiderat bleiben.

An den hier präsentierten Interviewausschnitten lässt sich das Potential von Vergleichsperspektiven aufzeigen. Diese evozieren ein wechselseitiges Hinterfragen und Bewerten zumeist national geprägter Schul- und Unterrichtskulturen und legen damit zugleich kritische Aspekte für Schulentwicklung in der Einwanderungsgesellschaft offen. Insofern bringen Lehrende mit Migrationshintergrund, die Schulerfahrungen in anderen Ländern gemacht haben, wertvolle Perspektiven ein, die ihren eigenen und den Lernprozess der Institution Schule herausfordern und Transformationspotential besitzen.

## 5.5 Umgang mit Heterogenität in der Schule: Vertrauensbildung, Disziplinierung, Anerkennung

### Viola B. Georgi

Die folgende Inhaltsanalyse betrachtet den Umgang der befragten Lehrkräfte mit migrationsbedingter Vielfalt in der Schule. Dabei sei an dieser Stelle vorausgeschickt, dass der überwiegende Teil der bisher durchgeführten Untersuchungen zu Einstellungen und pädagogischer Praxis der Lehrerschaft an deutschen Schulen einen tendenziell defizitären Umgang mit migrationsbedingter Differenz dokumentiert (vgl. Gogolin 2008, Marburger/Helbig/Kienast 1997, Sterzenbach/Moosmüller 2000, Lanfranchi 2008, Weber 2003). Dieser basiert auf einem monokulturellen Selbstverständnis der schulischen Akteure, welches offenbar weder durch die heterogene Schülerschaft noch durch das multikulturelle gesellschaftliche Umfeld in Frage gestellt werden kann (Auernheimer/Blumenthal/Stübig/Willmann 1996). So kommen etwa Marburger, Helbig und Kienast in ihrer Untersuchung *Sichtweisen und Orientierungen Berliner Grundschullehrerinnen und -lehrer zur Multiethnizität der bundesdeutschen Gesellschaft* (1997) zu der Feststellung, dass die befragten Lehrenden eine Haltung „[des] kulturellen Ethnozentrismus, eines Gebundenseins an Sich-verpflichtet-Fühlen gegenüber einer ethnozentrisch ausgerichteten Institution Schule" (56) vertreten. Darunter fallen Einstellungen, die durch „Ausgrenzung und Marginalisierung von Minderheitensprachen und -kulturen, Abwertung migrantischer Schülerinnen und Schüler und deren Eltern sowie hohen Anpassungs- und Assimilationsdruck" (ebd.) charakterisiert werden können. Weber (2003) unterstreicht diesen Befund eines defizitorientierten Blickes auf Schülerinnen und Schüler nichtdeutscher Herkunftssprache mit den Ergebnissen ihrer empirischen Untersuchung zur Wahrnehmung bildungserfolgreicher türkischer Schülerinnen an der gymnasialen Oberstufe. Die von Weber befragten Gymnasiallehrer werteten den Migrationshintergrund und die Mehrsprachigkeit der Mädchen als „schwerwiegende Beeinträchtigung der schulischen Leistungsfähigkeit" und gaben an, dass diese aus dem „Schulalltag heraus zu drängen" (246) sei. Edelmann arbeitet in ihrer qualitativen Untersuchung des Umgangs von Lehrpersonen der Primarschule mit der migrationsbedingten Heterogenität in ihren Klassen sechs unterschiedliche Typen heraus, die für unterschiedliche Strategien im Umgang mit Differenz stehen und sehr stark an die Persönlichkeit des Lehrenden gebunden sind.[1] Edelmann resümiert, dass letztlich die subjektive Interpretation und das persönliche Interesse der Lehrperson bezogen auf migrationsbezogene Vielfalt ausschlaggebend für den professionellen Umgang mit den durch Heterogenität generierten pädagogischen Herausforderungen seien (Edelmann 2008b: 60). Dies unterstreicht nochmals die Bedeutung biographischer Aspekte für das Professionsverständnis, so wie wir es in vorliegender Studie in den Blick nehmen.

---

1    Siehe auch die Ausführungen zur Studie von Edelmann in Kapitel II.

Die befragten Lehrerinnen und Lehrer unserer Studie sind aufgrund ihres Migrationshintergrundes, wie der Erziehungswissenschaftler Paul Mecheril (2008) feststellt, „in einer selbstverständlicheren Weise mit Themen kultureller Differenz und Dominanz lebensgeschichtlich befasst" (18) als Lehrkräfte ohne einen solchen biographischen Hintergrund. Daher war eine der Grundannahmen der Studie, dass migrantische Lehrkräfte interkulturelle Kompetenzen[2] – neben der grundsätzlichen Möglichkeit, diese im Rahmen von Aus- und Fortbildung zu erwerben – auch aus lebensgeschichtlichen Zusammenhängen und ihren unmittelbaren Erfahrungen entwickeln. Die quantitativen Daten der Studie legen nahe, dass hieraus ein bewusster Umgang mit sprachlicher und kultureller Heterogenität in der Schule erwachsen kann. Denn im quantitativen Teil der Untersuchung stimmen 77,9% der Befragten der Aussage „Ich gehe bewusst mit der kulturellen und sprachlichen Differenz innerhalb der Schülerschaft um" *ziemlich* bis *sehr* zu, während nur 7% der Befragten diese Aussage nur als *wenig* bis *nicht zutreffend* bewerten. Ebenso stimmen 66,9% der Befragten der Aussage „Ich sorge dafür, dass kulturelle und sprachliche Unterschiede an unserer Schule als Bereicherung erlebt werden" *ziemlich* bis *sehr* zu, während 10,7% der Befragten diese Aussage nur als *wenig* bis *nicht zutreffend* bewerten.

In allen Interviews erzählen die Befragten von Situationen aus dem schulischen Alltag, in denen Facetten kultursensitiven Handelns und interkultureller Reflexion zum Ausdruck kommen. Je nach Situation und Kontext stehen unterschiedliche Handlungsstrategien im Vordergrund. Das Erfahrungsspektrum der interviewten Lehrerinnen und Lehrer ist breit: mal geht es um den Einsatz der Muttersprache bei Konflikten oder Elterngesprächen, mal geht es um die gezielte und didaktisch organisierte Auseinandersetzung mit kultureller Differenz im Klassenzimmer, mal geht es um die Konfrontation von stereotypen Zuschreibungen im Lehrerzimmer. In diesem Zusammenhang ist uns auch daran gelegen, die häufig an Lehrerinnen und Lehrer mit Migrationshintergrund gerichtete Erwartung, dass diese über besondere interkulturelle Kompetenzen verfügen, auf der Basis der gesammelten Daten empirisch zu prüfen.

### 5.5.1 Mehrsprachigkeit

Der schulische Umgang mit Mehrsprachigkeit ist ein kontrovers diskutiertes integrations- und bildungspolitisches Schlüsselthema in Deutschland. Die beobachtbare Reduktion dieser Debatten auf Sprachdefizite bilingual bzw. mehrsprachig aufwachsender Kinder, mangelnde sprachliche Förderung durch die Eltern und die Bereitstellung kompensatorischer Maßnahmen zum Erwerb der deutschen

---

2   Der Begriff „Interkulturelle Kompetenz" wird hier in Anlehnung an Andrea Lanfranchi (2008) verwendet, der ein Standard-Curriculum für interkulturelle Kompetenzen in pädagogischen Praxisfeldern entwickelt hat, welches einen breit angelegten, multiperspektivischen und systematischen Überblick zu unterschiedlichen Fähigkeiten und Kompetenzen gibt, die im Zusammenspiel als interkulturell klassifiziert werden können. Eine ausführliche Diskussion des Begriffs würde den Rahmen der vorliegenden Studie sprengen.

Sprache dürfen in diesem Zusammenhang als problematisch erachtet werden, weil sie die besonderen Bedingungen mehrsprachiger Sozialisation ebenso ausblenden, wie die strukturellen und gesellschaftlichen Hürden zur Anerkennung und zum Erwerb der Herkunftssprachen in der Schule (vgl. Fürstenau/Gomolla 2011:15)

Dem Einsatz der Herkunftssprache als Bestandteil interkultureller Kompetenz kommt besondere Bedeutung zu, da Sprache Träger und Vermittler von Kultur ist. Verständigung setzt eine gemeinsame Sprache voraus. Über die gemeinsame Sprache hinaus bedarf es aber auch eines gewissen Maßes an, wie Annelie Knapp (2008) es ausdrückt, „Standards des Kommunizierens und Standards des Wahrnehmens, Glaubens, Denkens, Handelns allgemein sowie eine gewisse Menge an geteiltem Wissen, also einen common ground" (81). Es scheinen nicht lediglich die Sprachkenntnisse, sondern auch eine gefühlte Gemeinsamkeit und geteiltes Wissen („common ground") zu sein, die Lehrerinnen und Lehrer mit Migrationshintergrund in besonderer Weise zur Kommunikation mit Schülerinnen und Schüler mit einem ebensolchen familiären Hintergrund befähigen.

Lehrende mit Migrationshintergrund signalisieren „Mehrsprachigkeit" und stehen in diesem Sinne häufig für gelebte sprachliche Vielfalt in der Schule. Auch wenn die Nutzung der Herkunftssprache im Unterricht bei einem Großteil der befragten Lehrenden eine untergeordnete Rolle spielt, teilweise sogar ganz abgelehnt wird, so lässt sich auf der Grundlage der erzählten Begebenheiten doch mutmaßen, dass sich das bloße Bewusstsein um die Mehrsprachigkeit der Lehrkraft positiv auf die Interaktionen zwischen Lehrenden und Lernenden auswirkt. Es wird aber auch von Situationen informeller Kommunikation zwischen Schülern und Lehrern gleicher Herkunftssprache berichtet, etwa während der Pausen. Auffällig ist der Einsatz der Herkunftssprache mit dem Ziel der Vertrauensbildung und der Disziplinierung.

Ein theoretischer Ausgangspunkt dieser Inhaltsanalyse ist der Befund des „monolingualen Habitus der multilingualen Schule" (Gogolin 2008). Hiernach gründen die Lehrroutinen in der Schule in der impliziten Annahme, dass die Schülerinnen und Schüler dieselben sprachlich-kulturellen Erfahrungen in den Unterricht mitbringen und dass sie in der Regel einsprachig sozialisiert sind. Diese Annahme der Üblichkeit des Aufwachsens in *einer* Sprache und *einer* Kultur stellt in „pluriformen Einwanderungsgesellschaften" (Leiprecht 2006), in denen im Zuge von Globalisierungs- und Migrationsprozessen immer mehr Menschen eine „lebensweltliche Zweisprachigkeit" (Gogolin 2008) oder auch „lebensweltliche Mehrsprachigkeit" praktizieren, eine Herausforderung dar. In diesem Zusammenhang konnten die Untersuchungen von Ingrid Gogolin und Ursula Neumann (1997) die Hypothese eines monolingualen Selbstverständnisses von Lehrkräften empirisch differenzieren und die Existenz einer „monolingualen Grundüberzeugung" von Lehrerinnen und Lehrern herausarbeiten (siehe hierzu insbesondere Gogolin 2008: 141). In Anschluss an diese Forschungsarbeiten wird im Folgenden der Frage nachgegangen, ob auch bei Lehrenden, die selbst zweisprachig oder mehrsprachig sozialisiert wurden, ein tendenziell monolinguales Selbstverständnis nachzuweisen ist, oder ob diese eine tendenziell multilinguale Grundüberzeugung entwickeln. Außerdem wird gefragt, inwieweit sich eine monolinguale bzw. multilinguale Einstellung in der professionellen Handlungsorientierung niederschlägt.

Die in unseren Interviews generierten Aussagen zum Sprachgebrauch im Schulalltag sowie die von Lehrkräften dargestellten schulischen Konflikte und Auseinandersetzungen mit dem Thema Sprachgebrauch zeigen, dass sich die migrantischen Lehrerinnen und Lehrer intensiv mit dem Thema Monolingualität bzw. Multilingualität beschäftigen. Die unterschiedlichen Positionierungen der Befragten scheinen abhängig von der Zugehörigkeit zu bestimmten Sprachgemeinschaften und eigenen Sprachsozialisation bzw. Sprachbiographie.

Die Einbeziehung der quantitativen Daten gibt an dieser Stelle weiteren Aufschluss: Der Aussage „Ich setze meine Muttersprache bewusst im Unterricht ein" stimmen nur 25,8% der Befragten *ziemlich* bis *sehr* zu, während 61,8% der Befragten diese Aussage nur als *wenig* bis *nicht zutreffend* bewerten. Der Aussage „Ich setze meine Muttersprache bewusst außerhalb des Unterrichts ein" stimmen hingegen 42,6% der Befragten *ziemlich* bis *sehr* zu, während 32,2% der Befragten diese Aussage nur als *wenig* bis *nicht zutreffend* bewerten. Der Aussage „Es ist an meiner Schule verboten oder nicht gewünscht, innerhalb des Unterrichts meine Muttersprache zu sprechen" stimmen 39,5% der Befragten *ziemlich* bis *sehr* zu, während 46,7% der Befragten diese Aussage nur als *wenig* bis *nicht zutreffend* bewerten. Der Aussage „Es ist an meiner Schule verboten oder nicht gewünscht, außerhalb des Unterrichts meine Muttersprache zu sprechen" stimmen 21% der Befragten *ziemlich* bis *sehr* zu, während 61,3% der Befragten diese Aussage nur als *wenig* bis *nicht* zutreffend bewerten (vgl. Tabelle 6).

Von diesen quantitativ empirischen Befunden untermauert, werden im Folgenden einige Fallbeispiele aus dem ausgewerteten qualitativen Material vorgestellt. Der analytische Fokus liegt auf der Erkundung von Motivlagen der Positionierungen zu Fragen der Mehrsprachigkeit und des Umgangs mit Mehrsprachigkeit in Schule und Unterricht. Die Fallbeispiele bieten differenzierte Einblicke in die hinter den quantitativen Daten liegenden persönlichen und gesellschaftlichen Überlegungen und Beweggründe der Akteure.

Herr Yildiz ist Gymnasiallehrer mit türkischem Migrationshintergrund. Er unterrichtet die Fächer Biologie und Mathematik an einem Gymnasium in München. Nach eigener Aussage beherrscht er neben Türkisch auch Arabisch. Im ausgewählten Interviewausschnitt reflektiert er über die Bedeutung seiner Mehrsprachigkeit für seine Schulpraxis:

> *Ich verstehe sie eben einfach*
> Also, grundsätzlich ist meine Herkunft einfach ein Vorteil, wenn ich natürlich in einer Klasse bin, wo sehr viele Kinder als Muttersprache türkisch oder arabisch haben. Ich verstehe sie eben einfach. Und ob das jetzt Pausengespräche sind oder auch mal im Unterricht: Ich kann hören, was sie sagen und verstehe es und kann sie auch ganz anders, ja, zurechtweisen und wenn hin und wieder mal Kommentare kommen im Unterricht, dann

kann ich natürlich auch dementsprechend schlau antworten. (Herr Yildiz, 37 Jahre, Gymnasiallehrer, türkischer Migrationshintergrund)

Herr Yildiz macht deutlich, dass die Beherrschung der türkischen und der arabischen Sprache sich positiv auf die Kommunikation mit den Schülerinnen und Schülern auswirkt, die in unterschiedlichen Situationen auf ihre Herkunftssprachen zurückgreifen. Herr Yildiz nutzt seine Sprachkompetenz dabei nicht nur zum besseren Verstehen, sondern auch zur Disziplinierung von Kindern aus Einwandererfamilien.

Frau Badem ist Grundschullehrerin mit türkischem Migrationshintergrund. Sie unterrichtet Deutsch, Mathematik und Sachkunde an einer Hamburger Grundschule. Auch Frau Badem setzt ihre Muttersprache im Schullalltag gezielt ein:

*Man muss die Kinder auch in ihrer Muttersprache ansprechen*
Ich habe durch meine Sprache und durch meine Vergangenheit, sag ich mal, zusätzlich noch Dinge, die das Schulleben erleichtern. Und das schätzen meine Kollegen natürlich auch. Wenn es irgendwie Probleme gibt, ach komm mal, kannst du nicht kurz helfen, mit der Mutter das klären. Also Elterngespräche führen. Auch mit Schülern Gespräche führen. Es gibt auch einfach Momente, Situationen, was ich jetzt die Jahre über erfahren habe, die Erfahrung gemacht habe, dass sich Schüler in gewissen Situationen näher fühlen, wenn sie dann türkisch sprechen können. Sie sind dann irgendwie erleichtert. Das ist für sie bekannter, in gewissen Situationen, können sie sich in Türkisch besser ausdrücken oder möchten das dann auch auf Türkisch machen. Ihnen diese Möglichkeit geben zu können, das finde ich ganz toll. Ich bedaure es, dass ich nicht noch mehr Sprachen sprechen kann, ja. Ganz viele Sprachen, die es dann auch gibt. Weil ich einfach merke, natürlich ist das toll, die Kinder auch in ihrer Muttersprache ansprechen zu können, weil sie nicht nur das eine sind, sondern eben auch das andere und das finde ich sehr wichtig. (Frau Badem, 26 Jahre, Grundschullehrerin, türkischer Migrationshintergrund)

Frau Badem berichtet von der Bedeutung und dem Einsatz ihrer Herkunftssprache mit Blick auf das Kollegium und die Schülerschaft. Im Kollegium wird ihre Mehrsprachigkeit als Ressource geschätzt und ganz selbstverständlich „abgerufen." Darüber hinaus betont Frau Badem, dass sie ihren Schülerinnen und Schülern nichtdeutscher Herkunftssprache ein zusätzliches Kommunikations- und Identifikationsangebot machen könne, insbesondere wenn es um Inhalte gehe, die die Kinder „besser" oder „lieber" in der Muttersprache ausdrücken können bzw. möchten. Sie unterstreicht dabei die Verknüpfung von Sprache, Identität und Anerkennung und bedauert, dass sie nicht weitere Herkunftssprachen der Kinder beherrscht. Ähnlich, wie Herr Yildiz nutzt auch Frau Badem die Herkunftssprache zur Disziplinierung von Schülerinnen und Schülern:

*Habibi jetzt ist Schluss!*
Wenn Kinder sich streiten, oder ich etwas mehrmals gesagt habe und sie nicht auf meine Ansprache reagieren und es dann noch mal auf Türkisch sage jetzt: „Yeter artik! Susar misin? Ders yapiyorum ben. Saygisizlik yapma." [Übersetzung aus dem Türkischen: Es reicht! Bist du jetzt ruhig? Ich mache Unterricht. Sei nicht respektlos!] Dann sind sie erstarrt. Das kennen sie dann doch von zu Hause. Es ist noch mal anders und sie reagieren dann noch einmal anders. Oder mit ein paar Wörtern auf Arabisch versuche ich das genauso und sie freuen sich. Sie freuen sich einfach, wenn ich sage: „Habibi [Übersetzung aus dem Arabischen: Schatz, Liebling] jetzt ist Schluss!" Es ist nicht viel, aber ich versuche, ihnen damit einfach auch ein Zeichen zu setzen: „Ich nehme Dich so wahr, wie Du bist." (Frau Badem, 26 Jahre, Grundschullehrerin, türkischer Migrationshintergrund)

Frau Badem argumentiert, dass sie durch den sporadischen Einsatz der Herkunftssprachen der Kinder in der Schule auch ein Zeichen setzen möchte. Damit meint sie, dass sich die Kinder durch die Präsenz ihrer Herkunftssprachen im schulischen Raum wahrgenommen fühlen sollen. Frau Struk, Grundschullehrerin mit ukrainischem Hintergrund, argumentiert in dieselbe Richtung:

*Viele Sprachen sprechen*
Bis jetzt haben die Kinder immer positiv auf andere Sprachen reagiert, auch wenn wir jetzt das Thema Islam hatten und so einige Wörter aus dem Koran gelernt haben. Und ein türkisches Mädchen sagt: Ich verstehe es auch nicht, aber ich muss es eben, beten. Dann haben wir das auch versucht in der Klasse. Und natürlich so ganz simple Sachen: Ja, wie heißt das auf Russisch, immer zwischendurch auch andere Sprachen, so wie man zwischendurch auch mal auf Englisch einen Satz sagt. Oder das man dann auch zu dem Schüler etwas auf Russisch sagt und er darf das dann noch mal übersetzen der Klasse. Wenn die Kinder wissen, dass man selber auch andere Sprachen spricht, ist es gut, das mit einzubinden in den Unterricht. Wir leben jetzt in Europa und da soll das Viele-Sprachen-Sprechen auch weiterentwickelt werden. (Frau Struk, 35 Jahre, Grundschullehrerin, ukrainischer Migrationshintergrund)

Frau Struk ordnet ihren offenen Umgang mit Mehrsprachigkeit im Klassenzimmer aber auch einer politischen Agenda zu: Sie macht sich in ihren Ausführungen für ein mehrsprachiges Europa stark und beabsichtigt, hierzu einen Beitrag zu leisten. Lebensweltliche Mehrsprachigkeit spielt auch für Frau Öztürk, Berufsschullehrerin mit türkischem Migrationshintergrund, eine große Rolle. Wie Frau Badem und Herr Yildiz, erzählt sie davon, dass sie die Muttersprache sowohl zur Herstellung eines Vertrauensverhältnisses zu den Schülerinnen und Schüler als auch zu deren „Disziplinierung" einsetzt:

*Mehrsprachigkeit spielt eine sehr große Rolle*
Mehrsprachigkeit spielt eine sehr große Rolle. Dass die schon wissen, dass
sie mich in der Pause sozusagen auf Türkisch ansprechen können. Das
schafft schon ein Vertrauensverhältnis, also das tut denen wirklich gut.
Auch in Konfliktsituationen, wenn ich zu denen auf Türkisch spreche ja,
Du, das ist aber vom Verhalten her jetzt nicht in Ordnung. Wenn ich das
auf Deutsch sagen würde, wirkt das nicht so, wie wenn ich das auf Türkisch sage. Dann ist es wohl eher so eine Respektsperson, irgendwie. Und
die denken dann, es ist Vater und Mutter in dem Moment, die auf Türkisch sprechen, weil die ja nicht zu Hause deutsch sprechen. Ich weiß es
nicht, also es hat schon eine größere Wirkung, wenn ich mit denen Türkisch spreche. (Frau Öztürk, 46 Jahre, Berufsschullehrerin, türkischer
Migrationshintergrund)

Frau Gülen ist Englisch- und Deutschlehrerin an einem Gymnasium in Stuttgart.
Sie hat einen türkischen Migrationshintergrund. Im Unterricht spricht sie grundsätzlich nur Deutsch und Englisch:

*Es ist auch wichtig, die Sprachen wertzuschätzen*
Aber es ist nicht so, dass in der Klasse so die Atmosphäre herrscht: Okay,
die Schüler können Türkisch, ich kann Türkisch und dann versuchen wir
jetzt, uns zu verbünden. Also ich habe bis jetzt noch nie irgendwie türkisch geredet. Aber es ist auch wichtig, die Sprachen wertzuschätzen, nicht
nur die türkische sondern alle Sprachen. Ich bin auch Fremdsprachenlehrerin in erster Linie und muss auch interkulturelle Kompetenzen vermitteln und wenn ich im Deutschen oder im Englischen irgendwelche Begriffe einführe, dann lass ich die Schüler auch in der Regel vergleichen. Dann
sag ich: Im Deutschen wäre das so und so, wie wäre das denn im Türkischen? Dann sag ich das nicht, sondern lass die Schüler das sagen. Und
das ist so eine Wertschätzung der Sprache nicht nur der deutschen, der
englischen, sondern auch der türkischen. (Frau Gülen, 35 Jahre, Gymnasiallehrerin, türkischer Migrationshintergrund)

Für Frau Gülen geht es als Fremdsprachenlehrerin auch darum, interkulturelle Kompetenzen zu vermitteln sowie die in der Schülerschaft vorhandenen Herkunftssprachen im Unterricht anzuerkennen und für den Fremdspracherwerb zu
nutzen, etwa durch sprachliche Vergleiche. Damit macht sie die Mehrsprachigkeit
im Klassenzimmer nicht nur sichtbar, sondern wertschätzt die anderen Sprachen
als mit der deutschen Sprache gleichwertige und erkenntnisfördernde Ressource.
Frau Tekin hingegen lehnt den Einsatz von Herkunftssprachen im Unterricht
kategorisch ab. Sie hat einen türkischen Migrationshintergrund und unterrichtet Erdkunde und Psychologie an einem kleinstädtischen Gymnasium im Raum
Stuttgart. Wenn ihre Schülerinnen und Schüler auf Türkisch kommunizieren, bit-
tet sie diese, deutsch zu sprechen. Dabei argumentiert sie mit der Notwendigkeit

der Verständigung im Unterricht und dass diese nur gewährleistet werden könne, wenn alle das Gesagte verstehen:

> *Wir sprechen hier nicht chinesisch oder sonst irgendwas*
> Also oft sage ich: Wir sprechen hier nicht chinesisch oder sonst irgendwas. Und letztens ((lacht)) hat mich auch ein Schüler gefragt: „Warum sagen Sie denn nicht türkisch, sondern chinesisch oder sonst irgendwas? Und dann habe ich erklärt, dass ich das sage, damit die türkische Sprache nicht als Sprache so negativ eingestuft wird, sondern, dass es nur darum geht, dass es eine Sprache ist, die die restlichen Schüler nicht verstehen, ob es jetzt türkisch ist oder chinesisch oder japanisch, das ist völlig egal, damit die Schüler eben nicht denken, ich würde das sagen, weil ich die türkische Sprache schlecht finde, sondern, dass es nur darum geht, dass in der Schule grundsätzlich deutsch gesprochen werden soll. (Frau Tekin, 38 Jahre, Gymnasiallehrerin, türkischer Migrationshintergrund)

Auch wenn Frau Tekin davon überzeugt ist, dass die Verkehrssprache in der Schule die Landessprache sein muss, so ist sie bereit, Ausnahmen zu machen. In der Elternarbeit mit türkischsprachigen Eltern wird ihre Beherrschung der türkischen Sprache zu einem wichtigen Instrument:

> *Auf Elternabenden spreche ich deutsch und auch türkisch*
> Auf Elternabenden spreche ich deutsch und auch türkisch. Ich finde es besser, weil wenn man in der eigenen Muttersprache spricht, ist die Botschaft klarer. Dann geht sie auch direkt dahin, wo sie hingehen soll. Dann ist die türkische Sprache, einfach direkter. Ich finde das okay. Im Unterricht spreche ich allerdings nie türkisch. Die Schüler wollen das immer mit mir, also am Anfang z.B. wollen sie mit mir türkisch sprechen. Ich habe immer gesagt: „Nicht in der Schule. Wenn ihr wollt, auf der Straße." (…) Aber mit den türkischen Eltern finde ich es besser, türkisch zu sprechen. Es ist natürlicher und die Eltern können auch mehr sagen und fühlen sich besser verstanden. (Frau Tekin, 38 Jahre, Gymnasiallehrerin, türkischer Migrationshintergrund)

Bezüglich des Sprechens der Herkunftssprache unterscheidet Frau Tekin in ihrem schulischen Alltag zwischen unterrichtlichen und außerunterrichtlichen Aktivitäten. Während im Unterricht das Nur-Deutsch-Gebot herrscht und sie dies ihren Schülerinnen und Schülern auch klar signalisiert, ist sie außerhalb des Unterrichts durchaus bereit, mit den Jugendlichen türkisch zu sprechen und die Herkunftssprache auch in der Elternarbeit zu nutzen. Dabei scheinen zwei Überlegungen tragend: Zum einen scheint Frau Tekin davon überzeugt, dass die „Botschaft" ihrer Ausführungen durch den Einsatz der Herkunftssprache deutlicher kommuniziert werden kann. Zum anderen empfindet sie es als „natürlich," dass man sich in der geteilten Herkunftssprache unterhält. Schließlich beobachtet sie, dass die migrantischen Eltern sich mehr einbringen und sich auch verstanden fühlen. Beide Aspekte unterstreichen die positive Wirkung herkunftssprachlicher Kommunikationsangebote durch mehrsprachige Lehrende im Schulalltag.

Wie Frau Tekin vermeidet auch Frau Bayrak, Hauptschullehrerin mit türkischem Migrationshintergrund, den Einsatz der Herkunftssprache im Unterricht sehr bewusst. Sie ist aber durchaus bereit, ihre Herkunftssprache außerhalb des Unterrichts zur Klärung von unterrichtsbezogenen inhaltlichen Sachverhalten einzusetzen:

> *Du musst mit mir schon deutsch reden*
> Ich setze meine Herkunftssprache nur ein, wenn ich mit dem Kind unter vier Augen bin und wenn ich denke, dass es notwendig ist. Also manchmal spaßen die Kinder auch so, grüßen mich auf Türkisch und sagen so: Wie geht's? Dann sage ich so: Hey, du musst mit mir schon deutsch reden. Privat ok, aber hier in der Schule nicht. Weil ich denke, dass es auch wichtig ist, weil nur durch das Sprechen kann man das fördern. Und nur, wenn sie etwas nicht verstehen, dann versuche ich das schon. Aber nur unter vier Augen und nach dem Unterricht. Weil ich denke, sonst fühlen sich die anderen ein bisschen zurückgesetzt. Also dieses Gefühl möchte ich nicht aufkommen lassen. Es geht nicht nur um türkische Kinder wie gesagt, es geht um Kinder, die zweisprachig allgemein aufwachsen, egal welcher Nationalität. Und auch die deutschen Kinder, also die sollen sich alle von mir verstanden fühlen. Nicht nur die eine Gruppe. Weil ich bin für alle da und ich versuche, alle zu fördern. (Frau Bayrak, 32 Jahre, Hauptschullehrerin mit türkischem Migrationshintergrund)

Frau Bayrak macht im Zusammenhang des „Deutschgebots" in der Schule auch deutlich, dass sie keinesfalls durch ihre sprachlich-kulturelle Herkunft einer Gruppe zugeordnet werden möchte und dass sie sich zudem auch nicht in besonderem Maße für türkische Schülerinnen und Schüler verantwortlich fühle. Es ist ihr ein Anliegen darauf hinzuweisen, dass sie als Lehrerin alle Kinder angemessen fördern wolle. Damit verweist Frau Bayrak auf einen für Lehrende mit Migrationshintergrund problematischen Konnex: Wenn die Lehrenden dieselbe sprachlich-kulturelle Herkunft besitzen wie die von ihnen unterrichteten Schülerinnen und Schüler, besteht die Gefahr, dass ihnen seitens der Kinder anderer Herkunftssprachen eine Bevorzugung der gleichsprachigen Kinder unterstellt wird. Um dem entgegenzuwirken, müssen diese Lehrenden offenbar ganz besonders darauf achten, einen solchen „Verdacht" der Bevorzugung gar nicht erst aufkommen zu lassen und alle Kinder „gleich" zu behandeln, d.h. der Verkehrssprache Deutsch den Vorzug zu geben.

Abschließend sei hier ein Beispiel vorgestellt, in dem ein Realschullehrer mit türkischem Migrationshintergrund von seinem Unbehagen spricht, in der Schule mit Kolleginnen und Kollegen türkisch zu sprechen:

*Da habe ich mich so geschämt türkisch zu sprechen*
Ich hatte an der Schule einen Kollegen, der Türkisch unterrichtet hat, mit
dem war ich mehr und mehr zusammen, und wir hatten eine Kollegin,
sie hatte einen türkischen Mann, war Kunstlehrerin, konnte sehr gut Türkisch, eine deutsche Kollegin, mit der waren wir zusammen. Sie wollte mit
mir immer türkisch sprechen, aber ich hatte immer so das Gefühl, soll
ich mit ihr türkisch sprechen oder deutsch sprechen? Weil du bist an der
Realschule, da wird nur gesiezt, kleines Kollegium, da hab ich mich so geschämt türkisch zu sprechen. Ich hab ihr deutsch geantwortet, sie hat mit
mir türkisch gesprochen, solche Erlebnisse waren gefühlsmäßig schwierig. Keiner hat mir gesagt: „Herr Demir, sprechen Sie deutsch, Sie sind in
Deutschland." Aber ich habe es gefühlt, dass es so sein soll. Verstehen Sie?
Wir hatten auch eine Referendarin eine türkische, mit der hab ich auch
überwiegend deutsch gesprochen. (Herr Demir, 37, Realschullehrer, türkischer Migrationshintergrund)

Herr Demir sagt, dass er sich sogar „schäme," in der Schule türkisch zu sprechen. Bemerkenswert ist an diesem Interviewausschnitt, dass Herr Demir von
herkunftsdeutschen Kolleginnen und Kollegen auf Türkisch angesprochen wird,
aber auf Deutsch antwortet. Er erklärt, dass ihm zwar niemand verboten hätte,
türkisch zu sprechen, dass er aber „gefühlt" habe, dass er in der Schule deutsch
sprechen soll. Herr Demirs Äußerungen unterstreichen, wie der „monolinguale Habitus" (Gogolin 2008) nicht nur auf die Lernenden, sondern auch auf die
Lehrenden mit Migrationshintergrund ausstrahlen kann.

## Zusammenfassender Kommentar

Die analysierten Interviewausschnitte präsentieren zwar unterschiedliche Umgangsweisen mit Mehrsprachigkeit in Schule und Unterricht, verweisen jedoch
zugleich auf einige Strategien, die für Lehrende mit Migrationshintergrund typisch erscheinen. Zum einen ist auffällig – und das deckt sich mit den quantitativen Daten –, dass die Herkunftssprache im Unterricht eher selten zum Einsatz gebracht wird und die Lehrenden die Schülerinnen und Schüler in der Regel auf die
deutsche Sprache als Schulsprache verweisen und verpflichten. Die eingangs for-
mulierte Hypothese, dass sich Lehrende mit Migrationshintergrund aufgrund ihrer eigenen „lebensweltlichen Mehrsprachigkeit" womöglich mit der Kategorie des
„monolingualen Habitus" nicht fassen lassen, scheint damit widerlegt. Die befragten Lehrerinnen und Lehrer orientieren sich nämlich am Primat der deutschen
Sprache. In gewisser Weise akzeptieren und reproduzieren sie damit den anges-
sichts der sprachlichen Pluralisierung als Anachronismus zu charakterisierenden
„Monolingualismus der deutschen Schule" (Gogolin 2008).

Ein Teil der Befragten macht sich aber auch für eine bewusste und wertschätzende Verwendung der Herkunftssprachen der Schülerinnen und Schüler
stark und unterstreicht damit die Notwendigkeit der Herausbildung eines „mul-

tilingualen Habitus" der Schule. Allerdings geht es hier – wie die Beispiele zeigen – zumeist nicht um grundsätzliche strukturelle Veränderungen und die schulische Integration der von den Lernenden gesprochenen Sprachen im Sinne eines Aufbrechens des monolingualen Habitus, sondern um eher pragmatische Regelungen schulischer Alltagsangelegenheiten, wie etwa die Klärung von fachbezogenen Fragen des Unterrichts oder auch die Disziplinierung der Lernenden. Außerhalb des Unterrichts – und auch diese Beobachtung deckt sich mit den quantitativen Daten – besteht allerdings durchaus Bereitschaft, die Herkunftssprache in der Kommunikation mit Schülerinnen und Schülern sowie Eltern vielfältig einzusetzen. Die eigene „lebensweltliche Mehrsprachigkeit" und die Fähigkeit zur Kommunikation in den Herkunftssprachen der Kinder wird von den Befragten als Ressource beschrieben, etwa als Möglichkeit der Förderung, der Anerkennung und als Grundlage für den Aufbau von Vertrauen.

### 5.5.2 Umgang mit kultureller Heterogenität

Das vielfältige Einsetzen kulturspezifischen Wissens als „Kulturübersetzer," „Vermittler" oder „Brückenbauer" seitens der Lehrerinnen und Lehrer mit Migrationshintergrund konnte bereits in den Inhaltsanalysen zum Lehrer-Schüler-Verhältnis (5.2.1), Lehrer-Kollegium-Verhältnis (5.2.2) und Lehrer-Eltern-Verhältnis (5.2.3) dokumentiert werden. Dabei unterliegen die schulischen Akteure mit migrantischem Hintergrund häufig der wechselseitigen Konstruktion bzw. auch Projektion von geteilten Erfahrungen in Familie, Schule und Gesellschaft. Diese tatsächlich vorhandenen oder unterstellten geteilten Erfahrungen, können in den Interaktionen von Lehrenden und Lernenden mit Migrationshintergrund quasi ohne explizites Engagement der Akteure eine positive Wirkung auf das Lern-, Unterrichts- und Schulklima entfalten. Da es im Zusammenhang schulischer Entwicklung in der Einwanderungsgesellschaft aber auch um den bewussten und reflektierten Umgang mit kultureller Heterogenität geht, sollen einige zusätzliche Aspekte zu diesem Gegenstandsbereich aus dem empirischem Material herausgearbeitet werden, wie etwa der Umgang mit religiöser Differenz oder die gezielte Förderung interkultureller Lernprozesse durch Unterrichtseinheiten, den Einsatz spezifischer Methoden und die Durchführung von Projekten.

Frau Tekin, Gymnasiallehrerin mit türkischem Migrationshintergrund, erzählt, dass sie im Unterricht, etwa bei der Aufteilung in Arbeitsgruppen, auf Heterogenität in der Komposition der Gruppen achte. Darüber hinaus ist ihr die Thematisierung und Reflexion von Kulturdifferenz im Unterricht ein wichtiges Anliegen.

> *Gut, dass es Kulturen gibt, dass die eben anders sind*
> Also, ich versuche, wenn ich z.B. Gruppenarbeiten durchführe, dass sie sich eher durchmischen die Gruppen. Und nicht die türkischen Schüler unter sich bleiben, und auch in Gesprächen aufzeige, dass es zwar unterschiedliche Kulturen gibt, beispielsweise in Erdkunde bietet sich das

an, aber in Psychologie auch, dass ich den Schülern versuche aufzuzeigen, es gibt unterschiedliche Kulturen und der Kulturkreis, in dem man aufgewachsen ist, wird dann vielleicht als wichtig oder als richtig aufgezeigt. Ich sage, dass es gut ist, dass es Kulturen gibt, dass die eben anders sind, aber das nicht schlechter oder besser ist. Also, dass die ein bisschen auch so über den Tellerrand hinausgucken und nicht denken, meine Kultur und der Islam, das ist das einzig Richtige und alles andere ist schlecht, sondern, dass sie davon ein bisschen wegkommen und begreifen, es gibt andere Kulturen, die sind gleichwertig, aber nicht schlechter oder besser als meine eigene Kultur. (…) Dass die Kinder das in der Schule mitbekommen und, ja, vielleicht das Ganze kritisch hinterfragen. (Frau Tekin, 38 Jahre, Gymnasiallehrerin, türkischer Migrationshintergrund)

Herr Bilen, Haupt- und Realschullehrer mit türkischem Migrationshintergrund, bearbeitet Kulturunterschiede mit seiner Klasse vor allem im Zusammenhang mit traditionellen und/oder religiösen Festen. Er behandelt diese Feste im Unterricht ganz praktisch, indem er sie – soweit möglich – mit seinen Schülerinnen und Schüler zelebriert.

*Gemeinsam Feste feiern*
Weil wir beide Kulturen und beide Länder kennen, können wir sehr gut Kulturen vermitteln. Ich habe immer mit meiner Klasse Weihnachten gefeiert, aber wir haben auch gemeinsam das Opferfest und das Ramadanfest gefeiert. Ich habe noch nie gehört: Warum feiern wir eigentlich? Die waren voll dabei und alle haben gesagt wunderbar und da haben sie gefragt, was macht man da. Und irgendwann mal ist das ein ganz normales Ritual für uns alle geworden. Manchmal habe ich ja überhaupt nichts gesagt und nicht mitgeteilt, dass wir irgendwas feiern müssen. Ein oder zwei Wochen vor dem Fest haben sie gesagt, Herr Bilen, was ist los, demnächst ist ein Fest, haben Sie das vergessen? Ich sage, wann denn? Ja, jetzt ist Opferfest. Das habe ich von deutschen Kindern gehört. Ja, das waren damals mehrheitlich Deutsche gewesen, in Dänemark, habe ich eine Klassenreise gemacht. Da war ein Fest, in der Zeit. Da haben sie gesagt, das ist unser Ritual, wir feiern auch in Dänemark. Das haben wir gemacht. Ich musste nach Flensburg fahren und Süßigkeiten kaufen, denn Süßigkeiten sind in Dänemark sehr teuer. Da konnte man nicht viel kaufen. Da bin ich nach Flensburg gefahren, habe ich da reichlich Süßigkeiten gekauft und da haben wir gefeiert. (…) man kann ja nicht Menschen zu irgendetwas zwingen, es passiert automatisch, man muss nur die Rahmenbedingungen schaffen und dann geschieht das Zusammenleben automatisch. (Herr Bilen, 58 Jahre, Haupt- und Realschullehrer, türkischer Migrationshintergrund)

Herr Bilen erzählt, dass das Feiern von kulturell geprägten Festen in seiner Klasse zu einer Art gemeinsamen Ritual geworden sei, und berichtet, dass die Schülerinnen und Schüler, ganz gleich welcher Herkunft, dieses Ritual auch einforderten und mit Begeisterung auch ohne sein Zutun aufrecht erhielten. Er wertet dieses Verhalten als Ausdruck gelungener interkultureller Begegnung, für die er – wie er sagt – nur die Rahmenbedingungen geschaffen habe. Es ist aber die bewusste Schaffung ebensolcher Rahmenbedingungen, die einen konstruktiven und offenen Umgang mit kultureller und religiöser Heterogenität in der Schule ermöglicht.

Von einem ähnlichen Zugang erzählt Frau Struk, Grundschullehrerin mit ukrainischem Migrationshintergrund. Allerdings bezieht sich der kulturelle Austausch, von dem sie berichtet, auf eine einmal im Jahr außerhalb der Schulzeit stattfindende Veranstaltung. Die Kinder werden in kleinen Gruppen von Familien unterschiedlicher Herkunft nach Hause eingeladen und sollen dort etwas über andere Länder und Kulturen erfahren:

> *Die Kinder reisen in andere Kulturen*
> Diesen Austausch mit den Schülern empfinde ich immer als Bereicherung. In der Schule wird auch, jedes Jahr, eine Veranstaltung angeboten. Am Nachmittag dann dürfen die Kinder reisen in andere Kulturen. Sie werden eingeladen von Familien und dürfen dann zu Gast zu zweit oder zu dritt eine andere Kultur kennen lernen mit denen entweder deren Spiele spielen oder sie kochen mit denen zusammen, oder sie sehen einfach nur Bilder aus dem anderen Land an. Ein schönes Projekt. Die Kinder sind da sehr offen und deswegen hat das Miteinander bisher immer gut funktioniert. Wenn man die Kinder einfach mitmachen lässt und erzählen lässt über ihre Feste über ihre Bräuche, was für die wichtig ist, einfach auch im Klassenzimmer leben zu lassen. (Frau Struk, 35 Jahre, Grundschullehrerin, ukrainischer Migrationshintergrund)

Frau Struk unterstreicht, dass sie die im Projekt gemachten Erfahrungen auch im Klassenzimmer weiter bearbeitet, indem sie die Kinder einlädt, über sich und ihre in der Familie gefeierten Feste zu erzählen. Mit dem Satz „Was für die wichtig ist, einfach auch im Klassenzimmer leben zu lassen" macht sie die Dimension der Anerkennung deutlich, die eine solche Unterrichtspraxis neben dem Explorieren von Gemeinsamkeiten und Differenzen transportiert. Gleichzeitig läuft ein solcher eher landeskundlich und folkloristisch orientierter Austausch aber auch Gefahr, Migrantenfamilien und Migrantenkinder zu kulturalisieren.

Auch Herr Spinello, Gymnasiallehrer italienischer Herkunft, bewegt sich in seinen Bemühungen um interkulturellen Austausch zwischen seinen Schülerinnen und Schüler unterschiedlicher Herkunft auf einer landeskundlichen und nationalkulturellen Ebene von Zuschreibung:

*Ich habe schon sehr oft diese Brücke geschlagen zwischen Schülern*
Und aufgrund dieser Kursfahrten [nach Italien] oder mit dem Austausch
[mit Italien], den wir auch anbieten, habe ich schon sehr oft diese Brücke geschlagen zwischen deutschen Schülern und ausländischen Schülern in Anführungsstrichen. Um auch banale Sachen einfach zu verdeutlichen: wenn man in der Klasse ausländische Schüler fragt: „Ja, Du kommst
aus Kroatien und erkläre doch mal, welche Sitten es bei einer Taufe, oder
bei einer Kommunion, oder bei einer Hochzeit gibt." Und dann vergleicht
man das mit den deutschen Schülern, um denen einfach klar zu machen,
dass es in anderen Ländern einfach andere Sitten gibt. Oder man spricht
im Bereich des Faches einfach über Ostern oder Weihnachten, welche Gewohnheiten es in Deutschland und Italien gibt. Also landeskundliche Themen einfach, die dort angesprochen werden und wo man wirklich dort
diese Brücke schlagen kann. (Herr Spinello, 34 Jahre, Gymnasiallehrer)

Herr Spinello erzählt, wie er seine Verbindung zu Italien und seine sprachliche
Kompetenz nutzt, um Klassenfahrten nach Italien und einen Schüleraustausch
zu organisieren. Sein kulturspezifisches Wissen hilft ihm im Unterricht, kulturelle Gemeinsamkeiten und Unterschiede mit den Schülerinnen und Schülern zu erarbeiten. Herr Spinello ordnet diese Aktivitäten der Kategorie „Brücken schlagen"
zu. Es besteht hier jedoch auch die Gefahr, dass die mit der Frage „Wie ist es bei
Euch?" transportierte Zuschreibung die „Anderen," im Sinne von Repräsentanten
anderer Kulturen und Religionen, erst als „Andere" kennzeichnet. Damit werden
Differenzen unter Umständen festgeschrieben.

Herr Foresta, Berufsschullehrer mit italienischem Migrationshintergrund,
spricht in Bezug auf den Umgang mit religiöser und kultureller Vielfalt in der
Schule eine ganz andere Perspektive an. Er hebt hervor, dass brisante Themen von
der diversen Schülerschaft selbst in den Unterricht getragen werden. Lehrende
können diese Themen – wie das Beispiel von Herrn Foresta zeigt – aufgreifen
oder ignorieren. Er erzählt, wie sich durch den Nahostkonflikt generierte antisemitische Einstellungen einzelner Schülerinnen und Schüler auf deren Verhalten
in Schule und Unterricht auswirken. Aufgrund dieser Erfahrungen ist ihm besonders daran gelegen, an den Vorurteilen der Schülerinnen und Schüler zu arbeiten. Er greift die sich stellende Problematik ganz bewusst auf und konfrontiert
die Situation mit pädagogischen Überlegungen. Bei ihm stellt sich interkulturelle
Pädagogik in Form von politischer Bildung und antirassistischer Erziehung dar:

*Ich helfe den Jugendlichen, Vorurteile abzubauen*
Ich helfe den Jugendlichen, Vorurteile abzubauen. Judentum, zum Beispiel,
eine Synagoge besuchen, irgendwie sich mit Juden auseinandersetzen, das
ist ganz wichtig, also die sind die Buhmänner der Nation hier gerade, vor
allem unter den Muslimen, aber eigentlich überall. Hätte ich auch nicht
gedacht, dass das noch so extrem ist, aber man muss ihnen den Unterschied zwischen Israel und dem Judentum beibringen und ihnen das Judentum näher bringen, weil sie im Prinzip gar nichts davon wissen. Sehr

schwierig, wenn man libanesische oder palästinensische Kinder in der Klasse hat. Also da wird es dann schon schwierig und dann muss man ihnen beibringen, wie man diskutiert, muss man ihnen Inhalte beibringen und Respekt beibringen anderen Menschen gegenüber. Das ist ganz schön viel, was man einem Jugendlichen eigentlich beibringen muss. (Herr Foresta, 33 Jahre, Berufsschullehrer, deutsch-italienischer Migrationshintergrund)

Durch eine differenzierte Auseinandersetzung mit dem Judentum und Israel hofft Herr Foresta, antisemitische Stereotype und Vorurteile unter seinen Schülerinnen und Schülern abbauen zu können. Hinzu kommt für ihn die Notwendigkeit der Einübung einer von Respekt und wechselseitiger Anerkennung geprägten Diskussionskultur.

### 5.5.3  Religionsbezogene Themen

In einigen Interviews wird vom Umgang mit religiösbesetzten Themen im schulischen Alltag berichtet. Dabei werden unterschiedliche Strategien im Umgang mit religionsbedingter Differenz sichtbar.

Herr Foresta etwa betont, dass er aufgrund seiner eigenen sehr religiös geprägten Sozialisation in der Familie ein erhöhtes Bewusstsein gegenüber den religiösen Orientierungen seiner Schülerinnen und Schüler besitze und sich entsprechend respektvoll verhalte:

*Respekt gegenüber der Religion*
Den Islam würde ich nicht kritisieren. Also ich merke bei anderen Lehrern oder ich kriege es von den Schülern mit, dass andere Lehrer schon offene Aversion gegen den Islam auch den Schülern gegenüber zeigen. Sie haben nichts gegen islamische Schüler, aber gegen den Islam, da sind sie sehr kritisch gegenüber. Ich bin selber katholisch erzogen worden. Meine italienische Familie ist sehr religiös. Von daher weiß ich, was der Respekt gegenüber der Religion bedeutet. Was ich bei vielen anderen Lehrern vermisse. Also vor allem bei deutschen Lehrern. Also das ist sicherlich ein Vorteil, den ich aufgrund meines Migrationshintergrundes und meiner eigenen religiösen Prägung habe. Die Religion ist sehr wichtig eigentlich. Die darf man nicht vernachlässigen. (…) Ich hätte nicht gedacht, dass die so religiös sind die Jugendlichen, bevor ich angefangen habe zu arbeiten. Dass die islamischen Jugendlichen so informiert sind über ihre Religion. Es gibt natürlich welche, die mit ihren radikalen Gedanken herkommen, wo man merkt, die werden von zu Hause so erzogen, aber ich habe schnell gelernt, wie wichtig die Religion für die Schüler ist und wie ich damit umzugehen habe. (Herr Foresta, 33 Jahre, Berufsschullehrer, deutsch-italienischer Migrationshintergrund)

Auch Frau Basir nimmt die religionsspezifischen Bedürfnisse ihrer Schülerinnen und Schüler ernst. Ähnlich wie Herr Foresta, der sein Verständnis für religiöse Orientierung aus der eigenen Familiengeschichte herleitet, unterstützt auch Frau Basir, eine sehr säkular aufgewachsene Sonderschullehrerin mit syrischem Migrationshintergrund, die religiösen Bedürfnisse ihrer Schülerinnen und Schüler. Sie berichtet von einer Situation mit einer Schülerin, die nicht am schulischen Schwimmunterricht teilnehmen möchte:

> *Man muss darauf Rücksicht nehmen*
> Bei einem türkischen Mädchen war es so: Sie durfte viele Sachen nicht mitmachen, z.B. Schwimmunterricht. (…) die anderen Lehrer sagten: Die Eltern können uns doch nicht vorschreiben, wie wir den Unterricht hier machen. Jetzt muss sie aber auch mitschwimmen. Da habe ich eben auch gesagt, dass ich den Weg für falsch halte und dass man auch erstmal so das Mädchen befragen müsste, weil egal, wie man das jetzt findet. Wenn man in einer bestimmten Kultur aufwächst, ist ein Schamgefühl ja auch anerzogen. Und ich glaube, ihr war es wirklich peinlich, sich im Badeanzug vor Jungs zu zeigen, unabhängig davon, was die Eltern zu Hause sagen. Wenn sie ein solches Schamgefühl hat, dann muss man darauf Rücksicht nehmen, egal, wie man das findet. Wenn es dem Mädchen zu viel ist, dann kann man es nicht dazu zwingen. Wenn ihr das zu viel ist, dann finde ich, es ist auch ok. Und sie kam auch zu mir. Also ich bin auch Vertrauenslehrerin an der Schule, sie kam dann auch zu mir und fragte „Muss ich schwimmen gehen?" Wir besprachen, ob sie es sich überhaupt vorstellen kann. Sie sagte: Das kann ich nicht. Sie wurde dann vom Schwimmunterricht befreit. (Frau Basir, 37 Jahre, Sonderschullehrerin, syrisch-deutscher Migrationshintergrund)

Frau Basir reflektiert die religiöse Sozialisation des Mädchens, die sie auch als Matrix für die Entwicklung des Schamgefühls betrachtet. Diese Prägung könne das Mädchen nicht einfach überwinden. Frau Basir trifft bei solchen Problemen keine grundsätzliche Entscheidungen, sondern wendet sich jeweils dem Einzelfall zu, d.h. hier dem betroffenen Mädchen, um herauszufinden, wie dieses sich selbst positioniert. Als Vertrauenslehrerin ihrer Schule bietet sie sich als Beraterin für solche Konflikte an und kommuniziert diese auch in das Kollegium.

Einen ganz anderen Umgang mit religiöser Differenz verfolgt Frau Fernandez, eine Realschullehrerin mit spanischem Migrationshintergrund. Sie gibt sich mit religiösen Erklärungen etwa betreffend der Teilnahme von muslimischen Mädchen an Klassenfahrten nicht zufrieden. Im Gegenteil fordert sie die Eltern, die solche Erklärungen vorbringen, sogar heraus und leistet mitunter intensive Überzeugungsarbeit:

> *Es ist überhaupt nicht so, dass ich das toleriere*
> (…) wenn irgendwie Mädchen nicht mitfahren können auf Klassenfahrt und das die dann sagen ja, weil das sind ja Türken oder das sind Bosni-

er und das ist ja klar und das ist nicht anders zu erwarten und dann wird sich auch nicht mehr engagiert. (…) Das ist für mich ganz schwer zu ertragen ja, weil ich bin da zum Beispiel überhaupt nicht so, dass ich das toleriere ja. Also ich suche die Auseinandersetzung mit den Eltern, und ich habe das auch schon durchgesetzt bei türkischen Vätern, dass sie ihre Töchter mitfahren lassen, und begegne diesen Eltern auch auf Augenhöhe. Also ich komme nicht irgendwie von oben herab und sage: wir sind hier in Deutschland, pass Dich an, sondern ich frage, was eigentlich das Problem ist, und mache denen halt klar, dass es für die intellektuelle Entwicklung der Mädchen nicht förderlich ist, wenn sie ausgeschlossen werden, und dass das unter Umständen schlechte Noten nach sich zieht. Ich versuche dann sozusagen, die Kausalzusammenhänge aufzudröseln und denen das irgendwie auf einer Vernunftsebene zu erklären. Und ich sage dann auch, dass das mit Religion nur bedingt was zu tun hat und dass die mir da nix erzählen sollen. Es geht ja eigentlich immer nur um die Ehre und um das Ehrgefühl der Familie und das hat ja nichts mit Religion zu tun. Das ist ja was ganz anderes ja und ich versuche dann schon irgendwie auch, auf einer sachlichen Ebene das zu behandeln und die meisten Kollegen machen das nicht. (Frau Fernandez, 42 Jahre, Realschullehrerin, spanischer Migrationshintergrund)

Frau Fernandez trennt religiöse von kulturellen Motiven. In Elterngesprächen, welche sie aktiv sucht, geht es ihr daher darum herauszufinden, was die jeweils spezifische Situation der betroffenen Schülerin und deren Familie charakterisiert und wie man dieser im Sinne der Förderung und Partizipation des Kindes begegnen kann.

## Zusammenfassender Kommentar

Zusammenfassend fällt auf, dass die Befragten ihr lebensgeschichtlich erworbenes kulturspezifisches Wissen und ihre migrationsbedingten Erfahrungen sehr unterschiedlich einsetzen. In einem Fall dienen Wissen und Erfahrung der Schaffung von Vertrauen in die Etablierung einer pädagogischen Beziehung zu den Lernenden, im anderen Fall der Konfliktlösung und in einem weiteren Fall der Konfrontation brisanter durch Migration zugespitzter Themen in der Einwanderungsgesellschaft. Was den professionellen Umgang mit Heterogenität angeht, scheinen die Befragten in den geschilderten Situationen eher intuitiv vorzugehen. Sie erscheinen nicht auf Herkunftskulturen fixiert, sondern betrachten jeden Fall in seiner Besonderheit, um mit den involvierten Akteuren – unabhängig von der Herkunft – eine angemessene Lösung zu erarbeiten. Das zeigen besonders die auf Religion bezogenen Beispiele.

Konzepte und Modelle interkultureller Pädagogik, d.h. die gezielte Förderung interkultureller Lernprozesse durch Unterrichtseinheiten, der Einsatz spezifischer Methoden und die Durchführung von Projekten, spielen in den Erzählungen der

Befragten allerdings insgesamt eine eher untergeordnete Rolle. Informationen über Erfahrungen mit interkultureller Schul- und Unterrichtsentwicklung wurden zumeist nur durch gezieltes Nachfragen der narrativen Interviews erhoben. Die von den Befragten präsentierten Beispiele interkultureller Bildung sind zumeist wenig systematisch entwickelte und nicht in das schulische Curriculum eingebundene persönliche Initiativen der Lehrenden selbst. Es lässt sich zwar ein bewusster, aber nicht notwendigerweise reflektierter Umgang mit Heterogenität feststellen. Zumeist basiert der Zugang zu Interkulturalität auf einem eher landeskundlich orientierten Kulturvergleich. Ein solcher Ansatz läuft Gefahr, Schülerinnen und Schüler wohlmeinend zu kulturalisieren.

Diese Beobachtung soll den Verdienst solcher Initiativen seitens der migrantischen Lehrenden nicht schmälern. Sie weist aber darauf hin, dass diese offenbar, ebenso wie auch viele Lehrkräfte ohne Migrationshintergrund, in Ausbildung und Weiterbildung nur bedingt Möglichkeiten hatten, sich kritisch mit der Theorie und Praxis interkultureller Pädagogik zu beschäftigen. In gewisser Weise spiegelt sich hierin auch das Debakel interkultureller Bildung an deutschen Schulen. Trotz der durch die Kultusministerkonferenz bereits 1996 ausgesprochenen Empfehlung „Interkulturelle Bildung und Erziehung in der Schule" und der Verankerung interkultureller Bildung als Querschnittsaufgabe in vielen Lehrplänen ist die interkulturelle Schulentwicklung in Deutschland nur schleppend oder gar nicht in Gang gekommen bzw. stagniert (vgl. Auernheimer 2004). Eine Zusammenschau der Ergebnisse empirischer Studien der Lehrerforschung zum Umgang mit sprachlich-kultureller Heterogenität legt überdies den ernüchternden Befund nahe, dass ein kompetenter Umgang mit migrationsbedingter Heterogenität in der Schule weitgehend zufällig ist (vgl. Gomolla 2009: 32).

Es scheint vor diesem Hintergrund nicht weiter verwunderlich, dass auch Lehrende mit Migrationshintergrund in ihrem schulischen Umfeld nur wenig systematische Anknüpfungspunkte für die Etablierung und Weiterentwicklung interkultureller Bildungsarbeit vorfinden. Selbst wenn sie sich in diesem Bildungsbereich – wie die Beispiele zeigen – engagieren, kann das Engagement mangels formaler Ausbildung sowie curricularer und schulorganisatorischer Verankerung in der Regel nicht über die jeweilige Schulklasse hinaus auf die Schulkultur ausstrahlen. Das Potential sprachlicher Kompetenzen und kulturspezifischer Kenntnisse, welches die Lehrenden mit entsprechender interkultureller Aus- und Weiterbildung und unter stärker heterogenitätsbewussten Rahmenbedingungen von Schule einbringen könnten, bleibt bisher weitgehend ungenutzt.

## 5.6 Benachteiligungs- und Diskriminierungserfahrungen

### Nurten Karakaş

Diskriminierungserfahrungen spielen in Erzählungen von Lehrenden mit Migrationshintergrund oft eine zentrale Rolle. Sie werden von den Befragten häufig als einschneidende Erlebnisse, als Wendepunkte in der Selbstwahrnehmung und als Motivation für politisches Engagement beschrieben. Die Analyse der in der Studie zur Sprache gebrachten Diskriminierungserfahrungen nimmt einige Aspekte aus der sozialwissenschaftlichen Theoriebildung auf, die der Strukturierung und Einordnung des empirischen Materials dienen.

Wenn im Folgenden von Diskriminierungserfahrungen und Rassismuserfahrungen[1] gesprochen wird, bilden die Arbeiten des britischen Kulturwissenschaftlers und Rassismusforschers Stuart Hall den theoretischen Bezugsrahmen dieses Kapitels. Unter Bezugnahme auf die Forschung der Erziehungswissenschaftler Paul Mecheril (1995), Ulrike Hormel und Albert Scherr (2004) werden zudem konkrete Erfahrungsdimensionen von Rassismus thematisiert und auch die strukturelle Ebene von Rassismus in den Blick genommen.

Hall (2000) weist darauf hin, dass Rassismus historisch spezifisch ist und sich in bestimmten Epochen, Kulturen und Gesellschaftsformen unterscheidet. Hall analysiert unterschiedliche Ausdrucksformen von Rassismus und unterstreicht die historische Wandelbarkeit durch die Verwendung der Pluralform „Rassismen" (11). Halls Verständnis von Rassismus basiert auf der in der sozialwissenschaftlichen Forschung allgemein vertretenen Feststellung, dass Vorstellungen verschiedener „Rassen" in sozialen Praxen produziert werden. „Rasse" ist somit nie essentiell gegeben, sondern wird in diskursiven Praxen als natürliche Kategorie konstruiert. Hall spricht von „rassistischen Diskursen," die dazu dienen, bestimmte Gruppen von dem Zugang zu gesellschaftlichen, kulturellen und symbolischen Ressourcen auszuschließen (7ff.). Die folgende Analyse von Diskriminierungserfahrungen basiert auf Halls Verständnis von Rassismus als ideologischem Konstrukt, das die Praxis von Diskriminierung, Benachteiligung und Ungleichheit ermöglicht. Auf diese Weise sollen Diskriminierungsdimensionen differenziert betrachtet werden. Zur Erfassung solcher Diskriminierungsmuster klassifiziert der Migrationsforscher Mecheril (1995) die „subjektiven Erfahrungskonsequenzen" von Rassismus und beleuchtet damit Wirkungsweisen von Rassismus. Die Reaktionen der Betroffenen auf Rassismuserfahrungen beschreibt er mit folgenden Begriffen: Wut, Entsetzen, Hass, Verbitterung, Verzweiflung, Unsicherheit, Schreckhaftigkeit und Scham. Diese

---

1  Wie Hormel (2007: 63) hervorhebt, werden „die Begriffe Ungleichheit, Benachteiligung und Diskriminierung nicht trennscharf voneinander unterschieden". Auch in der vorliegenden Studie werden die Begriffe, ebenso wie „Diskriminierungserfahrung" und „Rassismuserfahrung" häufig synonym benutzt. Denn in dem Kontext der für die Studie relevanten Fragestellung überschneidet sich die Beschreibung und Analyse von Diskriminierung häufig mit der Beschreibung und Analyse von Rassismus.

Erfahrungsdimensionen schlüsselt er zudem in einzelne Kategorien auf, die sich in vielerlei Hinsicht mit den in den Interviews dokumentierten Reaktionen der Befragten auf Diskriminierung decken und für die im Folgenden präsentierten Analysen relevant sind. Deshalb seien sie hier in Auszügen zusammenfassend aufgelistet:

- Erfahrung von Gewalt, Angst, Furcht, Ohnmacht, Geringschätzung, Fremdbestimmtheit, Hilflosigkeit, Benachteiligung usw.
- Erfahrung, dass ich keine Möglichkeit habe, mich gegen zugeschriebene Bilder dauerhaft wirkungsvoll zur Wehr zu setzen
- Erfahrung, dass meine Benachteiligung für andere selbstverständlich, sogar natürlich ist
- Erfahrung, niemandem auf der Straße ohne weiteres vertrauen zu können (mit Ausnahme der ebenfalls potentiell Gefährdeten)
- Erfahrung, anders behandelt zu werden und anders zu sein
- Erfahrung, von anderen (als) unnormal behandelt zu werden und im Zuge dessen auch unnormal zu sein
- Erfahrung, als minderwertig behandelt zu werden und im Zuge dessen auch minderwertig zu sein
- Erfahrung, auf das äußere Erscheinungsbild reduziert zu werden
- Erfahrung, nicht als der oder die erkannt zu werden, als der oder die ich mich kenne (Mecheril 1995: 104)

Die folgende thematische Querschnittsanalyse bündelt ausgewählte Passagen aus den Interviews zu Diskriminierungserfahrungen entlang bestimmter Diskriminierungsformen. Dabei wird an relevanten Stellen auf die Erfahrungsdimensionen von Diskriminierung nach Mecheril Bezug genommen. Die zusammengestellten Interviewauszüge beziehen sich zudem auf zwei Erfahrungsebenen: Die erste Ebene umfasst persönliche Diskriminierungserfahrungen in der eigenen Bildungsbiographie der Befragten. Die zweite Ebene bezieht sich auf diskriminierende Erfahrungen der Befragten als Lehrkräfte mit Migrationshintergrund im schulischen Kontext. Innerhalb dieser beiden Erfahrungsebenen unterscheiden wir in der Studie folgende Diskriminierungsformen:
- Diskriminierung aufgrund phänotypischer Merkmale [2]
- Diskriminierung aufgrund des ethnisch-kulturellen Hintergrundes[3]
- Diskriminierung aufgrund von Sprache (Sprachbeherrschung, Akzent)[4]

---

2   Vgl. Mecheril (1995).
3   Diskriminierung entlang ethnisch-kultureller Kategorien können in Anlehnung an Balibar (1990) auch als „kultureller Rassismus" bezeichnet werden. Darin wird eine Ablösung des biologisch-genetischen durch einen „kulturellen Rassismus" gesehen. Dieses Phänomen wird als „Rassismus ohne Rassen" beschrieben. An die Stelle des Rassebegriffs rückten die neu-rechten Ideologien Ethnizität und Kultur als Ersatzbegriffe. Es ist dann nicht mehr von „genetischem Mangel" sondern von einem „Kulturdefizit" und der Unaufhebbarkeit der kulturellen Differenzen die Rede (Balibar 1990: 28).
4   Vgl. auch Lippi-Green (1997) und Rubin (1992), s. Kapitel „Theoretischer Bezugsrahmen" in diesem Buch.

– Diskriminierung aufgrund von Religionszugehörigkeit (insbesondere antiislamischer Rassismus)[5]

Hinsichtlich dieser Diskriminierungsformen soll in der Analyse der Interviews u.a. die Hypothese überprüft werden, ob Diskriminierungserfahrungen in der eigenen Biographie der Lehrenden eine besondere Rolle bei der Wahrnehmung von und dem Umgang mit Diskriminierung im schulischen Alltag[6] spielen. Im Folgenden werden die Erfahrungen in der eigenen Biographie und Schule differenziert dargestellt.

### 5.6.1  Eigene Bildungsbiographie

### 5.6.1.1  Ethnischer Hintergrund

Diskriminierung aufgrund ethnisch-kultureller Herkunft ist die am häufigsten auftretende Diskriminierungsform im Sample dieser Studie. Die Lehrkräfte schildern immer wieder Situationen, in denen sie im Laufe ihrer Bildungsbiographien mit Diskriminierung, Stereotypisierung, Vorurteilen, Kulturalisierung und Exotisierung aufgrund ihrer ethnisch-kulturellen Hintergründe konfrontiert wurden.

In der qualitativen Analyse der Erzählungen der Lehrkräfte stechen zwei Phasen der Bildungsbiographie hervor, in denen Diskriminierung offenbar stärker erlebt wurde als in den anderen Phasen der Ausbildung. Zum einen ist dies die Zeit als Schüler und Schülerin des Gymnasiums, zum anderen die Zeit während des Referendariats. Die quantitativen Daten unterstreichen, dass diese beiden Phasen von den Lehrkräften besonders häufig mit Diskriminierungserfahrungen in Verbindung gebracht werden. Sie zeigen, dass die Befragten während ihrer Schulzeit in höherem Maße benachteiligende/diskriminierende Erfahrungen gemacht haben als im Studium, im Referendariat oder im Berufsalltag. Der Aussage, während der Schulzeit in Deutschland benachteiligende/diskriminierende Erfahrungen gemacht zu haben, stimmen 38,1% der Befragten *ziemlich* bis *sehr* zu. Die qualitative Analyse zahlreicher Situationsschilderungen zeigt differenzierter, dass sich die in der Schulzeit als diskriminierend empfundenen Erfahrungen besonders auf das Gymnasium beziehen.

---

5    Vgl. auch Attia (2009).
6    Dabei beschränkt sich die Auswahl der erzählten Episoden ausschließlich auf den Kontext Schule. Ausgeblendet werden beispielsweise Erfahrungen von Alltagsrassismus außerhalb der Schule, obwohl diese in den biographischen Erzählungen häufig vorkommen.

### 5.6.1.1.1 Gymnasium

Ein Teil der befragten Lehrkräfte hebt das Gymnasium als den Ort bzw. die Phase besonderer Benachteiligung hervor, weil sich hier – wie aus den Erzählungen hervorgeht – Erfahrungen von Diskriminierung konzentrieren.

Frau Köksal, eine Lehrerin mit türkischem Migrationshintergrund, spricht bezogen auf die 80er Jahre davon, dass sie als türkischstämmiges Mädchen eine Ausnahme auf dem Gymnasium war. Einige der Lehrenden hätten ihr den Status als Gymnasialschülerin nicht zuerkennen wollen, eine Haltung, die Frau Köksal als „unterschwellig rassistisch" charakterisiert:

> *Unterschwellig rassistische Lehrer*
> Damals [Anfang der 80er Jahre] war das eine ganz große Ausnahme. Das hat manche Lehrer sehr verwundert, warum da ein türkisches Mädchen auf dem Gymnasium war. So in der Oberstufe, also es gab schon unterschwellig rassistische Lehrer, die haben sich immer wieder gewundert. Also die meisten türkischen Kinder kamen höchstens auf die Realschule, das war vielleicht das höchste der Gefühle, sonst eher Hauptschule. (Frau Köksal, 43 Jahre, Gesamtschullehrerin, türkischer Migrationshintergrund)

Als Schülerin mit Migrationshintergrund ist Frau Köksal eine Rarität an ihrem Gymnasium. Die Verwunderung ihrer Lehrer darüber sowie deren Verhalten ihr gegenüber interpretiert Frau Köksal als diskriminierend. Sie macht dies u.a. an folgender Unterrichtssequenz deutlich:

> *Meinen Sie, ich nehme Sie jetzt hier dran, wenn hier 17 deutsche Kinder sitzen?*
> Ich hatte einen sehr alten Geschichtslehrer. Der hat mir immer komische Noten gegeben. Wir waren im Geschichtsunterricht. Es sollte irgendwas vorgelesen werden. Also ich meldete mich, aber er nahm mich nie dran und dann hat er tatsächlich einmal gesagt: „Also jetzt nehmen Sie mal Ihren Finger runter!" Komischerweise hatte sich auch niemand anders gemeldet außer mir, ich war die Einzige. Er sagte: „Nehmen Sie jetzt mal Ihren Finger runter! Meinen Sie, ich nehme Sie hier dran, wenn hier 17 deutsche Kinder sitzen?" Und das fand ich sehr, sehr hart. Das war in der Oberstufe, ich glaube 11. oder 12. Schuljahr. (Frau Köksal, 43 Jahre, Gesamtschullehrerin, türkischer Migrationshintergrund)

Frau Köksal macht hier die „Erfahrung, unerwünscht zu sein" (Mecheril 1995: 104). Aus ihrer Perspektive nimmt der Lehrer ihr die Möglichkeit, ihr Wissen zu demonstrieren und macht keinen Hehl daraus, dass er Schülerinnen und Schüler ohne Migrationshintergrund bevorzugt.

Ähnlich wie Frau Köksal macht auch Frau Güney die Erfahrung, trotz ihres Fleißes und ihrer Beteiligung am Unterricht nicht angemessen beurteilt zu werden. Sie erzählt, dass sie sich von ihrem Lehrer unfair beurteilt fühlte und bezieht die ungleiche Behandlung auf ihren Status als Migrantin in der deutschen Gesellschaft:

> *Wir sollten zu doof sein, um diese Schule zu bestehen*
> Ich habe tatsächlich in den ersten beiden Jahren, in der siebten und achten Klasse, einen Lehrer für Deutsch und Geschichte gehabt. Der hat gesagt, dass wir zu doof sind. Wir waren die einzigen Ausländer damals in der Klasse und wir sollten zu doof sein, um diese Schule zu bestehen. Wir waren fleißig, aber wir sind nicht über eine fünf hinaus gekommen. (Frau Güney, 48 Jahre, Berufsschullehrerin, türkischer Migrationshintergrund)

Die geschilderte Erfahrung verweist auf eine migrationsspezifische Ungleichbehandlung von Schülerinnen und Schülern. Als Migrantin erhält sie von ihrem Lehrer keine Möglichkeit, ihr Wissen unter Beweis zu stellen. So wird sie in der hier geschilderten Szene ausgeschlossen. Es wird ihr die Partizipation am Unterricht verwehrt.

Ging die Benachteiligung in den bisher geschilderten Fällen von Lehrkräften aus, so geht die erlebte Ausgrenzungserfahrung im folgenden Fall von den Mitschülern und Mitschülerinnen aus. Frau Kara, die ebenfalls einen türkischen Migrationshintergrund hat, erzählt:

> *Die Schüler auf dem Gymnasium waren schrecklich*
> Die Schüler auf dem Gymnasium waren schrecklich. Die Schülerschaft war ganz anders. Im Nachhinein kann ich sagen, ich hatte wirklich große Probleme mit den Schülern auf dem Gymnasium. Die haben auch selber ganz offen gesagt, dass sie mit Türken nichts zu tun haben wollen. (Frau Kara, 29 Jahre, Gesamtschullehrerin, türkischer Migrationshintergrund)

Rückblickend auf ihre Gymnasialzeit erinnert sich Frau Kara, dass sie von ihren damaligen Mitschülerinnen und Mitschülern aufgrund ihrer Herkunft ausgegrenzt worden sei.

In der Analyse der Interviewausschnitte zeigt sich, dass die Diskriminierungserfahrungen als mehrdimensional betrachtet werden. Als Benachteiligungs- und Ausgrenzungsfaktoren spielen neben dem Migrationshintergrund und der zahlenmäßigen Unterrepräsentanz von Schülerinnen und Schülern mit Migrationshintergrund auf Gymnasien sprachliche Hürden, soziale Differenzlinien zu Mitschülern und Mitschülerinnen sowie Rassismen von Lehrpersonen und Schülerschaft eine wichtige Rolle.

### 5.6.1.1.2 Referendariat

Als eine weitere wichtige Phase, in der zum Teil sogar massive Diskriminierungen erlebt werden, wird das Referendariat benannt. In den Erzählungen der Lehrenden werden diese Erfahrungen häufig mit der Abhängigkeit von Fachseminarleitungen und Schulleitungen sowie den hohen Leistungsanforderungen in Zusammenhang gebracht. Im Folgenden werden Erfahrungen von ethnisch-kulturell bedingter Diskriminierung und von phänotypisch bedingtem Rassismus, die die Befragten in der Phase des Referendariats erleben, zusammengefasst.

Frau Gülen, eine Lehrerin mit türkischem Migrationshintergrund, schildert in diesem Zusammenhang folgende Szene, die sich mit ihrem Ausbildungskoordinator zugetragen hat:

> *Das war eine unmögliche Situation*
> Der Ausbildungskoordinator spielt in dem Referendariat eine wichtige Rolle. Und ich hatte einen, der mich immer vorgestellt hat als „Die, die eigentlich Türkin ist, aber Deutsch und Englisch hat," immer wieder Türkin. Er stellte dauernd Fragen über die Türkei, obwohl die Türkei für mich ein Urlaubsland ist, in erster Linie. (…) Am zweiten Tag hatten wir eine Versammlung. Wir saßen schon pünktlich da in dem Raum und er kam etwas später mit Referendaren und wollte sich erst vorne hinsetzen. Dann meinte er: „Ich war jetzt gerade Döner essen beim Dönermann hier von unserem Schüler, dem Schüler soundso beim Türken, stinke jetzt nach Knoblauch, wo soll ich mich denn hinsetzen?" Hat sich nicht nach vorne hingesetzt, sondern kam zu mir: „Ach, ich setze mich zu Frau Gülen, sie ist wohl Knoblauchgeruch gewohnt." Ja, und irgendwie kommen mir jetzt fast wieder die Tränen, also das war eine unmögliche Situation. Ich konnte in dem Moment nichts sagen. „Nicht jeder Türkischstämmige ist Knoblauchgeruch gewohnt." Das hab ich nur noch rauskriegen können, aber viel mehr konnte ich nicht sagen. Immerhin war er derjenige, der Knoblauch gegessen hatte und nicht ich, aber so was konnte ich nicht sagen. (Frau Gülen 35 Jahre, türkischer Migrationshintergrund, Gymnasiallehrerin)

Frau Gülen beschreibt, wie sie zum Objekt von Fremdzuschreibung wird. Ihr Seminarleiter macht sie durch seine Nachfragen zur ethnisch-kulturell Anderen. Die Szene, in der sich der Seminarleiter zu ihr setzt, voraussetzend, sie müsse Knoblauchgeruch gewöhnt sein, sowie auch ihre Reaktion auf diese psychische und physische Bedrängnis zeigen, wie Frau Gülen hier zum Opfer von Rassismus wird. Sie macht die Erfahrung, als jemand angesehen zu werden, als die sie nicht angesehen werden möchte (Mecheril 1995: 104). Sie ist sprachlos und fühlt sich diesen Zuschreibungen gegenüber hilflos.

Frau Kara, ebenfalls Gesamtschullehrerin mit türkischem Migrationshintergrund, die ihr Referendariat in einer Kleinstadt mit sehr geringer Migrantenpopulation absolviert, erlebt kulturelle Zuschreibungen seitens ihrer Schulleitung:

> *Ich musste mich immer wieder beweisen*
> Also, was ich da erlebt habe, das war echt schlimm. Also, schon als ich da ankam, fragte mich der Schulleiter gleich: „Darf ich fragen, wo Ihre Eltern herkommen? Aus welchem Land?" Meinte ich: „Aus der Türkei." Er: „Ja,

das habe ich mir doch gedacht." Also ich habe dann bei diesem Schulleiter auch das Gefühl gehabt, ich musste mich immer wieder beweisen. Die
haben ihre Wand und die musst du erst mal durchbohren, indem du Leistung zeigst, indem du zeigst, ich bin doch genauso wie ihr. Und das nervt
mich. (Frau Kara, 29 Jahre, Gesamtschullehrerin, türkischer Migrationshintergrund)

Frau Kara sieht sich in der Pflicht, sich zu beweisen und bessere Leistungen
zu erbringen als ihre Kolleginnen und Kollegen. Nur so könne sie negativen
Zuschreibungen hinsichtlich ihrer Herkunftsgruppe entgegenwirken. Mit der
Feststellung „Die haben ihre Wand, die musst du erst mal durchbohren" zeigt
sie auf, dass sie sich nicht als Individuum wahrgenommen fühlt. Sie hat den
Eindruck, dass der Schulleiter sie in erster Linie als Türkin wahrnimmt und sie
damit stereotypisiert. Frau Kara hat „keine Möglichkeit, sich gegen solche zugeschriebenen Bilder dauerhaft wirkungsvoll zur Wehr zu setzen" (Mecheril 1995:
104). Um ihre individuellen Persönlichkeitseigenschaften zu vermitteln, müsste sie
zunächst die Hürde („die Wand") in der Wahrnehmung ihres Schulleiters überwinden.

Von phänotypisch bedingten rassistischen Zuschreibungen sind Schwarze[7]
Lehrerinnen und Lehrer besonders betroffen. Eine Lehrerin deutsch-kamerunischer Herkunft berichtet von ihren Erfahrungen im Referendariat:

*Ich hatte einen rassistischen Fachleiter*
Horror, also ich hatte einen rassistischen Fachleiter und das war der Horror. Wenn von einem Fachleiter dann solche Sachen kommen wie: „Sie
sprechen schon wirkliches Negerfranzösisch," wenn man ganz alleine ist
natürlich nur. Das ging weiter. Er saß hinten bei meinen Unterrichtsbesuchen und hat eigentlich nur noch den Kopf geschüttelt. Und dann hat der
mich in meiner ersten Prüfung zusammengebrüllt wie sonst was. Da wollte ich aufhören. (Frau Beti, 42 Jahre, Gesamtschullehrerin, deutsch-kamerunischer Migrationshintergrund)

Mit dem Begriff „Neger" (vgl. Arndt/Hornscheidt 2009: 184ff.) bedient sich der
Fachleiter eindeutig eines rassistischen Vokabulars. Die Tatsache, dass rassistische Bemerkungen dann gemacht werden, wenn keine andere Person anwesend
ist, verstärkt das „Gefühl der Ohnmacht" (Mecheril 1995: 104) bei solchen verba-
len Übergriffen.

Wie Mecheril (1995) hervorhebt, zeichnet sich Diskriminierung aufgrund
phänotypischer Merkmale dadurch aus, dass die Betroffenen „auf das äußere Erscheinungsbild reduziert werden." Den äußeren Merkmalen, z.B. der Haut-

---

7   In Anlehnung an Wachendorfer (2001: 99) soll „die Großschreibung der Begriffe Weiß und
    Schwarz darauf aufmerksam machen, dass nicht von der Vorstellung einer Einteilung der
    Menschen nach phänotypischen Merkmalen im Sinne biologischer Entitäten ausgegangen
    wird, sondern dass die Begriffe als soziale Konstruktionen verstanden werden. Sie weisen
    auf soziale Praxen und symbolische Ordnungen in gesellschaftlichen Machtverhältnissen hin
    (…)."

farbe, werden im rassistischen Diskurs meist abwertende Eigenschaften zugeordnet, die allen Menschen zugeschrieben werden, die dieses Merkmal tragen.
Entsprechend dieser Konstruktion sind äußere Merkmale untrennbar mit Persönlichkeitseigenschaften verknüpft. Schwarze Lehrerinnen und Lehrer sind, wie
das Beispiel Frau Beti aufzeigt, in besonderer Weise betroffen, da sich Rassismus historisch bedingt primär auf das Unterscheidungsmerkmal der Hautfarbe konzentriert (vgl. Arndt 2001). In den hier genannten Beispielen finden
sich aber auch Fälle wie der von Frau Kara und Frau Gülen, bei denen die Diskriminierungserfahrung an ethnisch-kulturellen Hintergründen festgemacht wird.

## Zusammenfassung ethnisch-kultureller und phänotypisch bedingter Diskriminierungserfahrungen

Es kann resümiert werden, dass ein Teil der befragten migrantischen Lehrkräfte
ethnisch-kulturell und phänotypisch bedingte Diskriminierungserfahrungen in
den eigenen Bildungsbiographien aufweist, wenngleich diese von unterschiedlicher Intensität sind und individuell unterschiedlich wahrgenommen und
verarbeitet werden. Während der Schulzeit wird die Phase auf dem Gymnasium hervorgehoben, wo nach den Erzählungen Benachteiligungen häufig von Lehrkräften ausgehen. Hier beobachten die Befragten kulturalisierende Äußerungen und unfaire Bewertungen seitens Lehrender. Von ihren
Mitschülern und Mitschülerinnen fühlen sie sich angesichts ihres ethnischen-
kulturellen Andersseins ausgegrenzt. Neben der Zeit auf dem Gymnasium wird
die Phase des Referendariats als besonders belastend und benachteiligend erlebt.
Der starke Leistungs- und Konkurrenzdruck sowie das Abhängigkeitsverhältnis
zu Lehrenden bzw. Seminarleitungen in beiden Phasen werden häufig von
Ungerechtigkeitserfahrungen begleitet. Die mehrdimensionale Hierarchie, die
als Machtasymmetrie im Schüler-Lehrer-Verhältnis, im Verhältnis Jung-Alt und
auf gesellschaftlicher Ebene im Verhältnis Mehrheitsangehörige-Minderheiten-
angehörige zum Ausdruck kommt, führt bei unfairer Behandlung zu Ohn-
machtsgefühlen auf Seiten der befragten Lehrerinnen und Lehrer mit Migrationshintergrund.

### 5.6.1.2 Sprachliche Differenz

Diskriminierung aufgrund von sprachlicher Differenz ist dann gegeben, wenn
Personen wegen ihrer defizitären Deutschkenntnisse, ihres Akzents oder
Dialekts abgewertet werden. Von solcher Diskriminierung sind z.B. Aussiedler
und Aussiedlerinnen betroffen, die primär nicht an ihrem Aussehen und ihrer
Herkunft, sondern häufig an sprachlichen Merkmalen als „Andere" markiert wer-
den, wie das folgende Beispiel einer rumänisch-deutschen Lehrerin illustriert:

*Akzent spielt eine Rolle*
Ich bin hier nicht angekommen, d.h. ich werde als Ausländer gesehen. Egal, ob ich jetzt deutsche Wurzeln, deutsche Tradition, deutsche Kultur beherrsche, von den ganzen alten Liedern und von Goethe und Schiller die ganzen Stücke in- und auswendig kenne, von Heinrich Heine usw. Und die ganzen Literaturebenen beherrsche, das spielt keine Rolle. Das Optische und der Akzent spielt eine Rolle Also vom Akzent her wird man automatisch weggepackt. (Frau Schwartz, 42 Jahre, Gesamtschullehrerin, rumänisch-deutscher Migrationshintergrund)

Angesichts der permanenten Fremdzuschreibung als Ausländerin fühlt sich Frau Schwartz nicht integriert, von der deutschen Gesellschaft abgelehnt. Sie sucht die Begründung für die Verweigerung der Zughörigkeit in ihrem nicht akzentfreien Deutsch: Der Akzent mache sie zur Ausländerin. Auch ihre Kenntnisse der deutschen Literaturgeschichte helfen ihr nicht, das „sprachliche Defizit" zu kompensieren.

Frau Zorlu, eine angehende Deutschlehrerin mit türkischem Migrationshintergrund, schildert ihre Erfahrung mit sprachlicher Differenz entlang einer Erzählung über die hohen Erwartungen ihrer Deutschfachseminarleiterin:

*Von uns wird erwartet, dass wir einwandfrei Deutsch reden*
Die Seminarleiterin hatte hohe Erwartungen an uns. Sie hat mich jedes Mal zum Weinen gebracht. Es war unglaublich. Jedes Mal, wenn ich Unterrichtsbesuch von ihr hatte, hat sie mich fertig gemacht: Sie hat alles nur kritisiert. Sie hat nichts Positives entdeckt. Ich fühlte mich so ohnmächtig. Ich habe alles gegeben, alles. Sie hat z.B. gesagt: „Wenn Sie an die Tafel etwas schreiben, darf nicht mal ein Kommafehler vorkommen." Wenn das ein Deutscher macht, auch Deutschlehrer machen mal Fehler, da sagt man, „Ja, das hat der aus Versehen gemacht." Aber wenn ein ausländischer Lehrer irgendetwas falsch geschrieben hat, dann heißt es: „Oh, guck mal, der kann kein Deutsch, und das ist ein Lehrer geworden." Ich habe ja auch keine perfekten Deutschkenntnisse. Klar mache ich Fehler. Manchmal stehe ich vor der Tafel und denke: Oh Gott, was ist denn der Artikel? Der, die, das? Aber von uns wird erwartet, dass wir einwandfrei deutsch reden, viel besser als eine deutsche Lehrerin müssen wir immer sein. Unsere anderen Qualitäten zählen gar nicht. (Frau Zorlu, 35 Jahre, Gesamtschullehrerin, türkischer Migrationshintergrund)

Frau Zorlu macht Diskriminierung hier daran fest, dass sie nur an ihren Deutschkenntnissen gemessen wird. Dabei vermutet sie, dass bei Fehlern von Lehrkräften mit und ohne Migrationshintergrund seitens der Fachleitung mit zweierlei Maß gemessen wird. In der Fehlerquellenanalyse werde bei Lehrkräften mit Migrationshintergrund ein unmittelbarer Bezug zur ihrer nichtdeutschen Herkunft hergestellt und ihre Professionalität hinterfragt. Bei Referendaren ohne

Migrationshintergrund, so Frau Zorlu, werde über sprachliche Mängel leichter hinweggesehen.

Hinsichtlich sprachlicher Merkmale wird deutlich, dass die interviewten Lehrkräfte, insbesondere jene, die nicht in Deutschland geboren und aufgewachsen sind, sich ihrer sprachlichen Defizite bzw. ihres Akzentes bewusst sind, in ihrer fachlichen Beurteilung aber nicht auf diese Merkmale reduziert werden möchten.

### 5.6.1.3 Religionszugehörigkeit

Im Rahmen von Diskriminierung aufgrund von Religionszugehörigkeit stehen bei den Befragten antimuslimische Rassismuserfahrungen[8] der Lehrkräfte im Vordergrund.

Frau Mermer, eine Lehrerin mit türkischem Migrationshintergrund, macht bereits im Kindergarten die Erfahrung, dass ihre religiöse Prägung seitens der Erzieherinnen missachtet bzw. nicht berücksichtigt wird:

> *Die haben mich gezwungen, Schinken zu essen*
> In den ersten Jahren im Kindergarten waren nicht so viele Muslime. Die haben mich gezwungen, Schinken zu essen. Ich war vielleicht 4 oder 5. Ich wusste, dass ich nicht durfte, und ich habe geheult. (…) Gezwungen. Also wirklich, da waren Frauen und die haben gesagt: „Ja, doch, du musst essen!" Wir mussten essen, aber ich durfte keinen Schinken essen und die Frauen wussten das nicht. Manche sehen auch Speck nicht als Fleisch. Ja, das hat mich traumatisiert und deswegen würde ich kein Kind dazu zwin-

---

8   Die Begriffe „antiislamischer Rassismus" und „antimuslimischer Rassismus" lehnen sich an Iman Attia (2009) an, der zufolge die Präsentation des Islam im Westen als hegemonialer Diskurs gesehen wird. Demnach wird die Dichotomie zwischen Islam und Westen als Konstruktion erachtet, die beide essentialisiert (8). Attia (1994) differenziert ihr Verständnis von „antiislamischem Rassismus" wie folgt: „Es weist deutliche Parallelen zu anderen Rassismen auf, unterscheidet sich aber auch von ihnen. So folgt der Antiislamismus den gleichen Mustern wie andere Rassismen, indem er ‚das Andere' gleichzeitig verherrlicht und herabsetzt, indem er die Sinnhaftigkeit und Berechtigung anderer Lebensformen ignoriert, und nicht zuletzt indem er die Rückständigkeit anderer Kulturen voraussetzt und damit die eigene Dominanz legitimiert. Der Antiislamismus unterscheidet sich von anderen Rassismen (v.a. dem kolonialen und dem antislawischen) dadurch, dass er (ähnlich dem Antisemitismus und dem gegen Sinti und Roma gerichteten Rassismus) ein kultureller Rassismus ist, bei dem es nicht primär um die Legitimierung der ökonomischen Ausbeutung geht, sondern um die Selbstvergewisserung der Richtigkeit der eigenen Kultur. Das Besondere am Antiislamismus ist darüber hinaus die geographische Nähe islamischer Kulturen zu Deutschland und die unübersehbare Präsenz von Menschen aus islamisch-geprägten Kulturkreisen in Deutschland: Einst ‚standen die Türken vor Wien.' heute ‚überfremden sie Deutschland.'" (210)
Zwar wird der Begriff Islamophobie nach Leibold/Kühnel (2003: 101) auch ähnlich definiert: „um anti-islamische Einstellungen und Verhaltensweisen wie pauschale Ängste, Vorurteile und Hass gegenüber Muslimen zu benennen", allerdings impliziert die Endung „Phobie" nach Attia (Vortrag am 06.11.2009 im HAU-Berlin) eine als berechtigt lancierte Angst der Mehrheitsgesellschaft vor „dem Islam" und macht damit Angehörige der nichtmuslimischen Mehrheitsgesellschaft zu Betroffenen von Angst, verdreht somit die Perspektive. Daher wird in Anlehnung an Attia der Begriff des antiislamischen bzw. antimuslimischen Rassismus bevorzugt.

gen, Schweinefleisch zu essen. Ich würde sagen, man kann das vielleicht so vergleichen, das ist wie Katzenfleisch für Deutsche und sagen: „Das ist Katzenfleisch. Würdest du Katzenfleisch essen?" (Frau Mermer, 31 Jahre, Referendarin am Gymnasium, türkischer Migrationshintergrund)

Die Unkenntnis der Erzieherinnen über unterschiedliche religiöse Praktiken der Kinder verursacht bei Frau Mermer das Gefühl der Missachtung ihrer Gewohnheiten und religiösen Gesetze. Zugleich erzeugt das Wissen, kein Schweinefleisch essen zu dürfen, bei ihr Schuldgefühle und Loyalitätskonflikte ihrer Familie gegenüber, deren Regeln sie durchbricht.

Eine andere Lehrerin türkischer Herkunft wird im Referendariat immer wieder auf ihre Religion hin angesprochen und mit stereotypen bzw. negativen Zuschreibungen konfrontiert:

*Sind Sie Mohammedaner?*
Der Schulleiter fragte: „Sind Sie Mohammedaner?" Ich dachte am Ende: Hallo, hat er jemals einen deutschen Lehrer gefragt, bist du Atheist oder bist du Christ? So was fragt man doch nicht. Hat er Angst gehabt, dass ich mit den ganzen Kindern den Djihad ausrufe oder was? (…) Weil ich wusste, dass diese ganzen Fragen kamen vom Schulleiter, und immer, wenn was war, dann ging es mir immer sehr schlecht, weil ich wusste, oh Gott, das Bild bestätigt sich wieder oder seine Blicke auch. (Frau Kara, 29 Jahre, Gesamtschullehrerin, türkischer Migrationshintergrund)

Durch die Gegenüberstellung, ob man einen deutschen Lehrer nach seiner Religion fragen würde, macht sie ihre Exotisierung deutlich und deckt die Deplatzierung der Frage auf, die nicht in den schulischen Kontext gehört, sondern in den privaten Bereich. Sie deutet diese Frage auch als Ausdruck von Misstrauen. Die von ihr als ausgrenzend erlebte Frage führt dazu, dass sie ihrem Schulleiter Misstrauen gegenüber einer Angehörigen der islamischen Religion unterstellt. Infolge dieser Erfahrung empfindet sie jegliche Form der Begegnung mit dem Schulleiter als kontrollierend oder observierend. Frau Kara vermutet subtile („seine Blicke auch") unausgesprochene islamfeindliche Stereotypisierungen (Islam = Bedrohung) in der Frage nach der Religionszugehörigkeit.

Antimuslimischen Rassismus erlebt auch Frau Al-Ifrani, Grundschulreferendarin marokkanischer Herkunft, die während ihres Orientierungspraktikums im Lehramtsstudium ein Kopftuch trägt.

*Sie meinte, ich wäre unterdrückt*
Es lief dann eigentlich rund das Praktikum, aber in der letzten Woche wollte mich eine Lehrerin nicht mehr bei sich hospitieren lassen, weil sie meinte, ich wäre unterdrückt. In dem Moment habe ich mich eigentlich eher von ihr unterdrückt gefühlt als von sonst jemand. (Frau Al-Ifrani, 25 Jahre, marokkanischer Migrationshintergrund, Referendarin Grundschule)

Frau Al-Ifrani absolviert zum Zeitpunkt des Interviews ihr Referendariat in einem Stadtteil mit geringer Migrantenpopulation, welcher als Hochburg der rechten Szene gilt. Sie erzählt, dass sie mit diesem Sachverhalt ganz bewusst umgeht:

> *Referendariat in der Nazi-Hochburg*
> Und ja, jetzt mache ich dort mein Referendariat und fahre auch nur mit dem Auto dahin, weil ich da einfach für die zwei Jahre kein Risiko eingehen möchte, weil ich weiß, dass da eine Nazi-Hochburg ist. (Frau Al-Ifrani, 25 Jahre, marokkanischer Migrationshintergrund, Referendarin Grundschule)

Frau Al-Ifrani schildert hier ihre Angst, sich aufgrund ihrer Religionszugehörigkeit bedroht und unsicher zu fühlen. Sie meidet die Nutzung öffentlicher Verkehrsmittel, um nicht Angriffen rechter Gruppen ausgesetzt zu sein. Frau Al-Ifrani fühlt sich durch das Tragen des Kopftuchs, was sie bereits auf den ersten Blick als Muslima erkennbar macht, potentiell rassistischen Übergriffen ausgesetzt.

Hinsichtlich religiöser Diskriminierung ist die Häufung von islamfeindlichen Erfahrungen im qualitativen Sample auffällig. Im quantitativen Sample geben 4,7% der Befragten an, dass sie ein Kopftuch tragen und deshalb Nachteile in ihrer beruflichen Laufbahn und Diskriminierung erfahren haben. Die Beispiele verdeutlichen, dass die Betroffenen Angst und Furcht erfahren und „auf das äußere Erscheinungsbild reduziert werden" (Mecheril 1995: 194).

### 5.6.1.4 Strukturelle Diskriminierung

In einem Teil der Bildungsbiographien werden auch strukturelle bzw. institutionelle Formen der Diskriminierung sichtbar. Die in der bisherigen Analyse benannten Diskriminierungsebenen bezogen sich vorrangig auf Schilderungen von interaktionellen Diskriminierungen.[9] Ausgehend von der Annahme, dass es für die Analyse der Diskriminierungsproblematik unzureichend ist, allein die Ebene der individuellen Überzeugungen und Handlungen in den Blick zu nehmen – dieser Ansatz würde der Vorurteilsforschung entsprechen – erweitern Hormel und Scherr (2004) die Ebene der individuellen Diskriminierung um die strukturelle Ebene. Auf dieser Ebene geht es nicht mehr bloß um die Motive und Handlungen individueller Akteure, sondern um organisatorische Strukturen und institutionelle Mechanismen von Diskriminierung:

---

9   Diese fassen Hormel/Scherr (2004: 28) folgendermaßen: „Individuelle Diskriminierung und Diskriminierung als Gruppenpraxis können als interaktionelle Diskriminierung charakterisiert werden, deren Grundlage sowohl diskriminierende Absichten als auch Stereotype und Deutungsmuster sein können, die zu diskriminierenden Handlungen ohne bewusste Diskriminierungsabsicht führen."

> Legale, organisationsspezifische und sekundäre Diskriminierung sind in ihrem Vollzug nicht auf benachteiligende Absichten jeweiliger Akteure angewiesen. Diskriminierung resultiert hier vielmehr aus dem Normalvollzug etablierter gesellschaftlicher, insbesondere politischer und ökonomischer Strukturen (strukturelle Diskriminierung). Strukturelle Diskriminierung schließt institutionelle Diskriminierung ein, d.h. Praktiken, die in rechtlichen oder organisationsspezifischen Erwartungsstrukturen begründet sind. (Hormel/Scherr 2004: 28; vgl. Hormel 2007: 14)

Eine auch für die vorliegende Untersuchung besonders geeignete Definition institutioneller Diskriminierung liefert Gomolla (2005: 58):

> Im Unterschied zum Vorurteilsansatz (…) versteht der Begriff der „institutionellen Diskriminierung" Rassismus oder Sexismus als Ergebnis sozialer Prozesse. Das Wort „institutionell" lokalisiert die Ursachen von Diskriminierung im organisatorischen Handeln im Netzwerk zentraler gesellschaftlicher Institutionen (z.B. Bildungs- und Ausbildungssektor, Arbeitsmarkt, Wohnungs- und Stadtentwicklungspolitik, Gesundheitswesen und Polizei).

In der von Gomolla und Radtke (2003: 17) durchgeführten Untersuchung zur ethnischen Diskriminierung in der Schule heißt es darüber hinaus:

> Individuelle Einstellungen in Bezug auf die Migrantenkinder und ihre Familien auf Seiten des Personals, also der Lehrerinnen und Schulleiter, ob positiv oder negativ, können dabei relativ belanglos sein, liegen jedenfalls nicht im Fokus der Untersuchung.

Sie argumentieren, dass den individuellen Einstellungen des Personals keine Bedeutung für den Vollzug institutioneller Diskriminierung in der Schule beizumessen sei. Vielmehr hätten Organisationen eine systemische Eigenlogik, deren Ziel primär die Aufrechterhaltung der Organisation sei.

Ein sensibler Punkt hinsichtlich institutioneller Diskriminierung sind Übergangsempfehlungen von Lehrkräften im Übergang von der Grundschule in die Sekundarstufe. Sind diese Entscheidungen und Empfehlungen nicht nur von den Leistungen der Schülerinnen und Schüler geleitet, sondern spielen deren soziokulturelle Hintergründe eine Rolle, so sprechen Gomolla und Radtke (2003) von institutioneller Diskriminierung.

Im vorliegenden Sample sind lediglich bildungserfolgreiche Migrantinnen und Migranten abgebildet, die den Weg zumeist über das Gymnasium zum Lehramtsstudium geschafft haben. Obgleich vielen Lehrenden ein geradliniger Bildungsaufstieg bis hin zum Studium gelungen ist, finden sich auch Umwege und Brüche in den Bildungsbiographien. Einige Lehrkräfte beschreiben im Folgenden ihren schwierigen Weg auf das Gymnasium, der mitunter auch von Diskriminierungserfahrungen gekennzeichnet war.

So erzählt etwa Frau Bayrak vom Konflikt ihres Vaters mit der Schulleitung, die der Tochter die Gymnasialempfehlung verweigert habe:

> *Türkische Kinder schicke ich nicht auf das Gymnasium*
> Also in der 4. Klasse hat mein Vater vom Gymnasium gehört, dass es eine Schulart Gymnasium gibt, wo die Kinder, wenn sie diesen Schulabschluss bekommen, dass sie dann auch an die Universität gehen können. Und als er dann damals beim Rektor war, soll der Rektor zu ihm gesagt haben: „Türkische Kinder schicke ich nicht auf das Gymnasium." Da war mein Vater so wütend und hat ihm mit der Presse gedroht. (Frau Bayrak, 32 Jahre, Hauptschullehrerin, türkischer Migrationshintergrund)

Ähnliche Erfahrungen werden auch von Frau Karabulut geschildert, die keine Gymnasialempfehlung erhält, aber von der Möglichkeit externer Aufnahmeprüfungen profitiert und diese mit Erfolg besteht:

> *Ich habe mich schon benachteiligt gefühlt*
> Also es ist natürlich immer blöd zu sagen, dass die Lehrer das nicht wollen, weil wir Ausländer sind, aber das Gefühl hatte ich damals. Vielleicht nur, weil meine Eltern, also meine Mutter, es immer andauernd gesagt hat. Aber das Gefühl hatte ich schon, weil bei anderen Kindern ging es, auch wenn ihre Leistungen genauso waren wie meine. Also ich habe mich schon benachteiligt gefühlt. Und ich habe dann auch natürlich immer mehr die Bestätigung bekommen, dass mein Gefühl richtig war, dass diese Empfehlung, die sie mir nicht gegeben haben nicht gerechtfertigt war, weil ich es dann in der externen Aufnahmeprüfung einfach so geschafft habe, ohne irgendwelche Zusatznachhilfestunden und ohne dass meine Mutter jeden Nachmittag mit mir da saß und Hausaufgaben gemacht hat, so wie es bei anderen deutschen Kindern der Fall war, zum Beispiel. (Frau Karabulut, 28 Jahre, Grundschullehrerin, türkischer Migrationshintergrund)

Frau Karabulut verweist hier auf den Diskurs innerhalb ihrer Familie, nach dem Lehrende verdächtigt werden, Kinder mit Migrationshintergrund bewusst zu benachteiligen. Offensichtlich empfindet sie diese Zweifel zunächst als zu einseitig („blöd") und versucht sich davon zu distanzieren. Retrospektiv scheint sich für Frau Karabulut allerdings der Verdacht hinsichtlich der Unangemessenheit der Entscheidung ihrer Lehrerinnen und Lehrer, die ihr eine Gymnasialempfehlung verweigern, zu bestätigen.

Frau Özer, Berufsschullehrerin mit türkischem Migrationshintergrund, berichtet, wie es ihr gelang von der Gesamtschule auf das Gymnasium zu wechseln:

> *Damit entscheidest Du über das ganze Leben*
> Ich hatte nur ein unangenehmes Erlebnis nach dem Abschluss der Primarstufe. Das war meine Klassenlehrerin, die aufgrund ihrer Kulturschablone, die sie angelegt hat bei mir, gesagt hat: „Auf keinen Fall Gymnasium."

Damit entscheidest Du über das ganze Leben. Warum sollte ich intellektuell das Gymnasium nicht schaffen? Aber die Überzeugung von dieser Grundschullehrerin war: Sie kennt vielleicht bestimmte Bücher nicht, die ich thematisiert habe. Na, weil ich die Empfehlung nicht hatte, hat mein Vater dann gesagt: „Gut, die Alternative ist, Du gehst erstmal auf die Gesamtschule. Das war klug. Aber dieser Übergang von der Grundschule zur Oberschule ist so ein gordischer Knoten, wenn da Lehrkräfte sitzen, die ganz bestimmte Schablonen auf die Kinder drücken, obwohl sie nicht reinpassen. Da machen sie Kinder, Leute, also Lebenswelten kaputt. (Frau Özer, 35 Jahre, Berufsschullehrerin, türkischer Migrationshintergrund)

Frau Özer macht auf die Schlüsselfunktion der Schullaufbahnentscheidung aufmerksam und kritisiert, dass migrantische Kinder aufgrund bestimmter kultureller Vorurteile (Kulturschablone) der Lehrenden benachteiligt und von der Wahrnehmung von Bildungschancen ausgeschlossen würden.

Neben den hier benannten Fällen, in denen die Entscheidungen von Lehrpersonen zu Benachteiligungen führen, gibt es auch kontrastive Fälle, in denen Lehrkräfte vorausschauend Nachteile für ihre migrantischen Schülerinnen und Schüler abgewendet haben. Sie haben die Potentiale ihrer Lernenden früh erkannt und ihnen trotz ihrer sprachlichen Defizite eine Gymnasialempfehlung ausgesprochen.

Im folgenden Fall der Frau Öztürk erkennt die Lehrerin das Potential ihrer Schülerin und empfiehlt sie trotz unzureichender Deutschkenntnisse für den Besuch der Realschule:

*Die hat das gesehen*
Meine Grundschullehrerin, die mir eine Realschulempfehlung gegeben hatte obwohl ich noch nicht richtig deutsch sprechen konnte, das find ich schon, dass die gesehen hat, dass die dachte: „Na die hat nur Sprachschwierigkeiten ansonsten ist das ein Gymnasiumkind. Die hat nur eben zu wenig Zeit gehabt, die Sprache zu lernen." Die hat das gesehen. Die musste mich ja auch beurteilen und die hat mich auch angespornt, weiter zu machen und das mit Abitur zu beenden. Natürlich hatte ich das vor, ja aber es tut einem gut, von einem Lehrer zu hören: „Mensch du hast die Fähigkeit. Du kannst es schaffen" und diese Zuversicht. Das ist als positive Erfahrung oder Erinnerung schon sehr in meinem Gehirn verankert. (Frau Öztürk, 45 Jahre, Berufsfachschullehrerin, türkischer Migrationshintergrund)

Frau Öztürk würdigt rückblickend die Weitsicht ihrer Lehrerin, die sie in ihrem Glauben an eine langfristige schulische Perspektive bis zum Abitur positiv bestärkt.

Ein anderes Beispiel ist Frau Köksal, die nach zweijährigem Besuch einer Förderschule eine Empfehlung für das Gymnasium erhält:

*Meine deutschen Lehrer haben begriffen, dass ich nur sprachliche Probleme habe*

Mein Glück war, dass ich sehr gut in Englisch und Mathematik war, so dass meine deutschen Lehrer begriffen haben, ich bin nicht auf den Kopf gefallen, sondern ich habe tatsächlich nur sprachliche Probleme. Aus diesem Grunde habe ich dann nach der 6. Klasse die Gymnasialempfehlung bekommen. (Frau Köksal, 43 Jahre, Gesamtschullehrerin, türkischer Migrationshintergrund)

Frau Köksal kann hier eine Abwertung ihrer gesamten Schulleistungen verhindern, indem sie mit ihren überdurchschnittlichen Leistungen in zwei Fächern, die nicht primär auf Deutschkenntnisse basieren, brilliert.

Im folgenden Fall einer Lehrerin mit griechischem Migrationshintergrund, Frau Galanis, kam die Grundschullehrerin sogar nach Hause, um die Eltern davon zu überzeugen, ihre Tochter auf das Gymnasium zu schicken:

*Wofür ich ihr heute noch sehr dankbar bin*

Ich kam auf eine katholische Schule, sollte danach eigentlich von meinen Eltern aus auf die Hauptschule. Und dann kam eines Tages meine Klassenlehrerin. Ich musste den Raum verlassen. Sie hat meine Eltern überredet, mich auf das Gymnasium zu schicken. Ich kam rein und da weinten meine Eltern, weil sie wohl so bewegt waren, dass diese Lehrerin gesagt hat: „Schicken Sie Ihr Kind auf das Gymnasium. Sie schafft das, auch wenn Sie ihr nicht helfen können." Wofür ich ihr heute noch sehr dankbar bin, dass sie mich da richtig eingeschätzt hat. Da kam ich also auf das Gymnasium. (Frau Galanis, 45 Jahre, Gesamtschullehrerin, griechischer Migrationshintergrund)

Die Eltern von Frau Galanis hegen keine hohe Bildungsaspiration für ihr Kind. Sie soll dieselbe Hauptschule besuchen wie ihre Cousine, da nur diese Schule der Familie als weiterführende Schule bekannt ist. Der Lehrerin gelingt es, die Familie zu überzeugen und ihnen die Angst zu nehmen, dass sie ihre Tochter im Gymnasium nicht genügend unterstützen könnten.

Die zusammengestellten Interviewpassagen verdeutlichen, dass die Befragten Schulübergangsentscheidungen auf die Sekundarstufe als zentrale Weichenstellung für ihre Bildungslaufbahn einschätzen („Da machen sie Kinder, Leute, also Lebenswelten kaputt," Frau Özer). Oft sind es sprachliche Defizite, die als Gegenargument für die Gymnasialempfehlung vorgetragen werden. Lehrkräfte, die im Rahmen einer Familienzusammenführung nach Deutschland kamen und nach einigen Jahren Grundschule im Heimatland einen Quereinstieg meistern mussten, haben in der Regel keinen gradlinigen Bildungsweg. Der Zugang zum Gymnasium und zum Studium wird über Umwege bzw. Schulformwechsel erreicht. In einigen Erzählungen über Schullaufbahnentscheidungen kann man von einer institutionellen Diskriminierung sprechen. In der Analyse institutioneller Diskriminierung stehen die Intentionen der Lehrpersonen nicht im Vordergrund.

Dennoch werden die Lehrpersonen in den Schilderungen der Interviewten als Hauptverantwortliche der Diskriminierung identifiziert. Ob diese Lehrkräfte intentional Diskriminierungsabsichten verfolgten oder organisationalen Zwängen unterlagen, kann hier nicht rekonstruiert werden und ist nicht Gegenstand der Untersuchung. Jedoch zeigen die Beispiele sehr unterschiedliche Umgangsweisen mit Schullaufbahnentscheidungen von migrantischen Schülerinnen und Schülern. Dies kann als Ausdruck eines weiten Ermessensspielraums ausgelegt werden. Vor diesem Hintergrund sind die Lehrpersonen, die die Institution Schule verkörpern, nicht unbedeutend, womit Ansätze, die das Blickfeld auf die Rolle schulischer Akteure für institutionelle Diskriminierung erweitern (Booth/Ainscow 2003), an Signifikanz gewinnen. Für den Bildungserfolg eines Teils der Lehrenden mit Migrationshintergrund war das persönliche Engagement ihrer damaligen Lehrerinnen und Lehrer ausschlaggebend.

Die Befunde aus der Analyse der Interviews spiegeln sich auch in den Ergebnissen der quantitativen Untersuchung wider: Die Hälfte (51,2%) der Befragten hatte nach der Grundschule eine Empfehlung für die Haupt- bzw. Realschule, noch 44,2% hatten eine Empfehlung für das Gymnasium. Nach der Grundschule sind nur 36,6% der Befragten auf die Haupt- bzw. Realschule gegangen, aber 55,7% auf das Gymnasium. Darin zeigt sich, dass einige der Befragten, obwohl sie keine entsprechende Gymnasialempfehlung hatten, trotzdem das Gymnasium besuchten. Etwa die Hälfte der Lehrpersonen hat den Weg auf das Gymnasium bzw. zum Abitur über den Umweg der Haupt- bzw. Realschule gefunden.

### 5.6.2   Diskriminierung im schulischen Alltag

Neben Diskriminierungserfahrungen in der eigenen Bildungsbiographie bringen die Lehrkräfte mit Migrationshintergrund in den geführten Interviews oft auch Erfahrungen bzw. Beobachtungen von Diskriminierung aus dem schulischen Alltag zur Sprache. Die am häufigsten genannte Form der Diskriminierung im Schulalltag ist die ethnisch-kulturell bedingte Diskriminierung. Die folgenden Schilderungen der Befragten sind unterteilt nach Diskriminierung im Kollegium und Diskriminierung von Schülerinnen und Schülern.

### 5.6.2.1 Ethnisch-kultureller Hintergrund

### 5.6.2.1.1 Diskriminierung im Kollegium

In diesem Kapitel werden die Diskriminierungserfahrungen der migrantischen Lehrkräfte innerhalb des Kollegiums wiedergegeben.

Nachstehend beschreibt eine Lehrerin mit türkischem Migrationshintergrund, wie sie von ihren Kolleginnen und Kollegen mit kulturalisierenden Fragen konfrontiert wird:

*Man wird nicht voll akzeptiert*
Häufig kriege ich im Kollegium auch Fragen gestellt, wo ich denke, die kann ich doch gar nicht beantworten. Es werden Fragen gestellt zum Schulsystem in der Türkei oder zur Schulsituation in der Türkei, zu Lehrern in der Türkei. Ich kann vieles beantworten, weil ich mich auch dafür interessiere, aber die Türkei ist für mich ein Urlaubsland. Solche Fragen, wenn man dann ganz genau weiß, die sehen Dich irgendwo immer noch als eine Türkin. Also man muss gleichzeitig viel mehr Sachen beherrschen, um gleichwertig zu sein: Die eigenen Fächer, aber auch die deutsche Kultur, Politik und Geschichte. Plus noch die türkische, damit man solche Fragen beantworten kann, weil man ja immer irgendwie als Experte betrachtet wird und man auch automatisch informiert sein muss in deren Augen. Das ist den meisten vielleicht auch gar nicht so bewusst, das geschieht automatisch. Aber da denke ich mir manchmal auch, das muss nicht sein. Das zeigt ja auch immer wieder, man ist anders, man wird nicht voll akzeptiert. (Frau Gülen, 35 Jahre, Gymnasiallehrerin, türkischer Migrationshintergrund)

Frau Gülen merkt an den Fragen des Kollegiums, dass ihr ganz selbstverständlich Türkeikenntnisse unterstellt werden. Darin drückt sich für sie eine Zuschreibung zu einem Land aus, das sie überwiegend aus ihrem Urlaub kennt. Fragen, die binär auf „Wir" versus „Ihr" ausgerichtet sind, verstärken diesen Eindruck. Sie sieht sich einer Doppelbelastung ausgesetzt. Denn sie glaubt, dass sie sowohl berufsspezifische Kenntnisse als auch gesellschaftspolitische Kenntnisse über Deutschland und die Türkei vorweisen müsse, um von ihren Kolleginnen und Kollegen ohne Migrationshintergrund als „gleichwertig" anerkannt zu werden.

Im folgenden Fall schildert eine Lehrerin mit türkischem Migrationshintergrund, wie sie Zeugin eines Gesprächs unter Kollegen wird, die abwertende Witze und Äußerungen über „die Türken" machen:

*Das macht mich wütend*
Ein anderer Kollege hat dann gesagt: „Ja, türkischen Männern muss man die Hoden abschneiden, dass die keine Kinder mehr kriegen." Das fand ich sehr unter der Gürtellinie. Ganz schlimm. Das ist echt deprimierend. Letztens saßen wir im Lehrerzimmer: „Huch, in der Türkei gibt es zwei Sorten von Frauen ((verstellt Stimme)) Hahaha, Jungfrauen und Ehefrauen Hahaha." Ich habe gesagt: „Leute, wart ihr schon mal in der Türkei? Wer war denn von Euch in der Türkei? Keiner. Ja, das ist es, genau das ist es. Ich würde gerne mal mit Euch in die Türkei fliegen und zeigen, wie mein Land ist." Da werde ich auch auf einmal türkisch, wenn ich so etwas höre, verstehen Sie? Ich sag ja, ich bin Deutsche. Ich fühle mich hier wohl. Ich bin hier zu Hause. Wenn ich dann so etwas höre, das macht mich wütend. Dann muss ich auch einmal sagen: „Wir Türken sind nicht so. Nicht alle sind so." (Frau Zorlu, 35 Jahre, Gesamtschullehrerin, türkischer Migrationshintergrund)

Frau Zorlu ist empört über den unverhüllten Rassismus im Lehrerzimmer. Sie spricht von ihrer Ambivalenz, sich einerseits als „Deutsche" wahrzunehmen, sich aber in Situationen, in denen rassistische Witze über ihre Herkunftskultur gemacht werden, als „Türkin" zu identifizieren und ihre Herkunftskultur zu verteidigen. Zugleich konfrontiert sie ihre Kollegen und fordert sie heraus. Sie macht ihren Kollegen sogar ein Angebot über eine Kennenlernreise in die Türkei.

### 5.6.2.1.2 Diskriminierung von Schülerinnen und Schülern

Ein Teil der Lehrkräfte berichtet von Situationen, in denen ihnen Schülerinnen und Schüler mit Migrationshintergrund schildern, dass sie von Lehrkräften benachteiligt oder diffamiert wurden. Es kann gemutmaßt werden, dass dabei auf der Schülerseite die Grundannahme existiert, dass Lehrerinnen und Lehrer mit Migrationshintergrund ihre Diskriminierungserfahrungen besser verstehen, sensibler mit ihren Verletzungen umgehen bzw. mehr Verständnis dafür aufbringen als Lehrkräfte ohne Migrationshintergrund (vgl. hierzu 5.2.1 Schüler-Lehrer-Verhältnis).

Im folgenden Beispiel schildert eine Lehrerin mit türkischem Migrationshintergrund, wie sich ein Kollege abfällig über Schülerinnen und Schüler aus Einwandererfamilien äußert:

> *Schüler mit Migrationshintergrund als „Abschaum"*
> Einer hat die Schüler wirklich als „Abschaum" bezeichnet. „Ja wir müssen uns hier mit dem Abschaum beschäftigen." Ich habe das der Abteilungsleitung gemeldet, daraufhin hat dieser Lehrer ein Gespräch bekommen. Er hat aber keine Dienstaufsichtsbeschwerde bekommen. Er hat gesagt, es ist ihm ausgerutscht und alle anderen Lehrer konnten wohl irgendwie bezeugen, dass er nicht rechtsextremistisch ist. (Frau Öztürk, 45 Jahre, Berufsschullehrerin, türkischer Migrationshintergrund)

Frau Öztürk nimmt es nicht hin, dass schulische Konflikte bzw. soziale Probleme von einigen Kolleginnen und Kollegen der Kultur bzw. Ethnie ihrer Lernenden zugeschrieben werden und wählt sogar, wenn auch ohne Erfolg, den Weg der formellen Beschwerde.

Von ähnlichen Erfahrungen berichtet auch Herr Azhar, ein marokkanischer Gesamtschullehrer, der beobachtet, dass Probleme im Schulalltag häufig stereotyp bestimmten Migrantengruppen zugeordnet werden:

> *Viele Türken oder viele Libanesen als Konfliktherd*
> Wenn es einen Streit oder wenn es Ärger in bestimmten Klassen gibt, da wird leider von einigen Kollegen auch sofort gesagt: „Ja, in dieser Klasse sind viele Türken oder viele Libanesen." (Herr Azhar, 30 Jahre, Gesamtschullehrer, marokkanischer Migrationshintergrund)

Als Ursache und Erklärung von Konflikten und auffälligem Verhalten wird vorschnell der Migrationshintergrund der Lernenden herangezogen. Konfliktverursachendes, unangepasstes Verhalten wird somit ihrer Kultur zugeschrieben, ohne nach anderen Interpretationen zu suchen.

Frau Faraj, Berufsschullehrerin mit palästinensischem Migrationshintergrund, erlebt ähnliche Zuschreibungen und kritisiert, dass ihre Kolleginnen und Kollegen nur über wenig sachliches Wissen über den Islam verfügten, aber dennoch Verhaltensweisen migrantischer Schülerinnen und Schüler pauschal dem Islam zuschrieben:

> *Die Scheiß Ausländer*
> Die Lehrer kommen aus dem Unterricht raus und sagen: „Die Scheiß Ausländer," oder „Die Scheiß Türken." Dann reagiere ich immer sehr aggressiv. Darf ich ja nicht, aber ich bin dann immer ziemlich sauer. Wenn ich dann sage: „Das dürft ihr so nicht sagen. Es gibt gute Ausländer und es gibt schlechte Ausländer und es gibt gute und schlechte Deutsche." Ich ertappe mich dann wieder dabei, dass ich vermittle, oder wieder etwas gerade rücke. Ich sage den Lehrern dann auch immer: „Kommt doch mal zu meiner Fortbildung. Ihr schmeißt immer die Tradition und den Islam in einen Topf. Ihr habt eigentlich keine Ahnung davon und die Schüler haben genauso wenig Ahnung von der Religion. Es ist nicht so einfach."
> (Frau Faraj, 42, Berufsschullehrerin, palästinensischer Migrationshintergrund)

Frau Faraj versucht, ethnisierende Deutungen ihrer Kolleginnen und Kollegen zu relativieren, indem sie ihnen deutlich macht, dass die erlebten Konflikterfahrungen unabhängig von religiösen und kulturellen Bezügen betrachtet werden sollten.

## Zusammenfassung Diskriminierung aufgrund ethnisch-kulturellen Hintergrundes

Zusammenfassend kann gesagt werden, dass Lehrkräfte mit Migrationshintergrund sensibel auf kulturalisierende Zuschreibungen reagieren, besonders wenn schulische Problemsituationen, die mit sozialen Hintergründen, psychologischen Verhaltensauffälligkeiten, bzw. adoleszensbedingten Verhaltensweisen von Schülerinnen und Schülern erklärt werden könnten, stattdessen mit ethnisierenden stereotypen Deutungsmustern bzw. Zuschreibungen gedeutet werden. Es handelt sich hier um das Phänomen, dass soziale und persönlichkeitsabhängige Verhaltensweisen migrantischer Kinder und Jugendlicher kulturalisiert werden. Mit kulturalisierenden Deutungen bestätigen Lehrpersonen stereotype Bilder, in denen sie den Ethnien bzw. Kulturen einiger Schülerinnen und Schüler die Ursachen für schulische Probleme, Konflikte und Gewalt zuschreiben. Schülerinnen und Schüler aus Einwandererfamilien werden auf diese Weise als Repräsentanten ihrer Ethnien bzw. Kulturen erachtet und sind Projektionsfläche essentialistischer kultureller Zuschreibungen.[10] Auch Lehrende mit Migrationshintergrund erfahren im Kollegium Kulturalisierung. Sie werden teilweise als „Experten" ihrer Herkunftskultur angefragt oder mit rassistischen Kulturstereotypen konfrontiert.

### 5.6.2.2 Phänotypische Merkmale

Von phänotypischen Zuschreibungen sind insbesondere Lehrkräfte betroffen, die sichtbaren Minderheiten (*visible minorities*) angehören.

Herr Drogba, ein Gesamtschullehrer deutsch-ivorischer Herkunft, erzählt hier von seinen Erfahrungen mit Alltagsrassismus und fügt hinzu, dass Schule kein rassismusfreier Raum sei:

> *Von einem Ausländer lässt man sich nichts sagen*
> Ja, gut, ich meine, was hört man als Schwarzer? Natürlich erst mal „Nigger" oder du wirst beleidigt, dass einem deutlich gemacht wird, dass man da hingehen soll, wo man herkommt. Gerade dann, wenn man unbequem ist. Man ist wohlgelitten, solange man lieb, nett, anständig, sauber, arbeitsam, hilfsbereit ist. Alles gut. Aber in dem Moment, wo man mal klare Worte spricht, wo man mehr zu sagen hat als andere, wo man mehr besitzt als andere, einen höheren sozialen Status hat, dann fängt es an, problematisch zu werden. Denn von einem Ausländer lässt man sich nichts sagen. Ich denke, da kann man Schule auch nicht ausnehmen. (Herr Drogba, 38 Jahre, Gesamtschullehrer, deutsch-ivorischer Migrationshintergrund)

Herr Drogba erklärt sich das rassistische Verhalten seiner Kolleginnen und Kollegen mit deren Missgunst, seine Überlegenheit bei bestimmten Dingen nicht anerkennen zu wollen.

Seitens seiner Schülerschaft erfährt Herr Drogba oft einen positiven Rassismus, wie die folgende Interviewpassage zeigt:

> *Das bin ich alles nicht*
> Ich werde auch durchaus mit TV-Größen gleichgesetzt. Und ich höre solche Sprüche im Vorbeigehen: „Hey, das ist er, ja, cool, oho der ist cool oder der ist geil," ohne dass man mich kennt. Positive Vorurteile, die ich auch nicht unproblematisch finde. Das ist natürlich alles positiv besetzt, gar keine Frage, aber das bin nicht ich. Ich bin nicht einfach cool, ich bin nicht einfach geil, ich bin nicht einfach super angesagt, ich bin keine personifizierte Party, wie viele vielleicht auch denken: „Oah, wenn der kommt

---

10 Hinsichtlich dieses Phänomens stellt Mecheril (2004: 177) unter Bezug auf Iman Attia fest: „Aus einer dezidiert antirassistischen Perspektive ist die Kulturfixiertheit des pädagogischen Diskurses bis in die späten 1980er Jahre hinein als unreflektierte ‚Verstrickung von Pädagogen […] in rassistische Diskurse' bezeichnet worden".

ey, da geht aber die Samba ab" oder so, das bin ich alles nicht. (Herr Drogba, 38 Jahre, Gesamtschullehrer, deutsch-ivorischer Migrationshintergrund)

Herr Drogba macht hier die Erfahrung, auf das äußere Erscheinungsbild und mit diesem verbundene Zuschreibungen reduziert zu werden. Er wird „nicht als der erkannt, als der er sich kennt" (Mecheril 1995: 104). Die Schülerinnen und Schüler machen ihn zu einer exotischen Figur und besetzen ihn zudem mit Eigenschaften wie „cool, geil, super angesagt," mit denen er sich nicht identifizieren kann.

Er erzählt, wie er sich bemüht, das auf ihn projizierte „Bild des Unterhalters" zu irritieren und seinen Schülerinnen und Schülern bewusst zu machen, dass er genauso wie andere Lehrkräfte auch fachliche Leistungen von ihnen fordert:

> *Von positiven Vorurteilen wegkommen*
> Ich muss schnell für Ernüchterung sorgen, dass die Schüler von diesen positiven Vorurteilen mal wegkommen und kapieren: Ich bin der Lehrer, der Anforderungen hat, und der Leistungen sehen will, der zielführend arbeitet, und der seinen Job zwar gerne macht, aber nicht als eine Freizeitbeschäftigung ansieht. (Herr Drogba, 38 Jahre, Gesamtschullehrer deutschivorischer Migrationshintergrund)

Herr Drogba versucht, dem positiven Rassismus der Schülerinnen und Schüler seine fachlichen Anforderungen entgegenzuhalten, denn er fürchtet um seine institutionelle Autorität als Lehrer. Die mit seiner Hautfarbe assoziierten Eigenschaften scheinen seine Autorität zu untergraben.

Resümierend kann gesagt werden, dass Herrn Drogba durch den Rassismus (sowohl mit abwertender Intention als auch positiv konnotiert) im Schulkontext fachliche und didaktische Kompetenzen sowie kognitiv-rationale, intellektuelle Fähigkeiten abgesprochen werden. Trotz häufig gut gemeinter Indienstnahmen von Stereotypen wie „cool," „Party" oder „Samba" äußert sich in Zuschreibungen der Schülerinnen und Schüler positiver Rassismus. Er wird auf Eigenschaften reduziert, die seiner phänotypischen Erscheinung zugeschrieben werden. Es scheint, als müsste er sich gegenüber seinem Kollegium und seinen Schülerinnen und Schülern immer wieder fachlich beweisen und seine Funktion als Lehrender behaupten.

### 5.6.2.3 Sprachliche Differenz

Von Diskriminierung auf der Grundlage von Sprache sind im untersuchten Sample vor allem Bildungsausländer betroffen, deren Erstsprache nicht Deutsch ist oder aber Lehrende, deren Muttersprache zwar Deutsch ist, die aber einen Akzent aufweisen.

Exemplarisch für Diskriminierungserfahrungen aufgrund von Sprache sei hier folgende Episode aus der Erzählung von Frau Struk, einer Grundschullehrerin mit ukrainischem Migrationshintergrund angeführt:

> *Sie sprechen ja auch mit Akzent*
> An einer Schule habe ich ganz schlechte Erfahrungen gemacht, weil die Schulleiterin sofort beim ersten Vorstellungsgespräch gesagt hat: „Na ja, Sie sprechen ja auch mit Akzent." Ich konnte da auch nur ein halbes Jahr bleiben. Es funktionierte nicht, weil man sich immer wieder am Akzent störte. (Frau Struk, 35 Jahre, Grundschullehrerin, ukrainischer Migrationshintergrund)

Aus Frau Struks Sicht war das Verhältnis zur Schulleitung durch den Akzent von Anfang an gestört und schließlich musste sie die Schule wechseln.

Die Interaktion mit migrantischen Eltern ist ebenfalls von einem Misstrauen ihren fachlichen Fähigkeiten gegenüber geprägt. An den Fragen der Eltern spürt Frau Struk, dass auch diese sich an ihrem Akzent stören:

> *Es gab Eltern die sich an meinem Akzent gestört haben*
> Es war eine Schule, wo kaum Aussiedler und Migranten waren, fast rein deutsche Kinder, nur Einheimische. Es gab dann schon Eltern, die sich an meinem Akzent gestört haben, die gesagt haben: „Ja, wie lange bleiben Sie denn noch bei unseren Kindern und wechseln Sie auch mal die Schule?" Solche Andeutungen kamen. (Frau Struk, 35 Jahre, Grundschullehrerin, ukrainischer Migrationshintergrund)

Die Fragen geben Frau Struk das Gefühl, dass die Eltern sie nicht gern als Lehrerin ihrer Kinder sehen und auf eine Befristung ihrer Stelle bzw. auf einen Ortswechsel hoffen.

Von einer noch massiveren Form sprachlicher Diskriminierungserfahrung berichtet Frau Zorlu, Gesamtschullehrerin mit türkischem Migrationshintergrund. Hier ist es nicht der Akzent, sondern der Gebrauch der Mutter- bzw. Herkunftssprache im Lehrerzimmer, der zu Konflikten führt:

> *Die haben Unterschriften gesammelt*
> Wir waren drei türkische Lehrer und zwei Referendarinnen mit Türkisch als Fach. Und wenn ich einen Entwurf für meinen Türkischunterricht vorbereite, da kann ich ja nicht Französisch reden, wenn ich über den Inhalt rede. Die Kollegen haben sich gestört gefühlt. Ich saß mit einem Türkischkollegen vorne am Tisch, und dahinten saßen zwei Kolleginnen. Wir waren nur zu viert im Lehrerzimmer. Der Türkischkollege hat mich gefragt: „Was machst du denn zurzeit hier im Jahrgang?" Die Kollegin, die dahinten saß, schreit uns an: „Sag mal, warum redet ihr türkisch hier?" Ich, stehe auf, bin kurz vor dem Weinen. Mir würden ja die Worte fehlen. Ich bin raus gegangen aus dem Lehrerzimmer. Weil ich dachte, ich kann da nicht

sitzen und weinen. Das geht nicht. Ich habe dann eine Woche lang gedacht, was soll ich ihr sagen, wie soll ich es ihr sagen, dass es mich gestört
hat. Ich habe sie irgendwann auf dem Schulhof getroffen und habe gesagt:
„Ich finde das nicht in Ordnung, dass du mich so anschreist." Da hat sie
gesagt: „Ja, aber wir leben in Deutschland. Du musst ein Vorbild in dieser Schule sein. Du musst deutsch reden." Ich habe gesagt: „Ich bin Tür-
kisch- und Deutschlehrerin. Ich bin eine erwachsene Frau. Ich habe hier
studiert. Ich weiß genau, wann ich deutsch und wann ich türkisch reden
muss." Die haben Unterschriften gesammelt, die Kollegen und sind damit
zur Schulleitung gegangen. Wir Türkischlehrer sind zur Schulleitung eingeladen worden. Die sagte uns, wir sollten bitte im Lehrerzimmer unterei-
nander nicht türkisch reden. Die Kollegen fühlen sich ausgegrenzt. (Frau
Zorlu, 35 Jahre, Gesamtschullehrerin, türkischer Migrationshintergrund)

Der Gebrauch des Türkischen löst einen Konflikt im Kollegium aus, der schließlich derart eskaliert, dass er an die Schulleitung herangetragen wird. Frau Zorlus'
Versuch, mit der betreffenden Kollegin ein klärendes Gespräch zu führen, bleibt
erfolglos. Frau Zorlu hat in keiner Weise den Eindruck, dass ihre Kollegin sie versteht. Dieser Eindruck bestätigt sich später darin, dass, angeführt von ebendie-
ser Kollegin, im Kollegium Unterschriften für ein Verbot der türkischen Sprache
im Lehrerzimmer gesammelt und der Schulleitung als Petition übermittelt werden. Diese setzt das Anliegen des Kollegiums gegen Frau Zorlu und ihre Kollegen
durch. Das Beispiel der Durchsetzung von Einsprachigkeit im Lehrerzimmer illustriert auf der Ebene des Lehrkörpers den von Gogolin vielfach dokumentierten und kritisierten „monolingualen Habitus" (1997, 2000, 2003, 2008) der deutschen Schule.

Resümierend kann gesagt werden, dass die Spanne der Erfahrungen im
Umgang mit der Muttersprache breit ist (siehe auch 5.5.1 Mehrsprachigkeit).
Lehrkräfte mit Akzent erfahren eine besondere Form der Diskriminierung. Ihnen
werden wegen ihres Akzentes fachliche Kompetenzen abgesprochen, auch wenn
ihre grammatikalischen Deutschkenntnisse einwandfrei sind und sie über einen großen Wortschatz verfügen. Mit Blick auf den hier untersuchten Komplex
– Diskriminierung aufgrund von Sprache – lässt sich der Fortbestand des „monolingualen Habitus der deutschen Schule" (Gogolin 1997 und 2008) durch das
empirische Material bestätigen.

## 5.6.2.4 Religionszugehörigkeit

Hinsichtlich religiöser Diskriminierung ist bei der Analyse der Interviews auffallend, dass die geschilderten Fälle sich fast ausschließlich auf die Ausgrenzung
muslimischer Schülerinnen und Schüler bzw. des Islam beziehen.

Eine Lehrerin mit türkischem Migrationshintergrund schildert eine Episode
von einer Klassenfahrt, die ihr von einem beteiligten Kollegen zugetragen wurde.

*Der Lehrer hat keine Ahnung von Fanatismus*
Na, z.B. diese Klasse, die ich im letzten Jahr unterrichtet habe. Da waren
14 Schüler mit türkischer Herkunft, die Klasse war überwiegend musli-
misch. Die waren auf Klassenfahrt und am letzten Tag haben die Lehrer
beschlossen zu grillen. Sie wussten, dass die muslimischen Schüler kein
nicht-halal-geschlachtetes Fleisch[11] essen würden. Die Schüler sollten ihr
Gemüse kriegen. Die Lehrer wollten ihre Wurst grillen und haben gesagt:
„Wir grillen erstmal die Wurst und dann das Gemüse." Die Schüler haben gesagt: „Nein, erstmal das Gemüse und dann die Wurst." Der Lehrer
hat gesagt: „Wir machen es gleichzeitig, also auf einem Teil des Grills die
Würstchen, auf dem anderen Teil das Gemüse." Die Schüler haben trotzdem „Nein" gesagt, weil sich der Geruch mischt, also das geht nicht. Und
die haben sich gestritten. Die Lehrer haben sich mit den Kindern gestritten. Der Lehrer ist dann zu mir gekommen und hat gesagt: „Die Schüler sind Fanatiker. Sie wollten nicht, dass ihr Gemüse neben den Würstchen gegrillt wird." Das ist meine Meinung: Ich finde nicht, dass es Fanatismus ist. Also ich glaube der Lehrer hat keine Ahnung von Fanatismus.
(Frau Mermer, 31 Jahre, Referendarin am Gymnasium, türkischer Migrationshintergrund)

Die Situation zeigt, wie kulturelle Missverständnisse zu verhärteten Positionen
und Konflikten führen können. Frau Mermer distanziert sich hier von der
Haltung ihres herkunftsdeutschen Kollegen und positioniert sich auf der Seite der
muslimischen Schülerschaft, die ihr Gemüse aus religiösen Gründen nicht auf einem Grill mit Schweinefleisch grillen möchten. Eine Auslegung dieser Haltung als
Fanatismus, wie es ihr Kollege deutet, weist sie zurück. Das Verhalten der muslimischen Schülerinnen und Schüler ist für sie ein selbstverständlicher Ausdruck
gelebter religiöser Alltagskultur.

Frau Galanis, Gesamtschullehrerin mit griechischem Migrationshintergrund,
berichtet von einem ähnlichen Konflikt, der sich während einer Klassenfahrt zugetragen hat. Dabei spitzte sich eine Situation zwischen der überwiegend muslimischen Schülerschaft und der Lehrerschaft während des Fastenmonats Ramadan
folgendermaßen zu:

*Wir haben natürlich auch Rücksicht aufeinander genommen*
Als wir mit der 12. Klasse eine Wanderwoche hatten, war gerade Fastenzeit des Ramadan. Wir haben natürlich Rücksicht aufeinander genommen.
Wir haben abends immer zusammen das Fasten gebrochen. Da gab es die
warme Mahlzeit und die Auflage, dass die Fastenden sich in der Küche
alles machen konnten. Sie durften ein bisschen länger schlafen, weil sie
nachts aufstanden und morgens natürlich noch müde waren. Das hat ge-
klappt. Aber dann kamen die deutschen Kolleginnen. Wir hatten den ersten Teil der Wanderwoche und den zweiten Teil bestritten dann die Lite-
raturlehrerinnen. Ich glaube, da fehlte oft ein bisschen die Empathie bei

---

11  Nach islamischen Schlachtregeln geschlachtetes Fleisch, das kein Schweinefleisch ist.

den deutschen Kolleginnen. Es hat dann richtig Ärger gegeben. Die deutschen Kolleginnen bestanden darauf, dass gemeinsam gefrühstückt wird. Die Mahlzeiten wurden eingehalten und wenn die Mahlzeiten eingehalten wurden, mussten die Leute, die fasten, auch dabei sitzen, was wir natürlich nicht gemacht haben. Die Schüler fühlten sich in der Ausübung ihrer Religion nicht gesehen und nicht gewürdigt. (Frau Galanis, 45 Jahre, Gesamtschullehrerin, griechischer Migrationshintergrund)

Der Zeitpunkt der Klassenfahrt zum muslimischen Fastenmonat stellt die Lehrenden vor die Herausforderung, mit den unterschiedlichen Bedürfnissen der heterogenen Gruppe umzugehen. Frau Galanis, die selbst keine Muslima ist, entwickelt im gemeinsamen Aushandlungsprozess mit ihren muslimischen Schülerinnen und Schülern eine Lösung, mit der alle Beteiligten zufrieden sind.

Zusammenfassend lässt sich sagen, dass Lehrpersonen unabhängig von ihrer eigenen religiösen Prägung im schulischen Alltag aufgefordert sind, mit der Multireligiosität ihrer Schülerschaft umzugehen. Das erste Beispiel der Frau Mermer unterstreicht die Bedeutung eines multireligiösen Lehrerkollegiums, das potentiellen Fehldeutungen religiös bedingter Verhaltensweisen der Schülerschaft („Fanatismus") entgegenwirken kann. Angesichts unterschiedlicher Wahrnehmungen im Kollegium kommt der „Doppelperspektivität" (Gültekin 2003) der Lehrpersonen mit Migrationshintergrund besondere Bedeutung zu, wenn nämlich unterschiedliche Deutungen im gegenseitigen konstruktiven Dialog reflektiert und relativiert werden können.

Das zweite Beispiel der Frau Galanis betont die Wichtigkeit interreligiöser Kompetenz von Lehrpersonen, die, wie in diesem Fall, nicht zwangsläufig die Zugehörigkeit zur selben Religionsgemeinschaft erfordern, denn hier ermöglicht eine christliche Lehrerin ihren muslimischen Schülerinnen und Schülern die Praktizierung ihres Fastenrituals. Migrationsspezifische (Differenz-)Erfahrungen oder interkulturelle Fortbildungen könnten als Faktoren für die Erklärung der hier ausgeprägten interreligiösen Dialogfähigkeit herangezogen werden.

## Zusammenfassender Kommentar

Die Ausfaltung und Differenzierung der dargestellten Diskriminierungserfahrungen der Befragten in der eigenen Bildungsbiographie und im Kontext ihres beruflichen Umfeldes in der Schule veranschaulicht in der Zusammenschau der erzählten Episoden auf eindrückliche Weise, dass Lehrende mit Migrationshintergrund mit unterschiedlicher Akzentuierung auf allen untersuchten Ebenen (phänotypisch, ethnisch-kulturell, sprachlich, religiös) von Diskriminierung und Benachteiligung betroffen sind. Sie müssen sich deshalb nolens volens persönlich und strukturell mit Rassismen auseinandersetzen.

Im Hinblick auf die anfangs aufgestellte Hypothese, dass Diskriminierungserfahrungen in der eigenen Biographie der Lehrenden eine besondere Rolle bei der Wahrnehmung und beim Umgang mit Diskriminierung im schulischen Alltag spielen, zeigen die geschilderten Erfahrungen der Lehrkräfte mit Migrations-hintergrund auf, dass die häufige Thematisierung als Indiz einer geschärften Wahrnehmung und Sensibilität von migrantischen Lehrenden angesehen werden kann. Die biographisch bedingte Auseinandersetzung mit migrationsspezifischer Diskriminierung gehört zum schulischen Alltag der migrantischen Lehrenden. Die geschilderten Erfahrungen umfassen dabei sowohl Diskriminierung von Schülerinnen und Schülern mit Migrationshintergrund als auch Situationen, in denen migrantische Lehrkräfte selbst von Diskriminierung betroffen sind. Die Reaktionen der Lehrkräfte auf Diskriminierungen sind unterschiedlich und rei-chen von Resignation über Ohnmacht bis hin zu Ablehnung und (teilweise orga-nisiertem) Widerstand. Die überwiegende Mehrheit der Fälle weist eine deutliche Positionierung von Lehrenden mit Migrationshintergrund im Sinne von *change agents* auf, indem sie erlebte Diskriminierungen als Anstoß und Motivation zur aktiven Bekämpfung von Rassismus im schulischen Kontext aufgreifen.

Migrantische Lehrende sind biographisch bedingt – das zeigen die hier ge-schilderten Erfahrungen anschaulich – mit Themen um Diskriminierung be-fasst. Ob aus dieser biographischen Verstrickung besondere interkulturelle Kom-petenzen abgeleitet werden, die den Lehrenden einen professionellen und der migrationsbedingten Heterogenität an Schulen angemessenen Umgang ermögli-chen, ist von Fall zu Fall unterschiedlich und hängt oft nicht nur von ihrem indi-viduellen Umgang ab, sondern auch von strukturellen Rahmenbedingungen. Die geschilderten vielfältigen Umgangsformen der migrantischen Lehrenden zeigen zudem deutlich auf, dass ein Migrationshintergrund per se nicht ausreicht, um im Alltag Situationen schulischer Heterogenität im Sinne einer interkulturellen Kompetenz adäquat und professionell zu begleiten. Darin bestätigt die vorliegende Studie die Erkenntnisse von Castro Varela und Mecheril (2006: 414):

> Zwar ist zu erwarten, dass Minderheitenangerhörige in einer selbstver-ständlicheren Weise mit Themen kultureller Differenz *und* Dominanz le-bensgeschichtlich befasst sind. Das Erfahrensein und die sich im Zuge dieser Erfahrungen ausbildenden Vermögen entlasten aber – sobald und solange es um professionelles Handeln geht – nicht von einer Auseinan-dersetzung mit diesen Erfahrungen und Vermögen, entbürden nicht von ihrer Differenzierung und Erweiterung. Ganz im Gegenteil erscheint es notwendig, in Ausbildung und Weiterbildung Räume zu schaffen, die es ermöglichen, die gemachten Erfahrungen positiv im Sinne einer Art Kom-petenzerweiterung zu nutzen.

Aus dem biographischen Befasstsein mit Migration kann also eine Ressource für migrantische Lehrkräfte im Umgang mit schulischer migrationsbeding-ter Heterogenität erwachsen, wenn eine professionell begleitete und reflektierte Auseinandersetzung mit diesen Themen in der Schule, in der Lehrerausbildung und Fortbildung strukturell verankert wird.

Zwar gibt die Ausrichtung dieser Studie den migrationsspezifischen Fokus vor, dennoch sollte zugleich nicht außer Acht gelassen werden, dass angesichts der Vielfalt der schulischen Heterogenitätsdimensionen, die sich nicht nur auf Migration erstrecken, nicht allein die interkulturelle Kompetenz, sondern weitgehender eine *diversity*-Kompetenz aller Lehrenden erstrebenswert wäre, die sowohl der Binnendifferenzierungen innerhalb der oft als homogen gedachten und diskutierten Kategorie „Migrationshintergrund" (nach Sprache, Herkunft, Alter, Religion, usw.) aber auch der gegenwärtigen migrationsunspezifischen Vielfalt an Schulen in Deutschland gerecht wird. Diskriminierungsmechanismen sind oft komplex und mehrdimensional. Schulen sind daher künftig aufgefordert, adäquate multiperspektivische Zugänge zum Abbau von Benachteiligung zu finden, um dem Ziel der Chancengleichheit aller Schülerinnen und Schüler näher zu kommen.

# VI Quantitative Studie

Lisanne Ackermann, Viola B. Georgi und Nurten Karakaş

## 6.1 Methode

### 6.1.1 Datenerhebung und Auswertung

Um auf möglichst ökonomischem Wege die deutschlandweit verteilte Stichprobe der Lehrerinnen und Lehrer mit Migrationshintergrund zu erreichen, wurden die Daten der Fragebogenstudie internetbasiert erhoben. Datenerhebungen via Internet sind in ihren Vor- und Nachteilen gegenüber klassischen Befragungsverfahren ausführlich diskutiert worden (Birnbaum 2004, Gosling/Vazire/Srivastava/John 2004, Kraut et al. 2004, Reips 2002). Insgesamt besteht Einigkeit darüber, dass bei Beachtung entsprechender Vorsichtsmaßnahmen eine Online-Datenerhebung zu Ergebnissen führt, die von ihrer Qualität her als mindestens gleichwertig mit herkömmlichen Verfahren angesehen werden können.

Um einen technischen Selektionsbias zu vermeiden, wurde der Fragebogen in einer serverseitigen Skriptsprache erstellt, so dass alle Probandinnen und Probanden unabhängig von ihren Systemvoraussetzungen (z.B. Java Script) an der Befragung teilnehmen konnten. Darüber hinaus wurde durch die Zuweisung einer eindeutigen *cookie session id* verhindert, dass durchschnittlich technisch versierte Teilnehmerinnen und Teilnehmer an derselben Studie vom selben Computer aus ein zweites Mal teilnehmen konnten. Zusätzlich wurde das Layout mit unterschiedlichen Browsern und verschiedenen Bildschirmauflösungen getestet, so dass sichergestellt werden konnte, dass sich die Studie auf allen Computersystemen gleich verhielt. Um die Abbrecherrate zu senken, wurde eine Verlaufsanzeige eingesetzt. Die Anonymität der Daten wurde den Beteiligten am Anfang der Befragung zugesichert und bei der Befragungskonstruktion und der Datenauswertung beachtet.

Die Berücksichtigung dieser Maßnahmen zur Verhinderung möglicher Mängel einer Online-Erhebung in Verbindung mit den Vorteilen einer Erhebung via Internet stellt sicher, dass die Qualität der Daten dieser Befragung mindestens so gut ist wie die Qualität der Daten bei klassischen Papier-und-Bleistift-Befragungen.

Die Bewerbung der Studie erfolgte über verschiedene Verteilerlisten: Integrationsbeauftragte aller Bundesländer, diverse Netzwerke, Migrantenselbstorganisationen, bildungspolitische und schulnahe Behörden, Stiftungen, RAAs (Regionale Arbeitsstellen zur Förderung von Kindern und Jugendlichen aus Zuwandererfamilien), Institutionen der Lehrerbildung, Verbände, schulische Verteiler, Schulleitungen, und private Kontakte.

Innerhalb der Studie wurden die Lehrerinnen und Lehrer gebeten, neben den demographischen Daten, Angaben zur Zuwandererbiographie und dem Herkunftskontext, zu ihrem derzeitigen beruflichen Status und ihrer Schulpraxis, zur Bildungslaufbahn, zu ihren Beziehungen zu den Schülerinnen und Schülern, zu den Eltern und zum Kollegium sowie zu ihren Zukunftsvorstellungen zu machen. Darüber hinaus wurden sie gebeten, am Ende der Befragung anzugeben, ob sie einwilligen, dass ihre Angaben in ausschließlich anonymisierter Form und nur zu rein wissenschaftlichen Zwecken verwendet werden dürfen. Es wurden nur diejenigen Datensätze in die Auswertung mit einbezogen, bei denen diese Einwilligung explizit gegeben wurde.

Zur Auswertung und Darstellung der quantitativen Befragungsdaten wurden sowohl deskriptive (beschreibende) als auch inferenzstatistische (schließende) Verfahren[1] angewendet. Deskriptive Verfahren beinhalten statistische Methoden zur Beschreibung der Daten in Form von Graphiken, Tabellen und einzelnen Kennwerten wie Prozentangaben, dem Mittelwert[2] und der Standardabweichung[3].

---

1    Inferenzstatistische Verfahren dienen der Überprüfung von Hypothesen. Beispielsweise könnte die Hypothese überprüft werden, dass männliche Lehrkräfte mit ihrer Studienzeit zufriedener waren als weibliche Lehrkräfte. Die Angaben der männlichen Lehrkräfte zur Zufriedenheit mit ihrer Studienzeit werden also verglichen mit den Angaben der weiblichen Lehrkräfte. Es bietet sich an, hierfür die jeweiligen Mittelwerte der Zufriedenheitseinschätzungen beider Gruppen als Grundlage zu nehmen und zu fragen, ob sich beide Mittelwerte statistisch signifikant voneinander unterscheiden. In der vorliegenden Studie wurde für die Entscheidung dieser Frage ein Vertrauensintervall von 95% zugrunde gelegt. Das Vertrauensintervall kennzeichnet denjenigen Bereich eines Merkmals, in dem sich 95% aller möglichen Populationsparameter befinden, die den empirisch ermittelten Stichprobenkennwert erzeugt haben können. Wenn wir sagen, die beiden Mittelwerte der Zufriedenheitseinschätzungen männlicher und weiblicher Lehrkräfte unterscheiden sich statistisch signifikant voneinander, bedeutet dies (verkürzt ausgedrückt), dass wir mit 95-prozentiger Wahrscheinlichkeit davon ausgehen können, dass wir bei unserer Entscheidung richtig liegen.

2    Der Mittelwert (Symbol: M) ist ein Maß der zentralen Tendenz und gibt Auskunft darüber, durch welchen Wert die gesamte Verteilung der Ausprägungen eines Merkmals am besten repräsentiert werden kann. Er wird berechnet, indem die Summe aller Werte (spezifische Merkmalsausprägungen der Befragten) durch die Anzahl aller Werte dividiert wird. Wenn beispielsweise $N = 198$ Personen an der Befragung teilgenommen haben und in Bezug auf das Merkmal „Alter" unterschiedliche Angaben gemacht haben (bspw. 25 Jahre, 33 Jahre, …), so werden diese Altersangaben aufsummiert und durch die Stichprobengröße ($N = 198$) geteilt. Im Mittel liegt das Alter der Befragten dieser Stichprobe dann beispielsweise bei 35 Jahren.

3    Die Standardabweichung (Symbol: SD) ist ein Dispersionsmaß und gibt Auskunft über die Unterschiedlichkeit der Ausprägungen eines Merkmals in einem Kollektiv. Es ist eines der gebräuchlichsten Maße zur Kennzeichnung der Variabilität einer Verteilung. Auch hier werden alle Werte (spezifische Merkmalsausprägungen der Befragten) einzeln berücksichtigt, um eine treffende Beschreibung der gesamten Variabilität aller Werte zu ermöglichen. Die Standardabweichung ist definiert als die Wurzel der durch die Anzahl aller Messwerte dividierten Summe der quadrierten Abweichungen vom Mittelwert. Im Beispiel des Merkmals Alter würde man für jeden Befragten die jeweilige Altersangabe (bspw. 25 Jahre) vom Mittelwert (bspw. 35 Jahre) abziehen und das Ergebnis quadrieren. Summiert man diese quadratischen Abweichungen nun über alle Befragten auf, teilt es durch die Stichprobengröße ($N = 198$) und berechnet die Wurzel aus diesem Ergebnis, ergibt sich die Standardabweichung in Bezug auf das Alter der Befragten. Diese liegt im Beispiel unserer Stichprobe bei $SD = 7,82$ Jahren. Diese Kennzahl kann so interpretiert werden, dass (unter der Voraussetzung, das Merkmal wäre normalverteilt) im Intervall von 35 Jahren (Mittelwert)

Prozentangaben in Tabellen und im Text beziehen sich dabei im Regelfall auf die tatsächliche Stichprobengröße. Diese wird in Graphiken und Tabellen immer explizit mit angegeben.

### 6.1.2 Stichprobe

An der Befragung nahmen $N = 198$ Personen teil, auf die die im Kapitel „Datenerhebung" genannten Kriterien zutreffen. Das Alter der Befragten liegt im Mittel bei 35 Jahren ($SD = 7,82$ Jahre). Der Anteil an weiblichen Befragten an der Gesamtstichprobe liegt bei 73,3% und der Anteil an männlichen Befragten dementsprechend bei 26,7%. Über zwei Drittel der Befragten (71,1%) hat die eigene Schulzeit in Deutschland verbracht. In *Abbildung 1* ist die Verteilung der Stichprobe auf die Bundesländer dargestellt.

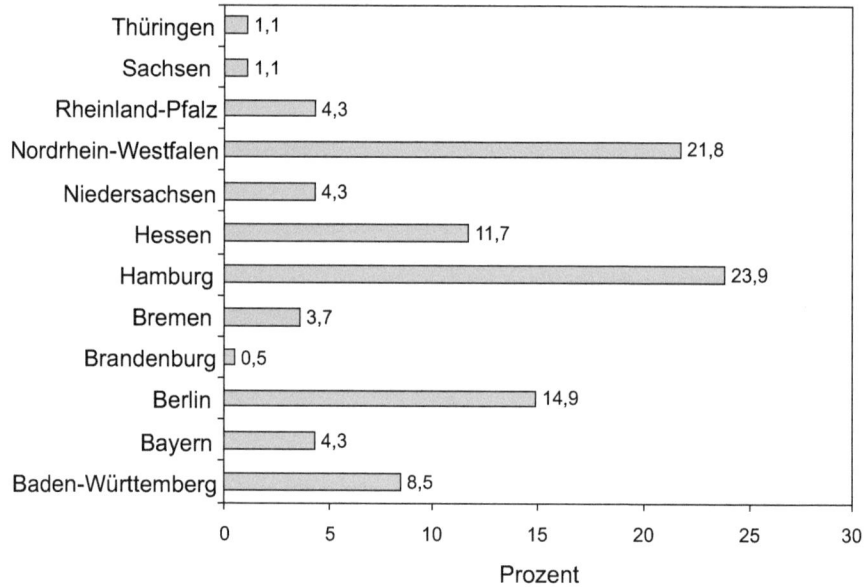

Abbildung 1:    In welchem Bundesland liegt die Schule, an der Sie arbeiten? (N = 188)

Ein Großteil der Befragten kommt aus Hamburg, Nordrhein-Westfalen und Berlin gefolgt von Hessen und Baden-Württemberg. Jeweils um die 4% der Befragten kommen aus Rheinland-Pfalz, Niedersachsen, Bremen und Bayern, während der Anteil an Befragten aus Thüringen, Sachsen und Brandenburg vernachlässigbar gering ist.

---

± 7,82 Jahren (Standardabweichung) zwei Drittel aller Messwerte liegen. Es würden also ungefähr 68% der Befragten zwischen 27,18 und 42,82 Jahren alt sein (unter der Annahme, dass das Alter in der Stichprobe normalverteilt wäre).

## Bewertung der Stichprobengröße

Die Stichprobengröße von $N = 198$ bietet eine solide Grundlage, um stichhaltige explorative Aussagen über die Zielgruppe der Lehrerinnen und Lehrer mit Migrationshintergrund in Deutschland zu machen. Sie ist nicht repräsentativ in dem Sinne, dass es sich um eine Zufallsstichprobe aller Lehrerinnen und Lehrer mit Migrationshintergrund in Deutschland handeln würde. Hierfür müssten in einem sehr aufwändigen und kostenintensiven Verfahren zunächst einmal alle Lehrkräfte dieser Zielgruppe in Deutschland identifiziert werden, um dann eine solche Zufallsstichprobe ziehen zu können. Da jedoch sehr unterschiedliche Wege gewählt wurden, um die Teilnehmenden zu rekrutieren und da über das gewählte Online-Erhebungsverfahren eine sehr breite Streuung der Zugangsmöglichkeit gegeben war, gehen wir davon aus, dass die Ergebnisse dieser Studie das Antwortverhalten der Grundgesamtheit von ihrer Tendenz her einigermaßen zutreffend widerspiegeln. Wünschenswert wäre es natürlich, in einer zukünftigen, größer angelegten Studie die Ergebnisse der vorliegenden Studie validieren zu können.

## 6.2 Ergebnisse

### 6.2.1 Zuwandererbiographie und Herkunftskontext

Tabelle 1: In welchem Zusammenhang sind Sie, Ihre Eltern bzw. ein Teil Ihrer Eltern nach Deutschland gekommen? (Mehrfachauswahl war möglich)

|  | Vater | Mutter | ich selbst |
|---|---|---|---|
| Im Zuge der Arbeitsmigration | 48,5% | 23,2% | 3,0% |
| Als Flüchtlinge | 5,4% | 4,0% | 6,1% |
| Als Aussiedler | 5,1% | 5,1% | 5,6% |
| Zum Studieren | 7,1% | 0,5% | 16,2% |
| Familienzusammenführung | 6,6% | 26,3% | 14,1% |
| Sonstiges | 3,5% | 2,5% | 10,6% |

In Tabelle 1 ist dargestellt, in welchem Zusammenhang die Befragten, ihre Eltern beziehungsweise ein Teil ihrer Eltern nach Deutschland gekommen sind.

Die Väter, die selbst migriert sind, kamen zum wesentlichen Teil (48,5%) im Zuge der Arbeitsmigration nach Deutschland, die Mütter zu einem großen Teil auch im Zuge der Familienzusammenführung (26,3%). Die Befragten, die selbst migriert sind, geben neben der Familienzusammenführung (14,1%) auch das Studium (14,1%) als vergleichsweise wichtigen Grund an. Die Mütter der Befragten, die nach Deutschland migriert sind, kamen im Mittel um das Jahr 1976 ($SD = 9,25$ Jahre) nach Deutschland, die Väter um das Jahr 1972 ($SD = 9,89$

Jahre). Darüber hinaus geben 17,4% der Befragten an, dass schon ihre Großeltern nach Deutschland migriert sind.

In *Tabelle 2* ist der Migrationshintergrund der befragten Lehrkräfte dargestellt. Die Zuordnung wurde entsprechend der Herkunft der Eltern vorgenommen. Wenn die Eltern eine unterschiedliche Herkunft haben, wurden die Befragten in die Kategorie „Bikulturell" eingeordnet. Um zu vermeiden, dass die Anzahl an Lehrkräften in den einzelnen Kategorien zu gering wird, wurden größere Kategorien gebildet: Südosteuropa (Bulgarien, Rumänien, Polen, Tschechien, Kroatien und Serbien), GUS (Georgien, Ukraine, Kasachstan, Russland, Lettland), Westeuropa (Spanien, Frankreich, Portugal, Griechenland), Naher Osten (Iran, Ägypten, Irak) und Sonstige (Ghana, Afghanistan, Libanon, Kurdistan).

Tabelle 2:    Migrationshintergrund der befragten Lehrkräfte

|  | *N* | Prozent |
|---|---|---|
| Türkei | 106 | 53,5 |
| Südosteuropa | 22 | 11,1 |
| GUS | 17 | 8,6 |
| Westeuropa | 13 | 6,6 |
| Naher Osten | 12 | 6,1 |
| Bikulturell | 4 | 2,0 |
| Sonstige | 24 | 12,1 |

Die Tabelle zeigt, dass die mit Abstand größte Gruppe der Befragten (53,5%) einen türkischen Migrationshintergrund hat.

Insgesamt haben 64% der Befragten eine deutsche Staatsbürgerschaft, 20,3% eine nichtdeutsche Staatsbürgerschaft und 15,7% haben eine doppelte Staatsbürgerschaft.

Es fühlen sich 57,4% der Befragten keiner bestimmten ethnischen Gemeinschaft zugehörig und 47,9% fühlen sich keiner bestimmten religiösen Gemeinschaft zugehörig.

In *Abbildung 2* und *Abbildung 3* ist der berufliche Hintergrund der Eltern dargestellt. Die Väter arbeiten oder arbeiteten zum überwiegenden Teil als Arbeiter in Deutschland (56,4%). Der Anteil an Vätern mit Arbeit in akademischen Berufen liegt lediglich bei 6,7%. Die Mütter arbeiten oder arbeiteten ebenfalls zum überwiegenden Teil als Arbeiterinnen in Deutschland (31%), allerdings auch zu 19,6% als Angestellte. Die Kategorie „Sonstige Berufe" macht bei den Müttern auch einen wesentlichen Anteil aus. Hier werden insbesondere Tätigkeiten im Rahmen der Familie angegeben.

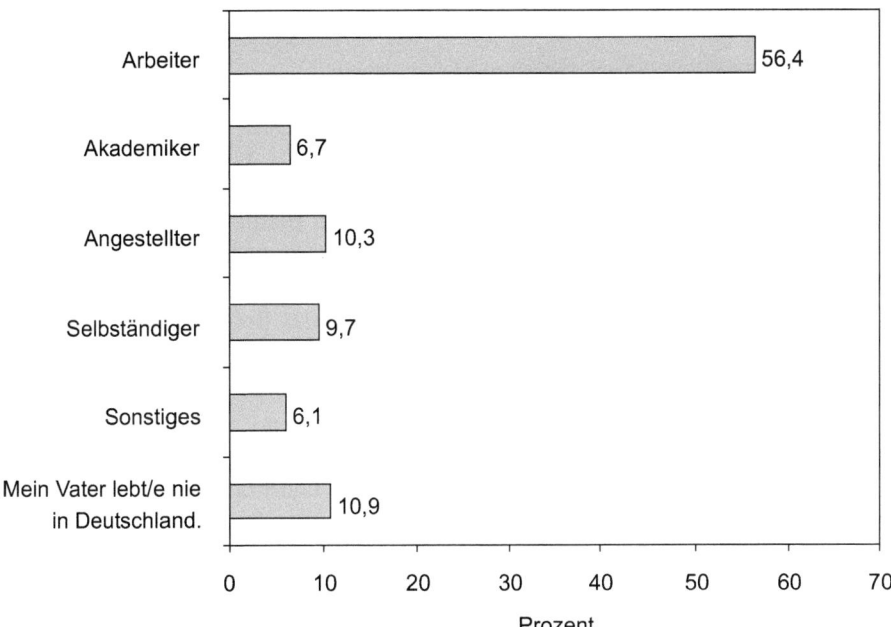

Abbildung 2: Welchen Beruf übt/e Ihr Vater in Deutschland aus? (N = 165)

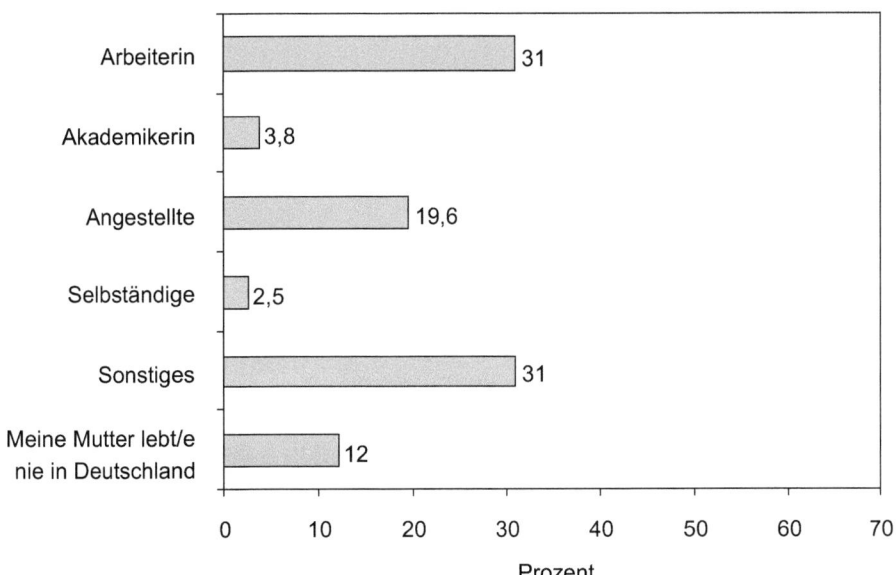

Abbildung 3: Welchen Beruf übt/e Ihre Mutter in Deutschland aus? (N = 158)

### 6.2.2  Derzeitiger beruflicher Status und Schulpraxis

Hinsichtlich des beruflichen Status der Befragten ist etwa jeweils ein Drittel verbeamtet, angestellt beziehungsweise befindet sich derzeit im Referendariat.

*Abbildung 4* gibt einen Überblick darüber, für welche Schulform die Befragten ausgebildet sind.

Das Gymnasium mit etwa einem Drittel und die Haupt- und Realschulen mit etwa einem Fünftel der Befragten machen hierbei den größten Anteil aus. Lehrkräfte mit einer Grundschul-, Gesamtschul- und Berufsschulausbildung machen jeweils einen Anteil von etwa einem Zehntel der Befragten aus. Lehrkräfte mit Sonderschulausbildung sind in der Stichprobe nur zu einem sehr geringen Prozentsatz vertreten.

Entsprechend ihrer Ausbildung unterrichten die meisten der befragten Lehrkräfte auch in den entsprechenden Schulformen (siehe Abbildung 5). Allerdings unterrichtet ein großer Teil derjenigen Lehrkräfte, die für das Gymnasium ausgebildet ist auch in Gesamtschulen.

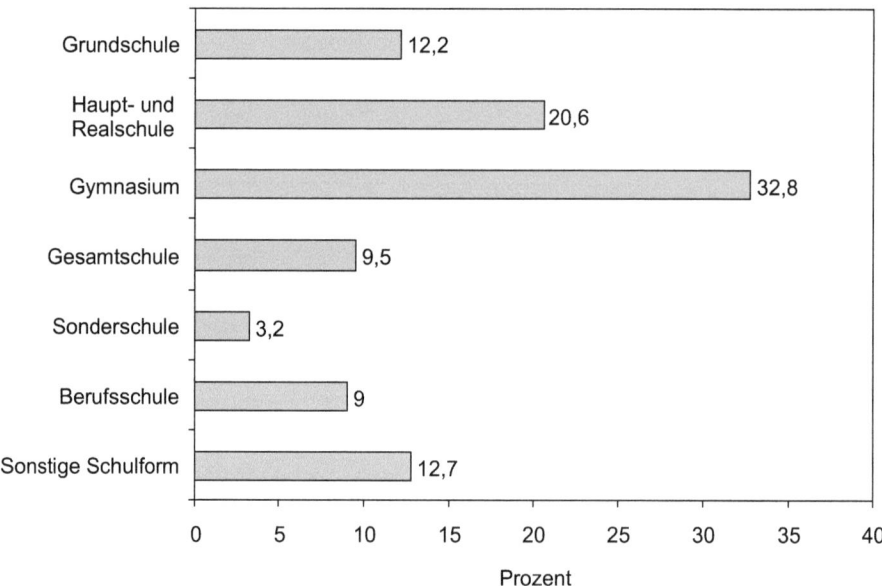

Abbildung 4:  Für welche Schulform sind Sie ausgebildet? (N = 189)

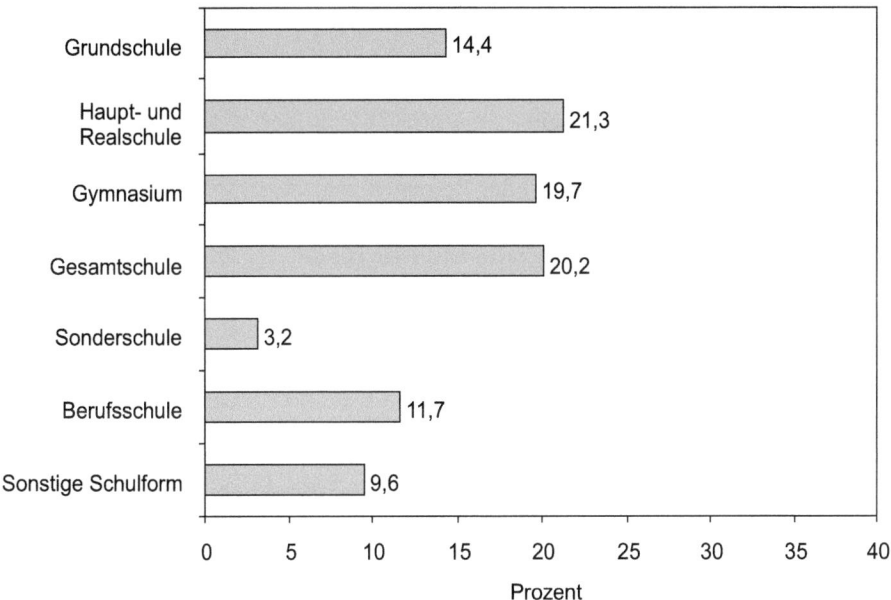

Abbildung 5:  In welcher Schulform unterrichten Sie? (N = 188)

Von den Befragten geben 80,4% an, tatsächlich in der Schulform zu arbeiten, in der sie gerne unterrichten wollten.

Deutsch (31,4%), Mathematik (14,1%) und Englisch (10,5%) sind diejenigen Unterrichtsfächer, die die Befragten am häufigsten als erstes Fach im Studium gewählt haben. Als Zweitfächer im Studium liegen Deutsch (10,9%) und Politik (10,3%) vorne. Alle anderen Fächer liegen unter der Marke von 10%. In Bezug auf die Frage, in welchen Fächern die Befragten tatsächlich unterrichten, spiegelt sich dieses Bild wieder: Deutsch (29,2%), Mathematik (13,5%) bzw. Englisch (9,9%) als erstes Fach und Deutsch (15%) bzw. Politik (9,6%) als zweites Fach. Ansonsten ist der ganze Fächerkanon vertreten, allerdings mit nur einem jeweils sehr geringen Anteil.

Von den Befragten geben 36,9% an, in Fächern zu unterrichten, die sie nicht studiert haben; 6,8% geben an, sich hierfür durch ein Zusatzstudium qualifiziert zu haben, während 37,8% angeben, sich hierfür gar nicht qualifiziert zu haben.

Drei Viertel (75,6%) der Befragten haben die gesamte Lehrerausbildung in Deutschland absolviert, während ein Viertel der Befragten auch im Ausland ausgebildet wurde.

Im Mittel sind die Befragten schon seit 7 Jahren ($SD = 7,75$ Jahre) als Lehrkräfte tätig und sie unterrichten im Mittel seit 4 Jahren ($SD = 4,89$ Jahre) an der Schule, an der sie jetzt tätig sind (wenn sie schon als Lehrkraft arbeiten und nicht mehr in der Ausbildung sind).

Im Mittel haben die Befragten bereits einen Schulwechsel hinter sich ($SD = 1,73$ Mal). Hierbei hat etwa die Hälfte (46,5%) der Befragten kein Mal die

Schule gewechselt, ein Viertel (26,4%) ein Mal, 11,6% zweimal und die restlichen Befragten haben noch häufigere Schulwechsel hinter sich.

### Wunsch, den Beruf zu wechseln

Der Frage, ob sie schon einmal daran gedacht haben, den Beruf zu wechseln, stimmen etwa ein Drittel (32,6%) der Befragten zu.

### Anzahl an Lehrkräften mit Migrationshintergrund

Darüber hinaus sollten die Befragten angeben, wie viele Lehrkräfte mit Migrationshintergrund es an ihrer Schule gibt. In Bezug auf diese Frage geben die Befragten an, dass es an ihrer Schule im Mittel 2,6 Lehrkräfte ($SD = 3,29$ Lehrkräfte) mit Migrationshintergrund gibt.

### Weitere Funktionen über die Lehrfunktion hinaus

Einige der Befragten haben zusätzlich zu ihrer Lehrfunktion weitere Funktionen in ihrer Schule übernommen: 15,2% sind Fachbereichsleiterin bzw. Fachbereichsleiter für ein bestimmtes Fach, 10,1% sind Vertrauenslehrerin bzw. Vertrauenslehrer, 20,2% sind mit der Leitung besonderer Projekte oder Programme betraut und 2,5% üben Schulleitungsfunktionen aus.

Darüber hinaus werden ihnen als Lehrkräfte mit Migrationshintergrund weitere Funktionen zugeschrieben: 41,9% der Befragten geben an, als Brückenbauerinnen und Brückenbauer gesehen zu werden, 42,4% werden als Vermittlerin bzw. Vermittler gesehen, 53% üben Übersetzungsfunktionen aus, 12,1% werden als Streitschlichter bzw. Streitschlichterin gesehen und 52% der Befragten geben an, dass sie als Expertinnen bzw. Experten für kulturelle oder religiöse Fragen gesehen werden. Drei Viertel der Befragten übernimmt diese Funktionen *ziemlich* bis *sehr* gerne, während immerhin 7,2% der Befragten *wenig* oder *gar nicht* gerne diese Funktionen übernehmen. Von den Befragten würden 61,9% der Aussage zustimmen, dass sie sich auch für die Übernahme solcher Funktionen in der Schule anbieten, während 14,2% dieser Aussage *wenig* bis *gar nicht* zustimmen würden.

## 6.2.3  Bildungslaufbahn

### Schulzeit

Etwa die Hälfte der Befragten hatte nach der Grundschule eine Empfehlung für die Haupt- bzw. Realschule (51,2%) und 44,2% hatten eine Empfehlung für das Gymnasium. Nach der Grundschule sind dann nur 36,6% der Befragten auf die Haupt- bzw. Realschule gegangen, aber 55,7% auf das Gymnasium.

### Berufswahl

In Bezug auf die Berufswahl gibt mehr als die Hälfte der Befragten an, dass sie schon immer Lehrerinnen bzw. Lehrer werden wollten, während 24,7% dieser Aussage nur *wenig* bis *gar nicht* zustimmen würden. Zwei Drittel der Befragten geben darüber hinaus an, dass ihr persönliches Umfeld sie in ihrer Berufswahl unterstützt hat.

Die Hälfte der Befragten gibt an, dass es in ihrem Familienumfeld Lehrerinnen bzw. Lehrer gibt, und bei 15% der Befragten arbeitet mindestens ein Elternteil als Lehrkraft.

Interessant ist, dass der Wunsch, Lehrerin bzw. Lehrer zu werden, nicht davon abhängt, ob im persönlichen Familienumfeld Lehrerinnen oder Lehrer vorhanden sind. Allerdings stimmen die Befragten, von denen kein Elternteil den Beruf einer Lehrerin bzw. eines Lehrers ausübt, der Aussage, dass sie immer schon Lehrkraft werden wollten, signifikant ($t$ = -2,74; $df$ = 176; $p$ = .01) stärker zu ($M$ = 3,52; $SD$ = 1,28) als die Befragten, deren Vater oder Mutter Lehrer bzw. Lehrerin ist ($M$ = 2,79; $SD$ = 1,40).

### Studienzeit

Von den Befragten mussten 81,6% während ihres Studiums arbeiten, um sich ihren Lebensunterhalt zu verdienen, wohingegen 18,6% während des Studiums mit einem Stipendium gefördert wurden. Im Mittel hat es dann 5 Jahre ($SD$ = 9,02 Jahre) gedauert, bis die Befragten einen Referendariatsplatz gefunden hatten. Während der Wartezeit haben sie in einem anderen Beruf gearbeitet (14,1% der Befragten), gejobbt (25,3%), eine Zusatzausbildung gemacht (5,6%), eine Promotion begonnen (8,6%) oder sie sind sonstigen Beschäftigungen nachgegangen (14,1%).

Als Abschlussnote haben die Befragten in ihrem ersten Staatsexamen im Mittel die Note: 2,2 ($SD$ = 0,66) erhalten. Diese Note wurde vom überwiegenden Teil der Befragten (64,2%) als gerecht und ihren Leistungen entsprechend wahrgenommen, während immerhin 13,4% die Note nicht als gerecht und angemessen wahrgenommen haben.

### Referendariatszeit

Im zweiten Staatsexamen haben die Befragten im Mittel dieselbe Note: 2,2 ($SD$ = 0,72) erhalten. Diese Note wurde von weniger als der Hälfte der Befragten (47,4%) als gerecht und ihren Leistungen entsprechend wahrgenommen, während hier 29,5% der Befragten der Meinung sind, dass die Note nicht gerecht ist und ihre Leistungen nicht entsprechend widerspiegelt.

Der berufliche Übergang vom Referendariat zum Lehrberuf wurde von den Befragten als einfacher empfunden ($M$ = 3,40; $SD$ = 1,20) als der berufliche Übergang vom Studium zum Referendariat ($M$ = 2,74; $SD$ = 1,35). Die Mittelwerte der Einschätzungen unterscheiden sich signifikant voneinander ($t$ = -4,16; $df$ = 85; $p<.001$).

Von den Befragten sind nur 23,3% der Meinung, dass die Lehramtsausbildung *ziemlich* bis *sehr* gut auf die alltäglichen Herausforderungen des Lehrens in heterogenen Schulklassen vorbereitet, während die überwiegende Mehrheit (56,6%) der Meinung ist, dass diese Aussage *wenig* bis *gar nicht* zutrifft.

## Zufriedenheit

In *Tabelle 3* ist die Bewertung der Zufriedenheit der Befragten während der Phasen der Ausbildung und der Arbeit an der derzeitigen Schule im Vergleich dargestellt.

Tabelle 3:  Bewertung der Zufriedenheit während der Phasen der Ausbildung und der Arbeit an der derzeitigen Schule

| | (1) | (2) | (3) | (4) | (5) | *M* | *SD* |
|---|---|---|---|---|---|---|---|
| Ich war mit meiner Schulzeit in Deutschland zufrieden. (*N* = 134) | 6,0% | 7,5% | 30,6% | 38,1% | 17,9% | 3,54 | 1,06 |
| Ich war mit meiner Studienzeit zufrieden. (*N* = 187) | 4,8% | 8,0% | 25,7% | 47,1% | 14,4% | 3,58 | 0,99 |
| Ich war mit meiner Referendariatszeit zufrieden. (*N* = 94) | 18,1% | 16,0% | 29,8% | 19,1% | 17,0% | 3,01 | 1,33 |
| Ich fühle mich an meiner Schule wohl. (*N* = 190) | 3,7% | 4,7% | 19,5% | 37,9% | 34,2% | 3,94 | 1,03 |

*Anmerkung:* Die Bewertung erfolgte auf einer fünfstufigen Likertskala (1 = „trifft nicht zu"; 2 = „trifft wenig zu"; 3 = „trifft mittelmäßig zu"; 4 = „trifft ziemlich zu"; 5 = „trifft sehr zu")

Die Tabelle macht deutlich, dass die Zufriedenheit der Befragten mit der Referendariatszeit insgesamt am niedrigsten ist. Hier stimmen die Befragten der Aussage „Ich war mit meiner Referendariatszeit zufrieden" im Mittel nur *mittelmäßig* zu ($M$ = 3,01). Sehr viel wohler fühlen sie sich an ihrer derzeitigen Schule. Hier finden die Befragten die Aussage, dass sie sich an ihrer Schule wohlfühlen *ziemlich zutreffend* ($M$ = 3,94). Die Bewertungen der Schulzeit und der Studienzeit liegen zwischen *mittelmäßig* und *ziemlich zutreffend*.

Differenzierende weitergehende Analysen zeigen, dass sich keine signifikanten Unterschiede in der Zufriedenheit zwischen Lehrkräften feststellen lassen, die ihre Schulzeit in Deutschland verbracht haben im Vergleich mit Lehrkräften, die ihre Schulzeit im Ausland verbracht haben. Auch gibt es keine signifikanten Unterschiede in der Zufriedenheit zwischen Lehrkräften, die sich einer versus keiner bestimmten religiösen Gemeinschaft zugehörig fühlen. Ebenfalls lassen sich keine signifikanten Unterschiede in der Zufriedenheit zwischen Lehrkräften finden, die sich einer versus keiner bestimmten ethnischen Gemeinschaft zugehörig fühlen. Allerdings fühlen sich Lehrkräfte, die nicht in der Schulform arbeiten, in der sie gerne arbeiten wollen weniger wohl an ihrer Schule ($M$ = 3,54; $SD$ = 0,95) als Lehrkräfte, die in der gewünschten Schulform unterrichten ($M$ = 4,03; $SD$ = 1,04). Die Mittelwerte unterscheiden sich signifikant voneinander ($t$ = 2,55; $df$ = 183; $p$ = .01).

**Diskriminierungserfahrungen in den verschiedenen Phasen**

In *Tabelle 4* sind die Ergebnisse der Einschätzungen in Bezug auf das Ausmaß an benachteiligenden/diskriminierenden Erfahrungen aufgrund des eigenen Migrationshintergrundes während der verschiedenen Phasen der Ausbildung und während der Arbeit an der derzeitigen Schule im Vergleich dargestellt.

Die Tabelle zeigt, dass die Befragten während ihrer Schulzeit in höherem Maße benachteiligende/ diskriminierende Erfahrungen gemacht haben als in den drei anderen Phasen. Die Mittelwerte der Einschätzungen in Bezug auf die Erfahrungen während der Schulzeit unterscheiden sich signifikant von allen anderen Phasen ($|t|>3,44$; $df = 121\text{-}132$; $p{\le}.01$). Immerhin 38,1% der Befragten stimmen der Aussage, während ihrer Schulzeit in Deutschland benachteiligende/diskriminierende Erfahrungen gemacht zu haben, *ziemlich* bis *sehr* zu.

Während des Studiums haben die Befragten am wenigsten benachteiligende/diskriminierende Erfahrungen gemacht. Hier bewerten über zwei Drittel (67,2%) der Befragten die Aussage, während ihres Studiums benachteiligende/diskriminierende Erfahrungen gemacht zu haben als *wenig* bis *nicht zutreffend*. Der Mittelwert der Einschätzungen in Bezug auf die Erfahrungen während des Studiums ist signifikant kleiner als die Mittelwerte der Einschätzungen des Ausmaßes benachteiligender/diskriminierender Erfahrungen in den anderen Phasen ($|t|>2,19$; $df = 155\text{-}183$; $p{<}.05$); allerdings sollte einschränkend angemerkt werden, dass die Unterschiede zwischen den Phasen des Studiums und des Referendariats bzw. der schulischen Praxis absolut gesehen nicht besonders hoch sind.

Tabelle 4: Ausmaß an benachteiligenden/diskriminierenden Erfahrungen aufgrund des eigenen Migrationshintergrundes während der verschiedenen Phasen der Ausbildung und während der Arbeit an der derzeitigen Schule

| | (1) | (2) | (3) | (4) | (5) | *M* | *SD* |
|---|---|---|---|---|---|---|---|
| Während der Schulzeit in Deutschland (*N* = 133) | 21,1% | 18,8% | 21,1% | 28,6% | 10,5% | 2,89 | 1,32 |
| Während des Studiums (*N* = 183) | 41,0% | 26,2% | 19,7% | 7,7% | 5,5% | 2,10 | 1,18 |
| Während des Referendariats (*N* = 161) | 41,0% | 21,7% | 14,3% | 13,7% | 9,3% | 2,29 | 1,37 |
| Während der schulischen Praxis (*N* = 191) | 38,2% | 21,5% | 17,8% | 13,6% | 8,9% | 2,34 | 1,34 |

*Anmerkung:* Die Bewertung erfolgte auf einer fünfstufigen Likertskala (1 = „trifft nicht zu"; 2 = „trifft wenig zu"; 3 = „trifft mittelmäßig zu"; 4 = „trifft ziemlich zu"; 5 = „trifft sehr zu")

Die Einschätzungen des Ausmaßes an Benachteiligungs- beziehungsweise Diskriminierungserfahrungen aufgrund des eigenen Migrationshintergrundes korrelieren mittel bis stark miteinander: Je stärker die Befragten während der Schulzeit Benachteiligungen/Diskriminierungen erfahren haben, umso stärker empfinden sie sich auch während ihrer schulischen Praxis aufgrund ihres Migrationshintergrundes Benachteiligungen und Diskriminierungen ausgesetzt

($r$ = ,42; $p$<.001). Ähnliches gilt für den Zusammenhang von wahrgenommener Benachteiligung/Diskriminierung während des Studiums und der schulischen Praxis ($r$ = ,35; $p$<.001). Der Zusammenhang zwischen wahrgenommener
Benachteiligung/Diskriminierung während des Referendariats und der schulischen Praxis ist besonders stark ausgeprägt ($r$ = ,62; $p$<.001).

Differenzierende weitergehende Analysen zeigen, dass Lehrkräfte, die ihre
Schulzeit in Deutschland versus im Ausland verbracht haben, keine signifikant unterschiedlichen Benachteiligungs- bzw. Diskriminierungserfahrungen
aufgrund ihres Migrationshintergrundes gemacht haben. Auch haben Lehrkräfte, die sich einer bestimmten versus keiner bestimmten ethnischen oder religiösen Gemeinschaft zugehörig fühlen, keine signifikant unterschiedlichen
Benachteiligungs- bzw. Diskriminierungserfahrungen aufgrund ihres Migrationshintergrundes gemacht. Darüber hinaus unterscheiden sich Lehrkräfte, die in der
Schulform arbeiten, in der sie gerne arbeiten wollen, nicht von Lehrkräften, die
nicht in der gewünschten Schulform arbeiten, hinsichtlich ihrer Benachteiligungs-
bzw. Diskriminierungserfahrungen aufgrund ihres Migrationshintergrundes.

**Diskriminierung aufgrund eines Kopftuches**
Ein Kopftuch tragen 4,7% der Befragten und geben an, dass sie aufgrund ihres
Kopftuches Nachteile in ihrer beruflichen Laufbahn erfahren haben.

**Zusammenhang zwischen Zufriedenheit und Diskriminierungserfahrungen in
den verschiedenen Phasen**
Es lassen sich leichte bis mittelstarke negative lineare Zusammenhänge zwischen
dem Ausmaß an benachteiligenden/diskriminierenden Erfahrungen und der
Zufriedenheit in den verschiedenen Phasen feststellen: Je stärker die Befragten
während ihrer Schulzeit benachteiligende/diskriminierende Erfahrungen gemacht haben, umso weniger wohl fühlen sie sich in dieser Zeit ($r$ = -,42; $p$<.001).
Je stärker sie während der Zeit ihres Studiums benachteiligende/diskriminieren-
de Erfahrungen gemacht haben, umso weniger zufrieden sind sie mit dieser Phase
($r$ = -,22; $p$<.01). Je stärker sie während ihres Referendariats benachteiligende/dis-
kriminierende Erfahrungen gemacht haben, umso weniger zufrieden sind sie mit
dieser Phase ($r$ = -,26; $p$<.05). Und je stärker sie während ihrer schulischen Praxis
benachteiligende/diskriminierende Erfahrungen gemacht haben, umso weniger
wohl fühlen sie sich an ihrer Schule ($r$ = -,38; $p$<.001).

### 6.2.4  Beziehung zu den Schülerinnen und Schülern

In *Tabelle 5* und *Tabelle 6* sind die Ergebnisse der Befragung in Bezug auf
die Beziehung der Lehrerinnen und Lehrer zu ihren Schülerinnen und
Schülern im Überblick dargestellt. Die Ergebnisse machen deutlich, dass die
Befragten ihrem eigenen Selbstverständnis nach eine besondere Beziehung

bzw. besondere Funktionen in Bezug auf ihre Schülerinnen und Schüler mit Migrationshintergrund einnehmen:

Nach Aussage von 71,9% der Befragten trifft es *ziemlich* (Antwortkategorie 4) bis *sehr* (Antwortkategorie 5) zu, dass sie bewusst den Austausch zwischen Schülerinnen und Schülern mit und ohne Migrationshintergrund fördern, während nur 10,2% der Befragten dieser Aussage *wenig* (Antwortkategorie 2) bis *nicht* (Antwortkategorie 1) zustimmen.

Der Aussage „Ich stärke bewusst das Selbstbewusstsein meiner Schülerinnen und Schüler mit Migrationshintergrund" stimmen 78,3% der Befragten *ziemlich* bis *sehr* zu, während 4,8% der Befragten diese Aussage *wenig* bis *nicht zutreffend* bewerten.

Der Aussage „Mir wird von Schülerinnen und Schülern mit Migrationshintergrund mehr Vertrauen entgegengebracht als Lehrkräften ohne Migrationshintergrund" stimmen 64,6% der Befragten *ziemlich* bis *sehr* zu, während 11,3% der Befragten diese Aussage nur als *wenig* bis *nicht zutreffend* bewerten.

Der Aussage „Ich übernehme eine Mittlerfunktion zwischen Schülerinnen und Schülern mit Migrationshintergrund und Lehrkräften ohne Migrationshintergrund" stimmen 49,7% der Befragten *ziemlich* bis *sehr* zu, während 23,2% der Befragten diese Aussage nur als *wenig* bis *nicht zutreffend* bewerten.

Der Aussage „Schülerinnen und Schüler mit Migrationshintergrund fühlen sich besser von mir verstanden als von Lehrkräften ohne Migrationshintergrund" stimmen 72,1% der Befragten *ziemlich* bis *sehr* zu, während 11,3% der Befragten diese Aussage nur als *wenig* bis *nicht zutreffend* bewerten.

Der Aussage „Ich kann gut auf Probleme der Schülerinnen und Schüler mit Migrationshintergrund eingehen" stimmen 87,1% der Befragten *ziemlich* bis *sehr* zu, während 3,2% der Befragten diese Aussage nur als *wenig* bis *nicht zutreffend* bewerten.

Der Aussage „Ich engagiere mich besonders für den Bildungserfolg von Schülerinnen und Schülern mit Migrationshintergrund" stimmen 68,0% der Befragten *ziemlich* bis *sehr* zu, während 11,2% der Befragten diese Aussage nur als *wenig* bis *nicht zutreffend* bewerten.

Der Aussage „Ich nehme besondere Rücksicht auf die Lernbedingungen von Schülerinnen und Schülern mit Migrationshintergrund" stimmen 71,1% der Befragten *ziemlich* bis *sehr* zu, während 8,9% der Befragten diese Aussage nur als *wenig* bis *nicht zutreffend* bewerten.

Der Aussage „Auf Grund meines Migrationshintergrundes kann ich mit Konflikten im Klassenzimmer besser umgehen als Kolleginnen und Kollegen ohne Migrationshintergrund" stimmen 59,1% der Befragten *ziemlich* bis *sehr* zu, während 15,6% der Befragten diese Aussage nur als *wenig* bis *nicht zutreffend* bewerten.

Der Aussage „Ich kläre meine Schülerinnen und Schüler bewusst über meinen Migrationshintergrund auf" stimmen 65,8% der Befragten *ziemlich* bis *sehr* zu, während 14,8% der Befragten diese Aussage nur als *wenig* bis *nicht zutreffend* bewerten.

Der Aussage „Mein Migrationshintergrund spielt für meine Schülerinnen und Schüler ohne Migrationshintergrund keine Rolle" stimmen 50,4% der Befragten *ziemlich* bis *sehr* zu, während 21,6% der Befragten diese Aussage nur als *wenig* bis *nicht zutreffend* bewerten.

Der Aussage „Mein Migrationshintergrund spielt für Schülerinnen und Schüler mit Migrationshintergrund eine große Rolle" stimmen 67,9% der Befragten *ziemlich* bis *sehr* zu, während 10,1% der Befragten diese Aussage nur als *wenig* bis *nicht zutreffend* bewerten.

Der Aussage „Ich setze meine Muttersprache bewusst im Unterricht ein" stimmen 25,8% der Befragten *ziemlich* bis *sehr* zu, während 61,8% der Befragten diese Aussage nur als *wenig* bis *nicht zutreffend* bewerten.

Der Aussage „Ich setze meine Muttersprache bewusst außerhalb des Unterrichts ein" stimmen 42,6% der Befragten *ziemlich* bis *sehr* zu, während 32,2% der Befragten diese Aussage nur als *wenig* bis *nicht zutreffend* bewerten.

Der Aussage „Es ist an meiner Schule verboten oder nicht gewünscht innerhalb des Unterrichts meine Muttersprache zu sprechen" stimmen 39,5% der Befragten *ziemlich* bis *sehr* zu, während 46,7% der Befragten diese Aussage nur als *wenig* bis *nicht zutreffend* bewerten.

Der Aussage „Es ist an meiner Schule verboten oder nicht gewünscht außerhalb des Unterrichts meine Muttersprache zu sprechen" stimmen 21% der Befragten *ziemlich* bis *sehr* zu, während 61,3% der Befragten diese Aussage nur als *wenig* bis *nicht zutreffend* bewerten.

Der Aussage „Ich gehe bewusst mit der kulturellen und sprachlichen Differenz innerhalb der Schülerschaft um" stimmen 77,9% der Befragten *ziemlich* bis *sehr* zu, während 7% der Befragten diese Aussage nur als *wenig* bis *nicht zutreffend* bewerten.

Der Aussage „Ich sorge dafür, dass kulturelle und sprachliche Unterschiede an unserer Schule als Bereicherung erlebt werde" stimmen 66,9% der Befragten *ziemlich* bis *sehr* zu, während 10,7% der Befragten diese Aussage nur als *wenig* bis *nicht zutreffend* bewerten.

Der Aussage „Ich habe das Gefühl, dass meine Stimme in der Schule wichtig ist" stimmen 49,7% der Befragten *ziemlich* bis *sehr* zu, während 18% der Befragten diese Aussage nur als *wenig* bis *nicht zutreffend* bewerten.

Tabelle 5: Ergebnisse in Bezug auf die Beziehung zu den Schülerinnen und Schülern I

| | (1) | (2) | (3) | (4) | (5) | M | SD |
|---|---|---|---|---|---|---|---|
| Ich fördere bewusst den Austausch zwischen Schüler/innen mit und ohne Migrationshintergrund. (N = 185) | 3,2% | 7,0% | 17,8% | 40,5% | 31,4% | 3,90 | 1,03 |
| Ich stärke bewusst das Selbstbewusstsein meiner Schüler/innen mit Migrationshintergrund. (N = 189) | 1,1% | 3,7% | 16,9% | 36,0% | 42,3% | 4,15 | 0,91 |
| Mir wird von Schüler/innen mit Migrationshintergrund mehr Vertrauen entgegengebracht als Lehrkräften ohne Migrationshintergrund. (N = 186) | 4,3% | 7,0% | 24,2% | 28,0% | 36,6% | 3,85 | 1,12 |
| Ich übernehme eine Mittlerfunktion zwischen Schüler/innen mit Migrationshintergrund und Lehrkräften ohne Migrationshintergrund. (N = 185) | 7,0% | 16,2% | 27,0% | 28,6% | 21,1% | 3,41 | 1,19 |
| Schüler/innen mit Migrationshintergrund fühlen sich besser von mir verstanden als von Lehrkräften ohne Migrationshintergrund. (N = 186) | 3,8% | 7,5% | 16,7% | 31,2% | 40,9% | 3,98 | 1,11 |
| Ich kann gut auf Probleme der Schüler/innen mit Migrationshintergrund eingehen. (N = 187) | 1,6% | 1,6% | 9,6% | 40,6% | 46,5% | 4,29 | 0,83 |
| Ich engagiere mich besonders für den Bildungserfolg von Schüler/innen mit Migrationshintergrund. (N = 187) | 3,2% | 8,0% | 20,9% | 31,6% | 36,4% | 3,90 | 1,09 |
| Ich nehme besondere Rücksicht auf die Lernbedingungen von Schüler/innen mit Migrationshintergrund. (N = 190) | 2,6% | 6,3% | 20,0% | 43,7% | 27,4% | 3,87 | 0,98 |
| Auf Grund meines Migrationshintergrundes kann ich mit Konflikten im Klassenzimmer besser umgehen als Kolleginnen/Kollegen ohne Migrationshintergrund. (N = 186) | 6,5% | 9,1% | 25,3% | 32,8% | 26,3% | 3,63 | 1,16 |
| Ich kläre meine Schüler/innen bewusst über meinen Migrationshintergrund auf. (N = 190) | 3,7% | 11,1% | 19,5% | 20,5% | 45,3% | 3,93 | 1,19 |

Anmerkung: Die Bewertung erfolgte auf einer fünfstufigen Likertskala (1 = „trifft nicht zu"; 2 = „trifft wenig zu"; 3 = „trifft mittelmäßig zu"; 4 = „trifft ziemlich zu"; 5 = „trifft sehr zu")

Tabelle 6: Ergebnisse in Bezug auf die Beziehung zu den Schülerinnen und Schülern II

| | (1) | (2) | (3) | (4) | (5) | *M* | *SD* |
|---|---|---|---|---|---|---|---|
| Mein Migrationshintergrund spielt für meine Schüler/innen ohne Migrationshintergrund keine Rolle. (*N* = 185) | 8,1% | 13,5% | 28,1% | 29,7% | 20,5% | 3,41 | 1,19 |
| Mein Migrationshintergrund spielt für Schüler/innen mit Migrationshintergrund eine große Rolle. (*N* = 187) | 2,1% | 8,0% | 21,9% | 28,9% | 39,0% | 3,95 | 1,06 |
| Ich setze meine Muttersprache bewusst im Unterricht ein. (*N* = 186) | 37,1% | 24,7% | 12,4% | 5,9% | 19,9% | 2,47 | 1,52 |
| Ich setze meine Muttersprache bewusst außerhalb des Unterrichts ein. (*N* = 183) | 20,2% | 12,0% | 25,1% | 17,5% | 25,1% | 3,15 | 1,45 |
| Es ist an meiner Schule verboten oder nicht gewünscht, innerhalb des Unterrichts meine Muttersprache zu sprechen. (*N* = 182) | 37,9% | 8,8% | 13,7% | 10,4% | 29,1% | 2,84 | 1,69 |
| Es ist an meiner Schule verboten oder nicht gewünscht außerhalb des Unterrichts meine Muttersprache zu sprechen. (*N* = 181) | 48,6% | 12,7% | 17,7% | 10,5% | 10,5% | 2,22 | 1,41 |
| Ich gehe bewusst mit der kulturellen und sprachlichen Differenz innerhalb der Schülerschaft um. (*N* = 186) | 3,8% | 3,2% | 15,1% | 41,9% | 36,0% | 4,03 | 0,99 |
| Ich sorge dafür, dass kulturelle und sprachliche Unterschiede an unserer Schule als Bereicherung erlebt werden. (*N* = 187) | 3,2% | 7,5% | 22,5% | 33,2% | 33,7% | 3,87 | 1,07 |
| Ich habe das Gefühl, dass meine Stimme in der Schule wichtig ist. (*N* = 183) | 4,9% | 13,1% | 32,2% | 30,6% | 19,1% | 3,46 | 1,09 |

*Anmerkung:* Die Bewertung erfolgte auf einer fünfstufigen Likertskala (1 = „trifft nicht zu";
2 = „trifft wenig zu"; 3 = „trifft mittelmäßig zu"; 4 = „trifft ziemlich zu"; 5 = „trifft sehr zu")

## Zusammenhang zwischen Diskriminierungserfahrungen während der schulischen Praxis und den Einschätzungen der Beziehungen zu den Schülerinnen und Schülern

Es zeigen sich in einigen Fällen schwache aber signifikante (*p*<.01) lineare Zusammenhänge zwischen den Diskriminierungserfahrungen und den Einschätzungen der Beziehungen zu den Schülerinnen und Schülern. Je stärker die befragten Lehrkräfte während ihrer schulischen Praxis aufgrund ihres Migrationshintergrundes benachteiligt oder diskriminiert wurden, umso eher stärken sie bewusst das Selbstbewusstsein ihrer Schülerinnen und Schüler mit Migrationshintergrund ($r = {,}20$; $p = .01$), engagieren sich besonders für den Bildungserfolg dieser Schülerinnen und Schüler ($r = {,}24$; $p<.001$), geben an, dass diese ihnen mehr Vertrauen entgegen bringen ($r = {,}22$; $p = .003$) und sich besser verstanden fühlen ($r = {,}28$; $p<.001$) als von Lehrkräften ohne Migrationshintergrund. Darüber hinaus geben sie an, dass sie besser auf deren Probleme eingehen können ($r = {,}23$; $p = .001$) und aufgrund des eigenen Migrationshintergrundes besser mit Konflikten im Klassenzimmer umgehen können ($r = {,}32$; $p<.001$). Auch geben diese Lehrkräfte eher an, dass es verboten oder nicht gewünscht ist, innerhalb ($r = {,}23$; $p = .002$) oder außerhalb des Unterrichts ($r = {,}33$; $p<.001$) die eigene Muttersprache zu sprechen.

## 6.2.5  Beziehung zu den Eltern

In *Tabelle 7* sind die Ergebnisse der Befragung in Bezug auf die Bewertung der Beziehung der Befragten zu den Eltern ihrer Schülerinnen und Schüler dargestellt. Hier zeigt sich ein differenziertes Bild. Nur in einigen Fällen (Identifikation und Erfüllung der Erwartungen) scheinen die Befragten hier ihrem eigenen Selbstverständnis nach eine besondere Rolle oder Funktion einzunehmen. Die differenzierte Betrachtung ergibt folgendes Bild:

Der Aussage „Ich finde leicht Zugang zu Eltern mit ähnlichem national-kulturellen, ethnischen, religiösen bzw. auch sprachlichen Hintergrund" stimmen 74,7 % *ziemlich* bis *sehr* zu, während 6% der Befragten diese Aussage nur als *wenig* bis *nicht zutreffend* bewerten.

Der Aussage „Ich finde leicht Zugang zu Eltern, die einen anderen national-kulturellen, ethnischen, religiösen bzw. auch sprachlichen Hintergrund haben als ich selbst" stimmen jedoch auch 72,7% der Befragten *ziemlich* bis *sehr* zu, während 5,5% der Befragten diese Aussage nur als *wenig* bis *nicht zutreffend* bewerten.

Der Aussage „Ich finde leicht Zugang zu herkunftsdeutschen Eltern" stimmen auch 66,3% der Befragten *ziemlich* bis *sehr* zu, während nur 7,2% der Befragten diese Aussage nur als *wenig* bis *nicht zutreffend* bewerten.

Insgesamt gesehen scheinen Lehrerinnen und Lehrer mit Migrationshintergrund also vergleichbar leicht Zugang zu den Eltern ihrer Schülerinnen und Schüler zu finden, unabhängig von deren national-kulturellen, ethnischen, religiösen oder sprachlichen Hintergründen.

Die Aussage „Ich führe mehr Elterngespräche mit Eltern von Schülerinnen und Schülern mit Migrationshintergrund als mit Eltern herkunftsdeutscher Schülerinnen und Schülern" wird überwiegend ablehnend bewertet. Nur 24,1% der Befragten stimmen dieser Aussage *ziemlich* bis *sehr* zu, während 56,8% der Befragten diese Aussage als *wenig* bis *nicht zutreffend* bewerten.

Tabelle 7: Ergebnisse in Bezug auf die Beziehung zu den Eltern

| | (1) | (2) | (3) | (4) | (5) | *M* | *SD* |
|---|---|---|---|---|---|---|---|
| Ich finde leicht Zugang zu Eltern mit ähnlichem national-kulturellen, ethnischen, religiösen bzw. auch sprachlichen Hintergrund. (*N* = 182) | 3,8 | 2,2 | 19,2 | 31,3 | 43,4 | 4,08 | 1,03 |
| Ich finde leicht Zugang zu Eltern, die einen anderen national-kulturellen, ethnischen, religiösen bzw. auch sprachlichen Hintergrund haben als ich selbst. (*N* = 180) | 2,2 | 3,3 | 21,7 | 39,4 | 33,3 | 3,98 | 0,94 |
| Ich finde leicht Zugang zu herkunfts-deutschen Eltern. (*N* = 181) | 2,8 | 4,4 | 26,5 | 41,4 | 24,9 | 3,81 | 0,95 |
| Ich führe mehr Elterngespräche mit Eltern von Schüler/innen mit Migrationshintergrund als mit Eltern herkunftsdeutscher Schüler/innen (*N* = 178) | 34,3 | 18,5 | 23,0 | 14,0 | 10,1 | 2,47 | 1,35 |
| Ich besuche die Eltern meiner Schüler/innen mit Migrations-hintergrund auch zu Hause. (*N* = 179) | 52,5 | 14,0 | 14,5 | 11,2 | 7,8 | 2,08 | 1,35 |
| Ich habe schon Missverständnisse zwischen Eltern mit Migrations-hintergrund und anderen Lehrkräften aus dem Weg geräumt. (*N* = 178) | 21,9 | 19,1 | 23,0 | 17,4 | 18,5 | 2,92 | 1,41 |
| Eltern mit Migrationshintergrund identifizierten sich mit mir aufgrund meines Migrationshintergrundes. (*N* = 177) | 6,8 | 5,6 | 20,3 | 28,8 | 38,4 | 3,86 | 1,19 |
| Ich erfülle die Erwartungen der Eltern mit Migrationshintergrund ziemlich gut. (*N* = 170) | 2,9 | 3,5 | 33,5 | 37,1 | 22,9 | 3,74 | 0,95 |

*Anmerkung:* Die Bewertung erfolgte auf einer fünfstufigen Likertskala (1 = „trifft nicht zu"; 2 = „trifft wenig zu"; 3 = „trifft mittelmäßig zu"; 4 = „trifft ziemlich zu"; 5 = „trifft sehr zu")

Auch die Aussage „Ich besuche die Eltern meiner Schülerinnen und Schüler mit Migrationshintergrund auch zu Hause" wird überwiegend ablehnend beantwortet. Nur 19% der Befragten stimmen dieser Aussage *ziemlich* bis *sehr* zu, während 66,5% der Befragten diese Aussage als *wenig* bis *nicht zutreffend* bewerten.

Der Aussage „Ich habe schon Missverständnisse zwischen Eltern mit Migrationshintergrund und anderen Lehrkräften aus dem Weg geräumt" stimmen 35,9% der Befragten *ziemlich* bis *sehr* zu, während 41% der Befragten diese Aussage nur als *wenig* bis *nicht zutreffend* bewerten.

Der Aussage „Eltern mit Migrationshintergrund identifizierten sich mit mir aufgrund meines Migrationshintergrundes" stimmen 67,2% der Befragten *ziemlich* bis *sehr* zu, während nur 12,4% der Befragten diese Aussage nur als *wenig* bis *nicht zutreffend* bewerten.

Der Aussage „Ich erfülle die Erwartungen der Eltern mit Migrationshintergrund ziemlich gut" stimmen 60% der Befragten *ziemlich* bis *sehr* zu, während 6,4% der Befragten diese Aussage nur als *wenig* bis *nicht zutreffend* bewerten.

**Zusammenhang zwischen Diskriminierungserfahrungen während der schulischen Praxis und den Einschätzungen der Beziehungen zu den Eltern**

Es zeigt sich in einem Fall ein schwacher aber signifikanter ($p<.01$) linearer Zusammenhang zwischen den Diskriminierungserfahrungen und den Einschätzungen der Beziehungen zu den Eltern: Je stärker die Befragten während ihrer schulischen Praxis aufgrund ihres Migrationshintergrundes benachteiligt oder diskriminiert wurden, umso eher haben sie schon Missverständnisse zwischen Eltern mit Migrationshintergrund und anderen Lehrkräften aus dem Weg räumen können ($r = {,}25$; $p = .001$).

## 6.2.6  Beziehung zum Kollegium

In *Tabelle 8* sind die Ergebnisse der Befragung in Bezug auf die Beziehung der Lehrerinnen und Lehrer zum Kollegium im Überblick dargestellt. Die detaillierte Betrachtung ergibt folgendes Bild:

Der Aussage „Ich fühle mich im Kollegium anerkannt" stimmen 72,7% der Befragten *ziemlich* bis *sehr* zu, während 8,6% diese Aussage nur als *wenig* bis *nicht zutreffend* bewerten.

Der Aussage „Mein Austausch mit anderen Lehrkräften an unserer Schule ist sehr gut" stimmen 71,3% der Befragten *ziemlich* bis *sehr* zu, während 8% der Befragten diese Aussage nur als *wenig* bis *nicht zutreffend* bewerten.

Der Aussage „Ich tausche mich besonders intensiv mit Lehrkräften aus, die auch einen Migrationshintergrund haben" stimmen 33,4% der Befragten *ziemlich* bis *sehr* zu, während 40,5% der Befragten diese Aussage nur als *wenig* bis *nicht zutreffend* bewerten.

Der Aussage „Ich würde ein Netzwerk für Lehrkräfte mit Migrationshintergrund zwecks Erfahrungsaustausch, Professionalisierung und Entwicklung schulischer Perspektiven sehr begrüßen" stimmen 74,6% der Befragten *ziemlich* bis *sehr* zu, während 11,1% der Befragten diese Aussage nur als *wenig* bis *nicht zutreffend* bewerten.

Der Aussage „Ich versuche anderen Lehrkräften die Perspektiven und Erwartungen von Eltern mit Migrationshintergrund näher zu bringen" stimmen 61,2% der Befragten *ziemlich* bis *sehr* zu, während 12% der Befragten diese Aussage nur als *wenig* bis *nicht zutreffend* bewerten.

Der Aussage „Ich wünsche mir mehr Kompetenz im Umgang mit Vielfalt im Lehrerkollegium" stimmen 69,9% der Befragten *ziemlich* bis *sehr* zu, während 11,8% der Befragten diese Aussage nur als *wenig* bis *nicht zutreffend* bewerten.

Der Aussage „Eine Erhöhung des Anteils von Lehrkräften mit Migrationshintergrund an Schulen in Deutschland erscheint mir als eine wichtige Weichenstellung für die Integration" stimmen 90% der Befragten *ziemlich* bis *sehr* zu, während 2,7% der Befragten diese Aussage nur als *wenig* bis *nicht zutreffend* bewerten.

Tabelle 8:   Ergebnisse in Bezug auf die Beziehung zum Kollegium

| | (1) | (2) | (3) | (4) | (5) | *M* | *SD* |
|---|---|---|---|---|---|---|---|
| Ich fühle mich im Kollegium anerkannt. (*N* = 187) | 1,1 | 7,5 | 18,7 | 37,4 | 35,3 | 3,98 | 0,97 |
| Mein Austausch mit anderen Lehrkräften an unserer Schule ist sehr gut. (*N* = 188) | 3,7 | 4,3 | 20,7 | 42,0 | 29,3 | 3,89 | 1,00 |
| Ich tausche mich besonders intensiv mit Lehrkräften aus, die auch einen Migrationshintergrund haben. (*N* = 183) | 23,0 | 17,5 | 26,2 | 19,7 | 13,7 | 2,84 | 1,35 |
| Ich würde ein Netzwerk für Lehrkräfte mit Migrationshintergrund zwecks Erfahrungsaustausch, Professionalisierung und Entwicklung schulischer Perspektiven sehr begrüßen. (*N* = 189) | 5,3 | 5,8 | 14,3 | 27,0 | 47,6 | 4,06 | 1,15 |
| Ich versuche anderen Lehrkräften die Perspektiven und Erwartungen von Eltern mit Migrationshintergrund näher zu bringen. (*N* = 183) | 6,0 | 6,0 | 26,8 | 33,9 | 27,3 | 3,70 | 1,12 |
| Ich wünsche mir mehr Kompetenz im Umgang mit Vielfalt im Lehrerkollegium. (*N* = 186) | 4,3 | 7,5 | 18,3 | 29,0 | 40,9 | 3,95 | 1,13 |
| Eine Erhöhung des Anteils von Lehrkräften mit Migrationshintergrund an Schulen in Deutschland erscheint mir als eine wichtige Weichenstellung für die Integration. (*N* = 189) | 1,6 | 1,1 | 7,4 | 21,7 | 68,3 | 4,54 | 0,81 |

*Anmerkung:* Die Bewertung erfolgte auf einer fünfstufigen Likertskala (1 = „trifft nicht zu";
2 = „trifft wenig zu"; 3 = „trifft mittelmäßig zu"; 4 = „trifft ziemlich zu"; 5 = „trifft sehr zu")

Zusammenfassend kann man also feststellen, dass sich die Befragten im Kollegium überwiegend anerkannt fühlen und einen guten Austausch mit anderen Lehrkräften pflegen unabhängig davon, ob diese einen Migrationshintergrund haben oder nicht. Trotzdem halten sie es für notwendig, anderen Lehrkräften die Perspektiven und Erwartungen von Eltern mit Migrationshintergrund näherzubringen, würden ein Netzwerk für Lehrkräfte mit Migrationshintergrund begrüßen, wünschen sich insgesamt gesehen mehr Kompetenz im Umgang mit Vielfalt im Lehrerkollegium und sehen eine Erhöhung des Anteils von Lehrkräften mit Migrationshintergrund als eine wichtige Weichenstellung für die Integration an.

**Zusammenhang zwischen Diskriminierungserfahrungen während der schulischen Praxis und den Einschätzungen der Beziehungen zum Kollegium**
Es zeigen sich einige schwache aber signifikante ($p<.01$) lineare Zusammenhänge zwischen den Diskriminierungserfahrungen und den Einschätzungen der Bezie-

hungen zum Kollegium. Je stärker die befragten Lehrkräfte während ihrer schulischen Praxis aufgrund ihres Migrationshintergrundes benachteiligt oder diskriminiert werden, umso weniger fühlen sie sich im Kollegium anerkannt ($r$ = -,24; $p$ = .001) und umso schlechter bewerten sie den Austausch mit anderen Lehrkräften an ihrer Schule ($r$ = -,25; $p$ = .001); allerdings begrüßen sie umso stärker die Einrichtung eines Netzwerks für Lehrkräfte mit Migrationshintergrund zwecks Erfahrungsaustausch, Professionalisierung und Entwicklung schulischer Perspektiven ($r$ = ,23; $p$ = .002), wünschen sich umso stärker mehr Kompetenz im Umgang mit Vielfalt im Lehrerkollegium ($r$ = ,27; $p$<.001) und bewerten umso stärker eine Erhöhung des Anteils von Lehrkräften mit Migrationshintergrund an Schulen in Deutschland als eine wichtige Weichenstellung für die Integration ($r$ = ,25; $p$<.001).

## 6.2.7   Unterschiede zwischen Lehrerinnen und Lehrern

In diesem Kapitel wird auf geschlechtsspezifische Unterschiede im Antwortverhalten der Befragten eingegangen:

Weibliche Lehrkräfte waren mit ihrer Studienzeit weniger zufrieden ($M$ = 3,49; $SD$ = 1,03) als männliche Lehrkräfte ($M$ = 3,84; $SD$ = 0,83). Die Mittelwerte unterscheiden sich signifikant voneinander ($t$ = 2,44; $df$ = 110,55; $p$ = .02).

Allerdings stimmen sie der Aussage, dass sie während ihrer Schulzeit in Deutschland aufgrund ihres Migrationshintergrundes benachteiligende/diskriminierende Erfahrungen gemacht haben, weniger stark zu ($M$ = 2,74; $SD$ = 1,30) als ihre männlichen Kollegen ($M$ = 3,29; $SD$ = 1,30). Der Mittelwertunterschied ist signifikant ($t$ = 2,11; $df$ = 131; $p$ = .04).

Weibliche Lehrkräfte geben an, in stärkerem Maße besondere Rücksicht auf die Lernbedingungen von Schülerinnen und Schülern mit Migrationshintergrund zu nehmen, ($M$ = 3,99; $SD$ = 0,86) als männliche Lehrkräfte ($M$ = 3,54; $SD$ = 1,18). Die Mittelwerte der Einschätzungen unterscheiden sich signifikant voneinander ($t$ = -2,54; $df$ = 72,33; $p$ = .01).

Auch stimmen weibliche Lehrkräfte der Aussage, dass ihr Migrationshintergrund für ihre Schülerinnen und Schüler ohne Migrationshintergrund keine Rolle spiele, stärker zu ($M$ = 3,57; $SD$ = 1,10) als ihre männlichen Kollegen ($M$ = 2,98; $SD$ = 1,33). Die Mittelwerte unterscheiden sich signifikant ($t$ = -3,06;  $df$ = 183; $p$ = .003).

Ansonsten lassen sich keine signifikanten Unterschiede in den Einschätzungen von Lehrerinnen und Lehrern hinsichtlich ihrer Beziehung zu Schülerinnen und Schülern, Eltern und dem Kollegium finden.

Auch hinsichtlich ihrer Abschlussnoten im ersten und zweiten Staatsexamen unterscheiden sich die Lehrerinnen und Lehrer nicht signifikant voneinander.

### 6.2.8 Unterschiede zwischen Lehrkräften mit deutscher, doppelter und nichtdeutscher Staatsbürgerschaft

In *Tabelle 9* ist die Zusammensetzung der Lehrkräfte mit deutscher, doppelter und mit nichtdeutscher Staatsbürgerschaft hinsichtlich ihres Migrationshintergrundes in einer Kreuztabelle dargestellt. Es wird deutlich, dass die Gruppe der Befragten mit deutscher Staatsbürgerschaft zum überwiegenden Teil einen türkischen Migrationshintergrund hat, während die Gruppe der Befragten mit nichtdeutscher Staatsbürgerschaft auch zu einem wesentlichen Teil aus Personen mit westeuropäischem Migrationshintergrund besteht.

Tabelle 9:  Staatsbürgerschaft und Migrationshintergrund

| | Türkei | Südost-europa | GUS | West-europa | Naher Osten | Total |
|---|---|---|---|---|---|---|
| deutsche Staatsbürgerschaft | 71 | 10 | 9 | 1 | 7 | 98 |
| doppelte Staatsbürgerschaft | 12 | 3 | 1 | 1 | 4 | 21 |
| nichtdeutsche Staatsbürgerschaft | 11 | 5 | 7 | 9 | 0 | 32 |
| Total | 94 | 18 | 17 | 11 | 11 | 151 |

In Bezug auf Unterschiede zwischen Lehrkräften mit deutscher, doppelter und nichtdeutscher Staatsbürgerschaft haben sich keine inhaltlich bedeutsamen Unterschiede zwischen den drei Gruppen ergeben.

### 6.2.9 Unterschiede zwischen den verschiedenen Migrationsgruppen

Zur Berechnung von Unterschieden zwischen den verschiedenen Migrationsgruppen wurden Cluster gebildet (siehe *Tabelle 2*). Um Unterschiede hinsichtlich der abhängigen Variablen zwischen den Gruppen zu berechnen, wurden die Kategorien Türkei, Südosteuropa, GUS, Westeuropa und Naher Osten berücksichtigt. Es zeigten sich jedoch keine inhaltlich bedeutsamen Unterschiede zwischen den verschiedenen Migrationsgruppen.

# VII Zusammenfassung zentraler Forschungsergebnisse und Schlussbetrachtung

## Viola B. Georgi

Abschließend werden zentrale Forschungsergebnisse zusammengefasst und vor dem Hintergrund interkultureller Schulentwicklung diskutiert. Die Darstellung umfasst folgende Themen: Familienorientierung als Erfolgsfaktor, migrationsbedingte Heterogenität in der Schule, Mehrsprachigkeit, Verhältnis zu Schülerinnen und Schülern mit Migrationshintergrund, Rollenvorbilder, Verhältnis zum Kollegium, interkulturelle Elternarbeit sowie Diskriminierungserfahrungen.

### (1) Familienorientierung als Erfolgsfaktor

In der Analyse der Erfolgsfaktoren in den Bildungsbiographien sticht die Familienorientierung der Befragten ins Auge. Der überwiegende Teil der Lehrkräfte des untersuchten Samples stammt aus Einwandererfamilien, die im Zuge der Arbeitsmigration (Anwerbeabkommen der 50er und 60er Jahre) bzw. im Zuge der Familienzusammenführung 1973 nach Deutschland kamen (siehe hierzu 3.3 und 6.2). Es handelt sich in der Regel um die Kinder von Arbeitsmigranten und -migrantinnen aus der Türkei, Italien, Spanien, Marokko und Tunesien, die über eine geringe formale Bildung und entsprechend wenig kulturelles Kapital verfügten. Trotz dieses Familienhintergrundes erfuhren die Befragten offenbar eine Form der emotionalen und moralischen Unterstützung, die sie als unabdingbare Voraussetzung für den eigenen Bildungserfolg charakterisieren (vgl. 5.1). Es lässt sich schlussfolgern, dass in einer Vielzahl der untersuchten Fälle die Eltern in der Lage waren, ihren Kindern eine positive Haltung zu Bildung sowie ein gesellschaftliches Aufstiegsversprechen zu vermitteln. Diese Familienorientierung wirkt sich positiv auf den Bildungserfolg aus. Die Rekonstruktion der Bildungsverläufe zeigt darüber hinaus, dass die Befragten über ein hohes Maß an Verantwortung für die eigene Bildungskarriere, eine starke intrinsische Aufstiegsmotivation und überdurchschnittliche individuelle Leistungsbereitschaft verfügen (vgl. 4.1, 4.2, 5.1 und 6.2).

### (2) Umgang mit migrationsbedingter Heterogenität in der Schule

Die befragten Lehrerinnen und Lehrer sind aufgrund ihres Migrationshintergrundes mit Themen kultureller Differenz und Dominanz lebensgeschichtlich befasst (vgl. Mecheril 2008: 18). Daher war eine der Grundannahmen der Studie, dass migrantische Lehrende interkulturelle Kompetenzen auch aus lebensgeschichtlichen Zusammenhängen, etwa migrationsbezogenen Erfahrungen, entwickeln. Die quantitativen Daten der Studie legen nahe, dass hieraus ein bewusster Umgang mit sprachlicher und kultureller Heterogenität in der Schule erwachsen kann (vgl. 6.2.4). Denn im quantitativen Teil der Untersuchung stimmen 77,9% der Befragten der Aussage „Ich gehe bewusst mit der kulturellen und sprachlichen Differenz innerhalb der Schülerschaft um *ziemlich* bis *sehr* zu, während nur 7% der Befragten diese Aussage nur als *wenig* bis *nicht zutreffend* bewerten. Ebenso stimmen 66,9% der Befragten der Aussage „Ich sorge dafür, dass kulturelle und sprachliche Unterschiede an unserer Schule als Bereicherung erlebt werden" *ziemlich* bis *sehr* zu, während 10,7% der Befragten diese Aussage nur als *wenig* bis *nicht zutreffend* bewerten.

Die qualitativen Befunde differenzieren die quantitativen Daten. Es lässt sich dokumentieren, dass die Befragten ihr lebensgeschichtlich generiertes kulturspezifisches Wissen, professionell erworbene interkulturelle Kompetenzen und ihre migrationsbedingten Erfahrungen sehr unterschiedlich einsetzen und in vielfältigen schulischen Kontexten zur Anwendung bringen. Insgesamt lässt sich ein *bewusster*, aber nicht notwendigerweise *reflektierter* Umgang mit Heterogenität feststellen. So wird die lebensgeschichtliche Auseinandersetzung der Lehrkräfte mit Multikulturalität zwar häufig im Unterricht wirksam – wie etwa durch die Schaffung von Vertrauen, Konfliktlösungskompetenz oder Themenwahl im Unterricht –, die Ergebnisse der Studie zeigen aber, dass der Umgang mit *diversity* bei den Befragten eher intuitiv inspiriert ist. Die gezielte Förderung interkultureller Lernprozesse durch Unterrichtseinheiten, der Einsatz spezifischer Methoden und die Durchführung von Projekten spielen in den Erzählungen der Befragten eine untergeordnete Rolle. Die von den Befragten präsentierten Beispiele interkultureller Bildung sind persönliche Initiativen der Lehrenden selbst, die aber nur wenig systematisch entwickelt und nicht in das schulische Curriculum eingebunden sind. Zumeist basiert der Zugang zu Interkulturalität auf einem eher landeskundlich orientierten Kulturvergleich (siehe 5.2.1 und 5.5). Diese Beobachtung soll den Verdienst solcher Initiativen seitens der migrantischen Lehrenden nicht schmälern. Sie weist aber darauf hin, dass die befragten Lehrkräfte in Ausbildung und Weiterbildung nur bedingt Möglichkeiten hatten, sich kritisch mit der Theorie und Praxis etwa einer „Pädagogik der Vielfalt" (Prengel 1995) zu beschäftigen. In gewisser Weise spiegelt sich hierin auch der Stand Interkulturellen Lernens an deutschen Schulen. Trotz der durch die Kultusministerkonferenz bereits 1996 ausgesprochenen Empfehlung „Interkulturelle Bildung und Erziehung in der Schule" und der Verankerung interkultureller Bildung als Querschnittsaufgabe in vielen Lehrplänen, ist die interkulturelle Schulentwicklung in Deutschland bisher vielerorts nur schleppend oder gar nicht in Gang gekommen.

Es scheint vor diesem Hintergrund nicht verwunderlich, dass auch Lehrende mit Migrationshintergrund in ihrem schulischen Umfeld nur wenige systematische Anknüpfungspunkte für die Etablierung und Weiterentwicklung interkultureller Bildungsarbeit vorfinden. Selbst wenn sie sich in diesem Bildungsbereich – wie die Beispiele aus der Studie zeigen – engagieren, kann das Engagement mangels formaler Ausbildung und curricularer Verankerung in der Regel nicht über die jeweilige Schulklasse oder die Projektgruppe hinaus auf die Schulkultur ausstrahlen. Nach den vorliegenden Untersuchungsergebnissen bleibt das interkulturelle Potential, welches die Lehrkräfte mit entsprechender Aus- und Weiterbildung und unter stärker heterogenitätsbewussten Rahmenbedingungen in der Schule konstruktiv einbringen könnten, weitgehend ungenutzt.

## (3) Umgang mit Mehrsprachigkeit

Lehrende mit Migrationshintergrund stehen für gelebte sprachliche Vielfalt in der Schule. Die Inhaltsanalysen präsentieren zwar unterschiedliche Umgangsweisen mit Mehrsprachigkeit in Schule und Unterricht, verweisen jedoch zugleich auf einige Strategien, die für Lehrende mit Migrationshintergrund in gewisser Weise typisch erscheinen. Auffällig ist einerseits, dass die Herkunftssprache im Unterricht eher selten zum Einsatz gebracht wird und die Lehrenden die Schüler in der Regel auf die deutsche Sprache als Schulsprache verweisen und verpflichten. Die befragten Lehrerinnen und Lehrer orientieren sich am Primat der deutschen Sprache. In gewisser Weise akzeptieren und reproduzieren sie damit den „Monolingualismus der deutschen Schule" (Gogolin 2008).

Andererseits spricht sich ein Teil der Befragten für eine bewusste und wertschätzende Verwendung der Herkunftssprachen der Schülerinnen und Schüler aus. Allerdings geht es hier zumeist nicht um grundsätzliche strukturelle Veränderungen und die schulische Integration der von den Lernenden gesprochenen Sprachen im Sinne eines Aufbrechens des monolingualen Habitus, sondern um eher pragmatische Regelungen schulischer Alltagsangelegenheiten, wie etwa die Klärung von fachbezogenen Fragen des Unterrichts oder auch die Disziplinierung der Lernenden. Außerhalb des Unterrichts – auch hier in Übereinstimmung mit den quantitativen Daten – besteht allerdings durchaus Bereitschaft, die Herkunftssprache in der Kommunikation mit Schülerinnen und Schülern sowie Eltern vielfältig einzusetzen. Die eigene „lebensweltliche Mehrsprachigkeit" und die Fähigkeit zur Kommunikation in den Herkunftssprachen der Kinder werden von den Befragten als Ressource beschrieben, etwa als Möglichkeit von Förderung, von Anerkennung und als Grundlage für den Aufbau von Vertrauen.

Diese qualitativen Befunde lassen sich durch die Einbeziehung der quantitativen Daten verstärken. Der Aussage „Ich setze meine Muttersprache bewusst im Unterricht ein" stimmen nur 25,8% der Befragten *ziemlich* bis *sehr* zu, während 61,8% der Befragten diese Aussage nur als *wenig* bis *nicht zutreffend* bewerten. Der Aussage „Ich setze meine Muttersprache bewusst außerhalb des Unterrichts ein" stimmen hingegen 42,6% der Befragten *ziemlich* bis *sehr* zu, während 32,2% der Befragten diese Aussage nur als *wenig* bis *nicht zutreffend* bewerten. Der Aussage „Es ist an meiner Schule verboten oder nicht gewünscht, *innerhalb* des Unterrichts meine Muttersprache zu sprechen" stimmen 39,5% der Befragten *ziemlich* bis *sehr* zu, während 46,7% der Befragten diese Aussage nur als *wenig* bis *nicht zutreffend* bewerten. Der Aussage „Es ist an meiner Schule verboten oder nicht gewünscht, *außerhalb* des Unterrichts meine Muttersprache zu sprechen" stimmen 21% der Befragten *ziemlich* bis *sehr* zu, während 61,3% der Befragten diese Aussage nur als *wenig* bis *nicht zutreffend* bewerten.

## (4) Migrantische Lehrende im Verhältnis zu Schülerinnen und Schülern mit Migrationshintergrund

Auch wenn es bisher keine empirisch verlässlichen Aussagen über die positive Wirkung von migrantischen Lehrkräften auf den Bildungserfolg von Kindern aus Einwandererfamilien gibt, sind die Qualität des Lehrer-Schüler-Verhältnisses und ein positives Schülerbild wichtige Indikatoren für die schulische Integration und die Bildungsteilhabe dieser Schülerinnen und Schüler. Deshalb wird im Folgenden die Datenlage zu diesem Sachverhalt komprimiert dargestellt.

In der quantitativen Befragung stimmen 64,6% der Befragten der Aussage „Es wird mir von Schülerinnen und Schülern mit Migrationshintergrund mehr Vertrauen entgegengebracht als Lehrpersonen ohne Migrationshintergrund" *ziemlich* bis *sehr* zu. Auch auf Grundlage der qualitativen Daten lässt sich ein besonderes Vertrauensverhältnis zwischen Lehrkräften mit Migrationshintergrund und Schülerinnen und Schülern aus Einwandererfamilien ausmachen. So dokumentieren die Beispiele, dass Lehrende mit Migrationshintergrund meist ohne eigenes Zutun als Mittler und Vertraute adressiert werden und einen Vertrauensvorschuss von ihren Schülerinnen und Schülern mit Migrationshintergrund erhalten. Dabei basiert die Besonderheit des untersuchten Lehrer-Schülerverhältnisses auf der Annahme geteilter migrationsspezifischer Erfahrungen unabhängig von der national-kulturellen Herkunft. Mit Bohnsack (1998, 2007, 2008) ließe sich in diesem Zusammenhang von einem „konjunktiven Erfahrungsraum" und daraus resultierender „habitueller Übereinstimmung" von migrantischen Schülerinnen und Schülern und Lehrkräften mit Migrationshintergrund sprechen. Ausgangspunkt für diese Analyse bildet unsere Grundannahme, dass die Migrationssituation und das Aufwachsen als Angehöriger einer kulturellen, sprachlichen oder religiösen Minderheit in der deutschen Mehrheitsgesellschaft als *konjunktiver Erfahrungsraum* (Bohnsack 1998) gefasst werden kann, in dem kollektiv geteilte Orientierungen und habitualisiertes Wissen generiert werden. Dies wäre eine Erklärung für in vielen Interviews zur Sprache gebrachte Erfahrungen von „Unmittelbarkeit" und „Gefühlen von Nähe und Vertrautheit" zwischen den schulischen Akteuren mit Migrationshintergrund.

Eine weitere Ebene des Verhältnisses zwischen Lehrkräften und Schülerinnen und Schülern stellt das Engagement für den Bildungserfolg der Lernenden dar. Die Analysen zeigen, dass Lehrende mit Zuwanderbiographie ganz gezielt das Selbstvertrauen der Kinder und Jugendlichen mit Migrationshintergrund zu stärken versuchen. Dabei werden häufig Parallelen zu den eigenen Erfahrungen in der Schulzeit gezogen. Diese Strategie erzeugt Glaubwürdigkeit und Authentizität, die sich auch durch den gemeinsamen „konjunktiven Erfahrungsraum" (Bohnsack

1998, 2007, 2008) erklären lässt. Dadurch dass die Lehrenden häufig unter ähnlichen Bedingungen aufgewachsen sind und damit auch derselben „sozialen Lagerung" (Mannheim 1970: 524ff.) angehören wie die Schülerinnen und Schüler aus Einwandererfamilien, besitzen sie eine erhöhte Sensibilität für deren besondere Lernvoraussetzungen und Bildungsherausforderungen. Es kann daher angenommen werden, dass sich die Präsenz von migrantischen Lehrkräften positiv auf das Selbstbild und den Bildungserfolg von Schülerinnen und Schülern mit Migrationshintergrund auswirkt.

Hervorzuheben ist ferner, dass auch außerschulische Hilfeleistungen das Verhältnis zu den Schülerinnen und Schülern aus Einwandererfamilien prägen. Häufig übernehmen die Lehrenden sozialarbeiterische und psychologische Aufgaben (vgl. hierzu auch Irvine 1989). Dabei handelt es sich in der Regel um die Unterstützung in schwierigen familiären Situationen, für die es kulturspezifischen Wissens und kulturspezifischer Sensibilität bedarf. Es scheint in diesem Zusammenhang, als seien Lehrende mit Migrationshintergrund prädestiniert für die Übernahme kultur- und religionsbezogener sozialarbeiterischer Aufgaben. Zugleich wird aber auch deutlich, dass sie dabei an ihre professionellen und persönlichen Grenzen stoßen und die ihnen häufig zufallende Rolle zu Recht auch als Zumutung empfinden.

## (5) Migrantische Lehrende als Rollenvorbilder

Abhängig vom Kontext und den jeweils involvierten schulischen Akteuren gehen die befragten Lehrkräfte sehr differenziert mit der Vorbildrolle um. Wie in den angloamerikanischen Studien wird auch hier deutlich, dass sich die Rollenvorbilder in Inspirationsfiguren, Fürsprecher und Mentoren einteilen lassen (vgl. hierzu etwa Carrington und Skelton 2003: 257ff.). Die Lehrkräfte akzentuieren je nach Situation und Selbstverständnis die eine oder die andere Dimension. Während ein Teil der Befragten sich als Rollenvorbild präsentiert und die häufig auch an sie herangetragene Vorbildfunktion emphatisch annimmt und auszufüllen bemüht ist, tut sich ein anderer Teil der Befragten durchaus auch schwer damit, diese Herausforderung – auch im Sinne der Übernahme von besonderer Verantwortung – anzunehmen und sich den Schülerinnen und Schülern als Inspirationsfigur, Fürsprecher oder Mentor anzubieten. Die befragten Lehrenden mit Migrationshintergrund erleben also sehr bewusst, dass sie von Lernenden mit Migrationshintergrund als Rollenvorbilder adressiert werden und dass in diesem Zusammenhang auch hohe Erwartungen an sie gestellt werden. Ein großer Teil der Befragten besetzt die Vorbildrolle dennoch positiv und – so legen es die Erzählungen des qualitativen Samples nahe – schöpft daraus auch Anerkennung für die eigene Bildungsbiographie.

## (6) Migrantische Lehrende im Kollegium

Die qualitativen Daten zeigen, dass Lehrpersonen mit Zuwandererbiographie im Kollegium durchaus viel Akzeptanz, Anerkennung und Wertschätzung erfahren. Dieses Bild lässt sich durch die quantitativen Befunde unterstreichen, denn 72,7% der Befragten stimmen der Aussage „Ich fühle mich im Kollegium anerkannt" *ziemlich* bis *sehr* zu. Darüber hinaus äußern sich 71,3% der Befragten positiv über den Austausch mit den Kolleginnen und Kollegen an ihrer Schule. Allerdings fühlen sich 8,6% der Befragten im Kollegium nicht anerkannt und immerhin 8% der Lehrenden mit Migrationshintergrund bewerten den Austausch mit Kolleginnen und Kollegen als unbefriedigend. 69,9% der befragten Lehrerinnen und Lehrer wünschen sich mehr Kompetenz im Umgang mit Vielfalt im Kollegium. Es verwundert daher nicht, dass auch im qualitativen Sample ein Teil der Befragten biographisch mit Erfahrungen der Kulturalisierung, Exotisierung, Abwertung und Diskriminierung bis hin zu offenem Rassismus im Lehrerzimmer konfrontiert ist.

Die qualitative Analyse dokumentiert, dass die befragten Lehrerinnen und Lehrer mit Migrationshintergrund ihr kulturspezifisches Wissen, ihre Doppelperspektivität (Gültekin 2003) sowie ihre Mehrsprachigkeit regelmäßig einsetzen, um für Kolleginnen und Kollegen als Übersetzer, auch im kulturellen Sinne, und Vermittler zu agieren. Auch wenn Lehrende mit Zuwanderbiographie – wie in den Interviews vielfältig geschildert – diese Rollen im schulischen Alltag häufig ganz selbstverständlich übernehmen, deutet sich in den Erzählungen der Lehrerinnen und Lehrer aber auch ein Unbehagen gegenüber Zuschreibungsprozessen und Rollenzuweisungen an. In Konsequenz lehnen einige Lehrkräfte die Übernahme von Vermittlerrollen und sozialarbeiterischen Funktionen an der Schule ab und berufen sich auf ihre fachlichen Aufgaben sowie ihr professionelles Selbstverständnis als Fachlehrer (vgl. ähnliche Befunde von Edelmann 2008b).

## (7) Migrantische Lehrende und interkulturelle Elternarbeit

Eine konstruktive Zusammenarbeit zwischen Schule und Eltern trägt unbestritten zum schulischen Erfolg von Kindern und Jugendlichen bei. Elternbeteiligung in der Schule wird daher als Erfolgsschlüssel für schulisches Lernen und Bildungschancengleichheit gesehen. Im Kontext zunehmender migrationsbedingter Heterogenität erscheint es zudem besonders wichtig, Ansätze interkultureller Elternarbeit zu entwickeln und partizipativ umzusetzen.

Nach der Selbsteinschätzung der befragten Lehrkräfte gelingt diesen die Kooperation mit migrantischen Müttern und Vätern besonders gut. In der quantitativen Befragung sagen knapp 73% der Befragten, dass sie leicht Zugang zu Eltern finden, die einen anderen national-kulturellen, ethnischen, religiösen bzw. sprachlichen Hintergrund haben als sie selbst. Und immerhin 67,2 % der Befragten stimmen der Aussage „Eltern mit Migrationshintergrund identifizieren sich mit mir aufgrund meines Migrationshintergrundes *ziemlich* bis *sehr* zu. Nimmt man die qualitativen Daten hinzu, scheint dies an einer besonderen Beziehung zwischen Lehrkräften aus Einwandererfamilien und migrantischen Eltern zu liegen. Lehrkräfte mit Migrationshintergrund sind – das zeigen die qualitativen Daten – häufig in der Lage, eine persönliche Beziehung zu Eltern mit Migrationshintergrund zu knüpfen.

Sowohl die quantitativen als auch die qualitativen Ergebnisse der vorliegenden Studie weisen auf wechselseitige Konstruktionen und Projektionen von Nähe zwischen Eltern und Lehrenden mit Migrationshintergrund hin. Diese Besonderheit in der Kommunikation könnte auf „habituelle Übereinstimmung" (Bohnsack 1998: 12) oder ähnliche (kollektiv-)biographische Erfahrungen zurückzuführen sein. Der hierdurch beförderte Vertrauensvorschuss, der den Lehrkräften entgegengebracht wird, kann die Basis für eine verbindliche Kooperation zwischen Schule und Elternhaus bilden. Außerdem können die Eltern durch gezielten Einsatz der Herkunftssprachen erreicht und beteiligt werden. Zugleich sind die Lehrenden gegenüber migrantischen Eltern aber auch Vertreter der Institution Schule in Deutschland und der mit dieser einhergehenden Werte und Prinzipien, die unter Umständen mit religiösen oder kulturellen Wertorientierungen bestimmter Einwanderergruppen konfligieren können. Hier zeigen die qualitativen Daten, dass die befragten Lehrenden zwar grundsätzlich bereit sind, kultursensitiv auf spezifische Bedürfnisse migrantischer Eltern einzugehen, in der Tendenz aber die institutionellen Werte der deutschen Schule vertreten und – wenn nötig – die Einhaltung institutioneller Routinen, Regeln und Werte von den Eltern einfordern. Diese Verpflichtung gegenüber den Normen und Werten der Mehrheitsgesellschaft kann aus der gesellschaftlichen Rolle als Lehrperson hergeleitet werden (vgl. hierzu etwa Marburger/Helbig/Kienast 1997, Sterzenbach/Moosmüller 2000, Govaris/Kodakos 2003).

## (8) Diskriminierungserfahrungen von Lehrenden mit Migrationshintergrund

Erfahrungen von Diskriminierung in der eigenen Bildungslaufbahn nehmen in vielen Erzählungen von Lehrenden mit Migrationshintergrund eine zentrale Rolle ein und werden häufig als einschneidende Erlebnisse, als Wendepunkte in der Selbstwahrnehmung und als Motivation für politisches Engagement beschrieben. Die Befunde der Studie zeigen, dass die Befragten in unterschiedlicher Ausprägung, Akzentuierung und Intensität – zumeist im Lehrerzimmer Diskriminierung – erleben, und zwar in allen in der Studie untersuchten Diskriminierungsformen. Dazu gehören: Diskriminierung aufgrund phänotypischer Merkmale, aufgrund des ethnisch-kulturellen Hintergrundes, aufgrund von Sprache (Sprachbeherrschung, Akzent), aufgrund von Religionszugehörigkeit (insbesondere islamfeindliche Erfahrungen) sowie strukturelle oder institutionelle Diskriminierung. Auch im Rahmen der quantitativen Untersuchung wurden Diskriminierungserfahrungen von Lehrenden mit Migrationshintergrund in un-

terschiedlichen Lebensphasen abgefragt. Hier gaben 29% an, in der eigenen
Schulzeit in Deutschland benachteiligende oder diskriminierende Erfahrungen gemacht zu haben. Im Studium diskriminierende Erfahrungen gemacht zu haben,
geben 13% an, im Referendariat 23% und in der schulischen Praxis 22,5%.

Lehrende mit Migrationshintergrund – so scheint es – müssen sich *nolens volens* persönlich und strukturell mit Diskriminierung und Rassismen auseinandersetzen. Welche Bewältigungsstrategien und Auseinandersetzungsmuster von
den Betroffenen herausgebildet werden und ob diese Erfahrungen zu einem
Selbstverständnis als „change agent" (Sleeter 1992) beitragen, hängt von vielfältigen biographischen Faktoren ab, weshalb an dieser Stelle auf die biographischen
Fallanalysen der Studie verwiesen sei.

## Schlussbetrachtung

Grundsätzlich geht es bei der Forderung nach mehr Lehrkräften mit Migrationshintergrund um eine angemessene Repräsentation der Einwanderergruppen und
damit letztlich um eine Frage der Gleichberechtigung und der Chancengleichheit.
Allein diese Begründung reicht politisch aus, um eine Erhöhung des Anteils
an Lehrkräften mit Migrationshintergrund an deutschen Schulen zu fordern.
Dennoch kann man sich – auch aus wissenschaftlicher Perspektive – den funk-
tionalen Argumenten zur Begründung der Notwendigkeit von Lehrenden mit
Migrationshintergrund nicht entziehen.

Mit den Ergebnissen der vorliegenden explorativen Studie kann zumindest für einige der untersuchten Teilbereiche empirisch belegt werden, dass Lehrkräfte mit
Zuwandererbiographie die schulische Kommunikation und Interaktion sowie das
Schulklima insgesamt im Sinne einer interkulturellen Öffnung der Institution und
zum Nutzen aller schulischen Akteure positiv beeinflussen können. Ob das gelingt, hängt natürlich nicht allein von der individuellen Lehrperson, sondern
auch von der Frage ab, wie das Erziehungs- und Bildungssystem ganz grundsätzlich mit migrationsbedingter Heterogenität und Differenz umgeht und inwiefern die jeweilige Schule diese strukturellen Aspekte aufnimmt und reflektiert: Gibt es an der Schule eine offene Haltung gegenüber anderen Kulturen und
Sprachen? Ist die Schulleitung an einer interkulturellen Öffnung der Schule interessiert? Hat die Schule ein Leitbild, das Heterogenität positiv fasst? Gibt
es im Kollegium Unterstützung für interkulturelle und demokratische Schul-
entwicklungsprozesse? Gibt es weitere Lehrende mit Migrationshintergrund
an der Schule? Gibt es Konzepte für interkulturelle Elternarbeit? Verfügt die
Schule über einen Sozialarbeiter bzw. Sozialarbeiterin? Gibt es eine Öffnung
der Schule in den Stadtteil, in die *community*? Diese Fragen verweisen auf die
acht Dimensionen interkultureller Schulentwicklung, wie sie der amerikanische

Multikulturalismusforscher James E. Banks (1999) herausgearbeitet hat. Nach Banks benötigen „multikulturelle Schulen" zu ihrer qualitativen Entwicklung:

(1) ein klares, von allen schulischen Akteuren geteiltes Leitbild, in welchem „Diversity" wertgeschätzt wird
(2) eine grundsätzlich positive Haltung gegenüber der ethnisch, kulturell, sprachlich und religiös heterogenen Schülerschaft
(3) ein Personal, welches die ethnische und kulturelle Diversität der Gesellschaft spiegelt
(4) ein interkulturell reflektiertes Curriculum
(5) Partizipation der Eltern, um Brücken zwischen Schule und Elternhäusern zu bauen
(6) Lehr- und Unterrichtsmethoden sowie Arbeitsweisen, die individuelles Lernen fördern, partizipativ und konstruktivistisch ausgerichtet sind
(7) Lehr- und Lernmaterial, das *diversity* repräsentiert und reflektiert
(8) ein kontinuierliches Monitoring und Evaluierung aller genannten Aspekte interkultureller Schulentwicklung (Banks 1999: 1)

Diese Skizze der Rahmenbedingungen interkultureller Schulentwicklung macht deutlich, um welch ein vielschichtiges und komplexes Feld es sich handelt. Die Vielfalt im Lehrerzimmer als Dimension der Personalentwicklung von Schule in der Einwanderungsgesellschaft ist hier nur ein Teilaspekt. Dies unterstreicht, dass die Erhöhung der Anzahl Lehrender mit Migrationshintergrund zwar ein unverzichtbarer Bestandteil interkultureller Schulentwicklung ist, sich die Schulentwicklungsmaßnahmen und deren bildungspolitische Flankierung hierin aber nicht erschöpfen dürfen. Die empirischen Ergebnisse unserer Studie verweisen nämlich zugleich auf die Notwendigkeit, das Engagement und die Kompetenzen Lehrender mit Migrationshintergrund im Gesamtzusammenhang interkultureller Schulentwicklung zu betrachten und systematisch in interkulturelle Aus- und Weiterbildung sowie entsprechende Unterstützungsangebote zu investieren.

Die Schule in der Einwanderungsgesellschaft ist ein Ort interkultureller Erfahrung, weshalb interkulturelle Bildung eine ganz selbstverständliche Aufgabe der Schule und Teil einer allgemeinen Bildung für alle Lernenden sein sollte. Schulen in Einwanderungsgesellschaften sind zudem dynamische Orte, an denen Fragen der gesellschaftlichen Repräsentation, Teilhabe und Zugehörigkeit von Minderheitengruppen verhandelt und ausgehandelt werden. Lehrende mit Migrationshintergrund geraten hier zuweilen ins Kreuzfeuer der Erwartungen, die die unterschiedlichen schulischen und politischen Akteure (Schüler/innen, Eltern, Kollegium, Politiker/innen) explizit, aber auch implizit an sie herantragen. Dabei gilt es im Blick zu behalten, dass Lehrende mit Migrationshintergrund die anderswo verursachten Schieflagen der Integration und Integrationspolitik in Deutschland nicht lösen können.

Neben der Werbung und Rekrutierung von Studierenden mit Zuwanderungsbiographie für den Lehrberuf bedarf es gezielter Maßnahmen, die Schulen und ihre Akteure – mit und ohne Migrationshintergrund – angemessen auf den Umgang mit Heterogenität im Zeitalter von Migration und Globalisierung vorbereiten. Dazu gehört eine systematische Verankerung interkultureller Kompetenz und *diversity* in allen Phasen der Lehrerausbildung und Fortbildung sowie eine mit ausreichenden Ressourcen ausgestattete Implementierung von Modellen interkultureller und demokratischer Schulentwicklung, die pluralitätstheoretische Erkenntnisse in entsprechende Leitbilder, Curricula, Unterrichtmaterialien und Rahmenpläne überführt. Es bleibt zu wünschen, dass die vorliegende Untersuchung einen weiteren empirisch begründeten Anstoß für diese bildungs- und integrationspolitisch wichtigen schulischen Weichenstellungen zu geben vermöge.

# Netzwerke knüpfen zur interkulturellen Öffnung der Schule: Ein Erfahrungsbericht aus der Netzwerkpraxis

Edwin Stiller und Antonietta P. Zeoli

„Deutschland kreiert sich neu," so die Schauspielerin und Fernsehmoderatorin Mo Asumang (Güvercin et al. 2010: 5): Zuwanderung sorgt auf der ganzen Welt dafür, dass soziale Wandlungsprozesse von Gesellschaften eine neue Dynamik erhalten. Auch die Migrationsforschung verändert zunehmend ihre Perspektive und nimmt das Potential, das die Zugewanderten in die Gesellschaft bringen unter die Lupe.

Die Migrationssoziologie betrachtet dabei seit ihren Anfängen die Netzwerke der Zugewanderten und ihren Einfluss auf Zuwanderung und gelingende Integration. Studien zu Kettenmigrationsprozessen haben gezeigt, welche Unterstützungskraft in sozialen Netzwerken stecken kann (vgl. Janßen/Polat 2006). Sie bilden eine immaterielle Infrastruktur, die es den Netzwerkmitgliedern nicht nur ermöglicht, sich in der „Fremde" neu zu orientieren und unterstützende Beziehungsnetze zu knüpfen, sondern auch dazu beiträgt, dass eine neue kulturelle und soziale Identität herausgebildet werden kann. Die Netzwerke der Zuwanderer sind überwiegend informeller Natur.

Das nordrhein-westfälische *Netzwerk der Lehrkräfte mit Zuwanderungsgeschichte* verbindet informelle und formelle Prozesse des Networking. Es versteht sich als Beteiligungsnetzwerk, das die Personen und Institutionen miteinander in Beziehung setzt. Initiiert wurde das Netzwerk im Jahr 2006 vom Ministerium für Schule und Weiterbildung in Kooperation mit dem nordrhein-westfälischen Integrationsministerium. Weiterhin sorgt eine Landeskoordination mit Anbindung an die Regionalen Arbeitsstellen zur Förderung von Kindern und Jugendlichen mit Zuwanderungsgeschichte (RAA NRW) für Kontinuität und Stabilität der Netzwerkprozesse. Das Netzwerk selbst wählt ein Sprechergremium. Die knapp 500 Netzwerkmitglieder aus allen Schulformen und Landesteilen bringen sich ehrenamtlich mit ihren jeweiligen Ressourcen ein und bilden regionale Strukturen und Teams. Das Netzwerk arbeitet in den Schwerpunkten „Potentiale gewinnen," „Ausbildung begleiten" und „Personalentwicklung gestalten." Die so geschaffene Netzwerkstruktur ermöglicht

- Einheit und Vielfalt
  Das Netzwerk tritt öffentlich für die Potentiale und Belange der Lehrkräfte mit Zuwanderungsgeschichte auf und ist zugleich Spiegel der Zuwanderungsvielfalt.
- Mobilisierung und Qualitätsentwicklung
  Das Netzwerk wuchs innerhalb von vier Jahren von 6 Mitgliedern im Jahr 2006 auf knapp 500 im Jahr 2010. Zugleich wurden zunehmend anspruchsvollere Aufgaben identifiziert. Diese reichen heute von der Lehrerwerbung über die Förderung von Personalentwicklung bis hin zu einer bundeswei-

ten Kampagne für mehr „Lehrende mit Migrationshintergrund an deutschen Schulen".

– Verankerung und Nachhaltigkeit
Die systematische Verbindung von formellen und informellen Prozessen und Strukturen sorgte für eine stabile Verankerung auch in bildungspolitisch bedeutsamen Organisationen – u. A. Ministerien, Migrantenorganisationen und regionalen Bildungsnetzwerken.

– Ressourcenbündelung und Empowerment
Die vielfältigen Potentiale der Netzwerkmitglieder, vor allem in den Bereichen Mehrsprachigkeit und interkulturelle Kompetenzen können umfassend genutzt werden. Der erfolgreiche Einsatz der Netzwerkmitglieder als Bildungsbotschafter der Vielfalt stärkt ihr professionelles Selbstbewusstsein.

Insgesamt entstehen im Rahmen eines solchen Netzwerkes „autokatalytische Zyklen". Netzwerkforscher beschreiben mit diesem Begriff das Phänomen, dass jeder Netzwerkknoten als Output den Input für einen weiteren Netzwerkknoten bildet und damit die Synergie fördert und zum produktiven Wachstum beiträgt. (vgl. Thurner 2005: 18).

### Stimmen aus dem Netzwerk der Lehrkräfte mit Zuwanderungsgeschichte

Die folgenden Zitate stammen aus einer internen Befragung der Netzwerkmitglieder im Dezember 2010, die von der Landeskoordination durchgeführt wurde.

#### a) Das Netzwerk als soziales Beziehungsnetz

> Ich wurde über die Schulleitung über das Netzwerk informiert. Ich ging aus reiner Neugier hin und habe mich sofort zu Hause gefühlt. Obwohl ich der einzige Spanier im Raum war, hatte ich den Eindruck, dass die Teilnehmer Erfahrungen, Anstrengungen und Visionen mit mir teilen. Die Kollegen, die weder meine Zuwanderungsgeschichte noch meine religiöse Gesinnung teilen, waren mir kollegial wie freundschaftlich näher, als die deutschen Lehrkräfte an meiner Stammschule. Komisch – ich hätte das nie für möglich gehalten. Die Landeskoordinatorin hat mich auch immer gut beraten. Gespräche auf Augenhöhe, gegenseitiger Respekt und Aussprache. Gerne mache ich auch weiterhin mit. (Antonio C. – Gymnasiallehrer – Bonn)

Diese Beschreibung ist kein Einzelfall. Die Qualität von sozialen Beziehungen spielt eine entscheidende Rolle in sozialen Netzwerken. Sie reicht von Bekanntschaften bis hin zu lang dauernden Beziehungen unter Kolleginnen und Kollegen. Die Qualität der Beziehungen im Netz sind abhängig:

a) vom Zeitumfang, den die Netzwerker miteinander verbringen,
b) von der Identifikation über Zuwanderungsgeschichte,
c) von Vertrautheit durch Sprache, ethnische Zugehörigkeit, Religion und Fakultas zur kultursensiblen Ansprache.

Ein interessantes Konzept und Beobachtungskriterium der Sozialforschung ist das der Vertrauensperson. Das oben beschriebene Beispiel zeigt, wie wichtig eine Anlaufstelle speziell für die Lehrkräfte mit Migrationshintergrund ist. Ratschläge der Landeskoordination werden eher angenommen als von weitgehend Fremden oder Vorgesetzten. Die Landeskoordinatorin in Nordrhein-Westfalen hat keinerlei Weisungsbefugnis gegenüber den Netzwerkmitgliedern. Sie ist selbst zugewandert und hat lange Jahre als Lehrkraft gearbeitet.

Die Dichte eines sozialen Netzes beschreibt die direkte Verbundenheit zwischen den Netzwerkbeteiligten. Die Erfahrung in NRW zeigt, je „dichter" ein solches Netzwerk ist, desto intensiver und zuverlässiger kann auf ehrenamtliche Netzwerkressourcen zurückgegriffen werden. Daher ist es notwendig in regelmäßigen Abständen Orte der Begegnung zu schaffen.

**b) das Netzwerk als Identitätsstifter**

> Immer wenn ich von unseren Treffen nach Hause fahre, nehme ich ein Stück Pioniergeist mit. Ich bin voller kreativer Ideen, wie Schule in einer heterogenen Gesellschaft erfolgreich funktionieren kann. Die Netzwerker glauben, dass alle Kinder unabhängig von Alter, Geschlecht, Herkunft und Religion eine wahrhaftige Chance verdienen, den sozialen Aufstieg zu schaffen. Letztlich hilft mir das Netzwerk meine Wünsche, aber auch die Ideale meiner Eltern zu leben. Die Kollegen geben mir Energie und Durchhaltewillen. Da schaut keiner auf meine Elternbriefe, ob mir da auch kein Rechtschreibefehler aufgrund meiner türkischen Herkunft unterlaufen ist. Schulrealität ist oftmals enttäuschend. Umso besser, dass das Ministerium diese Idee des Netzwerks hatte. Seither habe ich wieder Vertrauen in dieses System ‚Schule'. Ich hoffe, es ist nicht nur propagandistisches Gerede. (Nilgün I. – Gesamtschullehrerin – Bielefeld)

Die Kolleginnen und Kollegen im Netzwerk *Lehrkräfte mit Zuwanderungsgeschichte* teilen in der Regel vergleichbare Kindheitserfahrungen. Ihr häufig bilinguales und bikulturelles Aufwachsen sowie die ähnlichen familiären Milieus und soziale Aufstiegserfahrung schaffen ein Gemeinschaftsgefühl und erinnern viele Netzwerker an den Pioniergeist der Elterngeneration. Unkenntnis der deutschen Sprache, fehlende Klarheit über die kulturellen Umgangsformen in Deutschland sowie ungewisse Lebensverhältnisse hielten die Väter und Mütter der Lehrkräfte mit Zuwanderungsgeschichte nicht davon ab, sich mutig einem neuen Leben in der Ferne zu stellen. „Diese Art von Familienkonstellation bringt einiges an Konfliktstoff mit sich. Nicht alle Einwandererkinder sind den hohen Erwartungen ihrer Eltern gewachsen" (Raiser 2010). Das nordrhein-westfälische Netzwerk trägt maßgeblich dazu bei, dass die Mitglieder das Gefühl der Ohnmacht in Anbetracht der hohen Anforderungen an sie als Lehrkraft mit Migrationshintergrund verlieren. Pauschale Stigmatisierungen werden durch einen ressourcenorientierten Ansatz sowie zuverlässige Beratung vermieden. Jedes Mitglied kann sich mit seiner Expertise einbringen: Lehrerwerbung, Mentoring für Studierende, Arbeit mit Schulbuchverlagen, Qualifizierungsmaßnahmen, kultursensible Elternarbeit, Sport und Integration oder Tagungs- und Kongressdesign sind thematische Schwerpunkte, denen sich die Netzwerker je nach Interesse, Zeit, Ausbildung und Motivation widmen.

### c) Das Netzwerk als positiver Kommunikator

> An meiner Realschule bin ich die einzige Lehrkraft mit Migrationshintergrund. Ein Kollege hat einmal aus Spaß zu mir gesagt: ‚Lakritzköpfe sind wir hier an der Schule nur unter Schülern gewohnt.' Ich empfinde diese Äußerung, so nett sie gemeint war, als ausgesprochen fremdenfeindlich. Seither organisiere ich die Eingliederungsklassen, fungiere als Übersetzer – als Marokkaner kann ich fließend Berberisch und Französisch – und muss Gesprächen der Kollegen beisitzen, die ihrer Auffassung nach mit Muslimen ‚nicht klar kommen'. Im Netzwerk habe ich die Erfahrung gemacht, dass ich mit meiner schulischen Situation nicht alleine dastehe. Meine Arbeit an der Schule hat sich nicht geändert, aber ich gehe mit einem anderen Verständnis meiner Lehrerrolle und meiner Profession an die Sache heran. (Mostapha D. – Realschule – Bochum)

Die Frage nach Diskriminierung ist seit Netzwerkgründung Thema. Ein verdeckter Mechanismus lässt Schulleitungen denken, dass Lehrkräfte mit Migrationshintergrund per se gruppenbezogene Experten für alle Schülerinnen und Schüler und Eltern nicht deutscher Herkunft und alle Themen rund um Migration sind. Lehrkräfte mit Zuwandergeschichte geraten hier unvermittelt in eine Experten- und Vermittlerrolle, die er oder sie oftmals gar nicht für sich annehmen möchte. Schnell stellt sich das Gefühl von sozialer Fremdheit, Überforderung und Enttäuschung ein. Das Netzwerk kann dazu beitragen, die gemachten Erfahrungen als Lehrkraft kritisch zu reflektieren. Es bietet die Möglichkeit der Aussprache im Erfahrungsaustausch mit Kollegen und ermöglicht gegenseitiges Empowerment und eine Stärkung der Lehrerrolle. Die engagierten Lehrerinnen und Lehrer erhalten die Chance, sich neuen Aufgaben in kreativer Weise zu stellen. Der Bundeskongress zum Thema „Lehrkräfte mit Migrationshintergrund" in Paderborn im Jahre 2010 hat viele Netzwerker herausgefordert. Moderationsfähigkeit, Präsentationstechniken, Autorentätigkeit sowie Optimierung von Arbeitsprozessen waren Aufgaben, denen sich die Kolleginnen und Kollegen auf Wunsch stellen konnten. Diese Kompetenzerfahrungen trugen zweifelsohne maßgeblich zur Stärkung des professionellen Selbstverständnisses der Akteure bei.

Das Vertrauen des Leitungsgremiums in die Fähigkeiten der Mitglieder hat Energien freigesetzt, die der Einzelne für sich in professioneller Hinsicht nicht für möglich gehalten hätte.

## d) Das Netzwerk im Personalentwicklungsprozess

> Seit 9 Jahren arbeite ich an unserem Berufskolleg. Meine Noten sind und waren stets super. In Serbien war ich auch immer eine gute Schülerin. Es ärgert mich, dass ich von allen Beförderungsverfahren, trotz meines Engagements, ausgeschlossen werde. Natürlich hat mir der Schulleiter gesagt, ich könne mich jederzeit bewerben. In Wirklichkeit hat er stets die Stellen der Oberstudienräte an deutsche Männer über 45 vergeben. An diesen Tagen habe ich mir den amerikanischen ‚affirmative act' gewünscht. Wut über diese Situation hat mich letztlich dazu gebracht, die Landeskoordinatorin anzurufen. Es war ein klares, konstruktives und sehr persönliches Gespräch. In der Zusammenarbeit im Team mit der Landeskoordination hat sich meine Einstellung zu meiner Profession geändert. Ich bin sehr stolz auf meine Arbeit im Netzwerk. (Snetzana K. – Berufskolleg – Sauerland)

Das Netzwerk hat eine Eigendynamik entwickelt, die im oben beschriebenen Sinne autokatalytische Zyklen freigesetzt hat. Kreativität, Kulturwissen und das kommunikative Talent der Mitglieder haben das Anliegen, mehr Lehrkräfte mit Zuwanderungsgeschichte zu gewinnen, außerordentlich voran gebracht. Ein möglicher Weg dem oben beschriebenen institutionellen Diskriminierungsmuster zu entgehen. Dazu war es aber auch notwendig, unterschiedliche Experten und Akteure mit Erfahrung in den Bereichen Migration, interkulturelle Pädagogik, Lehreraus- und Weiterbildung sowie systemische Beratung dem Netzwerk und der Landeskoordination zur Seite zu stellen.

### Heterogenität – der Normalfall

Mark Terkessidis beschreibt in seinem Buch „Interkultur," vier Dimensionen, die für die gesellschaftliche Wahrnehmung und Gestaltung von Vielfalt bedeutsam sind:

- Die Kultur der Institution – sie entscheidet über die Akzeptanz und Wertschätzung von Vielfalt;
- der Personalbestand – hier ist die Zahl der Mitarbeiter mit Zuwanderungsgeschichte ein zentraler Indikator für die Ernsthaftigkeit des Anliegens,
- die materielle Grundlage für die Entfaltung von Vielfalt – ebenfalls ein Indikator für die Ernsthaftigkeit und nicht zuletzt
- die Ausrichtung der Strategien, die Vielfalt in ihrem Potential zur Entfaltung bringt (vgl. Terkessidis 2010: 144ff.).

Eine neue Kultur der Vielfalt für alle öffentlichen Institutionen wird aber oft, wie zu Beginn vieler gesellschaftlich relevanter Veränderungsprozesse, als Angriff auf die Privilegien der aktuellen Mehrheit in der Institution wahrgenommen. Je homogener die Mehrheitsgruppen sind und je steiler die Hierarchie der Organisation ist, desto schwieriger gestaltet sich der aktive Umbau von Personalstrukturen und der substantielle Wandel (Gomolla/Radtke 2010).

Die Gründe der Unterrepräsentanz von Lehrkräften mit Zuwanderungsgeschichte an Schulen werden oftmals mit Erklärungen ganz im Sinne der Mehrheitsnormen beschrieben: Es fehle an Qualifikation, Engagement und Integrationswillen. Immer wieder werden Stimmen laut, als Schulleiter sei man „offen" und „an Vielfalt im Lehrerzimmer interessiert," aber gutes Personal finde sich nicht leicht, auch mit deutschen Lehrkräften habe man so seine Probleme. Strukturelle Hürden, denen sich Zuwanderer besonders im Bereich des öffentlichen Dienstes stellen, werden nicht ausreichend in Betracht gezogen. Es sind nicht rassistische Bemerkungen oder offensichtliche Ausgrenzungsmechanismen gemeint, sondern es geht vor allem um Kulturunwissenheit, auch in Institutionen, die sich der Beratung von Zuwandergruppen verpflichtet fühlen. Es sind unausgesprochene, gar unsichtbare strukturelle Hürden, die Verwaltungsapparate zu gänzlich deutschem Terrain machen.

Damit Deutschlands Schulen sich neu kreieren können und Vielfalt positiv wahrgenommen und gestaltet wird, ist ein proaktives Personalmanagement sowie gezielte Rekrutierungsstrategien unter qualifizierten Zuwanderern nötig. Eine gezielte Bevorzugung, wie sie zum Teil in klassischen Einwanderungsländern erfolgt, ist in Deutschland wahrscheinlich nicht durchzusetzen. Es würde aber sicherlich schon ausreichen, die Gleichstellungsrichtlinie der Europäischen Gemeinschaft aus dem Jahre 2000 konsequent umzusetzen.

Weitere Informationen zum Projekt „Lehrkräfte mit Zuwanderungsgeschichte" in Nordrhein-Westfalen: http://www.raa.de/mehr-lehrkraefte-mit-zuwanderung.html

**Zu den Autoren:**
Edwin Stiller, Referent für Lehrerausbildung am Ministerium für Schule und Weiterbildung, Völklinger Strasse 49, 40221 Düsseldorf,
edwin.stiller@msw.nrw.de

Dr. Antonietta Patrizia Zeoli, NRW-Landeskoordinatorin des Projekts „Lehrkräfte mit Zuwanderungsgeschichte", RAA Hauptstelle NRW,
antonietta.zeoli@hauptstelle-raa.de

# Literatur

Abbate-Vaughn, J. (2006). Multiculturalism in teacher education: What to assess, for how long, and with what expected outcome, *Electronic Magazine of Multicultural Education, 8* (2), 1–12.

Aguirre Jr, A. (2000). Academic storytelling: A critical race theory story of affirmative action. *Sociological Perspectives, 43* (2), 319–339.

Allemann-Ghionda, C. (2006). Standards und Kompetenzen in der Lehrerinnen- und Lehrerausbildung unter besonderer Berücksichtigung der Multikulturalität. In A. Tanner, H. Badertscher & R. Holzer (Hrsg.), *Heterogenität und Integration. Umgang mit Ungleichheit und Differenz in Schule und Kindergarten* (S. 78–90). Zürich: Seismo.

Allemann-Ghionda, C., Auernheimer, G., Grabbe, H. & Krämer, A. (2006). Beobachtung und Beurteilung in soziokulturell und sprachlich heterogenen Klassen - Die Kompetenzen der Lehrpersonen. *Zeitschrift für Pädagogik* (Beiheft 51), 250–266.

Arndt, S. (Hrsg.). (2001). *AfrikaBilder: Studien zu Rassismus in Deutschland*. Münster: Unrast.

Arndt, S. & Hornscheidt, A. (2009). *Afrika und die deutsche Sprache. Ein kritisches Nachschlagewerk* (2. Aufl.). Münster: Unrast.

Aronson, E., Wilson, T. D. & Akert, R. M. (2008). *Sozialpsychologie* (6. Auflage). München: Pearson Studium.

Asbrand, B. *Dokumentarische Methode*. Verfügbar unter: http://www.fallarchiv.uni-kassel.de/startseiten/asbrand_dokumentarische_methode_1.php [12.4.2011].

Attia, I. (1994). Antiislamischer Rassismus. Stereotypen – Erfahrungen – Machtverhältnisse. In S. Jäger (Hrsg.), *Anti-rassistische Praxen. Konzepte – Erfahrungen – Forschung* (S. 210–228). Münster: Unrast.

Attia, I. (2009). *Die ›westliche Kultur‹ und ihr Anderes. Zur Dekonstruktion von Orientalismus und antimuslimischen Rassismus*. Bielefeld: transcript Verlag.

Auernheimer, G. (2004). Drei Jahrzehnte Interkulturelle Pädagogik – eine Bilanz. In Y. Karakaşoğlu & J. Lüddecke (Hrsg.), *Migrationsforschung und Interkulturelle Pädagogik. Aktuelle Entwicklungen in Theorie, Empirie und Praxis* (S. 17–29). Münster u.a.: Waxmann.

Auernheimer, G., Blumenthal, V., Stübig, H. & Willmann, B. (1996). *Interkulturelle Erziehung im Schulalltag: Fallstudien zum Umgang von Schulen mit der multikulturellen Situation*. Münster u.a.: Waxmann.

Auernheimer, G., van Dick, R., Petzel, T. & Wagner, U. (2001). *Interkulturalität im Arbeitsfeld Schule. Empirische Untersuchungen über Schüler und Lehrer*. Opladen: Leske + Budrich.

Balibar, E. (1990). Gibt es einen „Neo-Rassismus"? In E. Balibar & I. Wallerstein (Hrsg.), *Rasse. Klasse. Nation. Ambivalente Identitäten* (S. 23–38). Hamburg: Argument.

Banks, J. (Hrsg.). (1996). *Multicultural Education, Transformative Knowledge and Action*. New York: Teaches College Press.

Banks, J. (1997). Multicultural Education: Characteristics and Goals. In J. Banks & C. A. M. Banks (Hrsg.), *Multicultural Education: Issues and Perspectives* (3. Aufl.) (S. 3–31). Boston: Allyn and Bacon.

Banks, J. (1999). *Multicultural Benchmarks for Assessing and Maintaining an Effective Multicultural School.* Verfügbar unter: www.intime.uni.edu/multiculture/school/benchmarks.html [17.03.2011].

Banks, J. & Banks, C. A. M. (2001). *Handbook of research on multicultural education.* San Franscisco: Jossey-Bass.

Basit, T., Kenward, A. & Roberts, L. (2005). *Tackling Racism on School Placements. Final Report to Multiverse.* Verfügbar unter: http://www.multiverse.ac.uk/attachments/944eaa2c-1777-4e2d-81a1-f483845f03ca.pdf [01.07.2010].

Baumgärtner, W. A. (2007). *Der vergessene Weg. Wie die Sachsen nach Siebenbürgen kamen.* Hermannstadt: Hora.

Becker-Schmidt, R. (2007). «class», «gender», «ethnicity», «race»: Logiken der Differenzsetzung, Verschränkungen von Ungleichheitslagen und gesellschaftliche Strukturierung. In G.-A. Knapp & A. Wetterer (Hrsg.), *Achsen der Differenz. Gesellschaftstheorie und feministische Kritik 2* (S. 56–83). Münster: Westfälisches Dampfboot.

Bender-Szymanski, D. (2001). Kulturkonflikt als Chance für Entwicklung? In G. Auernheimer, R. van Dick, T. Petzel & U. Wagner (Hrsg.), *Interkulturalität im Arbeitsfeld Schule. Empirische Untersuchungen über Lehrer und Schüler* (S. 63–97). Opladen: Leske + Budrich.

Bennett, C. I. (2001). Research on racial issues in American higher education. In J. Banks & C. A. M. Banks (Hrsg.), *Handbook of research on multicultural education* (S. 663–682). San Francisco: Jossey-Bass.

Bergmann, K. & Rollet, W. (2008). Kooperation und kollegialer Konsens bzw. Zusammenhalt als Bedingung der Innovationsbereitschaft von Lehrerkollegien in Ganztagsschulen. In E.-M. Lankes (Hrsg.), *Pädagogische Professionalität als Gegenstand empirischer Forschung* (S. 291–301). Münster u.a.: Waxmann.

Bhabha, H. (1997). Verortungen der Kultur. In E. Bronfen, B. Marius & T. Steffen (Hrsg.), *Hybride Kulturen. Beiträge zur anglo-amerikanischen Multikulturalismusdebatte.* Tübingen: Stauffenburg.

Birnbaum, M. H. (2004). Human research and data collection via the Internet. *Annual Review of Psychology, 55* (2), 803–832.

Blickenstorfer, R. (2009). Strategien der Zusammenarbeit. In S. Fürstenau & M. Gomolla (Hrsg.), *Migration und schulischer Wandel: Elternbeteiligung* (S. 69–87). Wiesbaden: VS Verlag für Sozialwissenschaften.

Bohnsack, R. (1998). Milieu als konjunktiver Erfahrungsraum. Eine dynamische Konzeption von Milieus in empirischer Analyse. In U. Mathiesen (Hrsg.), *Die Räume der Milieus* (S. 119–131). Berlin: Sigma.

Bohnsack, R. (2001). Typenbildung, Generalisierung und komparative Analyse. In R. Bohnsack, I. Nentwig-Gesemann & A.-M. Nohl (Hrsg.), *Die dokumentarische Methode und ihre Forschungspraxis.* Opladen: 225–252.

Bohnsack, R. (2007). Dokumentarische Methode und praxeologische Wissenssoziologie. In R. Schützeichel (Hrsg.), *Handbuch Wissenssoziologie und Wissensforschung* (S. 180–190). Konstanz: UVK Verlagsgesellschaft.

Bohnsack, R. (2008). *Rekonstruktive Sozialforschung: Einführung in qualitative Methoden.* Stuttgart: UTB.

Boos-Nünning, U. & Karakaşoğlu, Y. (2005). *Viele Welten leben. Zur Lebenssituation von Mädchen und jungen Frauen mit Migrationshintergrund.* Münster u.a.: Waxmann.

Booth, T. & Ainscow, M. (2003). *Index für Inklusion: Lernen und Teilhabe in der Schule der Vielfalt entwickeln.* Übersetzt, für deutschsprachige Verhältnisse bearbeitet und herausgegeben von I. Boban & A. Hinz, Martin-Luther-Universität Halle-Wittenberg.

Brophy, J. E. & Good, T. L. (1986). Teacher behavior and student achievement. In M. C. Wittrock (Hrsg.), *Handbook of research on teaching* (3. Aufl., S. 328–375). New York: Macmillan.

Brown, K. N. (2002). Useful anger: confrontation and challenge in the teaching of gender, race, and violence. In L. Vargas (Hrsg.), *Women faculty of color in the white classroom. Narratives on the pedagogical implications of teacher diversity* (S. 89–108). New York: Peter Lang.

Bundeskongress Lehrkräfte mit Zuwanderungsgeschichte. (2010). *Dokumentation.* BAMF & RAA NRW.

Carr, P. & Klassen, T. R. (1997). Different perceptions of race in education: racial minority and white teachers. *Canadian Journal of Education, 22* (1), 67–81.

Carrington, B., Bonnett, A., Demaine, J., Hall, I., Nayak, A., Short, G. et al. (2001). *Ethnicity and the Professional Socialisation of Teachers.* Report to the Teacher Training Agency.

Carrington, B. & Skelton, C. (2003). Re-thinking 'role model's: Equal opportunities in teacher recruitment in England and Wales. *Journal of Education Policy, 18* (3), 253–265.

Carrington, B. & Tomlin, R. (2000). Towards a more inclusive profession: teacher recruitment and ethnicity. *European Journal of Teacher Education, 23* (2), 139–157.

Castro Varela, M. d. M. & Mecheril, P. (2006). Minderheitenangehörige und ,professionelles Handeln': Anmerkungen zu einem unmöglichen Verhältnis. In R. Leiprecht & A. Kerber (Hrsg.), *Schule in der Einwanderungsgesellschaft* (S. 406–420). Schwalbach: Wochenschau Verlag.

Chavez, L. D. (2002). Reading the body indian: A chicana mestiza's experience teaching literature. In L. Vargas (Hrsg.), *Women faculty of color in the white classroom. Narratives on the pedagogical implications of teacher diversity* (S. 72–87). New York: Peter Lang.

Collins, R. W. & Johnson, J. A. (1988). One institution's sucess in increasing the number of minority faculty: a provost's perspective. *Peabody Journal of Education, 66* (1), 71–76.

Cortina, K. S., Baumert, J., Leschinsky, A., Mayer, K. U. & Trommer, L. (Hrsg.). (2008). *Das Bildungswesen in der Bundesrepublik Deutschland.* Reinbek: Rowohlt.

Cunningham, M. & Hargreaves, L. (2007). *Minority Ethnic Teachers' Professional Experiences: Evidence from the Teacher Status Project.* Research Report RR853.

Darling-Hammond, L. & Bransford, J. (Hrsg.). (2005). *Preparing teachers for a changing world: what teachers should learn and be able to do.* San Francisco: Jossey-Bass.

Edelmann, D. (2008a). Lehrer/innenbildung im Kontext migrationsbedingter Heterogenität – Welche Kompetenzen brauchen Lehrpersonen, damit sie in mehrsprachigen Klassen effektiv unterrichten können? In C. Allemann-Ghionda & S. Pfeiffer (Hrsg.), *Bildungserfolg, Migration und Zweisprachigkeit: Perspektiven für Forschung und Entwicklung* (S. 129–138). Berlin: Frank & Timme.

Edelmann, D. (2008b). *Pädagogische Professionalität im transnationalen sozialen Raum: Eine qualitative Untersuchung über den Umgang von Lehrpersonen mit der migrationsbedingten Heterogenität ihrer Klassen.* Berlin u.a.: LIT Verlag.

Ehrenberg, R. G., Goldhaber D. & Brewer, D. (1995). Do teachers' race, gender, and ethnicity matter? Evidence from the NELS88. *Industrial and Labor Relations Review, 48* (3), 547–561.

Farrell, E. J. (1990). On the growing shortage of black and hispanic teachers. *The English Journal, 79* (1), 39–46.

Fend, H. (1998). *Qualität im Bildungswesen. Schulforschung zu Systembedingungen, Schulprofilen und Lehrerleistung.* Weinheim: Juventa.

Fenwick, L. T. (2001). *Patterns of excellence: Policy perspectives on diversity in teaching and school leadership.* Atlanta: The Southern Education Foundation (SEF).

Fillitz, T. (2003) *Interkulturelles Lernen: Zwischen institutionellem Rahmen, schulischer Praxis und gesellschaftlichem Kommunikationsprinzip.* Bundesministerium für Bildung, Wissenschaft und Kultur. Innsbruck/Wien: Studien Verlag.

Flick, U. (1992). Entzauberung der Intuition. Systematische Perspektiven – Triangulation von Methoden und Datenquellen als Strategie der Geltungsbegründung qualitativer Daten und Interpretationen. In J. H. P. Hoffmeier-Zlotnik (Hrsg.), *Analyse verbaler Daten. Über den Umgang mit qualitativen Daten* (S. 11-55). Opladen: VS Verlag für Sozialwissenschaften.

Flick, U. (2000). Triangulation in der qualitativen Forschung. In U. Flick, E. v. Kardoff & I. Steinke (Hrsg.), *Qualitative Forschung: Ein Handbuch* (S. 309–318). Reinbek: Rowohlt.

Foster, M. (1995). African American Teachers and Culturally Relevant Pedagogy. In J. A. Banks & C. A. McGee (Hrsg.), *Handbook of Research on Multicultural Education* (S. 570–581). San Francisco: Jossey-Bass.

Fritzsche, B. (2007). Mediennutzung im Kontext kultureller Praktiken als Herausforderung an die qualitative Forschung. In R. Bohnsack, I. Nentwig-Gesemann & A.-M. Nohl (Hrsg.), *Die dokumentarische Methode und ihre Forschungspraxis. Grundlagen qualitativer Forschung* (2. aktual. Aufl., S. 29-44). Wiesbaden: VS Verlag für Sozialwissenschaften.

Fürstenau, S. & Gomolla, M. (Hrsg.). (2009a). *Migration und schulischer Wandel: Unterricht.* Wiesbaden: VS Verlag für Sozialwissenschaften.

Fürstenau, S. & Gomolla, M. (Hrsg.). (2009b). *Migration und schulischer Wandel: Elternbeteiligung.* Wiesbaden: VS Verlag für Sozialwissenschaften.

Glaser, B. G. & Strauss, A. L. (1967). *The discovery of grounded theory: strategies for qualitative research.* Chicago: Aldine Publishing.

Gogolin, I. (1998). The ‚monolingual habitus' as a tertium comparationis in the international comparison of teaching in the language of the majority. In G. Khruslov & S. Kroon (Hrsg.), *The challenge of multilingualism to standard language teaching. Cases from Flanders, England, The Netherland, Germany and Russia* (S. 157–166). Moskau: INPO.

Gogolin, I. (2006a). Erziehungswissenschaft und Transkulturalität. In M. Göhlich, H.-W. Leonhard, E. Liebau & J. Zirfas (Hrsg.), *Transkulturalität und Pädagogik. Interdisziplinäre Annäherungen an ein kulturwissenschaftliches Konzept und seine pädagogische Relevanz* (S. 31–43). Weinheim und München: Juventa.

Gogolin, I. (2006b). Sprachliche Heterogenität und der monolinguale Habitus der plurilingualen Schule. In A. Tanner, H. Badertscher, R. Holzer, A. Schindler & U. Streckeisen (Hrsg.), *Heterogenität und Integration. Umgang mit Ungleichheit und Differenz in Schule und Kindergarten.* (S. 291–299). Zürich: Seismo.

Gogolin, I. (2008). *Der monolinguale Habitus der multilingualen Schule* (2. unver. Aufl.). Münster u.a.: Waxmann.

Gogolin, I. & Kroon, S. (Hrsg.). (2000). „Man schreibt, wie man spricht". Ergebnisse einer international vergleichenden Fallstudie über Unterricht in vielsprachigen Klassen. Münster u.a.: Waxmann.

Gogolin, I. & Nauck, B. (Hrsg.). (2000). Migration, gesellschaftliche Differenzierung und Bildung: Resultate des Forschungsschwerpunktprogramms FABER. Opladen: Leske + Budrich.

Gogolin, I. & Neumann, U. (Hrsg.). (1997). Großstadt-Grundschule. Eine Fallstudie über sprachliche und kulturelle Pluralität als Bedingung der Grundschularbeit. Münster u.a.: Waxmann.

Gogolin, I., Neumann, U. & Roth, H.-J. (2003). Förderung von Kindern und Jugendlichen mit Migrationshintergrund. Gutachten im Auftrag der Bund-Länder-Kommission. Bonn: Bund-Länder Kommision.

Gogolin, I. & Pries, L. (2004). Stichwort: Transmigration und Bildung. Zeitschrift für Erziehungswissenschaft, 7 (1), 5–19.

Gomolla, M. (2005). Schulentwicklung in der Einwanderungsgesellschaft. Strategien gegen institutionelle Diskriminierung in England, Deutschland und in der Schweiz. Münster u.a.: Waxmann.

Gomolla, M. (2009). Elternbeteiligung in der Schule. In S. Fürstenau & M. Gomolla (Hrsg.), Migration und schulischer Wandel: Elternbeteiligung. Wiesbaden: VS Verlag für Sozialwissenschaften.

Gomolla, M. & Radtke, F.-O. (2003). Institutionelle Diskriminierung. Die Herstellung ethnischer Differenz in der Schule. Opladen: VS Verlag für Sozialwissenschaften.

Gosling, S. D., Vazire, S., Srivastava, S. & John, O. P. (2004). Should we trust web-based studies? A comparative analysis of six preconceptions about internet questionnaires. American Psychologist, 59 (2), 93–104.

Govaris, C. & Kodakos, A. (2003). Multikulturelle Gesellschaft und Interkulturelle Erziehung: Orientierungen griechischen Volksschullehrerinnen und Volkschullehrer – Ergebnisse einer explorativen Studie. Tertium comparationis: Journal für International und Interkulturell Vergleichende Erziehungswissenschaft, 9 (2), 124–138.

Gregory, S. T. (2001). Black faculty women in the academy: history, status, and future. The Journal of Negro Education, 70 (3), 124–138.

Gültekin, N. (2003). Bildung, Autonomie, Tradition und Migration. Doppelperspektivität biographischer Prozesse junger Frauen aus der Türkei. Opladen: Leske + Budrich.

Güvercin, E., Zaimoglu, F., Asumang, M. & Çelik, N. (2010). Ein Teil Deutschlands, mit etwas mehr Farbe. Aus Politik und Zeitgeschichte, 46–47.

Hall, S. (1999). Kulturelle Identität und Globalisierung. In K. H. Hörning & R. Winter (Hrsg.), Widerspenstige Kulturen. Cultural Studies als Herausforderung. Frankfurt/M.: Suhrkamp.

Hall, S. (2000). Rassismus als ideologischer Diskurs. Rassismus ohne „Rassen". In N. Räthzel (Hrsg.), Theorien über Rassismus (S. 7–16). Hamburg: Argument.

Hall, S. (2004). Ideologie, Identität, Repräsentation. Ausgewählte Schriften. Hamburg: Argument.

Hargreaves, L. & Cunningham, M. (2007). Minority ethnic teachers' professional experiences: Evidence from the teacher's status project. In L. Hargreaves, M. Cunningham, A. Hansen, D. McIntyre, C. Oliver & T. Pell (Hrsg.), The status of teacher and the teaching profession in England: Views from inside and outside the profession – evidence base for teacher status project. Cambridge: Department for Education and Skills.

Hawighorst, B. (2009). Perspektiven der Einwandererfamilien. In S. Fürstenau & M. Gomolla (Hrsg.), *Migration und schulischer Wandel* (S. 51–69). Wiesbaden: VS Verlag für Sozialwissenschaften.

Herriger, N. (1995). Empowerment und das Modell der Menschenstärken. Bausteine für ein verändertes Menschenbild der Sozialen Arbeit. *Soziale Arbeit, 5*, 155–162.

Herriger, N. (1997). Das Empowerment-Ethos. *Sozialmagazin, 11*, 29–35.

Herriger, N. (2006). *Empowerment in der Sozialen Arbeit. Eine Einführung* (3. erw. u. aktual. Aufl.). Stuttgart: Kohlhammer.

Hintz, D., Pöppel, K. G. & Rekus, J. (2001). *Neues schulpädagogisches Wörterbuch* (3. überar. Aufl.). Weinheim und München: Juventa.

Hollinger, D. A. (1995). *Postethnic America. Beyond Multiculturalism*. New York: Basic Books.

Hormel, U. (2007). *Diskriminierung in der Einwanderungsgesellschaft: Begründungsprobleme pädagogischer Strategien und Konzepte*. Wiesbaden: VS Verlag für Sozialwissenschaften.

Hormel, U. & Scherr, A. (2004). *Bildung für die Einwanderungsgesellschaft: Perspektiven der Auseinandersetzung mit struktureller, institutioneller und interaktioneller Diskriminierung*. Wiesbaden: VS Verlag für Sozialwissenschaften.

Hummrich, M. (2002). *Bildungserfolg und Migration. Biographien junger Frauen in der Einwanderungsgesellschaft*. Opladen: VS Verlag für Sozialwissenschaften.

Hunger, U. & Thränhardt, D. (2001). Die Integrationspolitik des Landes Berlin im Vergleich der Bundesländer. In F. Gesemann (Hrsg.), *Migration und Integration in Berlin* (S. 109–126). Opladen: Leske + Budrich.

Irvine, J. J. (1989). Beyond role models: An examination of cultural influences on the pedagogical perspectives of Black teachers. *Peabody Journal of Education, 66* (4), 51–63.

Janßen, A. & Polat, A. (2006). Soziale Netzwerke türkischer Migrantinnen und Migranten. *Aus Politik und Zeitgeschichte, 1-2*, 11–17.

Justiz, M. & Kameen, M. C. (1988). Increasing the representation of minority in the teaching profession. *Peabody Journal of Education, 66* (1), 91–100.

Karakaşoğlu, Y. (2000). *Religiöse Orientierungen und Erziehungsvorstellungen: Eine empirische Untersuchung zu Orientierungen bei türkischen Lehramts- und Pädagogik-Studentinnen im Ruhrgebiet*. Frankfurt: IKO Verlag für Interkulturelle Kommunikation.

Karakaşoğlu, Y. (2008). Integration braucht Identifikation. In Bertelsmann Stiftung (Hrsg.), *Integration braucht faire Bildungschancen* (S. 179–188). Gütersloh: Verlag Bertelsmann-Stiftung.

Karakaşoğlu, Y. (2011). Lehrer, Lehrerinnen und Lehramtsstudierende mit Migrationshintergrund: Hoffnungsträger der interkulturellen Öffnung von Schule. In im Auftrag der Heinrich-Böll-Stiftung e. V., U. Neumann & J. Schneider (Hrsg.), *Schule mit Migrationshintergrund* (S. 121–135). Münster u.a.: Waxmann.

Karakaşoğlu, Y. & Neumann, U. (2001). Bildungsinländerinnen und Bildungsinländer. Situation, Datenlage und bildungspolitische Anregungen. In BMBF (Hrsg.), *Bildung und Qualifizierung von Migranten und Migrantinnen. Anhörung des Forum Bildung am 21. Juni 2001 in Berlin* (S. 54–67). Berlin.

Kearney, D. H. (2008). *A Qualitative Study on Minority Teacher Retention in a Midwest Urban School District*, MWERA Annual Meeting. Westin Great Southern Hotel, Columbus, Ohio

Knapp, A. (2008). Interkulturelle Kompetenz: eine sprachwissenschaftliche Perspektive. In G. Auernheimer (Hrsg.), *Interkulturelle Kompetenz und pädagogische Professionalität* (2. aktual. u. erw. Aufl., S. 81–97). Wiesbaden: VS Verlag für Sozialwissenschaften.

Kösel, E. (2002). *Die Modellierung von Lernwelten. Band I: Die Theorie der Subjektiven Didaktik. Wissenschaftliche Grundlagen* (4. Aufl.). Bahlingen: Verlag für subjektive Didaktik.

Kramer, C. & Schmude, J. (2006). Frauen auf dem Vormarsch?! Die Feminisierung des Lehrberufs. In H. Fassmann, B. Klagge, P. Meusburger & Leibniz-Institut für Länderkunde (Hrsg.), *Nationalatlas Bundesrepublik Deutschland*. Heidelberg: Spektrum Akademischer Verlag.

Kraut, R., Olson, J., Banaji, M., Bruckman, A., Cohen, J. & Couper, M. (2004). Psychological research online: Report of board of scientific affairs' advisory group on the conduct of research on the internet. *American Psychologist, 59* (2), 105–117.

Krohne, J. & Tillmann, K.-J. (2006): „Sitzenbleiben" – eine tradierte Praxis auf dem Prüfstand. *Schulmanagement, 2*, 8–10.

Krüger-Potratz, M. (2006). Präsent, aber „vergessen" – Zur Geschichte des Umgangs mit Heterogenität im Bildungswesen. In M. Göhlich, H.-W. Leonhard, E. Liebau & J. Zirfas (Hrsg.), *Transkulturalität und Pädagogik. Interdisziplinäre Annäherungen an ein kulturwissenschaftliches Konzept und seine pädagogische Relevanz* (S. 121–137). Weinheim und München: Juventa.

Kumar, P. (2002). Yellow lotus in white lily pond: An Asian American woman teaching in Utah. In L. Vargas (Hrsg.), *Women faculty of color in the white classroom. Narratives on the pedagogical implications of teacher diversity* (S. 277–292). New York: Peter Lang.

Lanfranchi, A. (2008). Interkulturelle Kompetenz als Element pädagogischer Professionalität — Schlussfolgerungen für die Lehrerausbildung. In G. Auernheimer (Hrsg.), *Interkulturelle Kompetenz und pädagogische Professionalität* (S. 231–260): VS Verlag für Sozialwissenschaften.

Leask, M., Turner, S. & Turner, T. (1996). Recruiting science teachers from ethnic minority groups: Selection for initial teacher education *Research in Science & Technological Education, 14* (1), 5–20.

Leibold, J. & Kühnel, S. (2003). Sensible Aufmerksamkeit für spannungsreiche Anzeichen. In W. Heitmeyer (Hrsg.), *Deutsche Zustände. Folge 2* (S. 100–119). Frankfurt/M.: Suhrkamp.

Leiprecht, R. & Kerber, A. (Hrsg.). (2005). *Schule in der Einwanderungsgesellschaft*. Schwalbach: Wochenschau Verlag.

Levitt, P., DeWind, J. & Vertovec, S. (2003). International perspectives on transnational migration. An introduction. *International Migration Review, 37* (3), 565–575.

Lippi-Green, R. (1997). *English with an accent. Language, ideology, and discrimination in the United States*. London: Routledge.

Luthra, R. (2002). Negotiating the minefield: practicing transformative pedagogy as a teacher of color in a classroom climate of suspicion. In L. Vargas (Hrsg.), *Women faculty of color in the white classroom. Narratives on the pedagogical implications of teacher diversity* (S. 109–124). New York: Peter Lang.

Lynn, M. & Lewis, C. (2009). *Examining the recruitment, retention and the impact of African American male teachers,* Paper presented at the Annual Meeting of the American Association of Colleges for Teacher Education.

Mannheim, K. (1964a). Beiträge zur Theorie der Weltanschauungs-Interpretation. In K. Mannheim (Hrsg.), *Wissenssoziologie* (S. 91–154). Neuwied: Luchterhand.

Mannheim, K. (1964b). Das Problem der Generationen. In K. H. Wolff (Hrsg.), *Wissenssoziologie. Auswahl aus dem Werk* (S. 509–565). Neuwied: Luchterhand.

Mannheim, K. (1980). Eine soziologische Theorie der Kultur und ihrer Erkennbarkeit (Konjunktives und kommunikatives Denken). In D. Kettler, V. Meja & N. Stehr (Hrsg.), *Karl Mannheim. Strukturen des Denkens* (S. 155–322). Frankfurt/M.: Suhrkamp.

Manrique, C. G. (2002). A foreign woman faculty's multiple whammies. In L. Vargas (Hrsg.), *Women faculty of color in the white classroom. Narratives on the pedagogical implications of teacher diversity* (S. 145–162). New York: Peter Lang.

Marburger, H., Helbig, G. & Kienast, E. (1997). *Sichtweisen und Orientierungen Berliner Grundschullehrerinnen und -lehrer zur Multiethnizität der bundesrepublikanischen Gesellschaft und den Konsequenzen für Schule und Unterricht* (S. 4–62). Frankfurt/M.

Marotzki, W. (1991). Bildungsprozesse in lebensgeschichtlichen Horizonten. In E. M. Hoerning (Hrsg.), *Biographieforschung und Erwachsenenbildung* (S. 182–205). Bad Heilbrunn: Klinkhardt.

Marotzki, W. (2006). Forschungsmethoden und -methodologie der erziehungswissenschaftlichen Biographieforschung. In H.-H. Krüger & W. Marotzki (Hrsg.), *Handbuch erziehungswissenschaftliche Biographieforschung* (S. 111–134). Wiesbaden: VS Verlag für Sozialwissenschaften.

Mayring, P. (1990). *Einführung in die qualitative Sozialforschung. Eine Anleitung zu qualitativem Denken* (5. Aufl.). München: Psychologie Verlags Union.

Mayring, P. (2001). Kombination und Integration qualitativer und quantitativer Analyse. *Forum Qualitative Sozialforschung* [Online Journal], *2* (1). Verfügbar unter: http://www.qualitative-research.net/index.php/fqs [14.01.2009]

McAllister, G. & Irvine, J. J. (2002). The role of empathy in teaching culturally diverse students: A qualitative study of teachers' beliefs. *Journal of Teacher Education, 53* (5), 433–443.

McNamara, O., Howson, J., Gunter, H. & Fryers, A. (2009). *The leadership aspirations and careers of black and minority ethnic teachers.* London: NASUWT and National College of Leadership of Schools and Children's Services.

Mecheril, P. (1995). Rassismuserfahrungen von Anderen Deutschen – einige Überlegungen (auch) im Hinblick auf Möglichkeiten der psychotherapeutischen Auseinandersetzung. In I. Attia, M. Basque & U. Kornfeld (Hrsg.), *Multikulturelle Gesellschaft – Monokulturelle Psychologie? Antisemitismus und Rassismus in der psychosozialen Arbeit* (S. 99–111). Tübingen: DGVT.

Mecheril, P. (2004). *Einführung in die Migrationspädagogik.* Weinheim: Beltz.

Mecheril, P. (2008). „Kompetenzlosigkeitskompetenz". Pädagogisches Handeln unter Einwanderungsbedingungen. In G. Auernheimer (Hrsg.), *Interkulturelle Kompetenz und pädagogische Professionalität* (2. aktual. u. erw. Aufl. S. 15–34). Opladen: VS Verlag für Sozialwissenschaften.

Nohl, A.-M. (2006). *Konzepte Interkultureller Pädagogik. Eine systematische Einführung.* Bad Heilbrunn: Klinkhardt.

Ogbu, J. U. (2001). Understanding cultural diversity and learning. In J. A. Banks & C. A. McGee (Hrsg.), *Handbook of research on multicultural education* (S. 582–593). San Francisco: Jossey-Bass.

Okawa, G. Y. (2002). Diving for pearls: Mentoring as cultural and activist practice among academics of color. *College Composition and Communication, 53* (3), 507–532.

Osler, A. (1994). Education for democracy and equality: the experiences, values and attitudes of ethnic minority student teachers. *Intercultural Education, 5* (1), 23–37.

Prengel, A. (1995). *Pädagogik der Vielfalt. Verschiedenheit und Gleichberechtigung in Interkultureller, Feministischer und Integrativer Pädagogik* (2. Aufl.). Opladen: Leske + Budrich.

Prenzel, M., Baumert, J., Blum, W., Lehmann, R., Leutner, D., Neubrand, M., Pekrun, R., Rolff, H.-G., Rost, J., Schiefele, U. (Hrsg.). (2004). *Pisa 2003. Der Bildungsstand der Jugendlichen in Deutschland – Ergebnisse des zweiten internationalen Vergleichs.* Münster u.a.: Waxmann.

Presse- und Informationsamt der Bundesregierung (Hrsg.). (2007). *Nationaler Integrationsplan. Neue Wege – Neue Chancen.* Berlin.

Pries, L. (2001). *Internationale Migration. Soziologische Themen.* Bielefeld: transcript.

Quiocho, A. & Rios, F. (2000). The power of their presence: Minority group teachers and schooling. *Review of Educational Research, 70* (4), 485–428.

Raiser, U. (2007). *Erfolgreiche Migranten im deutschen Bildungssystem – es gibt sie doch: Lebensläufe von Bildungsaufsteigern türkischer und griechischer Herkunft.* Münster: LIT.

Raiser, U. (2010). Perspektiven der Dissemination und Verstetigung. In *Bundeskongress Lehrkräfte mit Zuwanderungsgeschichte* (S. 53 ff.). Paderborn: Bundesamt für Migration und Flüchtlinge.

Reh, S. & Schelle, C. (2006). Aspekte biographisch orientierter Lehrerforschung. Biographieforschung in der Schulpädagogik. In H.-H. Krüger & W. Marotzki (Hrsg.), *Handbuch erziehungswissenschaftliche Biographieforschung* (S. 391–411). Wiesbaden: VS Verlag für Sozialwissenschaften.

Reips, U.-D. (2002). Standards for internet-based experimenting. *Experimental Psychology, 49* (4), 243–256.

Röhner, C. (2008). Mehrsprachigkeit anerkennen und fördern. Eine programmatische Einführung. In C. Röhner (Hrsg.), *Erziehungsziel Mehrsprachigkeit. Diagnose von Sprachentwicklung und Förderung von Deutsch als Zweitsprache* (S. 7–13). München: Weinheim.

Rong, X. L. (2002). Teaching with differences and for differences: reflections of a Chinese American teacher educator. In L. Vargas (Hrsg.), *Women faculty of color in the white classroom. Narratives on the pedagogical implications of teacher diversity* (S. 125–144). New York: Peter Lang.

Rosenthal, G. (1995). *Erlebte und erzählte Lebensgeschichte. Gestalt und Struktur biographischer Selbstbeschreibungen.* Frankfurt/M.: Campus.

Rosenthal, G. (2005). *Interpretative Sozialforschung. Eine Einführung.* Weinheim: Juventa.

Rubin, D. L. (1992). Nonlanguage factors affecting undergraduates' judgments of nonnative English-speaking teaching assistants. *Research in Higher Education, 33* (4), 511–531.

Ryan, J. (2009). Promoting a diverse educator workforce. *Changing Perspectives,* 17–19.

Ryan, J., Pollock, K. & Antonelli, F. (2009). Teacher diversity in Canada: Leaky pipelines, bottlenecks, and glass ceilings. *Canadian Journal of Education, 32* (3), 591–617.

Sacher, W. (2006). Elternhaus und Schule: Bedingungsfaktoren ihres Verhältnisses, Aufgezeigt an der Bayrischen Studie vom Sommer 2004. *Bildung und Erziehung, 59* (3), 303–322.

Schiele, S. & Schneider, H. (Hrsg.). (1977). *Das Konsensproblem in der politischen Bildung*. Stuttgart: Klett.

Schütze, F. (1977). *Die Technik des narrativen Interviews in Interaktionsfeldstudien – dargestellt an einem Projekt zur Erforschung von kommunalen Machtstrukturen*. Universität Bielefeld.

Shaw, C. C. (1996). The big picture: An inquiry into the motivations of African-American teacher education students to be or not to be teachers. *American Educational Research Journal, 33* (2), 327–354.

Sleeter, C. E. (1992). *Keepers of the American Dream*. Washington: Falmer.

Sleeter, C. E. (2001). Preparing teachers for culturally diverse schools. *Journal of Teacher Education, 52* (2), 94–106.

Smith, R. W. (2000). The Influence of Teacher Background on the Inclusion of Multicultural Education. A case study of two Contrasts. *The Urban Review, 32* (2), 155–176.

Smylie, M. A., Bay, M. & Tozer, S. E. (1999). Preparing teachers as agents of change. *Yearbook – National Society for the Study of Education, 1*, 18–62.

Solomon, R. P. (1997). Race, role modelling, and representation in teacher education and teaching. *Canadian Journal of Education/Revue canadienne de l'Éducation, 22* (4), 395–410.

Solomon, R. P. (2000). Exploring cross-race dyad partnerships in learning to teach. *Teachers College Record, 102* (6), 953–979.

Statistisches Bundesamt. (2010). *Bevölkerung und Erwerbstätigkeit. Bevölkerung mit Migrationshintergrund – Ergebnisse des Mikrozensus 2009*. Wiesbaden: Statistisches Bundesamt.

Sterzenbach, G. & Moosmüller, A. (2000). *Kulturkontakt – Kulturkonflikt in der Schule. Untersuchung zum interkulturellen Handeln an Münchner Schulen*. München: Landeshauptstadt München.

Stiller, E. & Zeoli, A. P. (2010). Lehrkräfte mit Zuwanderungsgeschichte – für einen ressourcenorientierten Perspektivwechsel in der Personalentwicklung. *DDS, 2010* (4), 338-346.

Strasser, J. & Steber, C. (2009). Lehrerinnen und Lehrer mit Migrationshintergrund – Eine empirische Reflexion einer bildungspolitischen Forderung. In J. Hagedorn, V. Schurt, C. Steber & W. Waburg (Hrsg.), *Ethnizität, Geschlecht, Familie und Schule* (S. 97–126). Wiesbaden: VS Verlag für Sozialwissenschaften.

Straus, A. & Corbin, J. (1996). *Grounded Theory: Grundlagen qualitativer Sozialforschung*. Weinheim: Beltz Psychologische Verlagsunion.

Suárez-Orozco, M. M. & Qin-Hilliard, D. B. (2004). *Globalization: Culture and Education in The New Millennium*. Berkeley and Los Angeles, CA: University of California Press.

Tartakowska, M. (2006). *Diskriminierung von women of color im eigenen Klassenraum als Ausdruck der Machtordnung in der Gesellschaft*. Unveröffentliche Master Thesis, Freie Universität, Berlin.

Terhart, E. (1995a). Lehrerbiographien. In E. König & P. Zedler (Hrsg.), *Bilanz qualitativer Forschung* (S. 225–264). Weinheim: Beltz.

Terhart, E. (1995b). Lehrerprofessionalität. In H.-G. Rolff (Hrsg.), *Zukunftsfelder von Schulforschung* (S. 225–266). Weinheim: Beltz.

Terkessidis, M. (2010). *Interkultur.* Frankfurt/M.: Suhrkamp.

Thurner, S. (2005). Was Ameisen, Hirnströme, Börsenkurse und Innovationsmangagement verbindet. Erforschung von „komplexen Systemen". In Rat für Forschung und Technologieeentwicklung (Hrsg.), *Exzellente Netzwerke* (S. 16–18). Wien.

Torres, J., Santos, J., Peck, N. L. & Cortes, L. (2004). *Minority Teacher Recruitment, Development and Retention:* The Educational Alliance at Brown University.

Turner, C. S. V. (2002). Women of color in academe: Living with multiple marginality. *The Journal of Higher Education, 73* (1), 74–93.

Vargas, L. (2002a). My classroom in its context: the struggle for multiculturalism. In L. Vargas (Hrsg.), *Women faculty of color in the white classroom. Narratives on the pedagogical implications of teacher diversity* (S. 35–54). New York: Peter Lang.

Vargas, L. (2002b). *Women faculty of color in the white classroom. Narratives on the pedagogical implications of teacher diversity.* New York: Peter Lang.

Verband Bildung und Erziehung (VBE). (2006). *Positionspapier „Interkulturellen Herausforderungen pädagogisch begegnen"* Verfügbar unter: http://vbe.de/meinung/positionen/interkulturelle-herausforderungen.html [13.4.2011].

Villegas, A. M. & Lucas, T. (2004). Diversifying the Teacher Workforce: A Retrospective and Prospective Analysis. In M. A. Smylie & D. Miretzky (Hrsg.), *Developing the Teacher Workforce* (S. 23–41). Chicago: National Society for the Study of Education.

Wachendorfer, U. (2001). Weiß-Sein in Deutschland. Zur Unsichtbarkeit einer herrschenden Normalität. In S. Arndt (Hrsg.), *AfrikaBilder: Studien zu Rassismus in Deutschland* (S. 87–101). Münster: Unrast.

Wagner, E. (1990). *Geschichte der Siebenbürger Sachsen.* Thaur bei Innsbruck: Wort und Welt Verlag.

Wagner, U., van Dick, R., Petzel, T. & Auernheimer, G. (2001). Der Umgang von Lehrerinnen und Lehrern mit interkulturellen Konflikten. In G. Auernheimer, R. van Dick, T. Petzel & U. Wagner (Hrsg.), *Interkulturalität im Arbeitsfeld Schule. Empirische Untersuchungen über Schüler und Lehrer* (S. 17–40). Opladen: Leske + Budrich.

Weber, M. (2003). *Heterogenität im Schulalltag. Konstruktion ethnischer und geschlechtlicher Unterschiede.* Opladen: Leske + Budrich.

Weber, M. (2005). „Ali-Gymnasium" – Soziale Differenzen von SchülerInnen aus der Perspektive von Lehrkräften. In F. Hamburger, T. Badawia & M. Hummrich (Hrsg.), *Migration und Bildung: Über das Verhältnis von Anerkennung und Zumutung in der Einwanderungsgesellschaft* (S. 69–82). Wiesbaden: VS-Verlag für Sozialwissenschaften.

Wilberschied, L. & Dassier, J.-L. P. (1995). Increasing the number of minority FL educators: Local action to meet a national imperative. *Modern Language Journal, 79* (1), 1–14.

Zeoli, A. P. (2010). Einfalt und Vielfalt: Lehrkräfte mit Zuwanderungsgeschichte in NRW. *Schule Heute, 48* (10/08), 12–13.

# WAXMANN

Münster • New York • München • Berlin

www.waxmann.com
info@waxmann.com

Ursula Neumann, Jens Schneider (Hrsg.)

Im Auftrag der Heinrich-Böll-Stiftung e.V.

## Schule mit Migrationshintergrund

2011, 308 Seiten, br., 24,90 €, ISBN 978-3-8309-2466-1

Kinder und Jugendliche mit Migrationshintergrund gelten im deutschen Schulsystem als *die* Problemkinder schlechthin. Studien wie IGLU, PISA oder TIES zeigen, dass in keinem anderen westeuropäischen Land der soziale Hintergrund und die Migration eine so prominente Rolle für den Schulerfolg spielen.

Dieses Buch widmet sich den vielfältigen Aspekten der interkulturellen Bildungspraxis mit dem Ziel zu zeigen, dass gute Schulen in einer immer vielfältiger werdenden Einwanderungsgesellschaft möglich sind. Es stellt aktuelle Forschungsergebnisse zur Rolle des Spracherwerbs, zu den Anforderungen an die Schule in der Einwanderungsgesellschaft, zu schulischer Diskriminierung, Mentoring und Projekten der Elternbeteiligung vor. Sie werden ergänzt durch Beispiee für einen produktiven Umgang mit kultureller Heterogenität in der Schulpraxis.

WAXMANN
Münster • New York • München • Berlin
www.waxmann.com
info@waxmann.com

Stiftung Mercator (Hrsg.)

Unter redaktioneller Betreuung von Sabine Stephany

## Der Mercator-Förderunterricht

Sprachförderung für Schüler
mit Migrationshintergrund
durch Studierende

2010, 292 Seiten, br., 24,90 €, ISBN 978-3-8309-2237-7

Kinder und Jugendliche mit Migrationshintergrund sind im deutschen Bildungssystem häufig benachteiligt. Mangelnde Kenntnisse der deutschen Sprache erschweren ihnen die Bewältigung des Unterrichtsstoffs. Deshalb unterstützt die Stiftung Mercator mit ihrem Projekt „Förderunterricht" bundesweit Initiativen zur Verbesserung der sprachlichen und fachlichen Fähigkeiten von jungen Migrantinnen und Migranten.

Die Beiträge, die im Rahmen des Projekts an den einzelnen Projektstandorten entstanden sind, gliedern sich in vier Bereiche: Einblicke in die verschiedenen Ansätze der einzelnen Standorte, Förderunterricht und Lehrerausbildung, Sprachstandsmessung sowie Didaktik und Methodik des DaZ-Unterrichts.

Das Buch richtet sich nicht nur an alle an Hochschulen tätigen Fachleute, sondern auch an Lehrerinnen und Lehrer und an alle, denen eine gelungene (Aus-)Bildung von Kindern und Jugendlichen mit Migrationshintergrund am Herzen liegt.

WAXMANN

Münster • New York • München • Berlin

www.waxmann.com
info@waxmann.com

Ingrid Gogolin, İnci Dirim, Thorsten Klinger,
Imke Lange, Drorit Lengyel, Ute Michel,
Ursula Neumann, Hans H. Reich,
Hans-Joachim Roth, Knut Schwippert

## Förderung von Kindern und Jugendlichen mit Migrationshintergrund FÖRMIG

Bilanz und Perspektiven
eines Modellprogramms

FÖRMIG EDITION, Band 7
2011, 272 Seiten, br., 29,90 €, ISBN 978-3-8309-2517-0

Die Förderung von Kindern und Jugendlichen mit Migrationshintergrund in deutschen Schulen liegt vielen am Herzen. Was aber ist diesem Ziel dienlich? Wie kann man es wenigstens schrittweise erreichen?

Solche Fragen lagen der Einrichtung des Modellprogramms FÖRMIG – Förderung von Kindern und Jugendlichen mit Migrationshintergrund – zugrunde. Es endete 2009 nach fünfjähriger Laufzeit.

In diesem Band wird vorgestellt, was im Modellprogramm erreicht wurde. Dazu gehören Erläuterungen zum Begriff „Bildungssprache" ebenso wie Berichte über die Erfahrungen mit der Praxis eines bildungssprachförderlichen Unterrichts und seiner Rahmenbedingungen. Und dazu gehört schließlich eine Bilanz der Feldforschung, die zur Evaluation des Modellprogramms durchgeführt wurde.